코로나19 바이러스
"친환경 99.9% 항균잉크 인쇄"
전격 도입

언제 끝날지 모를 코로나19 바이러스
99.9% 항균잉크(V-CLEAN99)를 도입하여 「안심도서」로
독자분들의 건강과 안전을 위해 노력하겠습니다.

본 도서는 항균잉크로 인쇄하였습니다.

항균잉크(V-CLEAN99)의 특징

- 바이러스, 박테리아, 곰팡이 등에 항균효과가 있는 산화아연을 적용

- 산화아연은 한국의 식약처와 미국의 FDA에서 식품첨가물로 인증받아 **강력한 항균력**을 구현하는 소재

- 황색포도상구균과 대장균에 대한 테스트를 완료하여 **99.9%의 강력한 항균효과** 확인

- 잉크 내 중금속, 잔류성 오염물질 등 **유해 물질 저감**

TEST REPORT

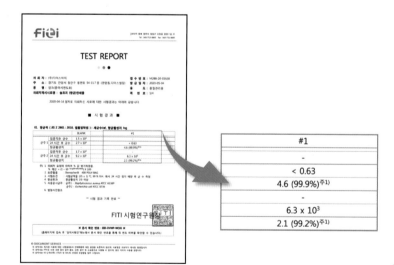

#1
< 0.63
4.6 (99.9%)주1)
6.3×10^3
2.1 (99.2%)주1)

Clean Zone

2021년 특별판

제주특별자치도 공공기관 통합채용

시사상식 + 적성검사 + NCS

Always **with you**

사람이 길에서 우연하게 만나거나 함께 살아가는 것만이 인연은 아니라고 생각합니다.
책을 펴내는 출판사와 그 책을 읽는 독자의 만남도 소중한 인연입니다.
(주)시대고시기획은 항상 독자의 마음을 헤아리기 위해 노력하고 있습니다.
늘 독자와 함께하겠습니다.

제주특별자치도 공공기관 통합채용, 합격을 위해 준비했습니다!

대한민국 최대의 섬 제주특별자치도에서 2021년도 채용예정자 선발을 위해 공공기관 직원 통합채용을 시행합니다. 제주특별자치도는 지난 2020년부터 연 3회에 나눠 통합채용을 실시하고 있습니다. 2021년 채용인원은 13개 기관 118명으로, 4월 실시되는 제1회 시험에서는 7개 기관 62명의 인원을 채용할 예정입니다. 지원서는 제주특별자치도 공공기관 직원 채용 통합필기시험 원서접수사이트(https://jeju.incruit.com)에 접속 후, 기관별 채용 홈페이지로 이동해 개별 접수할 수 있습니다. 각 기관별 중복지원은 불가하며 하나의 기관에 1개의 분야에만 지원 가능합니다.

자세한 사항은 제주특별자치도 및 채용기관별 홈페이지를 통해 확인할 수 있으며, 통합채용 필기시험은 제주특별자치도 주관으로 시행됩니다. 필기시험 공통과목은 시사상식과 인 · 적성검사, NCS 직업기초능력평가로 채용기관별 모집 직렬에 따라 다르게 출제하므로, 응시자들은 기관별 공고문을 자세히 살펴볼 필요가 있습니다. 면접과 최종 합격자 선발은 채용기관에서 자체적으로 진행됩니다.

이 한권만 보고 합격할 수 있도록 필요한 모든 내용을 정성껏 담았습니다!

필기시험의 공통과목은 다양하고, 직렬에 따라 공부해야 할 내용도 다릅니다. 시간과 비용이 부족한 수험생들이 해당사항들을 일일이 확인하고 찾아 공부하기는 어렵습니다. 그래서 제주특별자치도 공공기관 통합채용을 준비하는 수험생들이 이 책 한권만으로 필기시험 공통과목을 충분히 학습할 수 있도록 알차게 만들었습니다. 최신기출 상식문제와 최신 시사용어를 담았고 적성검사와 NCS 기출예상문제를 수록하여, 시험 유형을 미리 파악하고 대비할 수 있도록 했습니다.

본서의 특징

첫 째 주요 공공기관에서 출제되었던 시사상식과 한국사 기출문제를 학습하며, 필기시험 유형을 파악할 수 있도록 했습니다.

둘 째 자주 출제되는 최신시사상식은 물론, 출제될만한 국제 수상 내역과 상식 용어 등을 한눈에 확인하기 쉽도록 정리해 낯선 시사분야도 쉽게 학습할 수 있습니다.

셋 째 주요 공공기관 필기시험에서 치러지는 적성검사와 NCS 기출예상문제를 수록해, 시험 대비에 만전을 기할 수 있도록 했습니다.

모쪼록 수험생 여러분들이 본서를 통해 합격의 길로 나아가시길 진심으로 기원합니다.

SD적성검사연구소 씀

이 책의 구성과 특징

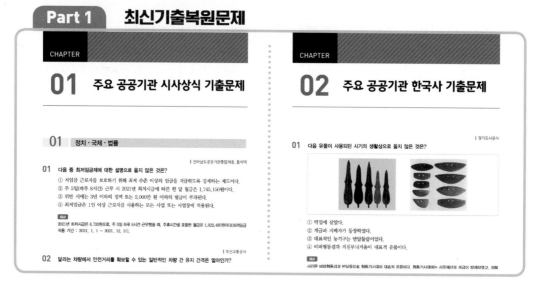

주요 공공기관 시사상식 기출문제 / 주요 공공기관 한국사 기출문제

일반상식을 처음 준비하는 여러분을 위한 최단 기간 합격!

공공기관에서 가장 최근에 출제된 각 분야별 기출문제를 선별 수록하여 최신 출제경향과 트렌드를 한눈에 파악할 수 있도록 하였습니다. 또한 일반상식 출제분야 중 가장 출제가 많이 되는 한국사 기출문제는 별도로 수록하여 빈틈없이 시험에 대비할 수 있도록 하였습니다.

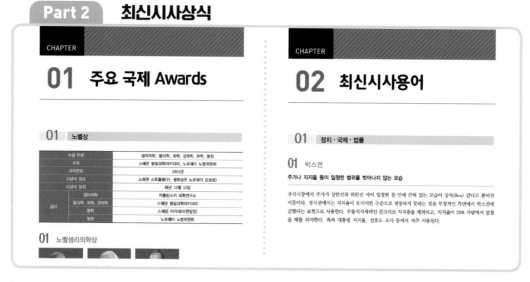

주요 국제 Awards / 최신시사용어

공공기관의 상식문제들은 일반상식은 물론이고 최신시사상식의 출제빈도도 높습니다. 하지만 매일 쏟아져 나오는 많은 이슈들을 다 공부할 수는 없기 때문에 단기간에 빠르게 학습할 수 있도록 꼭 필요한 최신상식만을 선별하여 정리하였습니다.

Part 3 분야별 일반상식 적중예상문제

CHAPTER

01 정치 · 국제 · 법률

CHAPTER

02 경제 · 경영 · 금융

공공기관 일반상식 시험에 자주 출제되는 적중예상문제를 엄선하여 분야별로 정리하였습니다. 문제를 풀며 전 범위의 상식 출제 형태를 점검하고 유형을 충분히 익힐 수 있도록 구성했습니다.

Part 4 적성검사

CHAPTER

01 언어능력

CHAPTER

02 수리능력

적성검사의 영역별 문제를 다양한 유형과 난이도로 수록하여, 기본기부터 탄탄하게 실력을 키워나갈 수 있도록 하였습니다.

Part 5 NCS 직업기초능력평가

CHAPTER

01 의사소통능력

CHAPTER

02 수리능력

직업기초능력평가 시험에서 출제될만한 기출예상문제를 유형별로 알차게 담아, 출제 유형과 경향을 파악하고 대비할 수 있도록 하였습니다.

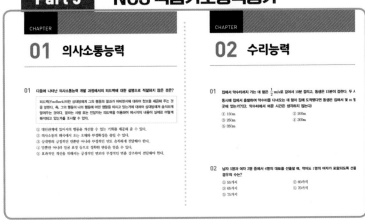

시험안내

※ 2021년 제주특별자치도 공공기관 통합 채용시험 계획 기준

 ## 선발예정인원

❶ **기관** : 제주특별자치도개발공사, 제주에너지공사, 제주문화예술회관, 제주영상문화산업진흥원, 서귀포의료원, 제주한의학연구원, 제주테크노파크, 제주국제컨벤션센터 총 8개 기관

❷ **인원** : 13개 기관 총 118명

 ## 응시자격

채용 기관별 자격요건에 따름

※ 연구직 등을 제외한 채용분야는 거주지 제한요건이 있으므로 응시 희망자는 반드시 채용예정기관 홈페이지에 게시된 공고
문의 응시자격 요건을 확인 후 지원하여야 함

 ## 시험일정

구 분	공 고	필기시험	면접시험	합격자 발표
제1회	3월 중	4월 중	5월 중	6월 중
제2회	6월 중	7월 중	8월 중	9월 중
제3회	9월 중	10월 중	11월 중	12월 중

 ## 시험과목

❶ **제1차 시험** : 필기시험

시험명	필기시험 과목	비 고
2021년 제주특별자치도 공공기관 직원 통합채용	시사상식, 적성검사, NCS 직업기초능력평가	시험 과목, 문항 수 등은 기관별 상이

※ 필기시험 장소는 제주특별자치도 및 채용기관별 홈페이지에 공고 예정이며, 장소 공고일 이후 원서접수사이트에서 응시표
출력 가능
※ 필기시험 합격자는 제주특별자치도 및 채용기관별 홈페이지에 공고

❷ **제2차 시험** : 면접시험

※ 필기시험에 합격하지 아니하면 면접시험에 응시할 수 없으며, 세부 시험방법은 채용예정기관별로 상이할 수 있으므로 반드
시 채용예정기관 공고문 참조

접수방법

❶ 제주특별자치도 공공기관 직원 통합채용 필기시험 원서접수사이트(https://jeju.incruit.com) 접속 후 기관별 페이지 이동을 통해 개별접수

❷ 각 기관별 중복지원 불가(1개 기관만 지원 가능)

응시자 유의사항

❶ 채용기관 · 분야별 시험과목, 응시자격, 가산점 등 세부사항이 상이하므로 반드시 채용 기관별 홈페이지에 게재된 공고문을 확인한 후 접수하시기 바랍니다.

❷ 동일 날짜에 시행하는 「2021년도 제주특별자치도 공공기관 직원 통합채용 시험」의 참여기관에 중복 또는 복수로 접수할 수 없으며, 중복 또는 복수 접수로 인한 불이익은 본인의 책임입니다.

※ 중복 접수 시 해당 접수자의 모든 접수 사항이 무효처리 될 수 있음

❸ 응시원서 접수 시 연락 가능한 휴대전화 번호를 반드시 입력하시기 바라며, 착오입력으로 인한 연락불능 및 불이익은 응시자 책임입니다.

❹ 접수완료 건에 대한 수정은 불가하므로 자격요건 등을 정확히 확인하여 지원하시기 바라며, 부득이 지원 내용을 수정, 취소 시 원서접수사이트 운영사로 연락하시어 조치해야 합니다.

❺ 필기시험 이후 일정(서류전형, 면접시험 등)은 채용예정기관별 일정에 따릅니다.

❻ 기타 궁금한 사항은 제주도청 및 채용예정 기관별 담당자에게 문의하시기 바랍니다.

- 필기시험 : 제주특별자치도 총무과 인재채용팀(☎ 064-710-6224)

- 채용분야, 자격요건, 서류, 면접 등에 관한 사항 : 채용기관별 담당자

※ 본 시험안내는 제주특별자치도 공공기관 통합채용 계획을 바탕으로 정리한 내용으로 세부 내용은 변경될 수 있으니 반드시 통합 홈페이지(https://jeju.incruit.com)에서 최종 확정된 공고문을 확인하시기 바랍니다.

이 책의 차례

1 PART

최신기출복원문제

01 주요 공공기관 시사상식 기출문제

01 정치 · 국제 · 법률

| 전라남도공공기관통합채용, 폴리텍

01 다음 중 최저임금제에 대한 설명으로 옳지 않은 것은?

① 저임금 근로자를 보호하기 위해 최저 수준 이상의 임금을 지급하도록 강제하는 제도이다.

② 주 5일(하루 8시간) 근무 시 2021년 최저시급에 따른 한 달 월급은 1,745,150원이다.

③ 위반 시에는 3년 이하의 징역 또는 2,000만 원 이하의 벌금이 부과된다.

④ 최저임금은 1인 이상 근로자를 사용하는 모든 사업 또는 사업장에 적용된다.

해설

2021년 최저시급은 8,720원으로, 주 5일 하루 8시간 근무했을 때, 주휴시간을 포함한 월급은 1,822,480원이다(최저임금 적용 기간 : 2021. 1. 1 ~ 2021. 12. 31).

| 부산교통공사

02 달리는 차량에서 안전거리를 확보할 수 있는 일반적인 차량 간 유지 간격은 얼마인가?

① 30m

② 50m

③ 80m

④ 100m

해설

달리는 차량에서 일반적으로 안전거리를 확보할 수 있는 차량 간 유지 간격은 60~80m 가량이다. 도로교통법 제19조에는 모든 차의 운전자는 같은 방향으로 가고 있는 앞차의 뒤를 따르는 때에는 앞차가 갑자기 정지하게 되는 경우 그 앞차와의 충돌을 피할 수 있는 필요한 거리를 확보하여야 한다고 명시되어 있다.

| 부산교통공사

03 홍콩이 중국에 반환된 연도는 언제인가?

① 1996년

② 1997년

③ 1998년

④ 1999년

해설

홍콩은 아편전쟁에서 청나라가 영국에 패하면서 1842년에 영국으로 할양되었고, 1997년 7월 1일 중국에 반환됐다. 그 후 50년간 홍콩은 '일국양제(하나의 국가에 2개의 사회 · 경제제도의 존재를 인정한다)'에 기초하여 고도 자치권을 갖는 특별행정구가 됐다.

04 코로나19 같이 전염병 상황에서 신약 및 검사키트를 바로 사용할 수 있게 하는 제도는?

① 긴급고용안전지원제도

② 긴급복지지원제도

③ 긴급사용승인제도

④ 긴급재난지원제도

해설

긴급사용승인제도는 기업이 새로운 진단 키트를 개발해 사용하려면 식품의약품안전처로부터 인증을 받아야 하므로 약 1년이 필요하지만 긴급상황에서는 이를 한시적으로 승인하는 제도다.

05 다음 중 OECD(경제협력개발기구) 미가입 국가는 어느 나라인가?

① 중 국

② 라트비아

③ 라투아니아

④ 에스토니아

해설

OECD(Organization for Economic Cooperation and Development : 경제협력개발기구)는 세계경제의 공동 발전 및 성장과 인류의 복지 증진을 도모하기 위한 정부 간 정책연구 협력기구이다. 가입국은 전 세계에 총 37개국으로 중국은 가입되어 있지 않다.

06 세계보건기구(WHO)가 전염병 경보단계 중 최상등급인 팬데믹을 선언한 질병이 아닌 것은?

① 스페인 독감

② 홍콩 독감

③ 신종플루

④ 코로나19

해설

팬데믹은 전 세계적으로 전염병이 대유행인 상태를 말한다. 세계보건기구(WHO)는 1968년 홍콩 독감, 2009년 6월 신종 플루로 불린 인플루엔자 A(H1N1), 2020년 3월 신종 코로나바이러스 감염증(코로나19)에 대해 팬데믹을 선언했다.

∎ 부산항보안공사

07 다음 중 NOPEC 회원 국가가 아닌 것은?

① 러시아
② 멕시코
③ 사우디아라비아
④ 미 국

해설

NOPEC은 미국, 영국, 러시아, 멕시코 등 비(非) OPEC(석유수출국기구) 산유국 10개국을 말한다. NOPEC은 OPEC의 유가 담합 행위를 미국의 반독점법을 적용해 처벌할 수 있는 내용의 석유생산자담합금지법(No Oil Producing and Exporting Cartels act)을 이르기도 한다. 사우디아라비아는 대표적인 OPEC 회원국이다.

∎ 의정부시설관리공단

08 다음 중 헌법재판소가 관장하는 영역으로 볼 수 없는 것은?

① 위헌 법률안 심사
② 정당 해산 심판
③ 일정 공무원 탄핵 심판
④ 위헌 법률 심사 제청권

해설

위헌 법률 심사 제청권은 대법원(사법부)의 권한이다. 헌법 재판소에서는 위헌 법률안 심사, 정당 해산 심판, 대통령 등 일정 공무원 탄핵 심판 등을 관장한다.

∎ 연천군시설관리공단

09 세계 해양영토분쟁의 지역과 분쟁 중인 나라가 바르게 연결된 것은?

① 조어도 분쟁 - 중국, 일본, 베트남
② 독도 - 북한, 일본
③ 남쿠릴열도 분쟁 - 일본, 러시아
④ 남중국해 분쟁 - 미국, 중국, 대만, 베트남

해설

① 조어도분쟁 - 중국, 일본, 대만
② 독도 - 한국, 일본
④ 남중국해 분쟁 - 중국, 대만, 베트남, 필리핀, 말레이시아, 브루나이

┃ 연천군시설관리공단, 전라남도공공기관통합채용

10 다음 중 승용차, 귀금속 같은 특정 물품을 사거나, 골프장이나 경마장처럼 특정한 장소에서 영업하는 비용에 부과하는 소비세로 적절한 것은?

① 인지세
② 역진세
③ 부가가치세
④ 개별소비세

해설

① 인지세 : 재산상의 권리의 변동·승인을 표시하는 증서를 대상으로 그 작성자에게 부과하는 세금이다.
② 역진세 : 과세기준 금액이 증가함에 따라서 적용되는 세율이 낮아지는 세율구조를 가진 세금이다.
③ 부가가치세 : 제품이나 용역이 생산·유통되는 모든 단계에서 기업이 새로 만들어 내는 가치인 부가가치에 대해 부과하는 간접세이다.

┃ 연천군시설관리공단

11 다음 중 동남아시아 국가 간 전반적인 상호협력 증진을 위한 기구인 동남아국가연합(ASEAN)에 속하지 않는 나라는 어디인가?

① 인도네시아
② 필리핀
③ 말레이시아
④ 러시아

해설

동남아시아 국가 연합(ASEAN)은 동남아시아 국가 간 전반적인 상호협력 증진을 위한 기구이다. 창설 당시 회원국은 싱가포르·필리핀·태국·말레이시아·인도네시아 등 5개국이었으나, 1984년의 브루나이, 1995년 베트남, 1997년 라오스·미얀마, 1999년 캄보디아가 차례로 가입하여 10개국으로 늘어났고, 이에 '아세안 10(ASEAN 10)'이라고도 불린다.

┃ 충북대학교병원

12 다음 중 의원내각제에 대한 설명으로 옳지 않은 것은?

① 의원내각제 국가에는 대통령이 없다.
② 18C 초 영국에서 처음 시작되었다.
③ 여당의 총재가 행정부 수반이 된다.
④ 사법부 판단이나 국민투표 없이 행정부 수반을 해임할 수 있다.

해설

의원내각제는 민주공화국의 정부 수립 형태 중 하나이다. 의회다수석을 차지한 여당이 행정부를 꾸린다. 국가원수와 행정부 수반이 별개의 인물로 구성되는 것이 특징이며, 입헌군주국인 경우 국왕이 국가원수가 되며 선출된 대통령이 국가원수가 되기도 한다.

▌한국산업인력공단

13 아이돌봄서비스 중 영아종일제는 한 달에 최대 몇 회 신청 가능한가?(정부지원시간 기준)

① 1회 30분 이상 ~ 2시간 미만

② 1회 2시간 이상

③ 1회 4시간 이상

④ 월 200시간 이내 횟수제한 없음

해설

아이돌봄서비스는 만 3개월 이상이면서 만 12세 이하 아동의 가정에 아이돌보미가 방문해 1:1로 아동을 안전하게 돌보는 서비스다. 야간·공휴일 상관없이 원하는 시간에, 필요한 만큼 이용할 수 있다. 이 중 영아종일제 서비스는 만 3개월 이상 ~ 만 36개월 이하 아동이 대상으로 정부지원시간은 월 200시간이며 횟수제한은 없다. 기본 1회 3시간 이상 신청 가능하며 30분 단위로 시간을 추가할 수 있다.

▌한국소비자원

14 선거철 사전 여론조사 등에서 우세한 후보에게 대중의 표가 쏠리는 현상은 무엇인가?

① 밴드왜건 효과

② 베블런 효과

③ 스노브 효과

④ 언더독 효과

해설

밴드왜건 효과(Band Wagon Effect)는 선거철 사전 여론조사 등에서 우세한 후보에 표가 쏠리는 현상으로, 경제 분야에서는 유행에 따라 상품을 구입하는 소비현상을 말한다. 편승 효과·악대차 효과라고도 한다.

▌부산디자인진흥원

15 다음 중 노동3권에 포함되지 않는 것은?

① 단결권

② 단체설립권

③ 단체교섭권

④ 단체행동권

해설

노동3권은 근로자의 권익과 근로조건의 향상을 위해 헌법상 보장되는 기본권으로, 단결권·단체교섭권·단체행동권이 이에 해당한다. 다른 말로는 근로3권이라고도 한다.

16 다음 내용과 관련 있는 용어는?

> '절름발이 오리'라는 뜻으로 임기 종료를 앞둔 대통령 등의 지도자들이 정책 집행에 일관성이 없을 때나, 지도력의 공백 상태를 일컬어서 사용하는 말이다.

① 캐스팅보트   ② 왝더독
③ 스윙보터   ④ 레임덕

해설

① 캐스팅보트(Casting Vote) : 의회에서 가부의 인원이 같을 때 행하는 의장의 결정투표나 두 정당의 세력이 비슷할 때 그 승패를 결정하는 제3당의 투표
② 왝더독(Wag The Dog) : '꼬리가 개의 몸통을 흔든다'는 뜻으로, 하극상이나 주객전도가 일어난 경우
③ 스윙보터(Swing Voter) : 선거 등의 투표에서 누구에게 투표할지 아직 결정 못한 유권자

17 다음 중 국회에서 국외 원내 교섭단체를 이룰 수 있는 최소 의석수는?

① 10석   ② 20석
③ 30석   ④ 40석

해설

국회에서 단체 교섭회에 참가하여 의사진행에 관한 중요한 안건을 협의하기 위하여 의원들이 구성하는 단체를 교섭단체라고 한다. 국회법 제33조에 따르면 국회에 20명 이상의 소속 의원을 가진 정당은 하나의 교섭단체가 된다. 다만 다른 교섭단체에 속하지 않는 20명 이상의 의원으로 따로 교섭단체를 구성할 수 있다.

18 2040년까지 탄소제로 활성화를 위해 2021년 1월 1일부터 EU에서 시행된 세금은?

① EU 폐기물세   ② EU 비닐봉지세
③ EU 플라스틱세   ④ EU 쓰레기통세

해설

EU 플라스틱세(EU Plastic Tax)는 재활용이 불가능한 플라스틱 폐기물에 kg당 0.8유로의 세금을 부과하는 규제다. 플라스틱 사용을 줄이고 코로나19로 인한 경기부양책 자금을 확보하기 위해 2021년 1월 1일부터 시행됐으며 2017년 UN 해양회의에서 플라스틱 폐기물 감축을 위한 방안으로 먼저 언급됐다. 플라스틱 사용이 줄어들면 탄소배출 제로(탄소중립) 달성 목표를 담은 그린 뉴딜에 기여할 수 있을 것이라고 기대되고 있다.

02 경제·경영·금융

┃ 강남구도시관리공단

19 조직에서 업무 재량을 위임하고 개인의 역량을 강화하는 의사결정 전략은?

① 퍼실리테이션　　　　　　　　　　② 임파워먼트

③ 서프트어프로치　　　　　　　　　④ 브레인스토밍

해설

임파워먼트(Empowerment)는 권한이양이라는 뜻으로 '주다'라는 의미를 가진 접두사 'Em-'과 '권력'이란 의미의 'Power'가 결합된 용어다. 일반적으로 조직에서 리더가 업무수행에 필요한 책임과 통제력 등을 부하직원에게 이양하고 권한을 부여하는 과정을 일컫는다. 구성원이 직접 의사결정에 참여하도록 해 조직문화를 유연하게 이끌고 변혁이 신속하게 이루어진다는 점에서 활용도가 높아지고 있다.

┃ 부산교통공사

20 기업의 자기잠식효과로, 기업의 신제품이 기존 주력제품의 시장을 잠식하는 현상은?

① 코벌라이제이션(Kobalization)

② 서비타이제이션(Servitization)

③ 카니벌라이제이션(Cannibalization)

④ 커스터마이제이션(Customization)

해설

카니벌라이제이션(Cannibalization)은 기업의 자기잠식효과로, 기업의 신제품이 기존 주력제품의 시장을 잠식하는 현상을 의미한다. 기업이 우수한 후속 제품을 출시하면서, 먼저 내놓은 비슷한 제품의 시장 점유율이 오히려 하락하는 경우를 말한다. 동족끼리 서로 잡아먹는다는 뜻인 카니발리즘(Cannibalism)에서 비롯된 표현이다.

┃ 부산교통공사

21 불확실하고 위험한 상황에서 먼저 용기를 내서 도전하여 다른 이에게 참여를 독려하는 선구자라는 의미로, 다른 사람이 상품을 사면 이를 따라 사는 사회 현상을 일컫는 용어는?

① 퍼스트 오프(First Off)　　　　　② 퍼스트 펭귄(First Penguin)

③ 퍼스트 맨(First Man)　　　　　　④ 퍼스트 레이디(First Lady)

해설

퍼스트 펭귄(First Penguin)은 불확실하고 위험한 상황에서 먼저 용기를 내서 도전하여 다른 이에게 참여를 독려하는 선구자라는 의미로, 다른 사람이 상품을 사면 이를 따라 사는 사회 현상을 의미한다. 남극에서 펭귄무리 중에 가장 먼저 사냥을 나서는 한 마리 펭귄 덕분에 다른 펭귄들도 따라서 바다로 뛰어드는 모습에서 유래했다. 이처럼 다른 사람의 소비가 전체 소비 촉진에 영향을 미칠 때도 '퍼스트 펭귄 효과'라는 표현을 사용한다.

┃광주관광재단

22 주가가 급등·급락하는 경우 주식매매를 일시 정지하는 제도는?

① 사이드카   ② 어닝서프라이즈
③ 어닝쇼크   ④ 서킷브레이커

해설

서킷브레이커(CB ; Circuit Breaker)는 주식에서 주가가 급락하는 경우 시장에 미치는 충격을 완화하기 위하여 30분간 주식매매를 일시 정지하는 제도로 '주식거래 중단제도'라고도 한다. 1987년 10월에 미국에서 발생한 사상 최악의 주가폭락 사태인 '블랙 먼데이' 이후 처음 도입됐다. 이후 2020년 3월에는 코로나19 확산으로 뉴욕증시가 폭락하자 33년 만에 두 번째 서킷브레이커가 발동됐다.

┃화성시공공기관통합채용

23 '게임이론'을 만든 학자는 누구인가?

① 폰 노이만   ② 애덤 스미스
③ 토머스 피게티   ④ 마이클 샌델

해설

게임이론(Theory of Games)은 1944년 폰 노이만(Johann Ludwig von Neumann)과 모르겐슈테른(Oskar Morgenstern)의 공저 '게임의 이론과 경제행동'에서 발표된 이론이다. 이는 경기자(Player), 전략(Strategy), 보수(Payoff)라는 요소로 구성되어 있으며, 전략적 상황을 고려한 한 사람의 행위가 다른 사람의 행위에 미치는 의사결정과정을 연구했다. 현재까지 수리경제학에서 활발히 인용되는 기초이론이다.

┃부산교통공사

24 2인 이상의 무한책임사원으로만 구성되는 일원적 조직으로, 사원이 회사의 채무를 직접 연대하여 변제하는 무한책임을 지는 회사 형태는?

① 합자회사   ② 합명회사
③ 유한회사   ④ 주식회사

해설

합명회사(合名會社)란 2인 이상의 무한책임사원으로만 구성되는 일원적 조직으로, 사원이 회사의 채무를 직접 연대하여 변제하는 무한책임을 지는 회사이다.

❚ IBK기업은행

25 인터넷에서 빠르게 유행하는 콘텐츠를 활용한 마케팅 기법은?

① 바이럴마케팅
② 스텔스마케팅
③ 엠부시마케팅
④ 밈마케팅

해설

밈마케팅(Meme Marketing)은 인터넷에서 유행하는 '밈(Meme)'과 '마케팅(Marketing)'의 합성어로 최근 밈으로 유행하는 콘텐츠를 활용한 마케팅을 말한다. 밈은 리차드 도킨스의 '이기적 유전자'에서 처음 사용되었으며 본래 한 개체에서 다른 개체로 모방 또는 복제 · 전달되는 문화정보 확산을 일컫는 말이었다. 이것이 확장되어 온라인 환경 상에서 유행이 빠르게 확산되는 것을 밈이라고 한다.

❚ 부산교통공사

26 광고 5I의 법칙에 포함되지 않는 것은?

① Immediate Impact
② Independence
③ Incessant Interest
④ Impulsion

해설

광고 5I의 법칙은 광고 카피라이팅 규칙 중 하나이다. 이에 따르면 광고는 멋진 '아이디어(Idea)'에서 시작해 '임팩트(Immediate Impact)'를 줘야 하고, 메시지가 지속적으로 '흥미(Incessant Interest)'를 유발하도록 구성해야 하며, 예상 고객이 필요한 '정보(Information)'가 충분히 제시되어야 하고, 구매충동을 불러일으키는 '힘(Impulsion)'이 있어야 한다.

❚ 부산교통공사

27 구상무역의 대표적인 방식 중 하나로, 먼저 수입한 측이 그 대금을 외환은행에 적립하고, 후에 수입하는 측은 그 계정금액으로 결제를 충당하는 방식은?

① 바이백
② 에스크로
③ 토머스
④ 역토머스

해설

에스크로(Escrow)란 구상무역에서 먼저 수입한 측이 그 대금을 외환은행에 적립하고, 후에 수입하는 측은 그 계정금액으로 결제를 충당하는 방법이다.

28 시장에 신제품을 고가로 출시한 후 점차 가격을 낮추는 초기 고가전략을 가리키는 것은?

① 침투 가격전략

② 스키밍 가격전략

③ 단일 가격전략

④ 적응 가격전략

해설

스키밍 가격전략(Skimming Pricing Strategy)은 시장에 신제품을 선보일 때 고가로 출시한 후 점차적으로 가격을 낮추는 전략이다. 브랜드 충성도가 높거나 제품의 차별점이 확실할 때 사용한다.

① 침투 가격전략 : 스키밍 가격전략과 반대되는 가격전략으로, 저가로 출시한 뒤 점차 가격을 높이는 전략

③ 단일 가격전략 : 판매처나 판매 방식에 관계없이 제품 가격을 동일하게 판매하는 전략

④ 적응 가격전략 : 소비자의 구매를 유도하기 위해 유사 상품의 가격을 다르게 적용하는 전략

29 한 나라의 소득 불평등을 나타내는 지표가 아닌 것은?

① 지니계수

② 엣킨슨 지수

③ 엥겔지수

④ 로렌츠 곡선

해설

엥겔지수는 총가계 지출액에서 식료품비가 차지하는 비율을 의미한다. 식료품비가 가계 총지출액에 차지하는 비율은 소득이 높아짐에 따라 점차 감소하는 경향이 있다. 그러나 엥겔지수는 외식비, 식료품 가격인상 등을 고려하지 않아 가계의 생활수준을 측정하기에 무리가 있다. 지니계수, 엣킨슨 지수, 로렌츠 곡선은 소득 불평등을 나타내는 대표적인 지표이다.

30 경제 분야에서 심각한 세계경제 위기를 비유적으로 일컫는 말은?

① 회색코뿔소

② 퍼펙트스톰

③ 어닝쇼크

④ 블랙스완

해설

퍼펙트스톰(Perfect Storm)은 크고 작은 악재들이 동시다발적으로 일어나면서 직면하게 되는 절체절명의 위기상황을 가리킨다. 원래는 위력이 약한 태풍이 다른 요인에 의해 엄청난 파괴력을 가진 태풍으로 바뀌는 것을 지칭하는 기상용어로 세바스찬 융거의 베스트셀러 '퍼펙트스톰(1991)'에서 유래했다. 이것이 경제분야에서는 복합적인 위험요인에 빠진 세계경제 위기로 확장되어 사용된다.

┃ 폴리텍

31 한 기업이 기업신용평가에서 'BB'를 받았다면, 그 의미는 무엇인가?

① 채무이행능력은 양호하나 안정성 면에서 불리함
② 채무이행능력은 있지만 경제 환경 변화에 따라 투기적 요소 내포
③ 채무이행능력은 보통이지만 경제 및 환경변화에 따라 안정성면에서 투기적 요소 내포
④ 채무이행능력이 우수하나 상위등급에 비해 경기침체나 환경 영향을 받기 쉬움

해설

기업신용평가에서 BB⁺ ~ BB⁻ 사이의 평가를 받았다면, 채무이행능력은 보통이지만 경제나 환경변화에 따라 안정성 면에서 투기적 요소가 내포됐다는 의미이다.
① BBB : 채무이행능력은 양호하나 안정성 면에서 불리함
② B⁺ ~ B⁻ : 채무이행능력은 있지만 경제 환경 변화에 따라 투기적 요소 내포
④ A⁺ ~ A⁻ : 채무이행능력이 우수하나 상위등급에 비해 경기침체나 환경 영향을 받기 쉬움

┃ 충주중원문화재단

32 다음 중 GDP에 대한 설명으로 적절하지 않은 것은?

① 비거주자가 제공한 노동도 포함된다.
② 국가의 경제성장률을 분석할 때 사용된다.
③ 명목GDP와 실질GDP가 있다.
④ 한 나라의 국민이 일정 기간 생산한 재화와 서비스이다.

해설

GDP(Gross Domestic Product : 국내총생산)는 한 나라의 영역 내에서 가계, 기업, 정부 등 모든 경제주체가 일정기간 생산한 재화・서비스의 부가가치를 시장가격으로 평가한 것이다. 비거주자가 제공한 노동, 자본 등 생산요소에 의하여 창출된 것도 포함된다. 물가상승분이 반영된 명목GDP와 생산량 변동만을 반영한 실질GDP가 있다. 한 국가의 국민이 일정 기간 생산한 재화와 서비스를 모두 합한 것은 GNP이다.

┃ 연천군시설관리공단

33 다음 ㉠에 들어갈 말로 알맞은 것은?

> ____㉠____ 법에서의 ____㉠____ 은(는) 영미권에서 결함이 있는 자동차, 불량품을 지칭하는 말로 쓰인다. 이는 달콤한 오렌지(정상 제품)인 줄 알고 샀는데 ____㉠____ (불량품)이었다는 의미를 담고 있다.

① 바나나   ② 레 몬
③ 파인애플   ④ 키 위

해설

레몬법(Lemon Law)에서 '레몬(Lemon)'은 영미권에서 결함이 있는 자동차, 불량품을 지칭한다. 이는 달콤한 오렌지(정상 제품)인 줄 알고 샀는데 알고 보니 매우 신 레몬(불량품)이었다는 의미를 담고 있다.

34 기업의 사회적 책임을 강조하는 경영기법은?

① CSR

② CSV

③ 코즈마케팅

④ 공유가치경영

> **해설**
>
> CSR(Corporate Social Responsibility : 기업의 사회적 책임)은 기업이 지역사회 및 이해관계자들과 공생할 수 있도록 의사결정을 해야 한다는 윤리적 책임의식을 말한다. 기업이 경제적·법적 책임 이외에도 인권유린이나 환경파괴 등 비윤리적인 행위를 하지 않는 등의 윤리경영을 통한 사회적 책임을 적극적으로 수행하는 것을 일컫는다. 기업 활동이 사회적 가치를 창출하면서 경제적 수익을 추구하는 것은 CSV라 한다.

35 탈중앙화·탈독점화를 통해 여러 경제주체를 연결하는 경제형태는?

① 창조경제

② 플랫폼경제

③ 프로토콜경제

④ 비대면경제

> **해설**
>
> 프로토콜경제(Protocol Economy)는 블록체인 기술을 핵심으로 탈중앙화·탈독점화를 통해 여러 경제주체를 연결하는 새로운 형태의 경제 모델이다. 플랫폼경제가 정보를 가진 플랫폼(중개업자)이 주도하는 경제라면 프로토콜경제는 블록에 분산된 데이터 기술을 체인 형태로 연결해 수많은 컴퓨터에 복제·저장해 여러 상품을 빠르고 안전하게 연결한다. 즉 경제참여자들이 일정규칙(프로토콜)을 통해 공정하게 참여가능한 체제이다.

36 다음 중 ㉠, ㉡에 들어갈 용어로 알맞은 것은 무엇인가?

> • _____㉠_____은 기업이 경영활동을 계속해 나갔을 때, 기업과 채권자 등에게 돌아갈 수 있는 가치이다.
> • _____㉡_____은 기업이 파산 등의 이유로 영업활동을 중단해 청산하는 경우를 상정하고, 현재의 자산가치를 장부가와 대비했을 때 회수 가능한 금액의 가치를 말한다.

① ㉠ 존속가치, ㉡ 미래가치

② ㉠ 미래가치, ㉡ 존속가치

③ ㉠ 내재가치, ㉡ 순자산가치

④ ㉠ 존속가치, ㉡ 청산가치

> **해설**
>
> ㉠ 존속가치(계속기업가치) : 기업이 경영활동을 계속해 나갔을 때, 기업과 채권자 등에게 돌아갈 수 있는 가치
> ㉡ 청산가치 : 기업이 파산 등의 이유로 영업활동을 중단해 청산하는 경우를 상정하고, 현재의 자산가치를 장부가와 대비했을 때 회수 가능한 금액의 가치

03 사회·노동·환경

┃ 부산교통공사

37 상황조작을 통해 상대방의 판단력을 잃게 만들어 상대에 대한 지배력을 강화하는 심리적 학대 방식은?

① 중상모략

② 그루밍 범죄

③ 프레이밍

④ 가스라이팅

> **해설**
> 가스라이팅(Gaslighting)은 타인의 심리나 상황을 조작해 그 사람이 스스로를 의심하게 만들어 자존감과 판단력을 약화시킴으로써 타인에 대한 지배력을 강화하는 행위이다. 영국의 연극 〈가스등(Gas Light)〉(1938)에서 유래했다.

┃ 서대문구도시관리공단

38 매슬로우의 욕구위계 이론에서 가장 상위욕구는?

① 소속 및 애정의 욕구

② 생리적 욕구

③ 자아실현의 욕구

④ 존경의 욕구

> **해설**
> 매슬로우의 욕구위계 이론은 총 5단계로 구성되어 있으며, 대부분의 인간들의 생리적 욕구, 안전의 욕구, 소속 및 애정의 욕구, 존경의 욕구, 자아실현의 욕구의 욕구충족을 추구한다고 가정했다. 하위욕구가 충족돼야 다음의 상위욕구를 충족시키려고 동기화된다고 했다. 가장 상위의 욕구는 자아실현의 욕구이며 이 단계에서 인간의 잠재력이 실현된다고 봤다.

┃ 부산교통공사

39 마치 19세기 미국에서 금광이 발견된 지역으로 사람들이 몰려드는 현상인 '골드러시(Gold Rush)'와 비슷하다는 의미로, 의료용이나 기호용 대마초가 합법화된 나라에 사람과 자금이 몰려드는 현상은?

① 그린골드러시(Green Gold Rush)

② 리터러시(Literacy)

③ 플래시러시(Flash Rush)

④ 그린러시(Green Rush)

> **해설**
> 그린러시(Green Rush)란 의료용이나 기호용 대마초가 합법화된 나라에 사람과 자금이 몰려드는 현상이다. 마치 19세기 미국에서 금광이 발견된 지역으로 사람들이 몰려드는 현상인 '골드러시(Gold Rush)'와 그 모습이 비슷하다는 의미에서 유래했다. 2018년 캐나다에서 기호용 대마초가 합법화되자, 투자자들이 몰리며 '그린러시' 현상을 보였다.

▌부산교통공사

40 결혼한 자녀가 부모와 같은 집에 살지만, 분리된 공간에서 독립된 생활을 하는 신(新)가족 형태를 의미하는 말은?

① 편부모가족
② 수정확대가족
③ 수정핵가족
④ 위성가족

해설

수정핵가족은 결혼한 자녀가 부모와 같은 집에 살지만, 분리된 공간에서 독립된 생활을 하는 신(新)가족 형태이다. 수정확대가족은 결혼한 자녀가 부모와 가까이 살면서 마치 한 집에 사는 것처럼 자주 왕래하는 가족형태를 말한다.

▌부산교통공사

41 윤리학 분야 사고실험으로, 다수를 구하기 위한 소수의 희생이 도덕적으로 허용가능한지 묻는 딜레마 상황을 제시하는 심리실험은?

① 트롤리의 딜레마
② 죄수의 딜레마
③ 하인츠 딜레마
④ 고슴도치 딜레마

해설

트롤리의 딜레마(Trolley Dilemma)는 심리학 분야 사고실험으로, 다수를 구하기 위한 소수의 희생이 도덕적으로 허용가능한지 묻는 딜레마 상황을 제시하는 심리실험이다.

트롤리 사례

트롤리 전차가 철길 위에서 일하고 있는 다섯 명의 인부들을 향해 빠른 속도로 돌진한다. 당신은 이 트롤리의 방향을 오른쪽으로 바꿀 수 있는 레일 변환기 옆에 서 있다. 당신이 트롤리의 방향을 오른쪽으로 바꾸면 오른쪽 철로에서 일하는 한 명의 노동자는 죽게 된다. 이러한 선택은 도덕적으로 허용되는가?

▌노원문화재단

42 비극적인 참상이 있던 장소를 여행지로 방문해 교훈을 얻는 관광은?

① 그린투어리즘
② 지오투어리즘
③ 다크투어리즘
④ 블루투어리즘

해설

다크투어리즘(Dark Tourism)은 잔혹한 참상이 벌어졌던 재해피재적지, 전쟁 철거지 등의 역사적 현장을 방문하는 관광이다. 사건이 발생한 곳을 돌아보며 교훈을 얻기 위하여 떠난다. 블랙투어리즘(Black Tourism)이라고도 하며, 우리말로는 '역사교훈여행', '기업산업' 등으로도 부른다. 9・11테러로 사라진 뉴욕 세계무역센터를 기린 그라운드 제로(Ground Zero), 대전형무소, 제주 4・3평화공원 등이 대표적인 다크투어리즘 장소다.

▌부산교통공사

43 방송에서 시청률이 높아 광고비용이 가장 비싼 방송 시간대를 의미하는 말은?

① 올 타임　　　　　　　　　　② 쇼 타임
③ 옵션 타임　　　　　　　　　④ 프라임 타임

> **해설**
> 프라임 타임(Prime Time)은 방송에서 시청률이 높아 광고비용이 가장 비싼 방송 시간대이다. 골든아워(Golden Hours)나 골든타임(Golden Time)으로 불리기도 한다.

▌부산교통공사

44 신문 광고 요금의 이론적 척도로, 신문 발행부수와 100만부에 대한 광고지면 1행의 광고료 비율을 의미하는 말은?

① 디플레이트　　　　　　　　② 밀라인 레이트
③ CPS　　　　　　　　　　　④ LPM

> **해설**
> 밀라인 레이트(Milline Rate)는 신문 광고 요금의 이론적 척도로, 신문 발행 부수 100만 부에 대한 광고 지면 1행의 광고료 비율을 말한다. 신문광고의 매체 가치를 발행부수와 비용의 양면에서 경제적으로 평가할 때 이용된다.

▌부산교통공사

45 다음 사례에 나타난 주거 형태를 무엇이라고 하는가?

> 스웨덴 스톡홀름에 사는 요한슨 씨는 여러 세대들이 거주하는 사회주택(소셜하우징)에 살고 있다. 처음엔 스톡홀름의 비싼 집세를 감당하기 힘들어 옮긴 것이었지만, 현재는 여러 가구가 공동 식사나 교류 프로그램을 통해 공동체 생활을 하면서도 동시에 각자 생활방식에 맞는 개인공간을 통해 사생활을 누릴 수 있는 점을 특히 마음에 들어 하고 있다.

① 타운 하우스　　　　　　　② 어포더블 하우징
③ 셰어 하우스　　　　　　　④ 코하우징

> **해설**
> 코하우징(Co-housing)은 여러 가구가 한 건축물 안에 살며, 각자 개인적인 주거 공간은 그대로 두고 공용공간은 주민회의·손님맞이·놀이공간 등 다용도로 공유하며 다른 사람들과 소통하는 공동체주택을 뜻한다. 덴마크에서 1970년대에 획일적인 주거 형태에 반발해 시작되었으며 이후 네덜란드, 스웨덴, 영국 등으로 확대됐다.

46 도시의 세계적인 건축물 하나가 전체 도시에 미치는 영향이나 현상을 의미하는 말로, 쇠퇴하던 도시에 문화시설 하나가 경제적 발전을 일으키는 효과는?

① 랜드마크
② 유니버셜 스페이스
③ 도시재생
④ 빌바오 효과

해설

빌바오 효과(Bilbao Effect)는 스페인 소도시 빌바오에 구겐하임 미술관이 설립되면서 지역 경제가 관광업 등으로 부흥한 것에서 유래한 효과이다. 도시의 세계적인 건축물 하나가 전체 도시에 미치는 영향이나 현상을 가리켜 빌바오 효과라고 한다.
① 랜드마크 : 한 지역을 대표하는 지표가 될 만한 건축물
② 유니버셜 스페이스 : 다목적이용이 가능한 무한정한 공간을 의미하는 말
③ 도시재생 : 쇠퇴한 도시를 리모델링 등으로 경제·사회·물리적 부흥시키기 위한 도시사업

47 경제 발전에 도움이 되는 사업이나 시설을 자신의 거주지역에 유치하기 위해 노력하는 일종의 지역 이기주의 현상을 일컫는 말은?

① 님비 현상
② 핌피 현상
③ 님투 현상
④ 바나나 현상

해설

핌피 현상(PIMFY ; Please In My Front Yard)은 경제 발전에 도움이 되는 사업이나 시설을 자신의 거주지역에 유치하기 위해 노력하는 일종의 지역 이기주의 현상이다. 비슷한 현상으로 임피현상이 있다.
① 님비 현상(NIMBY ; Not In My Back Yard) : 위험시설, 혐오시설 등의 필요성에는 찬성하지만, 자기 주거지역에 들어서는 것은 강력히 반대하는 지역 이기주의 현상
③ 님투 현상(NIMTOO ; Not In My Terms Of Office) : 공직자가 자신의 임기 중에 지역민이 혐오할만한 사업을 추진하지 않고 무사안일하게 시간이 흐르기를 바라는 현상
④ 바나나 현상(BANANA ; Build Absolutely Nothing Anywhere Near Anybody) : 유해시설 설치 자체를 아예 반대하는 현상

48 일상에서 사용되는 쓰레기 배출량을 줄이기 위한 캠페인은?

① 미니멀라이프
② 제로웨이스트
③ 아나바다 운동
④ 업사이클링

해설

제로웨이스트(Zero Waste)는 일상생활에서 배출되는 쓰레기를 최소화하는 사회운동이다. 생활습관에서부터 재활용 가능한 재료를 사용하기, 포장을 최소화하기, 생활쓰레기를 없애기 등을 실천하며 지구 환경 보호를 위해 노력하는 행동을 총칭한다. 제로웨이스트 관련 캠페인이 이어지자 기업에서도 에코 프렌들리 제품을 생산하거나, 포장지를 최소화한 제품을 만드는 등 제로웨이스트에 적극 동참하고 있다.

49 다음 열섬현상에 관한 설명으로 틀린 것은?

① 도심지의 온도가 다른 지역보다 특히 높게 나타나는 현상이다.
② 봄과 가을, 또는 겨울보다 여름에 뚜렷하게 나타난다.
③ 낮보다 밤에 심하게 나타난다.
④ 도시의 매연이 가장 큰 원인이다.

해설

열섬현상은 인구와 건물이 밀집되어 있는 도심지의 온도가 다른 지역보다 특히 높게 나타나는 현상으로, 도시의 매연이 주요 원인이다. 열섬현상의 강도는 여름보다는 일교차가 큰 봄, 가을이나 겨울에 뚜렷하게 나타난다.

50 부가가치가 큰 복합 전시 산업을 의미하는 신조어는?

① 전시회산업　　　　　　　　② MICE산업
③ 컨벤션산업　　　　　　　　④ 3I산업

해설

MICE산업은 회의(Meeting), 포상관광(Incentive Travel), 컨벤션(Convention), 전시(Exhibition)의 머리글자를 딴 용어로 부가가치가 높은 복합적인 전시 산업을 의미한다. MICE라는 용어는 주로 홍콩이나 싱가포르 등 동남아 지역에서 먼저 쓰이기 시작했고 21세기에 들어서며 대중적인 용어가 됐다. 유럽과 아시아, 태평양 지역의 전시 컨벤션 선진 국가들에게 중요한 산업으로 인식된다.

51 경쟁에서 이겼지만 승리를 위해 치른 과도한 비용 때문에 오히려 위험에 빠지거나 후유증을 겪는 상황을 뜻하는 말은?

① 레온티에프 역설　　　　　　② 승자의 저주
③ 치킨 게임　　　　　　　　　④ 피로스의 승리

해설

승자의 저주(Winner's Curse)란 경쟁에서 이긴 승자에게 내려진 저주라는 뜻으로, 경쟁에서는 이겼지만 승리를 위해 과도한 비용을 치름으로써 오히려 위험에 빠지게 되거나 커다란 후유증을 겪는 상황을 뜻한다.

안심Touch

┃ 한국원자력환경공단

52 부모와 조부모 등 가족뿐만 아니라 친척, 지인까지 합세해 한 명의 아이를 위해 소비하는 현상은?

① 골드 키즈 ② 식스 포켓

③ 에잇 포켓 ④ 텐 포켓

해설

텐 포켓(Ten Pocket)은 한 자녀 가정에서 가족과 친척뿐만 아니라 주변 지인들이 합세해 아이를 위해 지출을 아끼지 않는 현상을 일컫는다. 한 명의 자녀를 위해 부모와 친조부모, 외조부모, 이모, 삼촌 등 8명의 어른들이 지출한다는 의미의 에잇 포켓(Eight Pocket)에 주변 지인들까지 합세했다는 것을 의미한다.

┃ 언론중재위원회

53 대형사고가 터지기 전에 그와 관련한 경미한 사고나 징후가 반드시 존재한다는 것을 밝힌 법칙은?

① 하인리히 법칙 ② 깨진 유리창 법칙

③ 도미노 법칙 ④ 재해 코스트

해설

하인리히 법칙(Heinrich's Law)은 1931년 허버트 W. 하인리히가 펴낸 〈산업재해 예방〉이라는 책에서 소개된 법칙으로, 대형사고 발생 전에 그와 관련된 수많은 경미한 사고와 징후들이 반드시 존재한다는 내용이다. 하인리히 법칙은 노동현장뿐만 아니라 각종 재난사고 등에도 의미가 확장되어 쓰인다.

┃ 한국연구재단

54 '인간 신용은행'을 표방하며 경범죄로 벌금형을 선고받은 사회적 약자를 지원하기 위해 설립된 은행은?

① 장발장은행 ② 카카오뱅크

③ 저축은행중앙회 ④ 아름다운가게

해설

장발장은행은 가난이 죄가 되는 세상을 바꾸기 위해 인권연대가 운영하는 사업으로, 벌금형을 선고받고도 벌금을 낼 형편이 못되어 교도소에 갇히는 사회적 약자·취약계층을 지원하기 위해 설립된 은행이다. 장발장은행의 이름은 빅토르 위고의 소설 〈레 미제라블〉 주인공 '장발장'에서 따왔다.

04 국어 · 한자 · 문학

| 전라남도공공기관통합채용, 부산교통공사

55 다음 중 표준어인 것은?

① 연거푸 ② 설겆이

③ 쓰레받이 ④ 안성마춤

해설
'연거푸'는 표준어이다. '설거지', '쓰레받기', '안성맞춤'이 올바른 표현이다.

| 부산교통공사

56 '국군의 의무'에서 조사 '의' 역할로 올바른 것은?

① 주격 조사 ② 서술격 조사

③ 부사격 조사 ④ 관형격 조사

해설
'국군의 의무'에서 '의'는 관형격 조사이다. '의'가 명사 '국군'을 수식하고 있기 때문에 여기서는 관형격 조사로 쓰였다.

| 기장군도시관리공단

57 다음 한자의 독음으로 적절하지 않은 것은?

① 令監(영감) ② 好感(호감)

③ 實感(실감) ④ 感氣(독감)

해설
한자(漢字)의 음대로 읽으면 '毒感'의 독음은 독감이고, '感氣'은 감기이다. 따라서 '感氣'를 독감으로 읽는 것은 틀린 답이다.

58 다음 중 단어 중 표준 발음에 맞게 바르게 발음된 것은?

① 여덟[여덥]   ② 맏형[마텽]

③ 콧물[콘물]   ④ 의사[으사]

> **해설**
>
> 맏형은 발음될 때 예사소리 'ㄷ'이 'ㅎ'에 축약되어 [마텽]으로 거센소리화 된다. 여덟[여덜], 콧물[콘물], 의사[의사]가
> 바른 발음이다.

59 다음 중 밑줄 친 부분의 품사가 서로 다른 것은?

① 나는 <u>오늘도</u> 책을 읽는다.

② 그는 <u>아무도</u> 믿지 못한다.

③ 치타는 누구보다 <u>빨리</u> 달린다.

④ 꿈이 있는 당신은 <u>언제나</u> 청춘이다.

> **해설**
>
> '아무도'의 '아무'는 인칭대명사이고 '도'는 조사이다. 다른 밑줄 친 단어들은 서술어를 수식하는 부사로 사용되었다.

60 '기이한 것을 전한다'는 뜻으로 주로 비현실적인 세계관 안에서 신선, 용궁 등의 초현실적인 이야기가 주를 이루는 고소설은?

① 신소설   ② 전기소설

③ 한문소설   ④ 군담소설

> **해설**
>
> 전기소설(傳奇小說)은 '기이한 것을 전한다'는 뜻으로 주로 비현실적인 세계관 안에서 그려지는 신선, 용궁, 귀신 등의
> 도교·불교 사상의 혼합과 초현실적인 이야기가 주를 이루는 고소설이다. 대표 작품으로는 김시습의 〈금오신화〉가 있다.

61 다음 중 표기가 올바르게 된 것은?

① 공부 할 수 록   ② 공부할 수 록

③ 공부할수록   ④ 공부할수록

'공부하다'라는 동사의 어간 '공부하-'에 '-ㄹ수록'이라는 어미가 결합된 말이다. 즉, '공부할수록'은 한 단어이므로 모두 붙여 쓴다.

▌부산교통공사

62 다음 단어를 외래어 표기법 조항에 맞게 표기한 것은?

> 외래어 표기법 제5항 비음([m], [n], [ŋ])
> : 어말 또는 자음 앞의 비음은 모두 받침으로 적는다.

① Graph[græf] - 그래프
② Vision[viʒən] - 비전
③ Keats[kiːts] - 키츠
④ Steam[stiːm] - 스팀

'Steam[stiːm]'은 어말 또는 자음 앞 비음 [m]을 외래어 표기법에 맞게 표기해야 하므로, '스팀'이라고 쓰는 것이 맞다.

▌국립생태원

63 다음 ㉠에 들어갈 문학작품의 제목으로 올바른 것은?

> 일제강점기 시인이자 소설가인 심훈의 마지막 장편소설이다. 이 소설은 박동혁과 채영신이라는 두 인물을 통해 농촌 계몽 운동을 하는 남녀의 순결한 애정, 농촌 계몽을 위한 헌신적 의지를 주제로 드러냈다. 이 소설의 주인공들은 브나로드(1870년 러시아에서 시작된 농촌 계몽 운동)운동의 선구자로서 암울한 일제 강점기의 농촌을 구제하기 위한 행동과 헌신을 보여주고 있다. 즉, 이 소설의 제목이 되는 _____㉠_____ 은/는 농촌 계몽 운동이 단순히 탁상공론으로 머무는 것이 아니라 앞으로 계속 지속되어야 한다는 실천의지를 보여준 것이다.

① 그날이 오면
② 동방의 애인
③ 상록수
④ 불사조

심훈의 〈상록수〉(1935)는 브나로드(농촌 계몽 운동)의 일환으로 동아일보사에서 주관한 장편소설 현상 모집에 당선되어 연재된 작품이다. 1930년대 농민소설로서는 주인공이 지식인층이라는 점에서 독자적인 형태를 띄며, 농민 계몽 의지와 그 실천 양상을 소설 안에 담고 있다.

| 충북대병원

64 다음 중 우리나라 최초의 근대 자유시는?

① 최남선 – 해에게서 소년에게(1908) ② 이인직 – 혈의 누(1906)
③ 주요한 – 불놀이(1919) ④ 이광수 – 무정(1917)

해설

우리나라 최초의 근대 자유시는 주요한의 '불놀이'이다. 1919년 '창조(創造)' 창간호에 발표한 시로 신체시의 계몽성을 벗어나 시 자체의 아름다움을 추구한 최초의 서정시이기도 하다. 이인직의 '혈의 누'는 최초의 신소설이며 최남선의 '해에게서 소년에게'는 최초의 신체시, 이광수의 '무정'은 최초의 현대 장편소설이다.

| 대구철도공사

65 다음 중 가장 작은 숫자를 나타내는 단위는?

① 북어 한 쾌 ② 고등어 한 손
③ 김 한 톳 ④ 배추 한 접

해설

고등어 한 손은 고등어 두 마리를 나타낸다. 북어 한 쾌는 20마리, 김 한 톳은 100장, 배추 한 접은 100포기이므로 가장 작은 숫자는 고등어 한 손이다.

| 수원시지속가능도시재단

66 다음 중 순우리말인 것은?

① 호랑이 ② 똬 리
③ 감 기 ④ 수 염

해설

순우리말인 단어는 똬리이다. 호랑이(虎狼-이), 감기(感氣), 수염(鬚髥)은 모두 한자어이다.

| 전남개발공사

67 다음 중 순우리말과 그 뜻이 바르게 연결되지 않은 것은?

① 구뜰하다 – 맛이나 냄새 따위가 입맛이 당기도록 좋다.
② 곧은불림 – 지은 죄를 사실대로 말함.
③ 자드락길 – 나지막한 산기슭의 비탈진 땅에 난 좁은 길.
④ 척지다 – 서로 원한을 품어 반목하게 되다.

해설

'구뜰하다'는 '변변하지 않은 국이나 찌개 따위의 맛이 제법 구수하여 먹을 만하다'라는 의미이다.

68 다음 단어 중 외래어 표기법에 맞게 표기한 것은?

① 브릿지　　　　　　　　　② 불 독
③ 카디건　　　　　　　　　④ 세레모니

해설

'Cardigan'은 외래어 표기법에 맞게 '카디건'으로 쓰였다.
① 'Bridge'는 '브리지'가 맞는 표기이다.
② 'Bulldog'는 '불도그'가 맞는 표기이다.
④ 'Ceremony'는 '세리머니'가 맞는 표기이다.

안심Touch

05   문화 · 미디어 · 스포츠

┃ 부산교통공사

69 수영 중 물속에서 앞으로 공중제비 돌듯이 돌며 벽면을 발로 차고 나가는 턴은?

① 바스켓 턴(Basket Turn)　　　　② 스핀 턴(Spin Turn)
③ 플립 턴(Flip Turn)　　　　　　④ 롤오버 턴(Rollover Turn)

> **해설**
> 플립 턴(Flip Turn)은 수영 중 물속에서 앞으로 공중제비 돌듯이 돌며 벽면을 발로 차고 나가는 턴이다.

┃ 부산교통공사

70 야구에서 주자가 누상에 있을 때 투수가 규정에 벗어난 투구 동작을 하는 경우 선언되는 반칙은 무엇인가?

① 샤인볼(Shine Ball)　　　　　　② 스커프볼(Scuff Ball)
③ 스핏볼(Spit Ball)　　　　　　　④ 보크(Balk)

> **해설**
> 보크(Balk)는 야구에서, 주자가 누상에 있을 때 투수가 규정에 벗어난 투구 동작을 하는 경우에 범하는 반칙이다. 보크가 선언되면 모든 주자에게 각 1루씩의 진루가 허용된다.

┃ 화성시공공기관통합채용

71 오페라 '마술피리'를 만든 오스트리아의 음악가는 누구인가?

① 베토벤　　　　　　　　　　　② 모차르트
③ 슈베르트　　　　　　　　　　④ 바 흐

> **해설**
> 볼프강 아마데우스 모차르트(Wolfgang Amadeus Mozart)는 오스트리아 출신의 음악가로 교향곡, 협주곡, 독주곡, 오페라, 성악곡 등 다양한 음악을 남겼다. 그중 마술피리는 '밤의 여왕의 아리아'라는 대표곡으로 유명한 오페라이다. 모차르트는 자신의 마지막 오페라인 '마술피리'에서 가곡, 민요, 종교음악, 이탈리아 오페라 스타일 등 여러 장르를 섞어 오페라가 익숙지 않은 사람도 쉽게 즐길 수 있도록 했다.

┃ 부산교통공사

72 조선시대에 관리들이 행차하는 공식적인 행사에 연주되던 행진음악은?

① 연례악(宴禮樂)　　　　　　　② 군례악(軍禮樂)
③ 대취타(大吹打)　　　　　　　④ 회례악(會禮樂)

해설

대취타(大吹打)는 조선시대에 관리들이 행차하는 공식적인 행사에 연주되던 행진음악이다.

| 서대문구도시관리공단

73 미국 유타주에서 열리는 독립영화만을 다루는 권위 있는 국제영화제는?

① 선댄스영화제　　　　　　　　　② 부산독립영화제
③ 로테르담국제영화제　　　　　　④ 제라르메 국제판타스틱영화제

해설

선댄스영화제(The Sundance Film Festival)는 세계 최고의 독립영화제로 독립영화를 다루는 권위있는 국제영화제이다. 할리우드식 상업주의에 반발해 미국 영화배우 로버트 레드포드가 독립영화제에 후원하면서 시작됐다. 2020년 선댄스영화제에서는 한국인 이민자 이야기를 그린 영화 '미나리'가 심사위원대상과 관객상을 수상하며 주목받은 바 있다. 2021년 선댄스영화제는 2021년 1월 28일부터 2월 3일까지 치러진다.

| 오산문화재단

74 '아비뇽 페스티발', '베니스 비엔날레', '도큐멘타', '넥스트웨이브 페스티발' 같은 국제 예술축제의 특징이 아닌 것은?

① 예술 소개를 위한 장
② 지역 진흥을 위한 대표 축제
③ 지역 예술 활성화
④ 권위 있는 국제 연극제

해설

'아비뇽 페스티발'은 국제 연극제, '베니스 비엔날레'와 '도큐멘타'는 국제 미술제, '넥스트웨이브 페스티발'은 종합 예술을 넘나드는 국제 공연제이다.

| 의정부시설관리공단

75 테니스에서 0점을 가리킬 때 쓰는 용어는?

① 제 로　　　　　　　　　　　　② 러 브
③ 에 그　　　　　　　　　　　　④ 듀 스

해설

테니스에서는 0점을 러브(Love)라고 한다. 숫자 '0'이 달걀과 닮아 프랑스인들이 달걀을 의미하는 말에 남성형 명사를 붙여 'L'oeuf(뢰프)'라 부르던 것이, 훗날 영어권으로 넘어가며 러브라고 불리기 시작했다는 설이 가장 유력하다.

┃ 폴리텍

76 일본 마이니치영화제에서 영화 〈신문기자〉로 여우주연상을 수상하는 등 일본 유력 영화제에서 4관왕을 거머쥔 아역 출신의 우리나라 배우는?

① 심은경   ② 박신혜
③ 김다미   ④ 한소희

해설

일본의 가장 역사 깊은 영화제인 마이니치영화제에서 영화 〈신문기자〉(2019)로 여우주연상을 수상한 아역 출신 우리나라 배우는 심은경이다.

┃ 정선아리랑문화재단

77 유럽의 문화예술에서 나타난 동방취미 경향이나, 서양의 동양에 대한 왜곡된 인식을 가리키는 말은 무엇인가?

① 낭만주의   ② 제국주의
③ 옥시덴탈리즘   ④ 오리엔탈리즘

해설

오리엔탈리즘(Orientalism)은 유럽의 문화와 예술에서 나타난 동방취미 경향을 나타내는 말이지만, 오늘날에는 서양의 동양에 대한 고정되고 왜곡된 인식과 태도 등을 총체적으로 나타내는 말로 쓴다. 오리엔탈리즘의 반작용으로 나타난 동양의 관점에서 서양을 적대시하거나 비하하는 인식과 태도를 옥시덴탈리즘(Occidentalism)이라고 한다.

┃ 인천환경공단

78 다음 중 '설날'과 관련 없는 것은?

① 구정(舊正)   ② 원일(元日)
③ 연시(年始)   ④ 중추절(仲秋節)

해설

중추절(仲秋節)은 추석을 가리키는 다른 말이다.
설날은 한 해의 시작인 음력 1월 1일을 일컫는다. 다른 말로는 원일(元日), 원단(元旦), 원정(元正), 원신(元新), 원조(元朝), 정조(正朝), 세수(歲首), 세초(歲初), 연두(年頭), 연수(年首), 연시(年始), 신일(愼日), 달도(怛忉), 구정(舊正)이라고도 한다.

▌한국형사정책연구원

79 다음 중 한국전쟁을 배경으로 한 영화작품이 아닌 것은?

① 적벽대전   ② 태극기 휘날리며
③ 아일라   ④ 고지전

> **해설**
>
> 적벽대전은 삼국지의 배경이 되는 중국 위(魏)·촉(蜀)·오(吳) 3국이 대립하던 시기 전쟁을 다룬 영화이다. 나머지 〈태극기 휘날리며〉(2003), 〈아일라(Ayla)〉(2017), 〈고지전〉(2011)은 모두 한국전쟁을 배경으로 제작되었다.

▌연천군시설관리공단

80 다음 중 우리나라의 법정기념일이 아닌 날은?

① 학생의 날   ② 농업인의 날
③ 식목일   ④ 한글날

> **해설**
>
> 한글날은 세종대왕이 훈민정음을 창제해서 세상에 반포한 것을 기념하고, 우리 글자 한글의 우수성을 기리기 위한 법정국경일이다.

▌연천군시설관리공단

81 다음 글에서 밑줄 친 '다이어트'로 알맞는 것은?

> 이 <u>다이어트</u>는 삶은 달걀과 채소, 블랙 커피 등 고단백, 저탄수화물, 저열량 식단 위주로 먹으며 체중을 조절하는 방식이다. 탄수화물·지방·염분을 적게 먹어 저열량 상태를 유지하기 때문에 음식을 만들 때에 소금이나 설탕 등을 사용할 수 없다. 요리 방식도 주로 굽거나 찌는 조리법을 이용한다.

① 원 푸드 다이어트   ② 저인슐린 다이어트
③ 덴마크 다이어트   ④ 니트 다이어트

> **해설**
>
> 제시문은 덴마크 다이어트에 관한 설명이다.
> ① 원 푸드 다이어트 : 일정 기간 한 가지 식품을 70% 이상 지속적으로 섭취하는 다이어트 법
> ② 저인슐린 다이어트 : 혈당지수 60 이하인 음식을 위주로 먹음으로써, 인슐린 분비를 적게 하여 체중을 조절하는 다이어트
> ④ 니트 다이어트 : 운동 시간을 따로 내지 않고 평소에 칼로리가 많이 소비되는 활동을 하는 다이어트

┃ 경기문화재단, 대구시설공단

82 다음 글에서 ㉠에 들어갈 용어는?

> ____㉠____은/는 '유목민, 정착하지 않고 떠돌아다니는 사람'이란 뜻으로. 21세기 정보기술의 발달로 등장한 신인류를 뜻한다. '디지털 ____㉠____'은/는 휴대폰, 노트북, 디지털 카메라 등 첨단 디지털 기기를 활용해 시공간의 제약을 받지 않은 채 필요한 정보를 찾고 타인과 쌍방 소통하는 자유롭고 창조적인 인간형이다.

① 노마드
③ 빅브라더
② 프로컨슈머
④ 그루밍

해설

위 내용은 노마드(Nomad)족에 관한 설명이다.
② 프로슈머(Prosumer) : 생산자와 소비자(Producer+Consumer)의 합성어로 제품의 생산 과정부터 참여하여 유통의 단계까지 참여하는 전문적인 소비자
③ 빅브라더(Big Brother) : 조지 오웰의 소설 〈1984〉(1949)에서 비롯된 용어로, 정보를 독점으로 관리하여 사회를 통제하는 권력이나 그러한 사회체계를 일컫는 말
④ 그루밍(Grooming) : 외모에 관심이 많고, 패션과 미용에 아낌없이 투자하는 남자들을 일컫는 용어

┃ 서울경제

83 2019년 11월에 크리스티 홍콩 경매에서 한국미술품 사상 최고가인 132억에 낙찰된 미술작품은?

① 박수근 – 〈빨래터〉(1954)
② 김환기 – 〈우주〉(1971)
③ 이중섭 – 〈흰 소〉(1954)
④ 백남준 – 〈걸음을 위한 선〉(1963)

해설

김환기 화백의 〈우주(Universe)〉(1971)는 푸른색 전면점화로 그의 작품 가운데 가장 큰 추상화이자 유일한 두폭화이다. 2019년 크리스티 홍콩 경매에서 132억원에 낙찰된 〈우주〉는 한국미술품 경매 사상 최고가 기록을 세웠다.

┃ 한국산업단지공단

84 1947년 알베르 카뮈가 발표한 소설로, 전염병 창궐로 위기에 빠진 사회의 부조리를 사실적으로 묘사한 걸작은?

① 페스트
③ 이방인
② 스페인 독감
④ 시지프의 신화

해설

〈페스트(Plague)〉(1947)는 노벨문학상을 수상한 알베르 카뮈의 대표작이다. 페스트의 창궐로 인해 위기에 빠진 오랑시를 배경으로 당대 사람들이 전염병에 대응하는 다양한 양상을 통해 사회의 부조리를 사실적으로 그렸다.

06 과학·컴퓨터·IT·우주

❚ 부산교통공사

85 목성의 가장 큰 위성인 갈릴레오 위성 중에서 제3위성은 무엇인가?

① 이 오 ② 가니메데
③ 유로파 ④ 칼리스토

해설

갈릴레이 위성은 목성에서 가까운 순으로 왼쪽부터 이오, 유로파, 가니메데, 칼리스토이다.

❚ 부산교통공사

86 엑셀에서 텍스트를 간편하게 결합해주는 함수로, 구분기호를 통해 여러 문자를 연결하고 중간에 삽입문자까지 지정해 텍스트 처리해주는 함수는?

① TEXTJOIN ② CONCAT
③ VLOOKUP ④ COUNTIFS

해설

TEXTJOIN 함수는 엑셀의 대표적인 텍스트 결합함수이다. 이 함수는 구분 기호를 통해 여러 범위와 문자열의 텍스트를 결합하고, 결합할 각 텍스트 값 사이에 지정되는 텍스트를 포함한다. 구분 기호가 빈 텍스트 문자열인 경우 범위를 지정하여 연결한다.

❚ 경기교통공사

87 어떤 문제를 해결하기 위한 절차, 방법, 명령어들의 집합을 뜻하는 말은?

① 프로세스 ② 프로그래밍
③ 코 딩 ④ 알고리즘

해설

알고리즘(Algorithm)은 어떤 문제를 해결하기 위한 명령들로 구성된 일련의 순서화된 절차를 의미한다. 문제를 논리적으로 해결하기 위해 필요한 절차, 방법, 명령어들을 모아놓은 것, 이를 적용해 문제를 해결하는 과정을 모두 알고리즘이라고 한다. 알고리즘은 소프트웨어 연구에서 중요한 요소이다. 아랍의 수학자인 알콰리즈미의 이름에서 유래했으며 아라비아 숫자를 사용하여 연산을 행하는 수순을 의미한다.

88 반도체 미세공정 단위인 1나노미터(nm)는 얼마를 나타내는가?

① 10^{-6}m
② 10^{-7}m
③ 10^{-8}m
④ 10^{-9}m

> **해설**
>
> 1나노미터(nm)는 10^{-9}m이다.

89 기체를 초고온 상태로 가열해 전자와 양전하를 가진 이온으로 분리한 상태로, 양전하와 음전하 수가 같아서 중성을 띠는 상태는?

① 토카막
② 플라스마
③ 초전도
④ 초고주파

> **해설**
>
> 플라스마는 기체를 초고온 상태로 가열해 전자와 양전하를 가진 이온으로 분리한 상태로, 양전하와 음전하 수가 같아서 중성을 띤다.

90 '유체의 속력이 증가하면 압력이 감소한다'라는 명제와 관련있는 유체역학의 정리는?

① 베르누이 정리
② 파스칼 원리
③ 열역학 제1법칙
④ 마그누스 효과

> **해설**
>
> 베르누이의 정리는 유체의 속력이 증가하면 압력이 감소한다는 것으로, 베르누이의 저서 〈유체역학〉에서 발표되었다. 에너지 보존 법칙의 결과로 유체의 흐름이 빠른 곳의 압력은 유체의 흐름이 느린 곳의 압력보다 작아진다는 이론이다. 베르누이 정리를 실례로 밝힌 것이 마그누스 효과(Magnus Effect)이다.

91 화산 폭발 후 마그마가 지표 부근에서 빠르게 식어 형성된 결정이 작은 암석은?

① 화강암
② 현무암
③ 반려암
④ 섬록암

> **해설**
>
> 화산 폭발 후 마그마가 지표 부근에서 빠르게 식어 형성된 결정이 작은 암석을 화산암이라고 하는데, 화산암에는 대표적으로 현무암, 안산암, 유문암이 있다. 반려암, 섬록암, 화강암은 마그마가 천천히 식어 형성돼 결정이 큰 심성암이다.

▎부산교통공사

92 임계온도 단위에서 K, ℃는 각각 무엇을 가리키는가?

① K - 랭킹온도, ℃ - 섭씨온도
② K - 절대온도, ℃ - 화씨온도
③ K - 절대온도, ℃ - 섭씨온도
④ K - 환원온도, ℃ - 화씨온도

해설

임계온도 단위에서 'K'는 절대온도, '℃'는 섭씨온도이다.

▎화성도시공사

93 페루, 칠레 연안에서 주로 나타나며, 적도 부근의 수온이 높아지는 해수 온난화 현상은 무엇인가?

① 엘니뇨현상　　　　　　　　② 라니냐현상
③ 온실효과　　　　　　　　　④ 소빙하기

해설

엘리뇨현상은 페루, 칠레의 서부 열대 해상에서 주로 나타나며, 적도 부근 수온이 평년보다 높아지는 해수 온난화 현상이
다. 무역풍이 약화되며 용승이 약해지면서 나타난다.
② 라니냐현상 : 엘리뇨 현상과 반대로 적도 부근 무역풍이 강화되며 용승이 강해지면서 나타난다.
③ 온실효과 : 대기 중 온실 가스의 증가로 지구 표면의 기온이 점차 상승하는 현상
④ 소빙하기 : 기후가 불안정하고 비교적 추운 날씨가 지속되는 시기. 대빙하기보다 지속 기간이 짧다.

▎서울산업진흥원

94 디지털 환경에서 생성되는 대규모 데이터로, 양이 방대하여 기존 데이터 수집 방식으로는 저장이나
분석이 어려운 정형·비정형 데이터는 무엇인가?

① 판옵티콘　　　　　　　　　② 빅데이터
③ 블록체인　　　　　　　　　④ 모빌리티

해설

① 판옵티콘(Panopticon) : 프랑스 철학자인 미셸 푸코가 제시한 개념으로, 컴퓨터 통신망과 데이터베이스를 개인의
　 사생활을 감시 또는 침해하는 대상으로 비유한 말
③ 블록체인(Block Chain) : 참여자의 온라인 거래 정보를 공개적인 장부에 기록해 거래 내역의 투명성을 확보하고,
　 여러 대의 컴퓨터에 이를 복제하는 분산형 데이터 저장기술
④ 모빌리티(Mobility) : 사람들의 이동을 편리하게 만드는 각종 서비스를 폭넓게 부르는 용어로, 전통적인 교통수단에
　 IT를 결합해 효율과 편의성을 높이는 서비스

▌방송통신심의위원회

95 인공지능(AI)을 활용해 기존 인물의 신체를 CG처럼 합성한 기술은?

① 딥러닝　　　　　　　　　② 딥페이크
③ 디지털 피핑톰　　　　　　④ 딥백그라운드

> **해설**
>
> 딥페이크(Deepfake)란 사물데이터를 군집화하는 '딥러닝(Deep Learning)'과 '가짜(Fake)'의 합성어로 인공지능(AI) 중 차세대 딥러닝기술인 생성적 적대 신경망(GAN ; Generative Adversarial Network)라는 기계학습 기술을 활용한다. 이 기술을 사용하면 실제 인물의 얼굴, 특정 부위 등 신체부위를 다른 기존 사진이나 영상에 겹쳐 CG처럼 처리할 수 있다. 다만 포르노영상 등에 악용될 우려가 있어 논란 중이다.

▌충북개발공사

96 '금융감독'과 '기술'의 합성어로 최신기술을 활용해 금융감독 업무를 효율적으로 수행하기 위한 기법을 일컫는 신조어는?

① 핀테크　　　　　　　　　② 프롭테크
③ 섭테크　　　　　　　　　④ 레그테크

> **해설**
>
> 섭테크(Suptech)는 금융감독과 기술(Supervision + Technology)의 합성어로, 최신 기술을 활용해 금융감독 업무를 효율적으로 수행하기 위한 기법이다.
> ① 핀테크(Fintech) : 금융(Finance)과 기술(Technology)이 결합한 서비스나 그런 서비스를 하는 회사
> ② 프롭테크(Proptech) : 부동산 자산(Property)과 기술(Technology)의 합성어. AI, 빅데이터, 블록체인 등 첨단 정보기술(IT)을 결합한 부동산 서비스
> ④ 레그테크(Regtech) : 규제(Regulation)와 기술(Technology)의 합성어로 AI를 활용해 복잡한 금융규제를 기업들이 쉽게 이해하고 지키도록 하는 기술

▌방송통신심의위원회

97 다음 중 미국의 4대 통신사가 아닌 것은?

① 버라이즌　　　　　　　　② 스프린트
③ CMC 텔레콤　　　　　　④ AT&T

> **해설**
>
> 미국 4대 통신사는 버라이즌, AT&T, 스프린트, T-모바일이다. 이중 이동통신 가입자 최다기관은 버라이즌이며 다음으로는 AT&T가 그 뒤를 따른다. 미 법무부에서는 2019년 7월 T-모바일과 스프린트의 합병 승인했다. 합병이 마무리되면 미 이동통신시장은 버라이즌, AT&T에 이어 T모바일-스프린트 합병회사의 3강 체제로 재편된다. CMC 텔레콤은 베트남 4대 통신사 중 하나이다.

❙ 대전시설관리공단

98 지식재산권을 독점하는 것이 아니라 기술이나 아이디어를 기업 간 경계를 넘나들며 공유하는 개방형 기술혁신은?

① 리버스 이노베이션   ② 오픈 이노베이션

③ 클라인 이노베이션   ④ 인크러멘털 이노베이션

> **해설**
> 오픈 이노베이션(Open Innovation)은 헨리 체스브로(Henry Chesbrough) 교수가 2003년에 처음 만든 개념으로, 기업이 기술과 아이디어, 연구개발 자원(R&D)을 내·외부와 공유하면서 자연스럽게 기술혁신이 일어날 수 있다.

❙ 대구시설공단

99 다음 글에서 밑줄 친 '이것'으로 적절한 것은?

> 19세기 미국 상류사회에서는 당구가 유행했는데, 당구공의 재료는 아프리카 코끼리 상아가 쓰였다. 그런데 이 상아는 비싸고 귀해서 당구공으로 쓰이기 적합하지 않았다. 최초의 '이것'은/는 상아를 대체할 가볍고 편한 물질을 찾으려는 노력으로 생겨났다.

① 나일론   ② 스티로폼

③ 플라스틱   ④ 폴리에스테르

> **해설**
> 최초의 플라스틱은 당시 당구공 재료로 쓰였던 비싸고 귀한 상아를 대체하기 위해, 미국의 존 하이엇(John. W. Hyatt)이 최초의 천연수지 플라스틱 셀룰로이드를 만들면서 시작됐다.

❙ 해양환경공단

100 다음 중 바이러스에 대한 설명으로 적절하지 않은 것은?

① 박테리아는 바이러스에 감염되지 않는다.

② 숙주세포가 있어야 증식이 가능하다.

③ 인수공통감염도 일으킬 수 있다.

④ AIDS나 독감 등 다양한 질환의 원인이다.

> **해설**
> 바이러스(Virus)는 DNA나 RNA를 게놈(Genome)으로 가지며 단백질로 둘러 싸여 있다. 바이러스는 혼자서 증식이 불가능하여 숙주 세포 내에서 복제를 하며, 세포 간에 감염(Infection)을 통해서 증식한다. 동물, 식물, 박테리아 등 거의 모든 생명체에는 각각 감염되는 바이러스가 존재하고 에이즈(AIDS)나 독감과 같은 다양한 질환의 원인이 된다.

02 주요 공공기관 한국사 기출문제

┃ 경기도시공사

01 다음 유물이 사용되던 시기의 생활상으로 옳지 않은 것은?

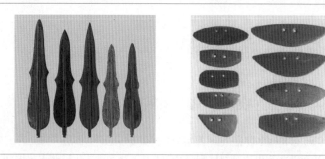

① 막집에 살았다.

② 계급과 지배자가 등장하였다.

③ 대표적인 농기구는 반달돌칼이었다.

④ 비파형동검과 거친무늬거울이 대표적 유물이다.

해설

사진은 비파형동검과 반달돌칼로 청동기시대의 대표적 유물이다. 청동기시대에는 사유재산과 계급이 발생하였고, 정복
전쟁의 과정에서 군장(족장)이 출현하여 제사와 정치를 주관하였다. 막집은 구석기시대의 대표유물로 나뭇가지와 가죽
등을 이용해 임시로 간단히 지은 집이다.

┃ 부산교통공사

02 다음 자료에 나타난 나라에 대한 설명으로 틀린 것은?

> 10월로써 하늘에 제사하고 대회하니 이름하여 **동맹**이라 한다. 그 나라 동쪽에 대혈이 있는데 수신
> 이라 부르고, 역시 10월로써 맞아서 제사한다.
>
> 〈후한서〉

① 신랑이 결혼 후 신부집에서 사는 혼인풍속이 있었다.

② 형이 죽으면 형의 부인을 아내로 삼았다.

③ 도망자가 소도로 피신해오면 잡아내지 못했다.

④ 최고 회의는 제가회의였다.

[해설]

소도는 삼한 지역에 있던 별읍으로, 제사를 지내던 지역이다. 이곳에 도망자가 오면 신성한 지역이라 하여 잡아내지 못했다.

┃ 한국중부발전

03 부여에 대한 설명으로 옳지 않은 것은?

① 법이 엄격하여 살인자와 그의 가족은 처형되었다.
② 왕호를 사용하였다.
③ 영고라는 제천 행사가 있었다.
④ 순장의 풍습이 있었다.

[해설]

부여의 법으로는, 살인자는 사형에 처하고 그 가족은 노비로 삼으며, 남의 물건을 훔쳤을 때에는 물건 값의 12배를 배상하게 하고, 간음한 자는 사형에 처한다는 것 등이 전해지고 있다.

┃ 한국산업인력공단

04 삼한에 대한 설명으로 옳지 않은 것은?

① 신성 지역인 소도에는 군장의 세력이 미치지 못하였다.
② 천군은 농경과 종교에 대한 의례를 주관하였다.
③ 세력이 큰 지배자를 읍차, 세력이 작은 지배자를 신지라 불렀다.
④ 철기 문화를 바탕으로 하는 농경 사회였다.

[해설]

삼한의 지배자 중에서 세력이 큰 경우는 신지, 작은 경우는 읍차로 불렸다.

┃ 한국남동발전

05 다음은 어느 나라에 대한 설명인가?

> • 특산물로 단궁이라는 활과 과하마, 반어피 등이 유명하였다.
> • 매년 10월에 무천이라는 제천 행사를 열었다.
> • 동해안에 위치하여 해산물이 풍부하였다.

① 부 여   ② 마 한
③ 옥 저   ④ 동 예

[해설]

동예는 강원도 북부 동해안 중심에 형성된 나라로 읍군과 삼로라는 군장이 통치하였다. 방직기술이 발달하였고 족외혼과 책화라는 풍속이 있었다.

06 삼국의 한강 유역 점령순서를 바르게 나열한 것은?

① 고구려 – 백제 – 신라

② 신라 – 백제 – 고구려

③ 고구려 – 신라 – 백제

④ 백제 – 고구려 – 신라

해설

백제는 기원전 18년에 온조가 한강 유역 위례성에 나라를 세운 후, 한강 유역을 중심으로 4세기 말 전성기를 누렸다. 고구려는 5세기에 장수왕이 한강 유역을 점령하면서 발전했고, 신라는 6세기에 진흥왕이 한강 유역을 차지하며 삼국통일의 기반을 마련했다.

07 다음 삼국시대 왕들의 공통점이 아닌 것은?

① 소수림왕, 침류왕 – 불교 수용

② 고이왕, 법흥왕 – 율령반포

③ 성왕, 광개토대왕 – 천도

④ 장수왕, 진흥왕 – 한강 차지

해설

광개토대왕은 만주지역을 확보하며 고구려 역사상 가장 넓은 영토를 차지했고, 그의 아들인 장수왕은 평양으로 천도했으며 한강 유역을 차지했다.

08 삼국시대의 왕과 그의 업적을 올바르게 연결한 것은?

① 백제 무령왕 – 남조와 교류하고, 한강유역을 차지

② 고구려 장수왕 – 신라로 원병 출정하여 왜구 격퇴

③ 신라 진흥왕 – 화랑제도를 정비하고, 황룡사 건립

④ 신라 지증왕 – 율령을 반포하고 불교를 공인

해설

신라 진흥왕은 신라의 24대 왕으로 마을 단위 소규모 조직이던 화랑제도를 국가적 조직으로 정비하고, 경주에 황룡사를 건립했다.

① 백제 성왕이 남조와 교류하고 한강유역을 차지했다.

② 고구려 광개토대왕이 신라에 원병 출정하여 신라에 침입한 왜구를 격퇴시켰다.

④ 신라 법흥왕은 율령을 반포하고 불교를 공인했다.

09 다음 중 원효대사가 주장한 불교사상이 아닌 것은?

① 화엄사상   ② 화쟁사상

③ 정토사상   ④ 일심사상

해설

화엄사상은 의상대사가 중국에서 화엄종을 공부하고 돌아와서 전한 사상이다.

10 발해에 대한 설명으로 옳지 않은 것은?

① '대흥', '건흥' 등 독자적인 연호를 사용했다.

② 무왕 때 당나라의 관직명에 따라 관제를 정비했다.

③ 대조영이 고구려 유민과 말갈족을 연합하여 건국했다.

④ 당나라가 해동성국(海東盛國)으로 부르며 칭송했다.

해설

무왕은 당나라·신라와 대립하며 외교적으로 고립된 상황을 극복하고자 일본과의 외교를 시도했다. 문왕 때 당과 친선 관계를 맺으면서 당의 문물을 받아들이고 체제를 정비하였다.

11 다음 중 발해가 계승한 국가는?

① 부 여   ② 신 라

③ 당   ④ 고구려

해설

발해는 고구려를 계승하여 세운 국가로서, 일본에 보낸 국서에는 '고려'라는 국호를 사용하기도 했다.

12 다음 중 같은 시대의 유적이 아닌 것은?

① 장군총   ② 천마총

③ 무령왕릉   ④ 홍 릉

해설

①·②·③은 삼국시대, ④는 고려시대 고분이다.

① 장군총 : 돌을 쌓아올려 만든 고구려와 백제 초기에 나타나는 '돌무지무덤' 형태

② 천마총 : 시신을 넣은 널을 또 다른 큰 널에 넣고 그 위에 돌을 쌓은 후 흙을 덮어 만든 '돌무지 덧널무덤' 형태 중 대표적인 고분

③ 무령왕릉 : 벽돌을 제작해 만든 '벽돌무덤'으로 벽돌 하나하나에 무늬를 새겨 방을 만든 형태의 백제 고분

④ 홍릉 : 고려 제23대 왕인 고종(1192~1259년)의 능으로 강화도에 위치

┃ 한국산업인력공단

13 다음 중 고려와 조선시대에 의창을 설치한 까닭은?

① 왕권의 강화
② 신분을 초월한 인재 등용
③ 지방교육기관 확충
④ 농민 생활의 안정

해설

의창은 고려와 조선시대에 가난한 백성들에게 국가가 곡식을 무상으로 빌려주었다가 가을에 추수를 하면 되받는 빈민구제기관이다.

┃ 한국서부발전

14 다음 중 무신정권기에 있었던 일이 아닌 것은?

① 교정도감 설치
② 망이·망소이의 난
③ 강화도로 천도
④ 삼정의 문란

해설

고려 무신정권기는 1170~1270년 동안 무신 세력에 의해 주도된 고려 정권 형태로, 이 시기 공주 명학소를 중심으로 망이·망소이의 난(1176)이 일어났으며, 최충헌은 교정도감을 통해 권력을 장악(1196~1219)했다. 또한 몽골이 침략하자 최우는 강화도로 천도(1232)했다.

┃ 광주광역시공공기관통합채용

15 다음 고려 대몽항쟁 중에 가장 나중에 일어난 사건은?

① 처인성전투
② 팔만대장경 조판
③ 강화도 천도
④ 삼별초 항쟁

해설

대몽항쟁은 고려가 몽골침입에 40여 년간 항전한 것을 말한다. 고려 최우 무신정권은 몽골 1차침입에 수도를 강화도로 천도(1232)하고, 이후 몽골 2차침입에서 김윤후 등이 처인성전투(1232)에서 이를 막아냈다. 고려는 계속된 몽골침투에 팔만대장경(1236)을 만들어 호국불교 정신으로 몽골을 막아 내려 했다. 결국 고려는 몽골에 굴복했으나, 삼별초 부대는 이를 거부하고 몽골군에 마지막까지 저항했다(1270).

❙ 광주도시철도공사

16 다음 중 고려 공민왕의 업적으로 틀린 것은?

① 천리장성 축조   ② 쌍성총관부 공격

③ 정동행성 이문소 폐지   ④ 전민변정도감 설치

> **해설**
>
> ① 천리장성은 고려 초기 북방민족의 침입에 대비하기 위해 덕종 2년(1033년)부터 쌓아 정종 10년(1044년)에 완성하였다.
>
> **공민왕의 업적**
>
> 고려 31대 왕인 공민왕(1351~1374년)은 대외적으로는 친원세력 숙청, 정동행성 이문소 폐지, 관제 복구, 몽골풍 금지, 쌍성총관부 공격, 요동 지방 공략을, 대내적으로는 왕권강화를 위해 정방 폐지, 전민변정도감 설치라는 개혁을 추진했다.

❙ 한국산업인력공단

17 다음 중 음서제에 대한 설명으로 옳지 않은 것은?

① 가문에 기준을 두고 조상의 공로와 지위에 따라 그 자손을 관리로 임용하는 제도이다.

② 음서제로 관직에 오른 자가 과거제로 관직에 오른 자보다 우대받았다.

③ 조선시대에는 음서제를 통한 관직 진출이 크게 축소되었다.

④ 고려의 세습적 문벌귀족 가문을 형성하는 데 중요한 역할을 했다.

> **해설**
>
> 음서제로 관직에 오른 자는 어느 정도 관직 임명에 제한을 받았기 때문에 고위 관직에 진출하기 위해서는 과거시험을 통과해야만 했다.

❙ 한국서부발전

18 토지제도를 실시된 순서대로 나열한 것은?

① 전시과 – 직전법 – 과전법 – 관수관급제

② 관수관급제 – 직전법 – 과전법 – 전시과

③ 전시과 – 과전법 – 직전법 – 관수관급제

④ 과전법 – 직전법 – 관수관급제 - 전시과

> **해설**
>
> • 전시과(고려) : 관직을 고려하여 수조권을 지급하는 제도
>
> • 과전법(고려 말) : 국가 재정을 유지하기 위해 관리에게 경기지역 토지를 지급하고 사후에 거둬들이는 제도
>
> • 직전법(조선 세조) : 토지 세습을 막기 위해 현직 관리에게만 토지를 지급하는 제도
>
> • 관수관급제(조선 성종) : 관청에서 세금을 거두어 관리에게 지급하는 제도

안심Touch

┃ 부산교통공사

19 5군영 중 국왕 호위와 수도 방어를 위해서 중앙에 설치된 군영은 무엇인가?

① 훈련도감   ② 금위영

③ 어영청   ④ 수어청

해설

금위영은 국왕 호위와 수도 방어를 위해서 중앙에 설치된 군영으로 5군영 중 하나이다. 5군영은 조선 후기에 서울과 외곽지역을 방어하기 위해 편제된 5개의 군영으로, 훈련도감(訓鍊都監), 어영청(御營廳), 총융청(摠戎廳), 금위영(禁衛營), 수어청(守禦廳)이 있다.

┃ 수원시지속가능도시재단

20 다음 중 세종대왕이 재위하던 시기의 업적이 아닌 것은?

① 칠정산 간행   ② 훈민정음 창제

③ 측우기 발명   ④ 울릉도 정벌

해설

세종대왕 때의 업적으로는 대마도 정벌(1419), 칠정산 간행(1430), 측우기 발명(1441), 훈민정음 창제(1443)가 있다. 울릉도는 신라 지증왕 때 신라 땅으로 복속되었다.

┃ 부산교통공사

21 다음 중 세조의 업적이 아닌 것은?

① 4군 6진 개척   ② 6조 직계제 부활

③ 호패제 강화   ④ 직전법 실시

해설

4군 6진을 개척한 것은 세종 때이다. 세조는 세종의 둘째아들로, 조카 단종을 폐위 시키고 왕위에 올랐다. 그는 6조 직계제 부활, 호패제 강화, 직전법 실시 등의 업적을 남겼다.

22 다음과 관련된 인물은?

> • 현량과 실시를 주장
> • 〈여씨향약〉 간행 및 반포
> • 위훈삭제로 훈구파의 반발 초래
> • 기묘사화

① 김종직   ② 조광조
③ 정도전   ④ 신숙주

해설

조광조는 조선 중종 때 신진사림파의 대표인물로 이상적인 유교정치를 지향했다. 천거를 통해 과거 급제자를 뽑는 현량과의 실시를 주장했고, 〈여씨향약〉을 간행하여 전국에 반포하는 등 적극적인 개혁정치를 추진했으나 위훈삭제 건으로 남곤, 홍경주 등 훈구파의 반발을 불러왔다. 결국 훈구파는 주초위왕 사건을 빌미로 조광조를 모함했고, 이에 조광조 등 신진사림들이 대거 숙청되는 기묘사화가 발생했다.

23 다음 중 정조 때 거중기를 발명한 인물의 저서가 아닌 것은?

① 흠흠신서   ② 경세유표
③ 목민심서   ④ 자산어보

해설

정약용은 1792년 정조의 명을 받아 수원 화성을 건설하며, 도르래의 원리를 이용하여 거중기를 만들었다. 〈자산어보〉는 정약용의 형인 정약전이 흑산도에서 유배생활하면서 흑산도의 수산동식물에 대해 집필한 어류학서이다.

24 조선 후기 '균역법'에 대한 설명으로 옳은 것은?

① 농민의 군역 부담을 경감하고자 실시했다.
② 양반도 상민과 동일하게 군포를 부담했다.
③ 특산물 대신 쌀이나 동전으로 납부했다.
④ 소작농을 수취 부담에서 제외시켰다.

해설

균역법은 군역에 대한 농민 부담의 일시적 완화라는 결과를 가져왔다.

┃ 부산교통공사

25 다음은 조선 후기에 일어난 주요 사건들이다. 연도가 잘못 연결된 사건은?

① 임진왜란 – 1592년　　　　② 정유재란 – 1597년
③ 인조반정 – 1623년　　　　④ 병자호란 – 1692년

해설

병자호란은 인조 14년이던 1636년 청나라가 조선에 2차 침입하며 일어난 사건이다.

┃ 한국서부발전

26 '대동법'에 관한 설명으로 틀린 것은?

① 세금을 쌀로 통일한 납세제도이다.
② 광해군이 최초로 시행하여 전국적으로 확산시켰다.
③ 농민에게 과중하게 부과되던 세금이 어느 정도 경감되었다.
④ 전국적으로 확산되면서 쌀뿐만 아니라 옷감·동전으로도 납부할 수 있었다.

해설

대동법은 광해군 때 최초로 경기도에 한해서 시행되다가 인조가 등극 후 강원도, 충청도, 전라도까지 확대되었고, 17세기 후반이 되어서 전국적으로 확산되었다.

┃ 한국동서발전

27 '향도'에 대한 설명으로 옳지 않은 것은?

① 17세기 이후 두레가 성장하면서 향도는 크게 위축되었다.
② 향촌 공동체에서 불교신앙 공동체로 변모하였다.
③ 매향활동을 하며 불상·석탑을 만들거나 절을 지을 때 주도적인 역할을 했다.
④ 마을 노역, 혼례와 상장례, 마을 제사 등 공동체 생활을 주도하기도 했다.

해설

향도는 매향활동을 하던 불교신도들의 무리에서 비롯된 공동체이다. 조선시대에 이르러 숭유억불정책이 펼쳐지면서 향촌 공동체 성격이 더욱 강화되었다.

┃ 한국산업인력공단

28 조선 후기 서민문화가 아닌 것은?

① 한글소설　　　　　② 민 화
③ 탈 춤　　　　　　④ 분청사기

해설

분청사기는 고려 상감청자를 계승한 도자기 제작기법으로, 투박하면서도 서민적인 면모를 보이는 등 한국적인 미를 잘 담아내고 있다. 왕실에서부터 일반 서민에 이르기까지 광범위하게 사용되던 분청사기는 조선 중기 백자의 등장으로 쇠퇴했다.

┃ 한국중부발전

29 동학에 대한 설명으로 틀린 것은?

① 동학운동은 서학인 천주교 세력에 대항하는 신앙운동이다.
② 최제우가 민간 신앙과 유교, 불교, 도교를 융합하여 창시하였다.
③ 모든 사람이 평등하다는 '인내천(人乃天)' 사상을 강조하였다.
④ 동학의 기본경전은 〈용담유사〉와 〈동경대전〉이다.

해설

동학운동은 단순한 신앙운동이 아니라, 어지러운 정치와 어두운 사회를 바로잡고 어려운 민중의 생활을 구제하려는 사회운동이라 할 수 있다.

┃ 경기도일자리재단

30 동학 농민군이 제시한 폐정 개혁안에서 주장한 내용으로 적절한 것은?

① 의회 제도를 도입하여 입헌 군주제를 실시한다.
② 토지는 균등히 나누어 경작한다.
③ 일본은 명성왕후 시해를 사죄해야 한다.
④ 안동 김씨 세도 가문은 물러나야 한다.

해설

폐정 개혁안은 농민의 입장에서 당시 봉건적 지배 체제의 개혁을 주장하였다.

┃ 한국남동발전

31 신미양요 이후에 생긴 일로 적절한 것은?

① 병인박해　　　　② 척화비 건립
③ 서원 철폐　　　　④ 법전 편찬

해설

신미양요는 1871년(고종 8)에 미국이 제너럴셔먼호 사건(1866)을 빌미로 조선을 개항시키기 위해 무력으로 침략한 사건이다. 신미양요 이후 흥선대원군은 척화비(1871)를 세우고 쇄국정책을 강화했다.

▎부산교통공사

32 박은식이 중국으로 망명한 뒤 민족사관에 입각해 지은 한국 역사서는?

① 조선상고사감 ② 조선사연구
③ 한국통사 ④ 조선상고사

> **해설**
>
> 박은식은 대한제국이 주권을 잃자 중국으로 망명한 뒤, 한국 근대사에 대해 일제가 왜곡한 내용을 바로 잡아 민족주의 사관에 입각한 〈한국통사〉(1915)를 저술했다.

▎부산교통공사

33 조선 개항 이후에 설치된 신문물인 근대화폐 제조기관은?

① 우정국 ② 전환국
③ 기기창 ④ 박문국

> **해설**
>
> 전환국은 조선 후기인 1883년(고종 20)에 설치되어 1904년(광무 8)에 폐지된 상설 조폐기관이다.

▎경기도일자리재단

34 의열단에 대한 설명으로 옳지 않은 것은?

① 1919년 11월 만주 지린성에서 조직되었다.
② 부산경찰서 폭파사건을 주도했다.
③ 대한민국 임시정부 산하의 의열투쟁단체였다.
④ 〈조선혁명선언〉을 활동 지침으로 삼았다.

> **해설**
>
> 의열단은 1919년 11월 만주 지린성에서 조직된 항일 무력독립운동 단체이다. 신채호의 〈조선혁명선언〉을 활동지침으로 삼았으며, 부산경찰서 폭파사건, 조선총독부 폭탄투척 의거 등의 주요 활동을 했다. 대한민국 임시정부 산하의 의열투쟁단체는 한인애국단이다.

▎광주도시철도공사

35 다음 중 지청천에 대한 설명 중 옳지 않은 것은?

① 한국독립군, 광복군 사령관 등을 역임하였다.
② 한국독립군을 이끌고 동경성을 공격하여 탈환하였다.
③ 중국의용군과 연합하여 대전자령에서 승리를 거두었다.
④ 한국독립군은 중국군과 함께 흥경성에서 일본군과 전투를 벌였다.

해설

④ 흥경성 전투는 양세봉이 이끄는 조선혁명군과 중국군이 연합하여 일제와 싸운 전투이다.

① 지청천은 한국독립군 총사령관으로 중국과 연합하여 일본군과 싸웠고, 광복군 창설 이후 광복군 사령관을 역임하면서 항일투쟁을 하였다.

② 1933년 지청천이 이끄는 한국독립군은 중국군과 연합하여 일본군 점령지인 동경성을 탈환하였다.

③ 1933년 지청천이 이끄는 한국독립군은 중국의용군과 함께 중국 연병의 일본군을 기습하여 대전자령 대첩에서 승리를 거두었다.

| 부산항보안공사

36 다음은 한인애국단에서 활동한 일제감정기 독립운동가다. 1932년 4월 29일 일왕의 생일날 폭탄을 던져 일왕 암살 시도를 한 인물은?

① 이봉창   ② 윤봉길

③ 안중근   ④ 안창호

해설

윤봉길 의사는 한인애국단 소속으로 1932년 상하이 흥커우 공원의 일왕 생일 축하 행사장에 도시락 폭탄을 던져 일본 상하이파견군 대장 등을 즉사시켰다. 이 거사는 중국 국민당 정부가 대한민국 임시정부를 적극 지원하게 되는 계기를 마련했다.

① 이봉창(1901~1932) : 한인애국단의 단원으로 1932년 1월 일본 도쿄에서 일왕에게 수류탄을 던진 독립운동가이다.

③ 안중근(1879~1910) : 구한말의 독립운동가로 만주 하얼빈에서 조선침략의 원흉 이토 히로부미를 사살하고 순국하였다.

④ 안창호(1878~1938) : 독립협회, 신민회, 흥사단 등에서 활발하게 독립운동을 펼친 독립운동가이자 교육자이다.

37 다음 중 신민회에 대한 옳은 설명만을 고른 것은?

> ㄱ. 형평 운동 실시 　　　　　　　ㄴ. 105인 사건으로 해산
> ㄷ. 대성학교, 오산학교 설립 　　　ㄹ. 화폐 정리 사업 추진

① ㄱ, ㄴ 　　　　　　　　　　　② ㄱ, ㄹ
③ ㄴ, ㄷ 　　　　　　　　　　　④ ㄷ, ㄹ

해설

신민회(1907~1911년)

안창호 · 양기탁 등의 사회계몽 운동가들이 결성한 항일 비밀 결사 조직이다. 국내에서는 평양의 대성학교와 정주의 오산학교를 설립하는 교육구국운동과, 계몽강연 및 서적 · 잡지 출판운동, 민족산업 자본의 부흥을 위한 실업장려 운동을 전개하며 자기제조주식회사와 태극 서관을 설립하였다. 국외에서는 만주지역에 무관학교를 설립하고 독립군기지를 창설해 독립군을 양성하였다. 그러나 1910년 경술국치 이후 탄압이 심해졌고, 결국 1911년 일제가 조작한 105인 사건으로 해산하였다.

38 다음 중 1910년대 일제식민정책에 해당하는 것을 모두 고르면?(정답 2개)

① 회사령 제정 　　　　　　　　　② 보통경찰제도 도입
③ 토지조사사업 시작 　　　　　　④ 한글신문 창간 허용

해설

①·③은 1910년대 무단통치 식민정책이고, ②·④는 1920년대 문화통치 식민정책이다.

39 대한민국 임시정부가 주도한 일이 아닌 것은?

① 독립운동자금 모금 　　　　　　② 건국강령 발표
③ 한국광복군 창설 　　　　　　　④ 물산장려운동 주도

해설

물산장려운동은 일제의 수탈정책에 맞선 운동으로서, 조선물산장려회에서 주도하였다.

40 신간회에 대한 설명으로 옳지 않은 것은?

① 1927년 2월에 창립하였고, 전국에 조직을 확산시켜 나갔다.
② 국내 최대 규모의 반일운동 조직이다.
③ 김원봉이 중심이 되어 결성되었다.
④ 민족주의 세력과 사회주의 세력이 연합하였다.

해설

신간회(1927~1931년)
'민족 유일당 민족협동전선'이라는 표어 아래 민족주의계와 사회주의계의 좌우익 세력이 합작해 결성된 항일단체이다.
언론·집회·결사·출판의 자유의 쟁취, 청소년·여성의 형평운동 지원, 동양척식회사 반대 등을 활동목표로 삼았다.
1929년 11월 광주학생운동이 일어나자 진상조사단을 파견하고 일제에 항의했다. 이를 계기로 독립운동 성격의 민중대회
를 계획했다가 주요 인사 44인이 체포되면서 조직의 규모가 축소되었고, 평소 민족주의 진영에 불만이 많던 사회주의
진영의 해산운동이 전개되며 결국 1931년에 해산되었다.

41 다음 시정 방침의 발표 계기로 옳은 것은?

> 정부는 관제를 개혁하여 총독 임용의 범위를 확장하고 경찰제도를 개정하며, 또는 일반 관리나 교원
> 등의 복제를 폐지함으로써 시대의 흐름에 순응한다.

① 청산리 대첩
② 3·1 운동
③ 윤봉길 의거
④ 6·10 만세운동

해설

일제는 1919년 3·1 운동을 계기로 1910년대 무단통치정책을, 1920년대에는 문화통치정책으로 전환한다.

42 다음 중 항일무장운동 단체가 아닌 것은?

① 의열단
② 한인애국단
③ 북로군정서
④ 신한청년단

해설

신한청년단은 1918년에 결성된 한인 청년독립운동단체로서, 파리강화회의와 대미외교 등 외교활동을 통해 독립운동을
펼쳐나갔다.
① 의열단 : 김원봉이 중심이 되어 결성된 항일무장조직이다.
② 한인애국단 : 김구가 조직했으며 이봉창·윤봉길 의거를 주도했다.
③ 북로군정서 : 1919년 북간도에서 결성된 항일무장조직으로 총사령관 김좌진 장군의 지휘로 청산리 대첩에서 승리하였다.

43 통일을 위한 대한민국 정부의 노력으로 ㉠에 들어갈 내용은?

> 전두환 정부 : 남북 이산가족 최초 상봉 → 노태우 정부 : 남북기본합의서 채택 → 김영삼 정부
> : (㉠)

① 남북조절위원회 구성
② 민족 공동체 통일 방안 제안
③ 7·4 남북공동성명 발표
④ 남북정상회담 최초 개최

해설

1994년 8월 15일 김영삼 정부는 통일로 가는 한민족공동체 건설을 위한 3단계 통일방안으로서 자주·평화·민주의 3원칙과 화해·협력, 남북연합, 통일국가 완성이라는 민족 공동체 통일 방안을 제안했다.

44 다음의 내용과 관련된 사건은?

> • 4할 사전투표·공개투표
> • 이승만 대통령 4선 출마

① 3·15 부정선거   ② 4·13 호헌조치
③ 6·29 민주화 선언   ④ 신군부의 비상계엄 확대

해설

1960년 3월 15일에 시행된 부정선거로, 이승만 정권을 유지하기 위해 제4대 대통령선거와 제5대 부통령선거는 4할 사전투표·공개투표의 방식으로 대대적인 선거부정행위가 자행되었다. 3월 15일 저녁 마산에서의 부정선거규탄 시위로부터 시작되어 전국적으로 확산되었고, '부정 선거 규탄'과 '이승만 하야'를 외치는 4·19 혁명이 일어났다.

45 전두환 정부 때 있었던 일에 해당하는 것은?

① 남북 이산가족 최초 상봉
② 남북기본합의서 채택
③ 남북정상회담 최초 개최
④ 민족 공동체 통일 방안 제안

해설

전두환 정부 때 남북 이산가족 상봉(1985)이 최초로 이루어졌다.
② 남북기본합의서 채택(1991) : 노태우 정부
③ 남북정상회담 최초 개최(2000) : 김대중 정부
④ 민족 공동체 통일 방안 제안(1994) : 김영삼 정부

| 한국서부발전

46 다음 ㉠~㉣을 일어난 순서대로 옳게 나열한 것은?

㉠ 6월 민주항쟁	㉡ 4 · 19 혁명
㉢ 부마 민주항쟁	㉣ 5 · 18 민주화운동

① ㉠ - ㉡ - ㉢ - ㉣   ② ㉠ - ㉢ - ㉣ - ㉡
③ ㉡ - ㉢ - ㉣ - ㉠   ④ ㉡ - ㉢ - ㉠ - ㉣

해설

㉡ 4 · 19 혁명 : 1960년 4월, 이승만 정권의 부정선거를 규탄하며 일어난 시민혁명이다.
㉢ 부마 민주항쟁 : 1979년 10월 16일~20일, 박정희 유신체제에 대항하여 부산과 마산에서 일어난 항쟁이다.
㉣ 5 · 18 민주화운동 : 1980년 5월 18일~27일, 당시 최규하 대통령 아래 전두환 군부세력 퇴진과 계엄령 철폐를 요구하
    며 광주시민을 중심으로 일어난 민주화운동이다.
㉠ 6월 민주항쟁 : 1987년 6월, 전두환 군부독재에 맞서 일어난 민주화운동이다.

| 광주도시철도공사

47 밑줄 친 '이 사건'에 대한 설명으로 옳지 않은 것은?

이 사건은 1987년 6월에 전국에서 일어난 반독재 민주화 시위로 군사정권의 장기집권을 막기 위한
범국민적 민주화 운동이다.

① 시위에 참여한 박종철이 고문으로 죽었다.
② 이한열이 최루탄에 맞은 사건이 계기가 되었다.
③ 4 · 13 호헌조치에 반대하였다.
④ 이 사건의 결과 대통령 직선제로 개헌되었다.

해설

제시된 사건은 6월 민주항쟁이다. 1987년 1월에 발생한 박종철 고문치사 사건은 6월 민주항쟁의 원인 중 하나이다.

┃ 서울신용보증재단

48 다음 ⊙~②의 사건들을 시간 순서대로 나열한 것은?

| ⊙ 10월 유신 | ○ 7 · 4 남북공동성명 |
| © 10 · 26 사태 | ② 5 · 16 군사정변 |

① ⊙ - ○ - © - ②   ② ② - ⊙ - ○ - ©

③ ⊙ - © - ② - ○   ④ ② - © - ⊙ - ○

해설

② 5 · 16 군사정변 : 1961년 5월 16일, 박정희를 중심으로 한 군사들이 정변을 일으켜 정권을 장악했다.

⊙ 10월 유신 : 1971년 10월, 박정희 장기 집권을 위해 유신을 선포하고 헌법을 개정했다.

○ 7 · 4 남북공동성명 : 1972년 7월 4일, 남쪽과 북쪽의 정부관계자들이 비밀회담을 가진 후 통일을 위한 공동성명을 발표했다.

© 10 · 26 사태 : 1979년 10월 26일, 당시 중앙정보부장 김재규가 박정희 대통령을 살해한 사건이다.

┃ 한국산업인력공단

49 다음 중 김영삼 정권 때 일어난 일은?

① 제4공화국   ② 베트남 파병

③ 4 · 13 호헌 조치   ④ 금융실명제

해설

1993년 8월, 김영삼 정권은 '금융실명거래 및 비밀 보장에 관한 긴급재정경제명령'을 발표하면서 금융실명제를 실시했다.

① · ②는 박정희 정권과 관련된 것이다.

③ 1987년 4월 13일, 전두환 정권은 '헌법 개정 논의를 금지한다'라는 특별담화를 발표했다.

┃ 부산교통공사

50 다음 역사적 사건 중 가장 나중에 일어난 것은?

① 6 · 29 민주화 선언   ② 12 · 12 사태

③ 한일 국교 정상화   ④ 서울 88 올림픽

해설

한일 국교 정상화(1965) → 12 · 12 사태(1979) → 6 · 29 민주화 선언(1987) → 서울 88 올림픽(1988) 순이다.

48 ② 49 ④ 50 ④ 〈정답

2 PART

최신시사상식

01 주요 국제 Awards

01 노벨상

수상 부문		생리의학, 물리학, 화학, 경제학, 문학, 평화
주최		스웨덴 왕립과학아카데미, 노르웨이 노벨위원회
시작연도		1901년
시상식 장소		스웨덴 스톡홀름(단, 평화상은 노르웨이 오슬로)
시상식 일정		매년 12월 10일
심사	생리의학	카롤린스카 의학연구소
	물리학, 화학, 경제학	스웨덴 왕립과학아카데미
	문학	스웨덴 아카데미(한림원)
	평화	노르웨이 노벨위원회

01 노벨생리의학상

| 하비 올터 | 마이클 호턴 | 찰스 라이스 |

2020년 노벨생리의학상은 하비 올터 미국 국립보건원 부소장과 마이클 호턴 캐나다 앨버타대학 교수, 찰스 라이스 미국 록펠러대학 교수 등 3명이 선정됐다. 노벨위원회는 이들이 C형 간염 바이러스를 발견해 간암·간경변 등과 같은 질병에 맞설 수 있도록 이바지한 공로로 수상자로 선정했다고 밝혔다. 하비 올터는 기존의 A형 간염과 B형 간염이 아닌 다른 바이러스가 간염을 유발할 수 있다는 사실을 발견했고, 마이클 호턴은 바이러스에 감염된 침팬지의 혈액에서 DNA 조각을 찾아내 하비 올터의 발견이 C형 간염 바이러스 때문이라는 사실을 밝혀냈다. 또 찰스 라이스는 C형 간염 바이러스 내부 단백질 구조를 처음 밝혀내고 독성이 없는 치료제를 만드는 데 성공했다. 이들의 발견과 연구는 만성 간염의 원인을 밝혀낸 것은 물론 C형 간염 바이러스 진단을 위한 혈액 검사와 치료제 개발로 이어졌다.

02 노벨물리학상

로저 펜로즈　　　　라인하르트 겐첼　　　　앤드리아 게즈

2020년 노벨물리학상은 로저 펜로즈 영국 옥스퍼드대 교수와 라인하르트 겐첼 미국 버클리 캘리포니아대 교수 겸 독일 막스플랑크 외계물리학연구소장, 앤드리아 게즈 미국 로스앤젤레스 캘리포니아대 교수 등 3명이 선정됐다. 노벨위원회는 "펜로즈 교수는 블랙홀 형성이 일반 상대성 이론의 강력한 증거임을 규명했고, 겐첼 소장과 게즈 교수는 우리 은하 중심에 있는 거대 질량 소행 물체 연구에 새로운 지평을 열었다"고 선정 이유를 밝혔다. 한편 게즈 교수는 1903년 마리 퀴리, 1963년 마리아 괴퍼트 메이어, 2018년 도나 스트릭랜드에 이어 역대 네 번째 여성 노벨물리학상 수상자가 됐다.

03 노벨화학상

에마뉘엘 샤르팡티에　　　제니퍼 다우드나

2020년 노벨화학상에는 유전자를 정밀하게 교정 또는 편집할 수 있는 유전자가위 기술인 '크리스퍼/카스9'를 개발하여 생명과학에 새 시대를 연 프랑스 출신의 에마뉘엘 샤르팡티에 독일 막스플랑크병원체연구소장과 제니퍼 다우드나 미국 버클리 캘리포니아대 교수에게 돌아갔다. 유전자가위는 생명정보가 담긴 기본 단위인 유전체 염기서열 가운데 특정 부분을 잘라내거나 붙일 수 있는 기술로 크리스퍼/카스9는 3세대 유전자가위 기술로 분류된다. 노벨위원회는 "이 기술이 생명과학에 혁명적 영향을 미쳤으며, 새로운 암 치료법 개발에 기여하고 유전질환 치료의 꿈을 실현해 줄 수 있을 것"이라고 평가했다.

04 노벨경제학상

폴 밀그럼   로버트 윌슨

2020년 노벨경제학상은 새 경매방식을 발명한 폴 밀그럼과 로버트 윌슨 미국 스탠퍼드대 교수가 수상자로 선정됐다. 두 학자는 경매가 어떻게 작동하는지, 응찰자들이 왜 특정한 방식으로 행동하는지 명확히 했을 뿐만 아니라 이 같은 이론적 발견을 라디오 주파수나 공항에서 특정시간 동안 항공기가 이착륙할 수 있는 권리 등 전통적인 방법으로 팔기 어려운 상품과 서비스 판매를 위한 완전히 새로운 경매 방식을 개발하는데 활용했다. 노벨위원회는 "경매는 어디에서든 벌어지고, 우리 일상생활에 영향을 준다"면서 "밀그럼과 윌슨은 경매이론을 개선했고, 새 경매 형태를 발명해 전 세계 매도자와 매수자, 납세자에게 혜택을 줬다"고 설명했다.

05 노벨평화상

세계식량계획(WFP)

2020년 노벨평화상은 개인이 아닌 유엔 산하 세계식량계획(WFP)이 수상자로 선정됐다. 노벨위원회는 "국제적 연대와 다자간 협력의 필요성이 그 어느 때보다 중요한 시점에서 세계식량계획은 기아에 대항하고, 분쟁지역에 평화를 위한 조건을 개선하고, 기아를 전쟁과 분쟁의 무기로 사용하는 것을 막기 위한 노력에 추진동력이 된 공로가 있다"고 선정이유를 밝혔다. 코로나19 팬데믹 속에서 전 세계 기아 피해자의 급격한 증가세를 불러온 후, 세계식량계획은 극심한 식량 불안과 기아에 시달리는 1억 명에게 도움을 줬다.

06 노벨문학상

루이즈 글릭

스웨덴 한림원은 2020년 노벨문학상에 미국 여성 시인 루이즈 글릭을 선정했다. 글릭은 1943년 뉴욕 태생으로, 1968년 '맏이'(Firstborn)를 통해 시인으로 데뷔한 이후 곧바로 미국 현대문학에서 가장 중요한 시인 중 한명으로 급부상했다. 그는 지난 1985년 작품 '아킬레스의 승리'(The Triumph of Achilles), 1990년 '아라라트'(Ararat)를 통해 미국은 물론 전 세계에서 명성을 얻기 시작했다. 이후 1993년 '야생 붓꽃'(The Wild Iris)으로 퓰리처상을, 2014년 내셔널북어워드를 수상했다. 한림원은 글릭의 작품 가운데 '아베르노'(Averno)를 꼽으면서 이 작품이 하데스에게 붙잡혀 지하 세계로 끌려가는 페르세포네의 신화를 몽환적으로 해석한 거작이라고 호평했다.

02 세계 3대 영화제

01 베니스 영화제

개최 장소	이탈리아 베네치아
개최 시기	매년 8월 말 ~ 9월 초
시작 연도	1932년

〈제77회 수상내역〉

• 황금사자상

〈노마드랜드〉　　클로이 자오

클로이 자오 감독의 영화 〈노마드랜드(Nomadland)〉가 황금사자상을 차지했다. 이 작품은 2008년 금융위기 이후 떠돌이로 살아가는 중년 여성의 이야기를 그렸다. 자오 감독의 수상으로 2010년 소피아 코폴라 감독이 〈섬웨어(Somewhere)〉 이후 10년 만에 여성 감독이 황금사자상을 수상했다.

• 심사위원대상/감독상

〈뉴 오더〉　　구로사와 기요시

심사위원대상은 미셀 프랑코 감독의 〈뉴 오더(New Order)〉로 결정됐다. 제25회 부산국제영화제에도 초청되기도 했던 이 영화는 디스토피아적 미래의 멕시코를 배경으로 하고 있다. 한편 감독상은 〈스파이의 아내(Wife of a Spy)〉를 연출한 구로사와 기요시 감독이 수상했다.

• 남우주연상/여우주연상

피에르프란체스코　　바네사 커비
파비노

남우주연상은 〈파드레노스트로(Padrenostro)〉에 출연한 배우 피에르프란체스코 파비노가, 여우주연상은 〈피시즈 오브 어 우먼(Pieces of a Woman)〉에 출연한 배우 바네사 커비가 수상했다.

02 칸 영화제

개최 장소	프랑스 남부의 도시 칸
개최 시기	매년 5월
시작 연도	1946년

〈제72회 수상내역〉

• 황금종려상

〈기생충〉   봉준호

봉준호 감독의 〈기생충〉이 황금종려상을 받았다. 〈기생충〉은 전원 백수인 기택네 장남 기우가 박 사장네 고액 과외 선생이 되면서 일어나는 예기 치 못한 사건을 다루는 블랙 코미디다. 가난한 가 족과 부자 가족 이야기를 통해 보편적 현상인 빈 부격차의 문제를 다룬다. 경쟁부문 심사위원장인 알레한드로 곤잘레스 이냐리투 감독은 시상식 직 후 열린 기자회견에서 〈기생충〉에 대해 "재밌고 유머러스하며 따뜻한 영화"라고 평했다.

• 심사위원대상/감독상

마티 디옵   장 피에르·뤼크 다르덴

심사위원대상은 마티 디옵 감독의 〈애틀란틱스〉 가 차지했고, 감독상은 〈영 아메드〉의 장 피에르 ·뤼크 다르덴이 받았다. 마티 디옵은 아프리카 계 여성 감독 최초로 칸 영화제 경쟁부분에 진출 했으며, 〈애틀란틱스〉는 아프리카 청년들의 실업 문제를 몽환적인 분위기로 담아냈다. 〈영 아메 드〉는 자신이 믿는 종교의 극단주의자들로부터 선생님을 살해하라는 명령을 받은 13세 소년의 이야기이다.

• 남우주연상/여우주연상

안토니오 반데라스   에밀리 비샴

남우주연상에는 〈페인 앤 글로리〉의 안토니오 반 데라스가, 여우주연상에는 〈리틀 조〉의 에밀리 비 샴이 선정되었다. 〈페인 앤 글로리〉는 감독 페드로 알모도바르가 주인공 '살바도르 말로'를 통해 자신 의 사랑·욕망·창작 등에 관해 되짚어보는 자전 적인 작품이며, 〈리틀 조〉는 향기로 행복을 퍼뜨리 는 여성을 그린 심리 공상과학 영화이다.

03 베를린 영화제

개최 장소	독일 베를린
개최 시기	매년 2월 중순
시작 연도	1951년

〈제70회 수상내역〉

• **황금곰상**

〈악은 없다〉　　　　　모하마드 라술로프

최우수작품상인 황금곰상은 이란 출신의 모하마드 라술로프 감독이 연출한 영화 〈악은 없다(There Is No Evil)〉가 수상했다. 〈악은 없다〉는 독재정권 아래서 개인 자유의 억압에 관한 문제를 그린 영화다. 그러나 라술로프 감독은 이 영화로 인해 벌어진 정치적 논란으로 본국 이란에서 출국이 금지되어 있어 시상식에 참여할 수 없었고 감독의 딸이 대리 수상했다.

• **감독상**

〈도망친 여자〉　　　　　홍상수

은곰상 감독상은 〈도망친 여자〉를 연출한 대한민국의 홍상수 감독이 수상했다. 한국인 감독의 베를린 영화제 감독상 수상은 2004년 〈사마리아〉의 김기덕 감독 이후 두 번째이다. 〈도망친 여자〉는 결혼 후 처음으로 남편과 떨어져 지내게 된 '감희'가 옛 친구 세 명을 만나면서 느끼게 되는 감회를 물 흐르듯 그려낸 영화이다.

• **남자연기상/여자연기상**

엘리오 제르마노　　　　　폴라 비어

은곰상 남자연기자상은 〈히든 어웨이(Hidden Away)〉의 엘리오 제르마노가, 여자연기자상은 〈운디네(Undine)〉의 폴라 비어가 받았다.

02 최신시사용어

01 박스권

주가나 지지율 등이 일정한 범위를 벗어나지 않는 모습

주식시장에서 주가가 상한선과 하한선 사이 일정한 틀 안에 갇혀 있는 모습이 상자(Box) 같다고 붙여진 이름이다. 정치권에서는 지지율이 유의미한 수준으로 변동하지 못하는 것을 부정적인 측면에서 박스권에 갇혔다는 표현으로 사용한다. 부동지지세력인 콘크리트 지지층을 제외하고, 지지율이 25% 가량에서 멈췄을 때를 의미한다. 특히 대통령 지지율, 선호도 조사 등에서 자주 사용된다.

02 규제 샌드박스 Regulatory Sandbox

새로운 시장을 위해 여러 규제를 제한적으로 완화해주는 제도

어떤 산업 분야에서 새로운 시장이 생겨날 조짐이 보일 때 기업들이 투자할 수 있는 동력을 낼 수 있도록 해당 분야에 가해지던 여러 규제를 제한적으로 완화하는 것이다. 어린아이가 위험 걱정 없이 마음 놓고 놀 수 있는 모래놀이터(Sandbox)에서 유래했다. 2016년 영국이 최초로 금융 부분에 규제 샌드박스를 도입한 뒤 세계 여러 나라에서 시행 중이다. 우리나라 문재인 정부의 규제 샌드박스는 혁신성과 안정성을 바탕으로 기업이 자유롭게 시도할 수 있는 환경인 '혁신의 실험장'을 만들겠다는 목표를 두고 있다.

03 한미 방위비분담금 특별협정

주한미군에 대해 한미 양국이 지출할 운용비를 책정하는 협상

한반도에 미국이 군대를 주둔시킴으로써 얻는 안보적 이득에 대한 대가로, 한국이 미국에 지급하는 미군의 운용·주둔비용 지원금에 대한 협상을 말한다. 미국은 6·25 전쟁 이후 한미상호방위조약에 따라 한국에 미군을 주둔시켜왔는데, 1991년 한미 SOFA(주둔군지위협정)를 개정하면서 한국이 방위분담금을 지불하기 시작했다.

04 김용균법

산업재해 방지를 위해 산업현장안전과 기업의 책임을 대폭 강화하는 법안

2018년에 태안화력발전소 비정규직 노동자였던 고 김용균 사망사건 이후 입법 논의가 시작되어 고인의 이름을 따서 발의된 법안이다. 고 김용균 씨 사망은 원청관리자가 하청노동자에게 직접 업무지시를 내린 불법파견 때문에 발생한 것으로 밝혀져 '죽음의 외주화' 논란을 일으켰다. 이 사건의 원인이 안전관련법안의 한계에서 비롯되었다는 사회적 합의에 따라 산업안전규제 강화를 골자로 하는 산업안전보건법이 2020년에 개정되었고, 이후 산업재해를 발생시킨 기업에 징벌적 책임을 부과하는 중대재해 기업처벌법이 2021년에 입법됐다.

산업안전보건법 개정안(산업안전법)

산업현장의 안전규제를 대폭 강화하는 방안을 골자로 발의된 법안으로 2020년 1월 16일부터 시행됐다. 주요 내용은 노동자 안전보건 조치 의무 위반 시 사업주에 대한 처벌을 강화하고 하청 가능한 사업의 종류를 축소시키는 등이다. 특히 도급인 산재 예방 조치 의무가 확대되고 사업장이 이를 위반할 경우 3년 이하의 징역 또는 3000만 원 이하의 벌금에 처하도록 처벌 수준을 강화해 위험의 외주화를 방지했다.

중대재해 기업처벌법(중대재해법)

산업안전법이 산업현장의 안전규제를 대폭 강화했다면 중대재해법은 더 나아가 경영책임자와 기업에 징벌적 손해배상책임을 부과한다. 중대한 인명피해를 주는 산업재해가 발생했을 경우 경영책임자 등 사업주에 대한 형사처벌을 강화하는 내용이 핵심이다. 노동자가 사망하는 산업재해가 발생했을 때 안전조치 의무를 미흡하게 이행한 경영책임자에게 징역 1년 이상, 벌금 10억원 이하 처벌을 받도록 했다. 법인이나 기관도 50억원 이하의 벌금형에 처하도록 했다. 2022년부터 시행되며 50인 미만 사업장에는 공포된 지 3년 후부터 시행된다.

05 블루웨이브 Blue Wave

미국 의회에서 상하원을 민주당이 모두 차지해 선거에서 압승하는 것

미국 민주당의 대표색상인 파란색, 즉 '블루(Blue)'와 파동을 뜻하는 '웨이브(Wave)'의 합성어로 민주당의 푸른 물결을 의미한다. 미국의 상원의원과 하원의원을 선거에서 모두 민주당이 압승하는 경우를 빗대어 블루웨이브라고 한다. 반대로 공화당이 상하원 차지하면 공화당 대표색상인 빨강색을 따서 '레드웨이브 (Red Wave)'라고 부른다. 미국 국회의원 선거의 경우 하원의원은 짝수 해마다 435명의 전체 의원을 새로 뽑으며, 상원의원은 총 100석 중 2년마다 1/3이 교체된다.

06 연동형 비례대표제

정당의 득표율에 따라 의석을 배분하는 제도

총 의석수는 정당득표율로 정해지고, 지역구에서 몇 명이 당선됐느냐에 따라 비례대표 의석수를 조정하는 방식이다. 정당의 득표율에 연동해 의석을 배정하는 방식으로, 예컨대 A정당이 10%의 정당득표율을 기록했다면 전체 의석의 10%를 A정당이 가져갈 수 있도록 하는 것이다. 연동형 비례대표제는 지역구 후보에게 1표, 정당에게 1표를 던지는 '1인 2표' 투표방식이지만, 소선거구에서의 당선 숫자와 무관하게 전체 의석을 정당득표율에 따라 배분한다. 그리고 정당득표율로 각 정당들이 의석수를 나눈 뒤 배분된 의석수보다 지역구 당선자가 부족할 경우 이를 비례대표 의석으로 채우게 된다. 연동형 비례대표제는 '혼합형 비례대표'로도 불리는데, 이를 택하고 있는 대표적 국가로는 독일, 뉴질랜드 등이 있다.

> **준연동형 비례대표제**
> 원안은 300명의 의석 중 비례대표를 75석으로 늘리는 것을 골자로 하였으나 가결된 수정안은 현행과 같이 300명의 의석 중 지역구 253명, 비례대표 47석을 유지하되 47석 중 30석에만 '연동형 캡'을 적용하여 연동률 50%를 적용하는 것이다. 연동률이 100%가 아닌 50%만 적용하므로 준연동형 비례대표제라고 부른다.
>
> **석패율제**
> 지역구와 비례대표에 동시에 출마한 후보 중에서 가장 높은 득표율로 낙선한 후보를 비례대표로 선출하는 제도다. 일본이 지역구 선거에서 가장 아깝게 떨어진 후보를 구제해주자는 취지로 1996년 도입했다.

07 홍콩 국가보안법(홍콩보안법)

홍콩 내 중국 반(反)정부 행위를 처벌하는 법

홍콩보안법은 외국 세력과 결탁, 국가 분열, 국가정권 전복, 테러리즘 행위 등을 금지·처벌하고, 홍콩 내에 이를 집행할 기관인 국가안전처를 설치하는 내용이 담긴 홍콩의 중국 반(反)정부 행위 처벌법이다. 중국전국인민대표회의 상무위원회에서 2020년 6월 30일에 통과되어 홍콩의 실질적 헌법인 기본법 부칙에 삽입됐으며, 홍콩주권 반환일인 7월 1일부터 공식 시행되었다. 중국과 홍콩은 본래 일국양제(一國兩制)를 택하고 있어 홍콩 의회에서 법안을 발의해야 한다. 하지만 2019년 범죄인 인도법(송환법)에 반대한 시위가 6개월 넘게 지속되며 홍콩 민주화를 요구하는 대규모 시위로 번지자 중국 정부가 이를 대처하기 위해 직접 홍콩보안법을 제정했다.

복면금지법
공공 집회나 시위 때 마스크·가면 등의 착용을 금지하는 법으로, 복면 착용으로 신원 확인을 어렵게 하는 것을 금지하는 것이다. 홍콩 정부는 10월 5일부터 '범죄인 인도법' 반대 시위대의 마스크 착용을 금지하는 '복면금지법'을 전면 시행했다. 복면금지법을 시행할 것이라는 소식이 전해지자 홍콩 시내 곳곳에는 시민들이 쏟아져 나와 항의 시위를 벌였다.

홍콩인권법
미국 상원에서 만장일치로 통과된 홍콩인권법은 홍콩인권·민주주의법과 홍콩보호법으로 나뉜다. 홍콩인권법은 홍콩의 자치 수준을 미국이 1년에 한 번 평가하고 홍콩의 자유를 억압하는 인물을 제재하는 내용이다. 홍콩보호법은 최루탄과 고무탄, 전기충격기 등 집회·군중을 통제하기 위한 일체의 장비를 홍콩에 수출하는 것을 금지하는 것이다.

08 딥스테이트 Deep State

법의 범위를 넘어 국가에 강력한 영향력을 행사하는 숨은 권력집단

국가의 공공이익에 봉사하지 않는 자기 권력화된 관료집단, 정부조직, 시민단체, 언론 등 기성세력을 의미한다. 이들은 기득권층으로 카르텔을 형성하며 법 제도를 넘어서는 위치에서 국가에 강한 영향력을 행사한다. 터키, 이집트 등 중동 권위주의 국가의 군부세력이 겉으로는 행정가를 두고 수시로 정치에 개입하는 모습에서 처음 사용됐으며 터키어 'Derin Devlet'에서 유래됐다. 대중에 의해 선출되는 국회의원, 대통령과 같은 표면적인 권력자들은 임기에 따라 주기적으로 교체되지만, 이들은 막후의 정치세력으로서 수십 년간 똑같은 자리를 차지하면서 경제, 정치, 사회 등 국가 전반에 중대사들을 좌지우지한다.

09 고위공직자범죄수사처(공수처)

고위공직자의 범죄 사실을 수사하는 독립된 기관

대통령을 비롯해 국회의원, 국무총리, 검사, 판사, 경무관급 이상 경찰 등 고위공직자들이 직무와 관련해 저지른 범죄에 대한 수사를 전담하는 기구로, 줄여서 '공수처'로 부른다. 공수처 설치는 1996년 참여연대가 고위공직자비리수사처를 포함한 부패방지법안을 입법 청원한 지 23년, 고(故) 노무현 전 대통령이 2002년 대선공약으로 내건 지 17년 만인 2019년 12월 30일 입법화가 이뤄졌다. 2021년 1월 21일에 공수처가 공식 출범되면서 초대 공수처장으로 김진욱 헌법재판소 전 선임연구관이 임명됐다.

고위공직자범죄수사처 설치 및 운영에 관한 법률 주요 내용

수사대상		대통령, 국회의장·국회의원, 대법원장·대법관, 헌재소장·재판관, 검찰총장, 국무총리, 중앙행정기관·중앙선관위·국회·사법부 소속 정무직 공무원, 대통령비서실·국가안보실·대통령경호처·국정원 소속 3급 이상 공무원, 광역자치단체장·교육감·판사·검사, 경무관급 이상 경찰, 군 장성 등
수사대상 범죄		직무유기·직권남용죄 등 형법상 공무원 직무 관련 범죄, 횡령·배임죄, 변호사법·정치자금법·국정원법·국회증언감정법·범죄수익은닉규제법 위반 등(수사과정에서 인지한 범죄 포함)
구성		공수처장 및 차장 각 1명(임기 3년, 중임 불가), 검사 23명(임기 3년, 3번 연임 가능), 수사관 40명(임기 6년, 연임 가능)
권한	원칙	수사권, 영장청구권, 검찰 불기소처분에 대한 재정신청권
	예외	기소권 및 공소유지권(판사·검사, 경무관급 이상 경찰 대상)

10 패스트트랙

쟁점 법안의 빠른 본회의 의결을 진행하기 위한 입법 시스템

발의된 국회의 법안 처리가 무한정 미뤄지는 것을 막고, 법안을 신속하게 처리하기 위한 제도이다. 우리나라의 입법 과정은 해당 분야를 담당하는 상임위원회의 의결 → 법제사법위원회의 의결 → 본회의 의결 → 대통령 거부권 행사 여부 결정 순으로 진행된다. 본회의 의석수가 많더라도 해당 상임위 혹은 법사위 의결을 진행시킬 수 없어 법을 통과시키지 못하는 경우가 있는데, 이런 경우 소관 상임위 혹은 본회의 의석의 60%가 동의하면 '신속 처리 안건'으로 지정하여 바로 본회의 투표를 진행시킬 수 있다. 하지만 이를 위해 상임위 심의 180일, 법사위 회부 90일, 본회의 부의 60일, 총 330일의 논의 기간을 의무적으로 갖게 된다.

패스트트랙으로 지정된 사례
- 사회적 참사 특별법
- 유치원 3법
- 2019년 패스트트랙 지정 4개 법안

11 검 · 경 수사권 조정안

수사 · 기소를 분리한 검 · 경 수사권 조정안

검 · 경 수사권 조정안은 ▲ 검사 수사지휘권 폐지 ▲ 경찰 1차 수사종결권 부여 ▲ 검사 직접 수사범위 제한 등 검찰 권한을 분산하는 내용이 핵심이다. 2020년 1월 13일 이 같은 내용의 검 · 경 수사권 조정법안 (형사소송법 · 검찰청법 개정안)이 통과되며 검찰의 수사지휘권은 1954년 형사소송법이 제정된 지 66년 만에 폐지됐다. 그간 형사소송법은 검사를 수사권의 주체로, 사법경찰관은 검사의 지휘를 받는 보조자로 규정해왔다. 그러나 개정안 통과로 검 · 경 관계는 '지휘'에서 '협력'으로 바뀌었다. 경찰에 1차적 수사종결권을 부여한 점도 개정안의 핵심이다. 경찰은 혐의가 인정되지 않는다고 판단한 사건을 자체 종결할 수 있다. 2020년 10월 29일 검 · 경 수사권 조정을 위한 검찰청법과 형사소송법 시행령이 국무회의를 통과해 2021년 1월 1일부터 시행됐다. 검찰의 직접수사 범위도 제한됐다. 시행령에 따르면 검찰 직접 수사 대상은 ▲ 4급 이상 공직자 ▲ 3,000만원 이상의 뇌물 사건 ▲ 5억원 이상의 사기 · 횡령 · 배임 등 경제범죄 ▲ 5,000만원 이상의 알선수재 · 배임수증재 · 정치자금 범죄 등이다.

국가수사본부(국수본)
검 · 경 수사권 조정 이후 경찰이 1차적 수사종결권을 갖게 되며 새롭게 설치된 수사기관으로 2021년 출범했다. 일반 경찰과 수사 경찰을 분리해 경찰의 수사 컨트롤타워 역할을 수행하여 한국판 FBI라 불린다.

국가수사본부 조직도

12 슬로벌라이제이션 Slowbalisation

국제 공조와 통상이 점차 느려지는 상황

영국의 경제 전문 주간지 〈이코노미스트〉가 2020년 커버스토리를 통해 진단한 세계경제 흐름이다. 세계화 (Globalization)의 속도가 점차 늦어진다(Slow)는 의미를 담고 있다. 2008년 미국발 금융위기로 인해 많은 국가들이 자국 산업의 보호를 위해 부분적 보호무역주의를 실시했고 최근 코로나19 사태 이후 이 같은 경향이 심화되면서 이러한 진단이 나오게 되었다. 개발도상국의 성장으로 무역 시장의 역할 변화가 이뤄지 면서 선진국과 개도국의 관계가 상호 호혜적 관계에서 경쟁적 관계로 변화한 것이 큰 요인이라고 평가된다.

13 벚꽃모임

일본정부가 1952년부터 개최하고 있는 정치모임

벚꽃을 보는 모임으로 일본정부가 1952년부터 개최하고 있다. 매년 4월 중순 공로나 공적을 세운 정치인과 유명 연예인 등 각계각층의 인사가 모여 도쿄도 내에 위치한 신주코교엔에서 만개한 벚꽃을 구경한다. 일반 인도 참여할 수 있지만 지역사회나 정부 추천을 받아야 하는 등 참가과정이 까다롭다. 2019년 아베 신조 전 일본 총리는 벚꽃모임을 사유화했다는 '벚꽃스캔들'이 폭로되면서 지지율이 폭락했다.

14 전범기업

전쟁 당시 침략국에게 군수물품을 납품해 성장한 기업

전쟁 중 군납 물품제조나 강제징용을 통해 침략국으로부터 경제적 이익을 얻어 성장한 기업을 일컫는다. 일제강점기 시절 일본 전범기업들은 조선인을 강제징용해 노동력을 착취하고 이로부터 나오는 막대한 이익 을 통해 성장했다. 대표적인 기업으로 미쓰비시와 일본제철이 있다. 우리나라에서는 일본 전범기업이 강제 징용 배상을 외면하는 등 반성의 기미가 보이지 않자 불매운동이 진행됐다.

15 테러지원국 State Sponsors of Terrorism

미국이 자국의 안보에 위협이 될 수 있는 국가들을 지정한 것

미국 국무부가 국제적인 테러행위에 직접 가담하거나 방조혐의가 있다고 간주한 나라를 지정하여 매년 4월에 발표한다. 현재 미국의 테러지원국 명단에는 북한, 수단, 시리아, 이란, 쿠바가 있다. 테러지원국으로 지정되면 미국으로부터 무역이나 투자 등에 제재를 받게 되며 IMF 등 국제금융 지원에 불이익을 받는다. 또한 원칙적으로 무기수출이 금지되며 테러에 사용될 수 있는 품목에 대한 수출통제가 들어간다.

16 부동산 3법

부동산과 관련된 종합부동산세법 · 법인세법 · 소득세법

부동산 3법은 부동산과 관련된 종합부동산세법 · 법인세법 · 소득세법을 통칭하여 부르는 말이다. 2020년 8월에는 7 · 10 부동산 대책에 대한 후속 입법절차로 국회에 개정 부동산 3법이 통과됐다. 개정 부동산 3법은 3주택 이상이나 투기조정대상지역 2주택 소유자의 종합부동산세 최고 세율을 6.0%로 높이고, 2년 미만 단기 보유 주택과 다주택자의 투기조정대상지역 내 주택 양도세 중과세율을 올리는 것이 주요 내용이다.

부동산 3법 주요 내용(2020.12.29. 개정)	
종합부동산세법	고액의 부동산 보유자에 대하여 개인의 경우 3주택 이상 및 조정대상지역 2주택에 대해 과세표준 구간별로 1.2%~6.0%의 세율을 적용하며, 법인은 다주택 보유 법인에 대해 중과 최고 세율인 6%를 적용한다.
법인세법	법인이 보유한 주택을 양도할 때 추가세율이 인상된다. 또 법인의 주택 양도차익에 대해 기본 법인세율(10~25%)에 더해 추가 과세되는 세율이 기존 10%에서 20%로 인상된다.
소득세법	양도소득세제상 주택 수 계산 시 분양권이 포함된다. 1세대 1주택(고가주택)에 대한 장기보유특별공제율 적용 요건에 거주기간이 추가된다.

17 SLBM(잠수함발사탄도미사일)

잠수함에서 발사되는 탄도미사일

잠수함에 탑재되어 잠항하면서 발사되는 미사일 무기로, 대륙간탄도미사일(ICBM), 다탄두미사일(MIRV), 전략 핵폭격기 등과 함께 어느 곳이든 핵탄두 공격을 감행할 능력을 갖췄는지를 판단하는 기준 중 하나다. 잠수함에서 발사할 수 있기 때문에 목표물이 본국보다 해안에서 더 가까울 때에는 잠수함을 해안에 근접시켜 발사할 수 있으며, 조기에 모든 미사일을 탐지하기가 어렵다는 장점이 있다. 북한은 2021년 초 미국 새 행정부 출범을 앞두고 신형 잠수함발사탄도미사일(SLBM) '북극성-5형'을 공개했다.

> **대륙간탄도미사일(ICBM)**
> 대륙간탄도미사일은 대륙간탄도탄이라고도 한다. 미국보다 러시아가 먼저 1957년 8월에 개발하였고, 미국은 1959년에 실용화하였다. 일반적으로 5,000km 이상의 사정거리를 가진 탄도미사일을 말하며, 보통 메가톤급의 핵탄두를 장착하고 있다.

18 공정경제 3법

상법·공정거래법·금융그룹감독법 개정에 관한 법률

기업 지배구조 개선과 대기업의 부당한 경제력 남용 근절을 목적으로 발의된 상법 개정안과 공정거래법 개정안, 그리고 금융그룹감독에 관한 법률 개정안이다. 2020년 8월에 국무회의에서 의결되어 같은 해 12월 9일 열린 본 회의에서 가결됐다. 공정경제 3법 개정안을 통해 소액주주의 경영감독권이 강화되어 불법적 승계를 위한 기업의 자회사 설립 등을 방지할 수 있게 됐다. 공정경제 3법 도입 이후 규제대상 기업은 607개 사에 달하며 금융복합기업집단으로 지정된 경우 별도 감독이 실시된다.

공정경제 3법 주요 내용	
상법	소액주주의 경영감독권을 강화하는 '다중대표소송제', 감사위원의 독립성 보장을 위한 '분리선출제', 감사위원분리 선출 시 대주주의 의결권을 3%로 제한하는 '3%룰'이 주 내용이다.
공정거래법	담합 행위에 대한 공정거래위원회의 '전속고발권'을 폐지하고 상장사에 대한 사익편취 규제 기준을 지분율 30%에서 20%로 하향한다.
금융그룹감독법	계열사가 2개 이상의 금융업을 영위하며 소속 금융사 자산이 5조원 이상일 경우 복합금융그룹으로 지정되어 금융당국의 감독을 받는다.

19 일국양제(一國兩制)

특별자치구 기본법에 의거한 홍콩·마카오에 대한 중국의 통치 방식

한 국가 안에 두 체제가 공존한다는 뜻으로 1980년대 덩샤오핑이 영국으로부터 홍콩을, 포르투갈로부터 마카오를 반환받고자 할 때 제안한 것이다. 반환 이후에도 두 도시의 자유주의·자본주의 체제를 보장할 것을 시민들과 상대국에게 보장함으로써 1997년에 홍콩을, 1999년에 마카오를 반환받을 수 있었다. 현재 홍콩과 마카오는 중국의 특별자치구 기본법에 의거하여 고도의 자치권을 영유할 수 있으며, 독자적인 외교권을 행사할 수 있게 되어 있다.

20 방공식별구역 ADIZ ; Air Defense Identification Zone

자국의 영토와 영공을 방어하기 위한 구역

자국 영공에 접근하는 군용기를 미리 식별하기 위해 설정한 임의의 공역을 말한다. 방공식별구역은 임의로 선포하는 공역으로 국제법적으로 인정되지는 않는다. 하지만 다른 나라가 이를 인정한 이후에는 해당 공역에 진입하기 전에 미리 비행계획을 제출하고 진입 시 위치 등을 통보해야 한다. 만약 통보없이 외국의 항공기가 침범할 경우 전투기가 출격할 수 있다. 보통 방공식별구역은 자국의 영문 이니셜을 앞에 붙여 표기하는데 한국의 방공식별구역은 'KADIZ'이다.

21 이란혁명수비대 IRGC

이슬람체제 보호 목적으로 창설된 부대

1979년 발생한 이란혁명 이후 창설된 부대다. 이슬람체제를 지키기 위해 만들어졌으며 이란 정규군과 이원조직인 것이 특징이다. 병력은 12만 5,000명 정도로 알려져 있고, 육·해·공군과 정보·특수부대를 보유하고 있다. 특수부대는 쿠드스라고 부르며 해외 군사작전을 담당한다. 이슬람체제 수호를 목적으로 하기 때문에 군 최고통수권자는 이란 대통령이 아닌 이슬람 최고 지도자인 아야톨라 알리 하메네이다.

22 브렉시트 Brexit

영국의 유럽연합 탈퇴

영국(Britain)과 탈퇴(Exit)를 합쳐서 만든 합성어로 영국의 유럽연합(EU) 탈퇴를 의미한다. 영국과 EU의 관계는 1973년 EU의 전신인 유럽경제공동체(EEC)에 가입 후 47년간 이어졌으나 2016년 브렉시트 국민투표를 통해 논의가 시작됐다. 테리사 메이 전 총리가 2017년 3월 EU 탈퇴에 서명하며 리스본 조약 50조가 발동됐다. 보리스 존슨 총리가 2019년 10월 EU 탈퇴협정을 최종으로 체결했고, 2020년 1월 31일에는 EU 회원국이 브렉시트를 최종 승인했다. 다만 원활한 브렉시트의 진행을 위해 같은 해 12월 31일까지 영국의 EU 회원국 대우를 유지했다. 영국이 EU와 설정한 브렉시트(Brexit) 전환기간이 종료되며 2021년부터 공식 발효됐다.

리스본 조약
- 50조 1항 모든 회원국은 자국의 헌법규정에 의거해 EU 탈퇴 결정이 가능하다.
- 50조 3항 탈퇴협정 발표일 혹은 탈퇴 통보 후 2년 경과시점부터 리스본 조약 효력이 중단된다. 단, 회원국 만장일치 시 탈퇴 통보 후 주어지는 기간(2년) 연장이 가능하다.

브렉시트 이후 영국과 EU의 새 미래관계 협상

상품교역	무관세·무쿼터 교역은 지속, 검역·관세 국경 신설
이주	영국인, EU 내 이동의 자유 제한
어업	• 영국수역 내 EU 어획량 쿼터 25% 삭감 합의(향후 5년간 진행) • EU 어선의 영국 수역접근권은 매년 협상 예정
공정경쟁환경	• 공정경쟁환경을 보장하는 공통의 법적구속력 있는 원칙에 합의 • 양측 규제가 달라지는 상황 대비하여 재균형 매커니즘 구축
안보	영국은 유럽사법협력기구, 유럽경찰청 회원국 탈퇴

02 경제·경영·금융

23 신용점수제

신용등급제를 대체하는 개인신용평가 점수 제도

개인신용평가 기준을 1~1,000점까지의 점수로 부여하는 제도이다. 기존 신용등급제를 대체해 2021년 1월 1일부터 전 금융권에서 전면 시행됐다. 신용점수제가 실시되면서 앞으로는 신용평가를 할 때 등급에 따라 평가하는 것이 아니라 실제 신용상태를 적용해 세분화된 점수를 적용한다. 신용평가사(CB사)인 나이스평가 정보와 코리아크레딧뷰로(KCB)는 개인의 신용등급을 산정하지 않고 신용점수만 산정해 금융사와 소비자 등에 제공한다. 근소한 차이로 하위 등급을 받은 사람이 대출 등에 제약을 받았던 문턱 효과가 완화되고 좀 더 정교한 여신심사가 가능해진다.

24 분양가상한제

초강력 주택가격 상승 억제책

건설사가 아파트를 짓고 최초 분양할 때 정부가 나서서 매매가를 일정 이상 넘지 못하도록 제한하는 제도이다. 본래 공공주택의 경우 실시했던 분양가상한제를 투기과열지구의 민간주택에까지 확장시키도록 변경되었다. 분양가상한의 기준은 '감정평가된 아파트 부지의 금액 + 정부가 정해놓은 기본형 건축비 + 가산비용'으로 결정된다.

25 골든크로스 Golden Cross

주가나 지지율이 약세에서 강세로 전환되는 신호

주식시장에서 특정 주가가 횡보(橫步, 변동이 거의 없어 그래프가 가로 줄처럼 보이는 현상) 구간을 지나 무섭게 상승하는 지점을 뜻하는 용어다. 여기서 파생해 정치에서 추세가 극적으로 전환되는 상황을 나타낼 때도 쓰인다. 대표적으로 대통령이나 정당의 지지율이 상승의 전환점을 맞을 때 이 말이 등장한다. 반대로 지지율이 내리막길을 걷는 전환점은 주식시장에서 약세시장으로의 강력한 전환신호를 나타낸다는 의미의 데드크로스(Dead Cross)로 불린다.

26 신 파일러 Thin Filer

신용을 평가할 금융 거래 정보가 거의 없는 사람

영어로 얇다는 뜻의 'Thin', 서류라는 뜻의 'File', '~하는 사람'이라는 의미를 가진 접미사 'er'이 합쳐져 만들어진 용어로, 서류가 얇은 사람을 말한다. 이는 신용을 평가할 수 없을 정도로 금융거래 정보가 거의 없는 사람을 지칭한다. 구체적으로는 최근 2년 동안 신용카드 사용 내역이 없고, 3년간 대출 실적이 없을 때를 가리킨다. 20대 사회 초년생이나 60대 이상 고령층이 주로 이에 해당한다. 신용정보가 부족하다는 이유에서 낮은 신용점수로 평가되어 대출 금리를 낮게 적용받기 어렵다.

27 아마존효과

전자상거래의 발달로 경제 상황과 관계 없이 물가가 내려가는 것

경제학적으로 일정 이상의 물가 상승은 경제 견인을 위해 필수적이다. 그런데 온라인 마켓의 치열한 가격경쟁으로 인해 시장 물가가 오르지 않아, 경제가 준수하게 부양되고 있음에도 물가가 전혀 오르지 않는 현상을 가리키는 말이다. 대표적인 전자상거래 업체인 아마존닷컴의 이름을 따서 '아마존효과'라고 부른다.

28 동학개미운동

코로나19 국면의 국내 주가 급락세를 개인 투자자들이 나서서 방어한 것

2020년 초 들어 코로나19 사태로 인해 유가증권시장을 중심으로 외국인 투자자가 기록적인 매도 행진을 이어가자 국내 개인 투자자들이 매도 물량을 매수하면서 주가 급락세를 방어하게 된 현상을 가리킨다. 국내 개인 투자자를 의미하는 '개미'에 구한말 동학농민운동을 빗댄 신조어다. 당시 개인 투자자의 주식투자 열풍의 중심에는 삼성전자가 있다. 한때 외국인 투자자가 가장 많이 순매수한 종목이 삼성전자였으며 개인들이 가장 많이 사들인 종목도 삼성전자였다. 덕분에 국내 증시의 반등 탄력이 강해졌다는 분석이다.

29 한국판 뉴딜 New Deal

경제개발 활성화를 위해 미국 뉴딜정책을 본뜬 한국판 뉴딜정책

한국판 뉴딜(New Deal)은 문재인 정부가 2020년 7월 21일에 경제개발 활성화와 선도국가로의 도약을 위해 발표한 정책이다. 미국 루스벨트 대통령이 경제대공황을 극복하기 위해 추진한 뉴딜정책에서 이름을 따왔다. '디지털 뉴딜'과 '그린 뉴딜'을 두 축으로 하고, 취약계층을 두텁게 보호하기 위한 '안전망 강화'로 이를 뒷받침하는 전략이다. 2021년부터 2025년까지 분야별 투자를 통해 190만개 일자리 창출을 하는 것이 목적이다.

한국판 뉴딜정책 주요 내용	
디지털 뉴딜	데이터 댐, 인공지능(AI) 기반 지능형 정부, 교육인프라 디지털 전환, 비대면 산업 육성, 국민안전 SOC 디지털화
그린 뉴딜	신재생에너지 확산기반 구축, 전기차·수소차 등 그린 모빌리티, 공공시설 제로 에너지화, 저탄소·녹색산단 조성
안전망 강화	고용보험 가입대상 단계적 확대, 국민취업지원제도 전면 도입, 디지털·그린 인재양성

30 서민형 안심전환대출

주택담보대출을 최소 연 1%대의 낮은 금리로 갈아탈 수 있는 상품

시가 9억원 이하 주택 보유자 중 부부 합산 소득이 8,500만원을 넘지 않는 1주택자가 이용할 수 있다. 신혼부부이거나 2자녀 이상 가구는 1억원의 소득 한도가 적용된다. 대출은 기존 대출 범위 내 최대 5억원까지 가능하다. 주택담보대출비율(LTV) 70%와 총부채상환비율(DTI) 60%를 적용하지만, 중도상환수수료(최대 1.2%)만큼은 증액이 가능하다. 2015년에 공급된 안심전환대출의 대출 금리는 2.53~2.65% 수준이었지만, 2019년 10월부터 본격적으로 공급된 서민형 안심전환대출의 금리는 1.85~2.20% 정도이다.

서민형 안심전환대출 금리

구분	만기 10년	만기 15년	만기 20년	만기 30년
은행창구	1.95	2.05	2.15	2.20
주택금융공사 홈페이지	1.85	1.95	2.05	2.10

31 코워킹스페이스 Co-working Space

공유경제형 사무실 임대 서비스

개방형 사무실을 임대해주는 서비스이다. 대규모의 사무실에 여러 사업자들이 테이블 단위로 비용을 지불하고 입주하여 업무를 본다. 소규모 스타트업의 경우 한 개의 사무실을 임대하는 것보다는 저렴한 가격에 사무공간을 이용할 수 있다. 트렌디한 인테리어로 근로자의 만족도를 높일 수 있고 각종 서비스 시설도 공용으로 저렴하게 확보할 수 있다는 장점을 보유하고 있다. 또한 이곳에 입주함으로써 개방된 공간에서 여러 스타트업 인재들이 직간접적으로 접촉하게 되면서 아이디어 교환과 협업 추진 등의 각종 시너지 효과를 유도하기도 한다. 하지만 공간이 개방되어 있어 보안이나 프라이버시 면에서 취약하며, 규모가 조금만 커져도 사무실을 임대하는 것보다 경제성이 낮아진다는 단점이 있다.

32 사모펀드

비공개적으로 소수의 투자자로부터 돈을 모아 기업을 사고파는 것을 중심으로 운영되는 펀드

소수의 투자자로부터 모은 자금을 주식·채권 등에 운용하는 펀드로, 49인 이하 투자자에게 비공개로 자금을 모아 투자하는 상품을 말한다. 사모펀드는 자산가를 중심으로 비공개적으로 설정되는 경우가 대부분이어서 가입 기회가 많지 않고 최저 가입액도 많아 문턱이 높은 편이다. 또 금융 당국의 투자자 보호 등의 규제가 가장 느슨하기 때문에 가입자 스스로 상품 구조나 내용을 정확히 파악할 수 있어야 한다. 사모펀드는 절대 수익을 추구하는 전문투자형 사모펀드(헤지펀드)와 회사경영에 직접 참여하거나 경영·재무 자문 등을 통해 기업 가치를 높이는 경영참여형 사모펀드(PEF)로 나뉘게 된다.

사모펀드와 공모펀드 차이점

구분	사모펀드	공모펀드
투자자	49인 이하	다수
모집방법	비공개	광고 등 공개적인 방법
규제	증권신고서 제출 의무 없음	상품 출시 전 증권신고서 금감원에 제출 및 승인 필요
투자제한	투자 대상이나 편입 비율 등 제한 있음	제한 없음
투자금액	대개 1억원 고액	제한 없음

33 유턴기업

중국 등 인건비가 저렴한 해외국가로 생산시설을 이전했다가 자국으로 복귀하는 기업

'해외진출기업의 국내복귀 지원에 관한 법률(유턴기업지원법)'에 따르면 2년 이상 운영하던 국외 제조사업장을 청산하거나 25% 이상 축소하고, 국내에 동일 제품 생산 사업장을 신·증설하는 기업을 말한다. 한국은 해외진출기업의 국내 복귀를 촉진하기 위해 2013년 8월부터 '유턴기업지원법'을 시행하고 있다. 유턴기업으로 선정되면 청산컨설팅 지원, 산업단지 및 경제자유구역 우선입주, 국내입지·설비투자 보조금, 고용보조금, 해외인력에 대한 비자지원, 자금융자, 신용보증, 수출보증 등 다양한 지원을 받을 수 있다. 하지만 최근 5년간 해외에서 국내로 돌아온 우리나라의 기업이 연평균 10.4개에 그치면서 법 개정에 대한 목소리가 높아졌고, 이에 따라 국회는 '국외진출기업의 국내 복귀 지원에 관한 법률'(유턴기업지원법) 개정안을 2019년 11월 19일 의결했다.

34 DLS Derivatives Linked Securities

기초자산의 가격변동 위험성을 담보로 하는 주식 상품

유가증권과 파생금융계약이 결합된 증권으로 기초자산의 가치변동과 연계한 것이다. 이때 기초자산은 원유, 금, 설탕, 밀가루 같은 각종 원자재와 농산물뿐 아니라 금리, 환율, 탄소배출권, 신용 등 다양하다. DLS는 기초자산이 일정 기간에 정해진 구간을 벗어나지 않으면 약정 수익률을 지급하고, 구간을 벗어나게 되면 원금 손실을 보게 되는 구조이다. 예를 들어 금리 연계 상품이라면 금리가 만기까지 미리 설정한 기준에 머무를 경우 수익률이 보장되는 반면, 금리가 기준치 밑으로 떨어지면 원금을 모두 손실할 수 있다. 최근 일부 은행으로부터 관련 상품을 구입한 일반 투자자들이 단체로 막대한 손해를 입는 사건이 발생하면서 문제가 되었다.

> **파생결합펀드(DLF ; Derivative Linked Fund)**
> 금리, 환율, 통화, 금, 원유 등 다양한 기초자산의 가치에 연동되는 파생결합증권(DLS)을 담은 펀드다. 상품 만기일에 기초자산의 가격이 일정 수준 이상이면 수익을 내지만 원금손실기준 아래로 떨어지면 손실이 눈덩이처럼 커지면서 원금을 잃게 되는 구조를 가진 고위험 상품이다. 한국에서는 독일 국채 10년물 금리를 기초자산으로 한 DLF의 불완전 판매 문제로 논란이 된 바 있다.

35 공모주 청약

기업 상장이 결정됐을 때 공개적으로 투자자를 모집하는 것

투자자가 증권사에 IPO(Initial Public Offering) 공모주를 사겠다고 신청하는 행위를 말한다. IPO는 기업 공개라는 뜻으로 기업이 코스닥, 코스피 등에 상장될 때 회사 주식을 매입할 개인 투자자를 공개 모집하는 것을 뜻한다. 공모주는 공개 모집 주식의 준말인데 공모주 청약을 한 투자자가 주식을 배정받게 되면 공모주 배정이 이뤄진다. 공모주 청약에 신청하는 모두가 공모주를 배정받는 것은 아니며 공모주에 몰리는 경쟁률과 기준에 따라 공모주 청약 성공 여부가 결정된다.

36 환율조작국

미국에서 지정하는 외환시장에 개입해 환율을 조작하는 국가

자국의 수출을 늘리고 자국 제품의 가격경쟁력을 확보하기 위해 정부가 인위적으로 외환시장에 개입해 환율을 조작하는 국가를 말하며 미국에서 지정한다. 미국은 매년 4월과 10월 경제 및 환율정책 보고서를 통해 환율조작국을 발표한다. 미국의 '교역촉진법'에 따르면 ▲ 대미 무역수지 흑자가 200억달러 이상 ▲ 경상수지 흑자가 국내총생산(GDP)의 3% 이상 ▲ 외환시장 개입 규모가 GDP의 2% 이상 등 3개 요건에 모두 해당하면 환율조작국으로 지정한다고 명시됐다. 최근 미국은 베트남, 스위스를 환율조작국으로 지정했다.

37 일반특혜관세제도 GSP

개발도상국에서 수입하는 제품에 무관세 또는 낮은 세율을 부과하는 제도

선진국이 개발도상국으로부터 수입하는 농수산품·완제품 및 반제품에 대하여 일반적·무차별적·비상호주의적으로 관세를 철폐 또는 세율을 인하해주는 제도를 의미한다. 여기서 일반적이라 함은 기존특혜가 몇 개 국가에 국한된 데 비하여, 일반특혜관세제도는 범세계적인 것임을 의미하며, 무차별적·비상호주의적이란 지역통합·자유무역지역 및 관세동맹으로 동맹에 가입되지 않은 국가들로부터의 수입품에 관세를 부과하는 차별을 배제한다는 것을 내포한다. 특혜 관세의 편익은 ① 경제 개발도상 단계에 있는 국가로서, ② 특혜의 편익을 받기를 희망하는 국가 중에서, ③ 공여국이 적당하다고 인정하는 국가에 대해서 공여된다.

38 살찐 고양이법

기업 임직원의 최고 임금을 제한하는 법안

공공기관 임원의 보수 상한액을 정해 양극화 해소와 소득 재분배를 꾀하는 법령이나 조례이다. 미국의 저널리스트 프랭크 켄트가 1928년 출간한 도서 〈정치적 행태(Political Behavior)〉에서 처음 등장한 용어로, 살찐 고양이는 탐욕스러운 자본가나 기업가를 뜻한다. 지난 2008년 세계 경제를 어려움에 빠트린 글로벌 금융위기를 초래했지만 세금 혜택과 보너스 등으로 큰 이익을 보는 은행가와 기업인을 비난하는 말로 쓰이면서 널리 알려졌다.

39 캐리트레이드 Carry Trade

국가별 금리 차이를 이용해 수익을 내고자 하는 투자 행위

금리가 낮은 국가에서 자금을 차입해 이를 환전한 후 상대적으로 금리가 높은 국가의 자산에 투자해 수익을 올리고자 하는 거래를 말한다. 이때 저금리국가의 통화를 '조달통화', 고금리국가의 통화를 '투자통화'라고 부른다. 수익은 국가 간의 금리 또는 수익률 차에 의해 발생하는 부분과 환율 변동으로 인해 발생하는 환차익으로 나누어진다. 캐리트레이드가 통상적인 금리 차 거래와 구분되는 점은 금리 차에 의한 수익과 환율 변동에 의해 발생하는 수익을 동시에 추구한다는 데 있다.

40 키 테넌트

이용객이 많이 몰려 집객효과가 뛰어난 핵심 점포

상가나 쇼핑몰 등에서 고객을 끌어들이는 핵심 점포를 의미한다. 키 테넌트의 존재 유무가 쇼핑몰 전체의 유동인구를 좌우할 정도로 상권에 중요한 요인이 된다. 키 테넌트는 뛰어난 집객 능력으로 건물의 가치를 높일 수 있기 때문에 상가 투자의 성공 여부는 키 테넌트에 달려있다고도 볼 수 있으며, 키 테넌트가 죽은 상가도 살려낸다는 말까지 나오고 있다. 영화관이나 서점, SPA, 스타벅스, 기업형 슈퍼마켓(SSM) 등이 키 테넌트의 대표적인 예라고 할 수 있다. 이러한 키 테넌트를 확보한 상업시설은 유동인구를 흡수할 뿐만 아니라 주변 시설의 공실을 줄여 안정적인 임대수익을 창출하는 데도 기여하고 있다.

안심Touch

41 편슈머

소비하는 과정에서 즐거움을 추구하는 소비자

즐기다(Fun)와 소비자(Consumer)의 합성어로, 일반적으로 필요한 상품을 소비하는 과정을 넘어 소비하는 과정에서 즐거움을 찾는 소비자를 의미한다. 편슈머는 타인이 보기에는 별로 쓸모가 없더라도, 사용하는 과정에서 '내'가 즐거움을 느낄 수 있다면 제품을 선택하는 경향을 보인다. 편슈머를 대상으로 한 상품의 특징은 SNS의 공유가 활발해 짧은 기간 내에도 입소문이 난다는 특징이 있다. 바나나맛 우유 화장품, 장난감을 좋아하는 아이 취향의 어른인 키덜트의 등장은 각각 편슈머를 공략하기 위한 제품과 편슈머 소비자층의 대표적인 사례로 볼 수 있다.

> **키덜트족**
> 키드(Kid)와 어덜트(Adult)의 합성어로, 성인이 되었는데도 여전히 어렸을 적의 분위기와 감성을 간직한 사람들을 일컫는다.

03   사회 · 노동 · 환경

42   코로나 블루 Corona Blue

코로나19 장기화로 인해 생기는 우울함과 불안감

코로나19와 우울을 뜻하는 영단어 'Blue'가 합쳐진 단어다. 코로나19 감염 공포증과 사회적 거리두기 장기화에 따른 경제 악화, 고립감 등으로 느끼는 우울함, 불안감을 말한다. 코로나19가 길어지며 우울을 넘어 분노를 느끼는 코로나 레드(Corona Red)와 모든 상황에 암담함을 느끼는 코로나 블랙(Corona Black)이라는 단어도 새롭게 등장했다. 코로나19로 생긴 우울, 분노를 해소하기 위한 노력으로는 규칙적인 생활과 야외에 나가 산책을 하며 햇빛을 쐬기 등이 있다.

43   인구절벽

생산가능인구(만 15~64세)의 비율이 급속도로 줄어드는 사회경제 현상

한 국가의 미래성장을 예측하게 하는 인구지표에서 생산가능인구인 만 15세~64세 비율이 줄어들어 경기가 둔화하는 현상을 가리킨다. 이는 경제 예측 전문가인 해리 덴트가 자신의 저서 〈인구절벽(Demographic Cliff)〉에서 사용한 용어로 청장년층의 인구 그래프가 절벽과 같이 떨어지는 것에 비유했다. 그에 따르면 한국 경제에도 이미 인구절벽이 시작돼 2024년부터 '취업자 마이너스 시대'가 도래할 전망이다. 취업자 감소는 저출산 · 고령화 현상으로 인한 인구구조의 변화 때문으로, 인구 데드크로스로 인해 중소기업은 물론 대기업까지 구인난을 겪게 된다.

인구 데드크로스
저출산 · 고령화 현상으로 출생자 수보다 사망자 수가 많아지며 인구가 자연 감소하는 현상이나. 우리나라는 2020년 출생자 수가 27만명, 사망자 수는 30만명으로 인구 데드크로스 현상이 인구통계상에서 처음 나타났다. 인구 데드크로스가 발생하면 의료 서비스와 연금에 대한 수요가 늘어나며 개인의 공공지출 부담이 증가하게 된다. 또한 국가 입장에서는 노동력 감소, 소비위축, 생산 감소 등의 현상이 동반되어 경제에 큰 타격을 받는다.

44 파리기후변화협약 Paris Climate Change Accord

온실가스 감축을 목표로 파리에서 체결된 제21차 기후변화협약

프랑스 파리에서 2015년 12월 12일에 열린 제21차 유엔기후변화협약에서 195개 협약 당사국이 지구온난화 방지를 위해 채택한 협정이다. 지구 평균 기온이 산업화 이전보다 2도 이상 상승하지 않도록 온실가스를 단계적으로 감축하는 방안으로서, 2020년에 만료된 교토의정서(1997)를 대신하여 2021년부터 적용됐다. 이전까지는 의무 감축대상이 선진국이었지만 파리기후변화협약은 선진국과 개발도상국 구분 없이 모든 국가가 자국이 스스로 정한 방식에 따라 의무적인 온실가스 배출 감축을 시행한다. 우리나라의 감축목표는 2030년까지 배출전망치 대비(BAU) 37%다.

45 피미족

더위를 피하는 것처럼 미세먼지를 피하려는 사람들

미세먼지가 일상화됨에 따라 더위를 피하듯 미세먼지를 피하려는 사람들을 지칭하는 말이다. 예를 들어 미세먼지가 심한 날에 야외활동을 줄이고 집이나 대형 쇼핑몰 등 실내에서 머무는 사람, 상대적으로 미세먼지의 영향이 적은 곳으로 피신하는 사람들이다. 그뿐만 아니라 피미족이 증가하면서 추위, 미세먼지 등을 피할 수 있는 실내 복합 쇼핑몰 등이 인기를 끌고 있다. 이에 쇼핑몰로 나들이를 떠나는 것을 뜻하는 '몰들이'라는 신조어도 등장했다. 또한 2010년 이후 미세먼지 확산으로 인한 관련 질병 환자 또한 급증하면서 아예 도시를 떠나 미세먼지 수치가 낮게 나오는 교외 또는 지방으로 이사하거나, 미세먼지가 없는 외국 이민을 감행하는 이른바 '에어 노마드족'이 등장해 한층 진화된 피미족의 양상을 보여주고 있다.

46 무크 MOOC ; Massive Open Online Course

언제 어디서나 대학 강의를 들을 수 있는 대규모 온라인 공개강좌

수강인원에 제한 없이(Massive), 모든 사람이 수강 가능하며(Open), 웹 기반으로(Online) 미리 정의된 학습목표를 위해 구성된 강좌(Course)를 말한다. 언제 어디서나 강의를 들을 수 있고 양방향 학습이 가능한 장점이 있다. 초창기에는 강의를 무료로 제공했으나 최근에는 일부 비용을 지불하는 경우도 생기고 있다. 우리나라는 한국형 온라인 공개강좌 K-MOOC를 국가평생교육진흥원(NILE)에서 주관하고 있으며, 2019년부터는 학점은행제도를 운영하고 있다. 비대면 강의가 활성화되며 더욱 각광받고 있다.

47 노튜버존

유튜버의 촬영을 금지하는 공간

'노'(No)와 '유튜버존'(Youtuber+Zone)을 합친 단어로 유튜버의 촬영을 금지하는 공간을 뜻한다. 일부 유튜버가 영상을 촬영한다며 허락을 구하지 않고 주방에 들어가거나, 손님과 점원에게 인터뷰를 요청해 피해를 끼치자 식당 측이 이를 금지한 것을 말한다. 아울러 후기 영상을 올려주는 대가로 무료 식사 서비스를 요구하고 시청자 수 확보를 위해 자극적인 연출을 주문하는 유튜버가 늘어나면서 노튜버존을 선언하는 식당이 늘고 있다. 노튜버존에 대해 '노키즈존'과 같은 차별이라는 일부 의견에 대해서는 아예 들어오지 말라는 것이 아니라 단지 촬영하지 말라는 것이라며, 이를 차별로 생각해서는 안 된다는 입장이다.

> **노 틴에이저 존(No Teenage Zone)**
> 청소년들이 카페에서 욕설, 무례한 언행, 바닥에 침 뱉기 등으로 다른 손님들에게 피해를 주는 행위로 인해 청소년들이 카페 안에 들어오는 것을 금지하는 행위를 말한다.

48 텐포켓

출산율 저하로 아이를 위해 온 가족이 지갑을 여는 현상

한 명의 자녀를 위해 부모와 친조부모, 외조부모, 이모, 삼촌 등 8명의 어른들이 주머니에서 돈을 꺼낸다는 의미인 에잇 포켓(Eight Pocket)에 주변 지인들까지 합세하는 것을 뜻하는 용어다. 이러한 경향은 출산율이 줄어들고 외둥이가 늘면서 남부럽지 않게 키우겠다는 부모의 마음, 조부모의 마음이 반영된 결과로 볼 수 있다. 텐포켓 현상으로 한 명의 아이를 위해 온 가족이 지갑을 열게 되면서 고가의 프리미엄 완구가 인기를 끌고 있다.

> **골드 키즈(Gold Kids)**
> 최근의 저출산 현상과 맞물려 왕자나 공주와 같은 대접을 받으며 귀하게 자란 아이들을 의미하는 신조어다.
>
> **VIB(Very Important Baby)족**
> 한 명의 자녀를 위해 아낌없이 지갑을 여는 부모를 의미하는 신조어다.

49 청년기본자산

경제학자 토마 피케티가 경제 불평등 해소를 위해 내놓은 청년복지 방안

청년기본자산은 프랑스 경제학자 토마 피케티가 경제 불평등 해소를 위해 청년에게 성인 평균자산 60%를 보편적 급여로 제공해 기본자산제를 형성하자고 제안한 방안이다. 2020년 피케티의 저서 〈자본과 이데올로기〉에서 처음 언급됐으며, 경제 양극화 해소를 위해서는 사적 소유에 부과되는 모든 세금을 누진 소유세로 통합하고, 그 재원을 청년 자본지원에 써 모두를 위한 사회적 상속을 실현하자고 주장했다. 우리나라 역시 청년기본소득 도입을 위한 사회정책으로 논의된 바가 있으며 일부 학자들에 의해 연구가 진행됐다. 모든 시민들에게 기본 소득을 보장하는 제도인 음소득세에 기초한 청년 '안심소득제(Safety Income)'를 도입해야 한다는 주장도 제기됐다.

> **안심소득제(Safety Income)**
> 연간 총소득이 기준소득(4인 가구 기준 5,000만원) 이하인 가구를 대상으로 기준소득에서 실제소득을 뺀 나머지 금액의 40%를 지원하는 제도를 말한다. 소득과 상관없이 지급하는 기본소득제와 달리 소득에 따라 지원을 달리하여 저소득층 중심의 지원을 하는 것이다.

50 홈루덴스족

밖이 아닌 집에서 주로 여가 시간을 보내는 사람들을 지칭하는 말

집을 뜻하는 '홈(Home)'과 놀이를 뜻하는 '루덴스(Ludens)'를 합친 단어로 자신의 주거공간에서 휴가를 즐기는 이들을 가리키는 신조어이다. 홈캉스를 즐기는 사람들의 대표적인 형태라고 말할 수 있다. 홈루덴스족은 취향에 맞는 아이템을 구비해 자신만의 공간을 꾸미는 데 적극적이어서 새로운 소비계층으로 떠오르고 있다. 집에서 휴가를 보내는 '홈캉스족', 내가 하고 싶은 시간에 편안한 장소인 집에서 운동을 즐기는 '홈트(홈+트레이닝)족' 등 '집돌이'와 '집순이'를 지칭하는 '홈○○'이라는 단어가 어느새 익숙해지고 있다.

> **HMR(Home Meal Replacement ; 가정식 대체식품)**
> 짧은 시간에 간편하게 조리하여 먹을 수 있는 가정식 대체식품을 말한다. 일부 조리가 된 상태에서 가공·포장되기 때문에 간단한 조리로 혼자서도 신선한 음식을 먹을 수 있다는 장점이 있다.

51 MZ세대

디지털 환경에 익숙한 밀레니엄 세대와 Z세대를 부르는 말

1980년대~2000년대 초 출생해 디지털과 아날로그를 함께 경험한 밀레니얼 세대(Millennials)와 1990년 중반 이후 디지털 환경에서 태어난 Z세대(Generation Z)를 통칭하는 말이다. 이들은 일에 대한 희생보다 스포츠, 취미 활동, 여행 등에서 삶의 의미를 찾으며 여가와 문화생활에 관심이 많다. 경제활동인구에서 차지하는 비율이 점차 높아지고 있으며, 향후 15년간 기존 세대를 뛰어넘는 구매력을 가질 것으로 평가된다. 디지털 미디어에 익숙하며 스포츠, 게임 등 동영상 콘텐츠를 선호한다.

52 녹색기후기금 GCF ; Green Climate Fund

개발도상국의 기후변화 대응과 온실가스 감축을 지원하는 국제금융기구

국제연합 산하의 국제기구로서 선진국이 개발도상국들의 온실가스 규제와 기후변화 적응을 위해 세운 특화 기금이다. 2010년 멕시코에서 열린 유엔기후변화협약(UNFCCC) 제16차 당사국 총회에서 GCF 설립을 공식화하고 기금 설립을 승인하였다. 유엔기후변화협약에 따라 만들어진 녹색기후기금은 선진국을 중심으로 2012년에서 2020년까지 매년 1,000억 달러씩, 총 8,000억 달러의 기금을 조성하여 개발도상국을 지원한다. 본부는 우리나라 인천광역시 송도국제도시에 위치해있다.

> **유엔기후변화협약(UNFCCC)**
> 이산화탄소를 비롯한 온실가스의 배출을 제한해 지구온난화를 방지하기 위해 세계 각국이 동의한 협약이다.
> 이 협약이 채택된 브라질 리우의 지명을 따 리우환경협약이라고 부르기도 한다.

53 넷제로 Net Zero

순 탄소배출량을 0으로 만드는 탄소중립 의제

배출하는 탄소량과 흡수·제거하는 탄소량을 같게 함으로써 실질적인 탄소배출량을 '0'으로 만드는 것을 말한다. 즉, 온실가스 배출량(+)과 흡수량(-)을 같게 만들어 더 이상 온실가스가 늘지 않는 상태를 말한다. 기후학자들은 넷제로가 달성된다면 20년 안에 지구 표면온도가 더 상승하지 않을 것이라고 보고 있다. 지금까지 100개 이상의 국가가 2050년까지 넷제로에 도달하겠다고 약속했다. 미국의 조 바이든 대통령은 공약으로 넷제로를 선언했고 중국도 2060년 이전까지 넷제로를 실현하겠다고 밝혔다. 우리나라 역시 장기 저탄소발전전략(LEDS)을 위한 '넷제로2050'을 발표하고 2050년까지 온실가스 순배출을 '0'으로 만드는 탄소중립 의제를 세웠다.

54 퍼네이션 Fudnation

'재미있게 할 수 있는 기부' 혹은 '기부하면서 느끼는 재미'

재미(Fun)와 기부(Donation)의 합성어로 쉽고 재밌는 방법으로 기부하는 새로운 형태의 기부 문화를 의미한다. 퍼네이션은 '얼마를 기부하느냐(금액)'보다 '어떻게 기부하는지(기부 방법)'에 대한 관심이 커지면서 등장했다. 액수 중심의 틀에 박힌 기부보다 참여자가 흥미와 즐거움을 느끼는 기부문화를 중요시한다. 스마트폰 앱 등을 활용한 퍼네이션은 기존의 번거롭고 부담스러운 기부 방식에서 벗어나 간편하고 재밌게 기부하는 것이 특징이다.

55 직장 내 괴롭힘 금지법

직장 내 괴롭힘을 금지하는 근로기준법으로 2019년 7월 16일부터 시행

직장 내 괴롭힘은 사용자 또는 근로자가 직장에서의 지위 또는 관계 등의 우위를 이용해 업무상 적정범위를 넘어 다른 근로자에게 신체적·정신적 고통을 주거나 근무환경을 악화시키는 행위를 의미한다.

'직장 내 괴롭힘' 판단 기준

행위자	• 근로기준법상 규정된 사용자 및 근로자 • 나이, 학벌, 성별, 근속연수, 고용형태 등 모든 관계에서 가능
행위장소	• 반드시 사업장 내일 필요는 없음 • 사내 메신저, SNS 등 온라인도 해당
행위요건	• 직장에서의 지위 또는 관계 등의 우위를 이용할 것 • 업무상 적정범위를 넘을 것 • 신체적·정신적 고통을 주거나 근무환경을 악화시키는 행위일 것

56 파이어족

경제적으로 자립해 조기에 은퇴한다는 것의 줄인 말

'FIRE'는 'Financial Independence, Retire Early'의 약자이다. 젊었을 때 극단적으로 절약한 후 노후 자금을 빨리 모아 이르면 30대, 늦어도 40대에는 퇴직하고자 하는 사람들을 의미한다. 파이어족은 심플한 라이프 스타일을 통해 저축금을 빨리 마련하고 조기에 은퇴함으로써 승진, 월급, 은행 대출 등의 고민에서 벗어나고자 한다. 영국 BBC의 보도에 따르면 파이어족이라는 단어는 〈타이트워드 가제트(Tightwad Gazetle)〉라는 한 뉴스레터에서 처음 사용된 후 미국에서 인기를 얻기 시작했다.

57 잡호핑족

자신의 경력을 쌓고 전문성을 발전시키기 위한 목적으로 2~3년씩 직장을 옮기는 사람

잡호핑(Job-hopping)족은 '폴짝폴짝 여기저기 뛰어다닌다'를 뜻하는 영어단어 'Hop'에서 유래된 용어로 장기간의 경기불황과 저성장 속에 주기적인 이직을 통해 새로운 활로를 개척하려는 젊은 직장인들을 가리킨다. 최근 자신의 경력을 쌓고 전문성을 높이기 위한 목적으로 2~3년씩 단기간에 직장을 옮기는 '잡호핑족'이 늘고 있다고 한다. 이는 장기간의 경기불황 아래 고용불안이 심화되고 평생 직장의 개념이 사라져가는 사회적 현실을 배경으로 하고 있다고 볼 수 있다.

링크드인(LinkedIn)
유럽과 북미 등지에서 이용 계층이 늘어나고 있는 SNS 형식의 웹 구인구직 서비스이다. 이곳에서는 '1촌 맺기'와 같이 다양한 연결망을 통한 일자리 매칭 서비스를 갖추고 있다. 링크드인에서 개인 정보가 공개된 사람이라면 검색을 통해 특정 사람의 경력을 살펴볼 수 있다.

58 빌바오효과 Bilbao Effect

건축물, 예술작품이 주는 도시 재생의 효과

스페인 북부 대서양 해변의 소도시 빌바오는 원래 철강과 조선 산업의 메카였으나 우리나라를 비롯한 아시아 국가들의 철강・조선 산업이 성장하면서 글로벌 경쟁력을 상실했다. 이에 따라 실업률은 급격히 상승했으며 도시 경제는 동력을 잃게 됐다. 이에 고민하던 지방정부는 도시를 살리기 위해 재생추진협회를 설립했고, 1991년 미국의 구겐하임 미술관을 유치했다. 당시에는 반대도 만만치 않았지만 1997년 구겐하임 빌바오 미술관이 세계적인 건축가 프랭크 게리에 의해 완공되면서 도시의 운명은 달라졌다. 인구 36만명에 불과했던 도시가 연간 100만명 이상의 관광객이 찾아오는 문화예술의 도시로 변신한 것이다. 건축물, 예술작품 등 문화시설이 긍정적 영향을 미쳐 도시가 활성화되는 걸 표현할 때 '빌바오효과'라 한다.

프랭크 게리(Frank Gehry)
캐나다 태생의 미국 건축가로, 빌바오 구겐하임 미술관 건축 이후 스타 건축가가 됐다. 자유롭고 개방적이며 파격적인 건축성향으로 유명한데, 1993년 베네치아 건축 비엔날레에서는 미국의 대표적 건축가로 선정되었다. 주요 작품으로 빌바오 구겐하임 미술관, LA 월트디즈니 콘서트홀, 프라하 ING사옥 등이 있다.

04 과학·컴퓨터·IT

59 셰일오일 Shale Oil

미국에서 2010년대 들어서 개발되기 시작한 퇴적암 오일

퇴적암의 한 종류인 셰일층에서 채굴할 수 있는 '액체 탄화수소'를 가리키는 말이다. 이전에는 채굴 불가능하거나 시추 비용이 많이 들어 채산성이 없다고 여겨진 자원들이었다. 그런데 '수압파쇄', '수평시추' 등의 기술 개발로 셰일오일이 채산성을 갖춘 자원이 되면서 2010년 중반부터 생산량이 폭발적으로 늘어나 2018년에는 미국을 최대 산유국으로 만들었다. 현재 발견된 매장량은 향후 200년가량 사용할 것으로 추정된다. 미국은 셰일오일을 통해 에너지 자립을 이뤘고 중동산유국 등 유가에 대한 영향력이 축소됐다. 이를 '셰일혁명'이라고 부른다.

60 리질리언스 Resilience

민간 우주항공기업 스페이스X에서 발사한 유인우주선

일론 머스크가 세운 스페이스X가 2020년 11월 15일(현지시간)에 케네디 우주센터에서 국제우주정거장(ISS)으로 발사한 유인우주선이다. 리질리언스는 '회복력'이라는 뜻으로, 코로나19 이후 시련을 이겨내자는 의미로 이번 임무에 참여한 네 명의 비행사들이 함께 지었다. '크루-1'이라는 이번 발사임무는 NASA가 우주인을 공식으로 ISS로 보내는 첫 공식 임무로 민간 우주운송시대의 출발이 될 것으로 기대됐다.

61 바이오디젤 Bio-diesel

재생 기름으로 만들어진 화학 연료

폐기되는 식물성 기름이나 동물성 지방을 원료로 해서 만드는 화학 연료이다. 고갈되는 화석 연료를 대체하고 이산화탄소 배출량을 줄일 친환경적 에너지원으로 지목되지만 아직은 생산비용이 높아 지속적인 연구·개발이 이뤄지고 있다. 바이오디젤은 인화점 또한 150℃로 높아 기존 휘발유(-45℃)나 경유(64℃)에 비해 안전하게 이용할 수 있다.

62 콜드체인 Cold Chain

냉동냉장에 의한 신선한 식료품의 유통방식

신선한 식품의 품질을 보전하여 품질이 높은 상태로 소비자에게 공급하기 위해 유통과정에서 상온보다 낮은 온도를 유지하여 품질이 나빠지는 것을 방지하는 유통근대화 정책이다. 콜드체인은 농축수산물, 식료품부터 화학제품, 의약품, 전자제품, 화훼류에 이르기까지 광범위한 품목에서 적용된다. 콜드체인 시스템을 적절히 활용해 장기간 신선도를 유지할 경우 농·축·수산물 판매 시기를 조절할 수 있어 안정적 유통체계를 확립할 수 있다.

63 딥페이크 Deep Fake

인공지능을 기반으로 한 인간 이미지 합성 기술

인공지능(AI) 기술을 이용해 제작된 가짜 동영상 또는 제작 프로세스 자체를 의미한다. 적대관계생성신경망(GAN)이라는 기계학습 기술을 사용, 기존 사진이나 영상을 원본에 겹쳐서 만들어낸다. '딥페이크'의 단어 유래 역시 동영상 속 등장인물을 조작한 이의 인터넷 아이디에서 비롯됐다. 2017년 12월 온라인 소셜 커뮤니티 레딧(Reddit) 유저인 '딥페이커즈(Deepfakes)'는 포르노 영상 속 인물의 얼굴을 악의적으로 유명인의 얼굴과 교체·합성해 유통시켰다.

64 총유기탄소 Total Oganic Carbon

폐수 내에 유기물 상태로 존재하는 탄소의 양

총탄소(TC)는 총유기탄소(TOC)와 총무기탄소(TIC)로 구성되며, 이중에서 반응성이 없는 총무기탄소를 제외한 물질을 총유기탄소라고 한다. TOC는 시료의 유기물을 측정하기 위하여 시료를 태워 발생되는 CO_2 가스의 양을 측정하여 수질오염도를 측정한다. 시료를 직접 태워 발생되는 CO_2 가스의 양으로 수질오염도를 측정하는 방식이므로 난분해성 유기물의 측정에 매우 적합하며, 유기물에 의한 수질오염도를 측정하는 가장 좋은 방식이다.

COD와 BOD의 차이
COD는 화학적으로 분해 가능한 유기물을 산화시키기 위해 필요한 산소의 양이며, BOD는 미생물이 유기물을 산화시키는 데 필요한 산소의 양이다.

65 프롭테크 Proptech

빅데이터 분석, VR 등 하이테크 기술을 결합한 서비스

부동산(Property)과 기술(Technology)의 합성어로, 기존 부동산 산업과 IT의 결합으로 볼 수 있다. 프롭테크의 산업 분야는 크게 중개 및 임대, 부동산 관리, 프로젝트 개발, 투자 및 자금조달 부분으로 구분할 수 있다. 프롭테크 산업 성장을 통해 부동산 자산의 고도화와 신기술 접목으로 편리성이 확대되고, 이를 통한 삶의 질이 향상될 전망이다. 무엇보다 공급자 중심의 기존 부동산 시장을 넘어 정보 비대칭이 해소되어 고객 중심의 부동산 시장이 형성될 것으로 보인다.

> **핀테크(FinTech)**
> 금융(Finance)과 기술(Technology)이 융합된 신조어로, 금융과 기술을 융합한 각종 신기술을 의미한다. 핀테크의 핵심은 기술을 통해 기존의 금융기관이 제공하지 못했던 부분을 채워주고 편의성 증대, 비용 절감, 리스크 분산, 기대 수익 증가 등 고객에게 새로운 가치를 주는 데 있다.

66 펄프스 PULPS

핀터레스트, 우버, 리프트, 팰런티어, 슬랙 등 5개 테크기업

이미지 공유 플랫폼 기업 핀터레스트(Pinterest), 세계 1·2위 차량공유 서비스 업체인 우버(Uber)와 리프트(Lyft), 빅데이터 전문 기업 팰런티어(Palantir), 기업용 메신저 앱 기업인 슬랙(Slack) 등 5개사를 지칭하는 용어다. 펄프스는 기존 미국 증시의 5대 기술주로서 주목받은 '팡'(FAANG)을 대체할 종목으로 관심을 받고 있다. 이들 업체는 큰 범주에서 모두 공유경제와 4차 산업혁명 관련 종목으로 분류되는데, 향후 미국 증시를 새롭게 이끌 것으로 기대되고 있다.

> **FAANG**
> 페이스북(Facebook), 애플(Apple), 아마존(Amazon), 넷플릭스(Netflix), 구글(Google)의 이니셜을 딴 것으로 미국증시 기술주를 뜻한다. 5개 기업의 시가 총액은 미국 국내 총생산(GDP)의 13% 정도를 차지한다.

67 메칼프의 법칙 Metcalfe's Law

통신망 가치는 연결된 사용자 수의 제곱에 비례한다는 법칙

네트워크에 일정 수 이상의 사용자가 모이면 그 가치가 폭발적으로 늘어난다는 이론이다. 결국 신규 네트워크 사용자를 획득할 때 드는 비용은 점점 낮아지는 반면, 기업 가치는 더욱 높아지게 된다. 메칼프의 법칙은 미국의 네트워크장비 업체 3COM의 설립자인 밥 메칼프가 내놓은 이론이다. 그는 회원이 10명인 웹 사이트에 1명이 더 들어오면 네트워크의 비용은 10에서 11로 10%가 늘지만, 웹 사이트의 가치는 100(10의 제곱)에서 121(11의 제곱)로 21%가 증가한다고 보았다.

68 반도체 슈퍼사이클 Commodities Super-cycle

반도체 기억소자(D램) 가격이 크게 오르는 시장 상황

PC, 스마트폰 등에 들어가는 D램 가격의 장기적인 가격상승 추세 또는 시장상황을 말하며 '슈퍼사이클'은 20년 이상의 장기적 가격상승 추세를 뜻한다. 반도체 슈퍼사이클은 주요 제품인 D램의 평균판매단가(ASP)가 2년 연속 상승하는 구간을 말한다. PC 수요가 급증했던 1994~1995년을 1차, 클라우드와 서버 수요가 컸던 2017~2018년을 2차로 부른다. 코로나19로 비대면경제가 확산하면서 서버나 노트북 수요 등이 늘어나며 2021년 글로벌 반도체시장이 전년 대비 약 8~10% 증가하고, 메모리시장은 약 13~20% 증가할 것으로 전망된다. 특히 시스템반도체는 5G통신칩·이미지센서 등의 수요 증가와 파운드리 대형고객 확보로 늘어날 것으로 예상된다.

파운드리(Foundry)
반도체 설계만 전문적으로 하는 업체인 팹리스로부터 양산 하청을 받아 위탁생산만 하는 반도체 제작 업체들을 가리킨다. 대표적인 기업으로는 TSMC, UMC 등이 있으며, 파운드리 강국으로 대만이 유명하다.

안심Touch

69 빅블러 Big Blur

산업 간에 경계가 모호해지는 현상

사회 환경이 급격하게 변하면서 기존에 존재하던 산업 간에 경계가 불분명(Blur)해지고 있음을 말한다. 미래학자 스탠 데이비스가 1999년 그의 저서 〈블러 : 연결 경제에서의 변화의 속도〉에서 이 단어를 처음 사용했다. 사물인터넷이나 인공지능 등 기술의 비약적 발전이 산업 생태계를 변화시켜 산업 간의 경계가 허물어지고 있다고 주장한다. IT기술과 금융이 접목된 인터넷은행이 등장하며 카카오그룹은 금융업에 진출했고, 드론이 발전·보급되어 택배산업에도 도입됐으며 스마트폰의 대중화로 차량 공유 서비스를 이용할 수 있게 되는 것 등이 대표적인 예이다.

70 RPA 시스템

로봇이 단순 업무를 대신하는 업무자동화 시스템

RPA란 Robotic Process Automation의 줄임말로 사람이 수행하던 반복적인 업무 프로세스를 소프트웨어 로봇을 적용하여 자동화하는 것을 말한다. 즉 저렴한 비용으로 빠르고 정확하게 업무를 수행하는 디지털 노동을 의미한다. RPA를 도입함으로써 기업이 얻을 수 있는 가장 큰 장점은 로봇이 단순 사무를 대신 처리해주는 것에 따른 '인건비 절감'과 사람이 고부가가치 업무에 집중할 수 있는 것에 따른 '생산성 향상'이다.

71 바이오시밀러 Biosimilar

특허가 만료된 바이오의약품의 복제약

오리지널 바이오의약품과 비슷한 효능을 갖도록 만들지만 바이오 약품의 경우처럼 동물세포나 효모, 대장균 등을 이용해 만든 고분자의 단백질 제품이 아니라 화학적 합성으로 만들어지기 때문에 기존의 특허받은 바이오의약품에 비해 약값이 저렴하다. 즉, 효능은 비슷하게 내지만 성분과 원료는 오리지널 바이오의약품과 다른 '진짜 같은 복제약'인 것이다. 당뇨, 류머티스 관절염과 같은 만성·난치성질환의 치료제 분야에서 활용되고 있다.

72 그로스 해킹 Growth Hacking

상품 및 서비스의 개선사항을 계속 점검하고 반영해 성장을 꾀하는 온라인 마케팅 기법

그로스 해커라는 개념은 수많은 스타트업이 인터넷 기반 산업 분야에 뛰어들기 시작하면서 본격적으로 쓰이게 되었다. 마케팅과 엔지니어링, 프로덕트 등 다양한 각도에서 생각해낸 창의적 방법으로 고객에게 마케팅적으로 접근해 스타트업의 고속 성장을 추구하는 것을 의미한다. 페이스북(Facebook), 인스타그램(Instagram), 트위터(Twitter), 에어비앤비(AirBnB), 드롭박스(Dropbox) 등이 그로스 해킹 기술을 사용하고 있다.

> **그로스 해커**
> 2010년대 페이스북, 트위터 등 인터넷에 기반한 스타트업이 본격 성장하기 시작한 미국에서 처음으로 등장했다. Growth(성장), Hacker(해커)의 합성어로 인터넷과 모바일로 제품 및 서비스를 이용하는 소비자들의 사용패턴을 빅데이터로 분석해 적은 예산으로 효과적인 마케팅 효과를 구사하는 마케터를 의미한다.

73 뉴로모픽 반도체

인간의 두뇌 구조와 활동 방법을 모방한 반도체 칩

인공지능, 빅데이터, 머신러닝 등의 발전으로 인해 방대한 데이터의 연산과 처리를 빠른 속도로 실행해야 하는 필요성에 따라 개발되었다. 뇌신경을 모방해 인간 사고과정과 유사하게 정보를 처리하는 기술로 하나의 반도체에서 연산과 학습, 추론이 가능해 인공지능 알고리즘 구현에 적합하다. 또한 기존 반도체 대비 전력 소모량이 1억분의 1에 불과해 전력 확보 문제를 해결할 수 있는 장점이 있다.

구분	기존 반도체	뉴로모픽 반도체
구조	셀(저장·연산), 밴드위스(연결)	뉴런(신경 기능), 시냅스(신호 전달)
강점	수치 계산이나 정밀한 프로그램 실행	이미지와 소리 느끼고 패턴 인식
기능	각각의 반도체가 정해진 기능만 수행	저장과 연산 등을 함께 처리
데이터 처리 방식	직렬(입출력을 한 번에 하나씩)	병렬(다양한 데이터 입출력을 동시에)

74 데이터마이닝 Datamining

데이터에서 유용한 정보를 도출하는 기술

'데이터(Data)'와 채굴을 뜻하는 '마이닝(Mining)'이 합쳐진 단어로 방대한 양의 데이터로부터 유용한 정보를 추출하는 것을 말한다. 기업 활동 과정에서 축적된 대량의 데이터를 분석해 경영 활동에 필요한 다양한 의사결정에 활용하기 위해 사용된다. 데이터마이닝은 통계학의 분석방법론은 물론 기계학습, 인공지능, 컴퓨터과학 등을 결합해 사용한다. 데이터의 형태와 범위가 다양해지고 그 규모가 방대해지는 빅데이터의 등장으로 데이터마이닝의 중요성은 부각되고 있다.

75 엔트로피 Entropy

자연계의 무질서도를 나타내는 양

자연 물질이 변형되어 원래로 돌아갈 수 없는 현상으로 무질서도라고 표현하기도 한다. 1850년 클라우지우스가 열에너지의 변형과 관련된 현상을 설명하기 위하여 에너지(Energy)라는 단어와 그리스어의 변형(Tropy)이라는 말을 합성한 것이다. 물질의 열적 상태 자연의 모든 현상은 엔트로피가 증가하는 방향 즉, 무질서한 상태로 되려는 경향이 있다.

76 OTT Over The Top

인터넷으로 미디어 콘텐츠를 이용하는 서비스

'Top(셋톱박스)을 통해 제공됨'을 의미하는 것으로, 범용인터넷을 통해 미디어콘텐츠를 이용할 수 있는 서비스를 말한다. 시청자의 다양한 욕구, 온라인 동영상 이용의 증가는 OTT 서비스가 등장하는 계기가 되었으며, 초고속 인터넷의 발달과 스마트 기기의 보급은 OTT 서비스의 발전을 가속화시켰다. 현재 전 세계적으로 넷플릭스 등에서 OTT 서비스가 널리 제공되고 있으며, 그중에서도 미국은 가장 큰 OTT 시장을 갖고 있다.

> **넷플릭스(Netflix)**
> 미국에서 DVD 대여 사업으로 출발한 세계 최대의 유료 동영상 스트리밍 서비스 업체이다. 한 달에 일정 금액(약 8~12달러)을 지불하면 영화, TV 프로그램 등의 영상 콘텐츠를 무제한으로 볼 수 있는데, 비교적 저렴한 비용에 전 세계적으로 이용자가 급증했다. 또한 넷플릭스는 콘텐츠의 재전송에 그치지 않고 완성도 높은 자체 제작 콘텐츠를 개발하여 높은 성장률을 보였다.

77 코드커팅 Cord-cutting

유료 방송 시청자가 가입을 해지하고 새로운 플랫폼으로 이동하는 현상

유료 방송 시청에 필요한 케이블을 '끊는' 것을 빗댄 용어로, 인터넷 속도 증가와 플랫폼 다양화를 바탕으로 전 세계적으로 일어나고 있다. 각자 환경과 취향에 맞는 서비스 선택이 가능해지자 소비자들은 유선방송의 선을 끊는 사회적 현상을 보였다. 미국은 넷플릭스, 구글 크롬 캐스트 등 OTT 사업자가 등장하면서 대규모 코드커팅이 발생했다. 우리나라에서는 코드커팅이라는 말보다는 가전제품인 TV가 없다는 의미에서 '제로(Zero)TV'가 일반적으로 사용된다. 코드커팅이나 제로TV 현상은 주로 스마트폰 등 모바일 기기의 확산 때문에 일어난다.

78 유전자가위

세포의 유전자를 절삭하는 데 사용하는 기술

동식물 유전자의 특정 DNA부위를 자른다고 하여 '가위'라는 표현을 사용하는데, 손상된 DNA를 잘라낸 후에 정상 DNA로 바꾸는 기술이라 할 수 있다. 1·2세대의 유전자가위가 존재하며 3세대 유전자가위인 '크리스퍼 Cas9'도 개발됐다. 크리스퍼는 세균이 천적인 바이러스를 물리치기 위해 관련 DNA를 잘게 잘라 기억해 두었다가 다시 침입했을 때 물리치는 면역체계를 부르는 용어인데, 이를 이용해 개발한 기술이 3세대 유전자가위인 것이다. 줄기세포·체세포 유전병의 원인이 되는 돌연변이 교정, 항암세포 치료제와 같이 다양하게 활용될 수 있다.

79 디지털포렌식 Digital Forensic

디지털 정보를 분석해 범죄 단서를 찾는 수사기법

디지털 증거를 수집·보존·처리하는 과학적·기술적인 기법을 말한다. '포렌식(Forensic)'의 사전적 의미는 '법의학적인', '범죄 과학 수사의', '재판에 관한' 등이다. 법정에서 증거로 사용되려면 증거능력(Admissibility)이 있어야 하며 이를 위해 증거가 법정에 제출될 때까지 변조 혹은 오염되지 않는 온전한 상태(Integrity)를 유지하는 일련의 절차 내지 과정을 디지털포렌식이라고 부른다. 초기에는 컴퓨터를 중심으로 증거수집이 이뤄졌으나 최근에는 이메일, 전자결재 등으로 확대됐다.

05 문화 · 미디어 · 스포츠

80 골든글로브상 Golden Globe Award

영화와 TV 프로그램과 관련해 시상하는 상

미국의 로스앤젤레스에 있는 할리우드에서 한 해 동안 상영된 영화들을 대상으로 최우수 영화의 각 부분을 비롯하여 남녀 주연, 조연 배우들을 선정해 수여하는 상이다. '헐리우드 외신기자협회(HFPA)'는 세계 각국의 신문 및 잡지 기자로 구성되어 있으며, 골든글로브상은 이 협회의 회원 90여 명의 투표로 결정된다. 1944년 시작된 최초의 시상식은 당시 소규모로 개최되었으나 현재는 세계 영화시장에서 막강한 영향력을 행사하고 있다. 약 3시간 동안 진행되는 시상식은 드라마 부문과 뮤지컬 · 코미디 부문으로 나뉘어 진행되며 생방송으로 세계 120여 개 국에 방영되어 매년 약 2억 5,000만 명의 시청자들이 이를 지켜본다. 한편, 봉준호 감독의 영화 〈기생충〉이 2020년 1월 5일 열린 제77회 골든글로브 시상식에서 외국어 영화상을 수상하며, 한국 영화 최초의 골든글로브 본상 수상 기록을 달성했고, 2021년에 열린 제78회 시상식에서는 〈미나리〉가 외국어 영화상을 수상하는 쾌거를 이뤘다.

81 뉴스큐레이션 News Curation

뉴스 취향 분석 및 제공 서비스

뉴스 구독 패턴을 분석하여, 사용자의 관심에 맞는 뉴스를 선택해 읽기 쉽게 정리해 제공해주는 서비스이다. 인터넷 뉴스 시대에 기사가 범람함에 따라 피로를 느낀 신문 구독자들이 자신에게 맞는 뉴스를 편리하게 보기 위해 뉴스큐레이션 서비스를 찾고 있다고 한다. 이러한 뉴스큐레이션 작업은 포털에서부터 SNS의 개인에 이르기까지 다양한 주체에 의해 이뤄지고 있으며, 최근에는 뉴스큐레이션만을 전문으로 담당하는 사이트도 생겨나고 있다.

82 플렉스 Flex

젊은층에서 부를 과시한다는 의미로 유행하는 말

사전적 의미는 '구부리다', '수축시키다'이지만 최근에는 미디어와 소셜네트워크서비스(SNS) 등에서 '과시하다'는 뜻으로 널리 사용되고 있다. 과거 1990년대 미국 힙합 문화에서 주로 '금전을 뽐내거나 자랑하다'는 의미의 속어로 쓰이던 것이 변형된 것으로 보고 있다. 가장 최근에는 20대인 1990년대생을 중심으로 명품 소비 문화가 확산되는 것을 두고 '플렉스'를 즐기기 위한 것이라는 해석이 나오고 있다. 유튜브와 인스타그램 등 SNS에 명품 구매 인증샷을 올리는 것이 일종의 과시 행위라는 것이다.

83 확증편향 Confirmation Bias

자신의 생각을 확인하려 하는 인지적 편향성

통계학과 심리학에서 사용되는 사람의 인지적 편향성을 말한다. 심리학적으로 사람은 주변 환경에 노출되었을 때 자신이 알고 있는 것에 더 쉽게 반응하는 경향을 보이며, 자신의 평소 신념과 반대되는 정보를 얻게 되더라도 그 정보를 부정해버리고 오히려 자신의 신념을 더욱 확고히 하는 경향을 보이게 된다. 기존의 신념에 부합되는 정보는 취하고, 그렇지 않은 정보들은 걸러냄으로써 개인은 신속한 의사결정을 내릴 수 있다.

84 온택트 Ontact

온라인을 통해 세상과 연결되는 것

온라인(Online)의 'On'과 비대면을 뜻하는 신조어 'Untact'를 합친 말이다. 다른 사람을 직접 만나거나 여가를 즐기기 위해 외부로 나가지 않아도 온라인을 통해 세상과 소통할 수 있는 것을 뜻한다. 온라인으로 진행되는 수업, 공연, 화상회의 등이 모두 온택트의 일환이다. 온택트는 코로나19가 낳은 '뉴노멀(New Normal)', 즉 새로운 시대의 일상으로 평가받는다. 기업, 지자체를 가리지 않고 온택트 시대에 발맞춰 마케팅을 이어가고 있다.

85 제로웨이스트 Zero Waste

일상생활에서 쓰레기를 줄이기 위한 환경운동

일상생활에서 쓰레기가 나오지 않도록 하는(Zero Waste) 생활습관을 이른다. 재활용 가능한 재료를 사용하거나 포장을 최소화해 쓰레기를 줄이거나 그것을 넘어 아예 썩지 않는 생활 쓰레기를 없애는 것을 의미한다. 비닐을 쓰지 않고 장을 보거나 포장 용기를 재활용하고, 대나무 칫솔과 천연 수세미를 사용하는 등의 방법으로 이뤄진다. 친환경 제품을 사는 것도 좋지만 무엇보다 소비를 줄이는 일이 중요하다는 의견도 공감을 얻고 있다. 환경보호가 중요시되면서 관련 캠페인이 벌어지고 있다.

86 구독경제 Subscription Economy

구독료를 내고 필요한 물건이나 서비스를 이용하는 것

일정 기간마다 비용(구독료)을 지불하고 필요한 물건이나 서비스를 이용하는 경제활동을 뜻한다. 영화나 드라마, 음악은 물론이고 책이나 게임에 이르기까지 다양한 품목에서 이뤄지고 있다. 이 분야는 스마트폰의 대중화로 빠르게 성장하고 있는 미래 유망 산업군에 속한다. 구독자에게 동영상 스트리밍 서비스를 제공하는 넷플릭스의 성공으로 점차 탄력을 받고 있다. 특정 신문이나 잡지 구독과 달리 동종의 물품이나 서비스를 소비자의 취향에 맞춰 취사선택해 이용할 수 있다는 점에서 효율적이다.

87 다크 넛지 Dark Nudge

무의식 중에 비합리적 소비를 하도록 유도하는 상술

팔꿈치로 툭툭 옆구리를 찌르듯 소비자의 비합리적인 구매를 유도하는 상술을 지칭하는 신조어다. '넛지(Nudge)'가 '옆구리를 슬쩍 찌른다'는 뜻으로 상대방을 부드럽게 설득해 현명한 선택을 하도록 돕는다는 개념으로 쓰이는데, 여기에 '다크(Dark)'라는 표현이 더해져 부정적인 의미로 바뀌게 된 것이다. 음원사이트 등에서 무료 체험 기간이라고 유인하고 무료 기간이 끝난 뒤에 이용료가 계속 자동결제 되도록 하는 것이 대표적인 예다. 국립국어원은 이를 대체할 쉬운 우리말로 '함정 상술'을 선정했다.

88 가스라이팅 Gaslighting

상황조작을 통해 판단력을 잃게 만들어 지배력을 행사하는 것

연극 〈가스등(Gas Light)〉에서 유래한 말로 세뇌를 통해 정신적 학대를 당하는 것을 뜻하는 심리학 용어다. 타인의 심리나 상황을 교묘하게 조작해 그 사람이 스스로 의심하게 만들어 타인에 대한 지배력을 강화하는 행위다. 거부, 반박, 전환, 경시, 망각, 부인 등 타인의 심리나 상황을 교묘하게 조작해 그 사람이 현실감과 판단력을 잃게 만들고, 이로써 타인에 대한 통제능력을 행사하는 것을 말한다.

> **가스라이팅의 유래**
> 1938년 영국에서 상연된 연극 〈가스등(Gas Light)〉에서 유래됐다. 이 연극에서 남편은 집안의 가스등을 일부러 어둡게 만들고는 부인이 "집안이 어두워졌다"고 말하면 그렇지 않다는 식으로 아내를 탓한다. 이에 아내는 점차 자신의 현실 인지 능력을 의심하면서 판단력이 흐려지고, 남편에게 의존하게 된다. 아내는 자존감이 낮아져 점점 자신이 정말 이상한 사람이라고 생각하게 된다.

89 디지털교도소

악성 범죄자 신상을 게시한 사이트

2020년 3월 악성 범죄자 신상을 공개하기 위해 설립한 사이트다. 성범죄·아동학대·살인 등을 저지른 가해자 176명의 신상을 공개했다. 디지털교도소 운영자는 사이트 소개에 '대한민국 악성 범죄자에 대한 관대한 처벌에 한계를 느끼고, 이들의 신상정보를 직접 공개하여 사회적인 심판을 받게 하려 한다'고 사이트 설립 목적을 밝혔다. 디지털교도소를 둘러싸고 공익성을 띤 사이트라는 의견과 법치주의 국가에 위반하는 '사적제재'라는 의견이 대립한다.

90 비건 패션

동물의 가죽이나 털을 사용하지 않고 만든 옷이나 가방 등을 사용하는 행위

채식을 추구하는 비거니즘에서 유래한 말로, 동물의 가죽이나 털을 사용하는 의류를 거부하는 패션철학을 뜻한다. 살아있는 동물의 털이나 가죽을 벗겨 옷을 만드는 경우가 많다는 사실이 알려지면서 패션업계에서는 동물학대 논란이 끊이지 않았다. 과거 비건 패션이 윤리적 차원에서 단순한 대용품으로 쓰이기 시작했다면, 최근에는 윤리적 소비와 함께 합리적인 가격, 관리의 용이성까지 더해지면서 트렌드로 자리 잡아가고 있다.

91 인포데믹 Infodemic

거짓정보, 가짜뉴스 등이 미디어, 인터넷 등을 통해 매우 빠르게 확산되는 현상

'정보'를 뜻하는 'Information'과 '유행병'을 뜻하는 'Epidemic'의 합성어로, 잘못된 정보나 악성루머 등이 미디어, 인터넷 등을 통해 무분별하게 퍼지면서 전염병처럼 매우 빠르게 확산되는 현상을 일컫는다. 미국의 전략분석기관 '인텔리브리지' 데이비드 로스코프 회장이 2003년 워싱턴포스트에 기고한 글에서 잘못된 정보가 경제위기, 금융시장 혼란을 불러올 수 있다는 의미로 처음 사용했다. 허위정보가 범람하면 신뢰성 있는 정보를 찾아내기 어려워지고, 이 때문에 사회 구성원 사이에 합리적인 대응이 어려워지게 된다. 인포데믹의 범람에 따라 정보방역이 중요성도 강조되고 있다.

92 기린 대화법

마셜 로젠버그 박사가 개발한 비폭력 대화법

미국의 심리학자 마셜 로젠버그가 개발한 비폭력 대화법이다. 상대방을 설득시키는 데 '관찰 – 느낌 – 욕구 – 요청'의 네 단계 말하기 절차를 밟는다. 평가하고 강요하기보다는 감상과 부탁을 하여 상대방의 거부감을 줄이는 것이다. 기린은 목이 길어 키가 가장 큰 동물이기에 포유류 중 가장 큰 심장을 지니고 있다. 또한 온화한 성품의 초식동물로 높은 곳에서 주변을 살필 줄 아는 동물이기도 하다. 이런 기린의 성품처럼 상대를 자극하지 않고 배려할 수 있는 대화법이다.

93 사일로효과 Organizational Silos Effect

조직의 부서들이 다른 부서와 교류하지 않고 내부의 이익만 추구하는 현상

조직의 부서들이 다른 부서와 담을 쌓고 내부이익만 추구하는 현상이다. 구성원이나 부서 사이 교류가 끊긴 모습을 홀로 우뚝 서 있는 원통 모양의 창고인 '사일로'에 비유했다. 주로 조직 장벽과 부서 이기주의를 의미한다. 사일로효과의 원인은 내부의 '과열 경쟁' 때문이다. 조직이 제한적인 보상을 걸어 서로 다른 부서 간의 경쟁을 과도하게 부추길 때 사일로효과가 생겨날 수 있다. 조직의 소통이 가로막히면서 내부의 이해관계로만 결집되어 조직의 전체 성장을 방해하게 된다.

94 빈지 워칭 Binge Watching

방송 프로그램이나 드라마, 영화 등을 한꺼번에 몰아보는 현상

'폭식·폭음'을 의미하는 빈지(Binge)와 '본다'를 의미하는 워치(Watch)를 합성한 단어로 주로 휴일, 주말, 방학 등에 콘텐츠를 몰아보는 것을 폭식에 비유한 말이다. 빈지 워칭은 2013년 넷플릭스가 처음 자체 제작한 드라마 '하우스 오브 카드'의 첫 시즌 13편을 일시에 선보이면서 알려졌고, 이용자들은 전편을 시청할 수 있는 서비스를 선호하기 시작했다. 빈지 워칭 현상은 구독경제의 등장으로 확산되고 있다.

> **구독경제**
> 신문이나 잡지를 구독하는 것처럼 일정 기간 구독료를 지불하고 상품, 서비스 등을 사용할 수 있는 경제활동을 일컫는 말이다. 이는 소비자의 소비가 소유에서 공유, 더 나아가 구독 형태로 진화하면서 유망 사업 모델로 주목받고 있음을 말해준다.

95 아벨상 Abel Prize

수학의 노벨상이라 불리는 국제 공로상

노르웨이 수학자 닐스 헨리크 아벨을 기념하기 위해 노르웨이 정부가 2003년 아벨의 탄생 200주년을 맞아 제정한 것으로, 필즈상(Fields Medal)과 함께 수학계에 공로한 인물에 시상하는 상이다. 아벨상이 제정된 지 불과 11년 만에 수학계 최고 권위의 상으로 발전한 이유는 수상자의 평생 업적을 평가 기준으로 삼기 때문이다. 만 40세 이하의 젊은 수학자를 대상으로 하는 필즈상과 달리 아벨상은 수학자가 평생 이룬 업적을 종합적으로 판단해 수상자를 선정한다. 상금도 100만 달러(약 10억원)로 800만 크로네(약 13억 4,000만 원)를 주는 노벨상에 필적한다. 이는 필즈상보다 50배 정도 많다.

96 드레스덴 인권평화상

독일에서 주최되는 국제 인권평화상

드레스덴 시민들의 자유와 민주주의를 향한 열정과 용기를 기리기 위해 1989년 당시 시민대표 20명을 주축으로 만든 상으로 지난 2012년 제정되어 그동안 중동과 시리아 등 분쟁지역 인권운동가와 종교 지도자들이 이 상을 수상했다. 첫 수상자는 미하일 고르바초프 옛 소련 공산당 서기장이었다. 한국인으로서는 2015년 김문수 전 경기도지사가 북한인권법 최초 발의 등으로 첫 수상의 영예를 안았다. 드레스덴은 독인 통일의 밑거름이 된 '시민봉기'가 최초로 일어났던 동독의 중심 도시로 알려져 있다.

97 넷플릭스신드롬 Netflix Syndrome

OTT서비스인 넷플릭스 콘텐츠에 열광하는 현상

온라인 스트리밍 서비스(OTT)인 넷플릭스의 시리즈물에 사람들이 열광하는 현상이다. TV매체의 선호도가 과거보다 저하되고 넷플릭스에서 송출하는 오리지널 콘텐츠가 강세를 보이며 생겨났다. 국내뿐만 아니라 해외의 유수의 콘텐츠를 공급받을 수 있다는 점에서 더 신드롬을 불러 일으켰다.

98 트리비아 Trivia

중요하지 않지만 흥미를 돋우는 사소한 지식

단편적이고 체계적이지 않은 실용·흥미 위주의 잡다한 지식을 가리키는 말이다. 라틴어로 'Tri'는 '3'을 'Via'는 '길'을 의미하여 '삼거리'라는 의미로 사용되던 단어인데, 로마 시대에 도시 어디에서나 삼거리를 찾아볼 수 있었다는 점에서, '어디에나 있는 시시한 것'이라는 뜻으로 단어의 의미가 전이되어 사용되었다. 현대에는 각종 퀴즈 소재로 활용되기 쉬운 상식, 체계적으로 전달하기 어려운 여담 등을 가리킬 때 사용한다.

99 파이 PIE 세대

불확실한 미래보다 지금의 확실한 행복을 위해 소비하는 20·30대 청년층

개성(Personality)을 중시하고 자신의 행복과 자기계발에 투자(Invest in Myself)하며 소유보다는 경험 (Experience)을 위해 소비한다. 파이세대는 현재 우리나라 인구의 약 40%를 차지하며, 그중 절반 이상이 경제활동을 한다. 이들은 불확실한 미래를 위해 저축을 하기보다 월급을 털어 해외여행을 가고, 대출을 받아 수입차를 사는 등 소비지향적인 형태를 보이면서도 자신에게 가치가 없다고 생각하면 결코 지갑을 열지 않는 특징이 있다. 기준은 '나심비'(나의 마음·心의 만족 비율)다.

100 뒷광고

광고비를 받은 사실을 소비자에게 밝히지 않고 하는 제품 홍보

유튜버 등 유명 인플루언서들이 업체로부터 광고비나 제품 등의 협찬을 받고 해당 상품을 사진, 영상 등으로 홍보하면서도 이를 알리지 않은 채 자신들이 직접 구매한 것처럼 하는 광고를 일컫는다. 일반적인 광고가 광고임을 명시하고 제품을 홍보하는 방식이라면, '뒷광고'는 소비자가 광고임을 알아채지 못하도록 뒤로 살짝 숨긴 광고라는 의미의 신조어다. 뒷광고는 대중에게 영향력이 큰 인플루언서들이 대가를 받은 사실을 숨긴 채 제품을 홍보했다는 점에서 소비자 기만행위라는 지적을 낳았다.

PART 3

分야별 일반상식
적중예상문제

01 정치 · 국제 · 법률

01 선거에 출마한 후보가 내놓은 공약을 검증하는 운동을 무엇이라 하는가?

① 아그레망 　　　　　　　　　　② 로그롤링
③ 플리바게닝 　　　　　　　　　　④ 매니페스토

해설

매니페스토는 선거와 관련하여 유권자에게 확고한 정치적 의도와 견해를 밝히는 것으로, 연설이나 문서의 형태로 구체적인 공약을 제시한다.

02 전당대회 후에 정당의 지지율이 상승하는 현상을 뜻하는 용어는?

① 빨대효과 　　　　　　　　　　② 컨벤션효과
③ 메기효과 　　　　　　　　　　④ 헤일로효과

해설

② 컨벤션효과(Convention Effect) : 대규모 정치 행사 직후에, 행사 주체의 정치적 지지율이 상승하는 현상을 뜻한다.
① 빨대효과(Straw Effect) : 고속도로와 같은 교통수단의 개통으로 인해, 대도시가 빨대로 흡입하듯 주변 도시의 인구와 경제력을 흡수하는 현상을 가리키는 말이다.
③ 메기효과(Catfish Effect) : 노르웨이의 한 어부가 청어를 싱싱한 상태로 육지로 데리고 오기 위해 수조에 메기를 넣었다는 데서 유래한 용어다. 시장에 강력한 경쟁자가 등장했을 때 기존의 기업들이 경쟁력을 잃지 않기 위해 끊임없이 분투하며 업계 전체가 성장하게 되는 것을 가리킨다.
④ 헤일로효과(Halo Effect) : 후광효과로, 어떤 대상(사람)에 대한 일반적인 생각이 그 대상(사람)의 구체적인 특성을 평가하는 데 영향을 미치는 현상

03 노래, 슬로건, 제복 등을 통해 정치권력을 신성하고 아름답게 느끼는 현상을 무엇이라 하는가?

① 플레비사이트 　　　　　　　　　② 옴부즈맨
③ 크레덴다 　　　　　　　　　　　④ 미란다

해설

선거에서 미란다는 피통치자가 맹목적으로 정치권력에 대해 신성함을 표하고 찬미·복종함을 뜻하는 말이다.

04 다음 중 우리나라가 채택하고 있는 의원내각제적 요소는?

① 대통령의 법률안 거부권　　　　　② 의원의 각료 겸직
③ 정부의 의회해산권　　　　　　　④ 의회의 내각 불신임 결의권

해설

우리나라가 채택하고 있는 의원내각제적 요소
행정부(대통령)의 법률안 제안권, 의원의 각료 겸직 가능, 국무총리제, 국무회의 국정 심의, 대통령의 국회 출석 및 의사표시권, 국회의 국무총리·국무위원에 대한 해임건의권 및 국회 출석 요구·질문권

05 '인 두비오 프로 레오(In Dubio Pro Reo)'는 무슨 뜻인가?

① 의심스러울 때는 피고인에게 유리하게 판결해야 한다.
② 위법하게 수집된 증거는 증거능력을 배제해야 한다.
③ 범죄용의자를 연행할 때 그 이유와 권리가 있음을 미리 알려 주어야 한다.
④ 재판에서 최종적으로 유죄 판정된 자만이 범죄인이다.

해설

② 독수독과 이론
③ 미란다 원칙
④ 형사 피고인의 무죄추정

06 다음 중 재선거와 보궐선거에 대한 설명으로 옳지 않은 것은?

① 재선거는 임기 개시 전에 당선 무효가 된 경우 실시한다.
② 보궐선거는 궐위를 메우기 위해 실시된다.
③ 지역구 국회의원의 궐원시에는 보궐선거를 실시한다.
④ 전국구 국회의원의 궐원시에는 중앙선거관리위원회가 궐원통지를 받은 후 15일 이내에 궐원된 국회의원의 의석을 승계할 자를 결정해야 한다.

해설

전국구 국회의원의 궐원시에는 중앙선거관리위원회가 궐원통지를 받은 후 10일 이내에 의석을 승계할 자를 결정해야 한다.

07 선거에서 약세 후보가 유권자들의 동정을 받아 지지도가 올라가는 현상을 무엇이라 하는가?

① 밴드왜건 효과　　　　　　　　② 언더독 효과
③ 스케이프고트 현상　　　　　　④ 레임덕 현상

해설

언더독 효과는 절대 강자가 지배하는 세상에서 약자에게 연민을 느끼며 이들이 언젠가는 강자를 이겨주기를 바라는 현상을 말한다.

08 헌법재판소에서 위헌법률심판권, 위헌명령심판권, 위헌규칙심판권은 무엇을 근거로 하는가?

① 신법우선의 원칙   ② 특별법우선의 원칙
③ 법률불소급의 원칙   ④ 상위법우선의 원칙

해설
법률보다는 헌법이 상위법이므로, 법률은 헌법에 위배되어서는 안 된다. 이는 상위법우선의 원칙에 근거한다.

09 다음 중 국정조사에 대한 설명으로 틀린 것은?

① 비공개로 진행하는 것이 원칙이다.
② 재적의원 4분의 1 이상의 요구가 있는 때에 조사를 시행하게 한다.
③ 특정한 국정사안을 대상으로 한다.
④ 부정기적이며, 수시로 조사할 수 있다.

해설
국정조사는 공개를 원칙으로 하고, 비공개를 요할 경우에는 위원회의 의결을 얻도록 하고 있다.

10 다음 직위 중 임기제가 아닌 것은?

① 감사원장   ② 한국은행 총재
③ 검찰총장   ④ 국무총리

해설
① 감사원장 4년, ② 한국은행 총재 4년, ③ 검찰총장 임기는 2년이다.
국무총리는 대통령이 지명하나 국회 임기종료나 국회의 불신임 결의에 의하지 않고는 대통령이 임의로 해임할 수 없도록 규정하고 있을 뿐 임기는 명시하고 있지 않다.

11 다음 내용과 관련 있는 용어는?

> 영국 정부가 의회에 제출하는 보고서의 표지가 흰색인 데서 비롯된 속성이다. 이런 관습을 각국이 모방하여 공식 문서의 명칭으로 삼고 있다.

① 백 서   ② 필리버스터
③ 캐스팅보트   ④ 레임덕

해설
백서는 정부의 소관사항에 대한 공식 문서다.

12 정부의 부당한 행정 조치를 감시하고 조사하는 일종의 행정 통제 제도는?

① 코커스 ② 스핀닥터
③ 란츠게마인데 ④ 옴부즈맨

해설

옴부즈맨은 스웨덴을 비롯한 북유럽에서 발전된 제도로서, 정부의 부당한 행정 조치를 감시하고 조사하는 일종의 행정 통제 제도다.

13 범죄피해자의 고소나 고발이 있어야만 공소를 제기할 수 있는 범죄는?

① 친고죄 ② 무고죄
③ 협박죄 ④ 폭행죄

해설

형법상 친고죄에는 비밀침해죄, 업무상 비밀누설죄, 친족 간 권리행사방해죄, 사자명예훼손죄, 모욕죄 등이 있다.

14 퍼블리시티권에 대한 설명으로 바르지 못한 것은?

① 개인의 이름·얼굴·목소리 등을 상업적으로 이용할 수 있는 배타적인 권리다.
② 법률에 의해 생존 기간과 사후 30년 동안 보호받을 수 있다.
③ 재산권이라는 측면에서 저작권과 비슷하다.
④ 상표권이나 저작권처럼 상속도 가능하다.

해설

퍼블리시티권에 대한 뚜렷한 법률 규정이 없지만 저작권법에서 보호기간을 저자의 사망 후 70년으로 규정하고 있으므로 사후 70년으로 유추적용하고 있다.

15 다음이 설명하는 원칙은?

범죄가 성립되고 처벌을 하기 위해서는 미리 성문의 법률에 규정되어 있어야 한다는 원칙

① 불고불리의 원칙 ② 책임의 원칙
③ 죄형법정주의 ④ 기소독점주의

해설

죄형법정주의는 범죄와 형벌이 법률에 규정되어 있어야 한다는 원칙이다.

16 우리나라 대통령과 국회의원의 임기를 더한 합은?

① 8   ② 9

③ 10   ④ 11

> **해설**
>
> 대통령의 임기는 5년으로 하며 중임할 수 없고(헌법 제70조), 국회의원의 임기는 4년으로 한다(헌법 제42조). 따라서 5와 4를 더한 합은 9이다.

17 그림자 내각이라는 의미로 야당에서 정권을 잡았을 경우를 예상하여 조직하는 내각을 일컫는 용어는?

① 키친 캐비닛   ② 이너 캐비닛

③ 캐스팅 캐비닛   ④ 섀도 캐비닛

> **해설**
>
> 섀도 캐비닛은 19세기 이후 영국에서 시행되어온 제도로, 야당이 정권획득을 대비하여 총리와 각료로 예정된 내각진을 미리 정해두는 것이다.

18 다음과 관련 있는 것은?

> 이 용어는 독일의 사회주의자 F. 라살이 그의 저서 〈노동자 강령〉에서 당시 영국 부르주아의 국가관을 비판하는 뜻에서 쓴 것으로 국가는 외적의 침입을 막고 국내 치안을 확보하며 개인의 사유재산을 지키는 최소한의 임무만을 행하며, 나머지는 자유방임에 맡길 것을 주장하는 국가관을 말한다.

① 법치국가   ② 사회국가

③ 복지국가   ④ 야경국가

> **해설**
>
> 야경국가는 시장에 대한 개입을 최소화하고 국방과 외교, 치안 등의 질서 유지 임무만 맡아야 한다고 보았던 자유방임주의 국가관이다.

19 대통령이 국회의 동의를 사전에 얻어야 할 경우를 모두 고른 것은?

> ㉠ 헌법재판소장 임명　　　　　㉡ 국군의 외국 파견
> ㉢ 대법관 임명　　　　　　　　㉣ 예비비 지출
> ㉤ 대법원장 임명　　　　　　　㉥ 감사원장 임명

① ㉠, ㉡, ㉢, ㉤, ㉥　　　　　　② ㉡, ㉢, ㉣, ㉤
③ ㉠, ㉣, ㉤, ㉥　　　　　　　④ ㉡, ㉢, ㉤, ㉥

해설

국회의 사전 동의 사항

조약의 체결·선전 포고와 강화, 일반 사면, 국군의 외국 파견과 외국 군대의 국내 주류, 대법원장·국무총리·헌법재판소장·감사원장·대법관 임명, 국채 모집, 예비비 설치, 예산 외의 국가 부담이 될 계약 체결 등

20 다음 빈칸 안에 공통으로 들어갈 말로 적당한 것은?

> • (　　　)는 주로 소수파가 다수파의 독주를 저지하거나 의사진행을 막기 위해 합법적인 방법을 이용해 고의적으로 방해하는 것이다.
> • (　　　)는 정국을 불안정하게 만드는 요인이 되기도 하기 때문에 우리나라 등 많은 나라들은 발언 시간 제한 등의 규정을 강화하고 있다.

① 필리버스터　　　　　　　　② 로그롤링
③ 캐스팅보트　　　　　　　　④ 치킨게임

해설

필리버스터는 의회 안에서 합법적·계획적으로 수행되는 의사진행 방해 행위를 말한다.

21 우리나라 국회가 채택하고 있는 제도를 모두 고른 것은?

> ㉠ 일사부재의의 원칙　　　　　㉡ 일사부재리의 원칙
> ㉢ 회의공개의 원칙　　　　　　㉣ 회기계속의 원칙

① ㉠, ㉢, ㉣　　　　　　　　② ㉠, ㉡, ㉣
③ ㉡, ㉢, ㉣　　　　　　　　④ ㉠, ㉡, ㉢, ㉣

해설

일사부재리의 원칙은 확정 판결이 내려진 사건에 대해 두 번 이상 심리·재판을 하지 않는다는 형사상의 원칙으로, 국회가 채택하고 있는 제도나 원칙과는 상관이 없다.

22 원래의 뜻은 의안을 의결하는 데 있어 가부동수인 경우의 투표권을 말하는데, 의회에서 2대 정당의 세력이 거의 비등할 때 그 승부 또는 가부가 제3당의 동향에 따라 결정되는 뜻의 용어는 무엇인가?

① 캐스팅보트　　　　　　　　　　② 필리버스터
③ 게리맨더링　　　　　　　　　　④ 프레임 업

해설

캐스팅보트는 합의체의 의결에서 가부(可否)동수인 경우 의장이 가지는 결정권을 뜻한다. 우리나라에서는 의장의 결정권은 인정되지 않으며, 가부동수일 경우 부결된 것으로 본다.

23 다음 중 선거에서 누구에게 투표할지 결정하지 못한 유권자를 가리키는 말은?

① 로그롤링　　　　　　　　　　　② 매니페스토
③ 캐스팅보트　　　　　　　　　　④ 스윙보터

해설

① 로그롤링 : 정치세력들이 상호지원을 합의하여 투표거래나 투표담합을 하는 행위
② 매니페스토 : 구체적인 예산과 실천방안 등 선거와 관련한 구체적 방안을 유권자에게 제시하는 공약
③ 캐스팅보트 : 양대 당파의 세력이 비슷하게 양분화된 상황에서 결정적인 역할을 수행하는 사람

24 다음 설명에서 밑줄 친 '이 용어'는 무엇인가?

- 이 용어는 '어림도 없다'는 뜻에서 유래하였다.
- 1878년 조지 홀리오크가 '데일리 뉴스' 기고문에서 이 용어를 쓰면서 정치적 의미를 획득했다.
- 미국 대통령 테어도어 루스벨트는 이 용어를 정치적으로 이용한 대표적 인물로 손꼽힌다.

① 쇼비니즘　　　　　　　　　　　② 애니미즘
③ 징고이즘　　　　　　　　　　　④ 샤머니즘

해설

징고이즘(Jingoism)
1877년 러시아와 투르크의 전쟁에서 영국의 대러시아 강경책을 노래한 속가 속에 'By Jingo'는 '어림도 없다'는 뜻에서 유래하여 공격적인 외교정책을 만들어내는 극단적이고 맹목적이며 배타적인 애국주의 혹은 민족주의를 말한다.

25 정치상황과 이슈에 따라 선택을 달리하는 부동층 유권자를 의미하는 스윙보터와 유사한 의미를 가진 용어가 아닌 것은?

① 언디사이디드보터(Undecided Voter)

② 플로팅보터(Floating Voter)

③ 미결정 투표자

④ 코테일(Cottail)

해설

코테일은 미국 정치에서 인기 있는 공직자나 후보자가 자신의 인기에 힘입어 같은 정당 출신인 다른 후보의 승리 가능성을 높여주는 것을 말한다.

26 다음 중 UN 산하 전문기구가 아닌 것은?

① 국제노동기구(ILO)　　　　　　　② 국제연합식량농업기구(FAO)

③ 세계기상기구(WMO)　　　　　　④ 세계무역기구(WTO)

해설

1995년 출범한 세계무역기구는 1947년 이래 국제 무역 질서를 규율해오던 GATT(관세 및 무역에 관한 일반협정) 체제를 대신한다. WTO는 GATT에 없었던 세계무역분쟁 조정, 관세 인하 요구, 반덤핑규제 등 막강한 법적 권한과 구속력을 행사할 수 있다. WTO의 최고의결기구는 총회이며 그 아래 상품교역위원회 등을 설치해 분쟁처리를 담당한다. 본부는 스위스 제네바에 있다.

27 다음 괄호 안에 공통으로 들어갈 말로 적당한 것은?

> • (　　　)은/는 1970년대 미국 청년들 사이에서 유행한 자동차 게임이론에서 유래되었다.
> • (　　　)의 예로는 한 국가 안의 정치나 노사 협상, 국제 외교 등에서 상대의 양보를 기다리다가 파국으로 끝나는 것 등이 있다.

① 필리버스터　　　　　　　　　　② 로그롤링

③ 캐스팅보트　　　　　　　　　　④ 치킨게임

해설

치킨게임(Chicken Game)

어느 한쪽이 양보하지 않을 경우 양쪽 모두 파국으로 치닫게 되는 극단적인 게임이론이다. 1950~1970년대 미국과 소련 사이의 극심한 군비경쟁을 꼬집는 용어로 사용되면서 국제정치학 용어로 정착되었다.

28 대통령이 선출되나, 입법부가 내각을 신임할 권한이 있는 정부 형태를 무엇이라 하는가?

① 입헌군주제   ② 의원내각제
③ 대통령중심제   ④ 이원집정부제

해설

이원집정부제

국민투표로 선출된 대통령과 의회를 통해 신임되는 내각이 동시에 존재하는 국가이다. 주로 대통령은 외치와 국방을 맡고 내치는 내각이 맡는다. 반(半)대통령제, 준(準)대통령제, 분권형 대통령제, 이원정부제, 혼합 정부 형태라고도 부른다.

29 다음 방공식별구역에 대한 설명으로 옳지 않은 것은?

① 타국의 항공기에 대한 방위 목적으로 각 나라마다 독자적으로 설정한 지역이다.
② 영공과 같은 개념으로 국제법적 기준이 엄격하다.
③ 한국의 구역임을 명시할 때는 한국방공식별구역(KADIZ)이라고 부른다.
④ 방공식별구역 확대 문제로 현재 한·중·일 국가 간의 갈등이 일고 있다.

해설

방공식별구역은 영공과 별개의 개념으로, 국제법적인 근거가 약하다. 따라서 우리나라는 구역 내 군용기의 진입으로 인한 충돌을 방지하기 위해 1995년 한·일 간 군용기 우발사고방지 합의서한을 체결한 바 있다.

30 다음 중 일본·중국·대만 간의 영유권 분쟁을 빚고 있는 곳은?

① 조어도   ② 대마도
③ 남사군도   ④ 북방열도

해설

• 남사군도 : 동으로 필리핀, 남으로 말레이시아와 브루나이, 서로 베트남, 북으로 중국과 타이완을 마주하고 있어 6개국이 서로 영유권을 주장하고 있다.
• 북방열도(쿠릴열도) : 러시아연방 동부 사할린과 홋카이도 사이에 위치한 화산열도로 30개 이상의 도서로 이루어져 있다. 러시아와 일본 간의 영유권 분쟁이 일고 있는 곳은 쿠릴열도 최남단의 4개 섬이다.

31 다음 중 수중 암초인 이어도와 관계없는 것은?

① 도리시마   ② 파랑도
③ 쑤옌자오   ④ 소코트라 록

해설

이어도의 중국명은 '쑤옌자오'이며 '파랑도'라고도 불린다. 1900년 영국 상선 소코트라호가 처음 수중암초를 확인한 후 국제해도에 소코트라 록(Socotra Rock)으로 표기된 바 있다. ①의 도리시마는 일본의 도쿄에서 남쪽으로 600km 떨어진 북태평양에 있는 무인도이다.

32 UN의 193번째 가입 국가는?

① 동티모르   ② 몬테네그로
③ 세르비아   ④ 남수단

해설

남수단은 아프리카 동북부에 있는 나라로 2011년 7월 9일 수단으로부터 분리 독립하였고 193번째 유엔 회원국으로 등록되었다.

33 UN상임이사국에 속하지 않는 나라는?

① 중 국   ② 러시아
③ 프랑스   ④ 스웨덴

해설

유엔안전보장이사회는 5개 상임이사국(미국, 영국, 프랑스, 중국, 러시아) 및 10개 비상임이사국으로 구성되어 있다. 비상임이사국은 평화유지에 대한 회원국의 공헌과 지역적 배분을 고려하여 총회에서 2/3 다수결로 매년 5개국이 선출되고, 임기는 2년이며, 연임이 불가하다.

34 원래는 '통나무 굴리기'라는 뜻으로 두 사람이 나무 위에 올라가 그것을 굴려 목적지까지 운반하되, 떨어지지 않도록 보조를 맞춘다는 말에서 유래된 것으로 선거운동을 돕고 대가를 받거나 이권을 얻는 행위는?

① 포크배럴(Pork Barrel)   ② 로그롤링(Log-rolling)
③ 게리맨더링(Gerrymandering)   ④ 매니페스토(Manifesto)

해설

로그롤링(Log-rolling)
정치세력이 자기의 이익을 위해 경쟁세력의 요구를 수용하거나 암묵적으로 동의하는 정치적 행위를 의미하며 '보트트랜딩(Vote-tranding)'이라고 한다. 원래는 서로 협력해서 통나무를 모으거나 강물에 굴려 넣는 놀이에서 유래된 용어로 통나무를 원하는 방향으로 굴리기 위해 통나무의 양쪽, 즉 두 개의 경쟁 세력이 적극적으로 담합을 하거나 아니면 묵시적으로 동조하는 것을 말한다.

35 다음 중 레임덕에 관한 설명으로 옳지 않은 것은?

① 대통령의 임기 만료를 앞두고 나타나는 권력누수 현상이다.
② 대통령의 통치력 저하로 국정 수행에 차질이 생긴다.
③ 임기 만료가 얼마 남지 않은 경우나 여당이 다수당일 때 잘 나타난다.
④ '절름발이 오리'라는 뜻에서 유래된 용어이다.

대통령의 임기 말 권력누수 현상을 나타내는 레임덕(Lame Duck)은 집권당이 의회에서 다수 의석을 얻지 못한 경우에 발생하기 쉽다.

36 다음 중 코이카(KOICA)에 대한 설명으로 옳지 않은 것은?

① 정부 차원의 대외무상협력사업을 전담실시하는 기관이다.
② 한국과 개발도상국의 우호협력관계 및 상호교류 증진을 목적으로 한다.
③ 주요 활동으로 의사, 태권도 사범 등의 전문인력 및 해외봉사단 파견, 국제비정부기구(NGO) 지원 등을 전개하고 있다.
④ 공식 로고에 평화와 봉사를 상징하는 비둘기를 그려 넣어 국제협력단이 세계평화와 인류번영에 이바지하고 있음을 나타내고 있다.

해설

한국국제협력단(KOICA)
한국국제협력단은 대한민국의 대외무상협력사업을 주관하는 외교부 산하 정부출연기관이다. 대개 영문 명칭인 코이카(KOICA)로 불린다. 한국국제협력단법에 의해 1991년 4월 1일 설립됐다. 공식 로고에 평화와 봉사를 상징하는 월계수를 그려 넣어 국제협력단이 세계평화와 인류번영에 이바지하고 있음을 나타내고 있다.

37 우리나라가 해외로 파병한 부대 이름 중 잘못 연결된 것은?

① 레바논 – 동명부대
② 동티모르 – 상록수부대
③ 아이티 – 자이툰부대
④ 아프가니스탄 – 오쉬노부대

해설

• 단비부대 : 아이티의 지진 피해 복구와 재건을 돕기 위한 임무 외에도 의료서비스, 민사작전, 인도주의적 활동 지원 등 다양한 임무를 수행하고 있다.
• 자이툰부대 : 이라크 전쟁 후 미국의 요청으로 자이툰부대를 파병하였다.

38 다음의 용어 설명 중 틀린 것은?

① JSA – 공동경비구역
② NLL – 북방한계선
③ MDL – 남방한계선
④ DMZ – 비무장지대

해설

MDL(Military Demarcation Line, 군사분계선)
두 교전국 간에 휴전협정에 의해 그어지는 군사활동의 경계선으로 한국의 경우 1953년 7월 유엔군 측과 공산군 측이 합의한 정전협정에 따라 규정된 휴전의 경계선을 말한다.

39 **구속적부심사 제도에 대한 설명으로 옳지 않은 것은?**

① 심사의 청구권자는 구속된 피의자, 변호인, 친족, 동거인, 고용주 등이 있다.

② 구속적부심사가 기각으로 결정될 경우 구속된 피의자는 항고할 수 있다.

③ 법원은 구속된 피의자에 대하여 출석을 보증할 만한 보증금 납입을 조건으로 석방을 명할 수 있다.

④ 검사 또는 경찰관은 체포 또는 구속된 피의자에게 체포·구속적부심사를 청구할 수 있음을 알려야 한다.

> **해설**
>
> 구속적부심사는 처음 기각을 당한 뒤 재청구할 경우 법원은 심문 없이 결정으로 청구를 기각할 수 있다. 또한 공범 또는 공동피의자의 순차 청구로 수사를 방해하려는 목적이 보일 때 심문 없이 청구를 기각할 수 있다. 이러한 기각에 대하여 피의자는 항고하지 못한다(형사소송법 제214조의2).

40 **다음 중 국가공무원법상의 징계의 종류가 아닌 것은?**

① 감 봉 ② 견 책

③ 좌 천 ④ 정 직

> **해설**
>
> 국가공무원법은 감봉, 견책(경고), 정직, 해임 등의 징계 방법을 제시하고 있다. 좌천은 징계로 규정되지 않는다.

41 **엽관제의 설명으로 옳지 않은 것은?**

① 정당에 대한 충성도와 기여도에 따라 공직자를 임명하는 인사제도를 말한다.

② 정실주의라고도 한다.

③ 정당정치의 발전에 기여한다.

④ 공직 수행에 있어서 중립성을 훼손할 수 있다.

> **해설**
>
> ② 공무원 임면의 기준을 정치적 신조나 정당관계에 두고 있다는 점에서 정실주의(Patronage System)와 구분된다.
>
> 엽관제의 장단점

장점	단점
• 관직의 특권화를 배제함으로써 정실인사 타파에 기여 • 공직자의 적극적인 충성심 확보 • 정당정치 발전에 기여	• 공직수행의 중립성 훼손 • 관료가 국가나 사회보다 정당이나 개인의 이익에 치중 • 능력과 자격을 갖춘 인사가 관직에서 배제될 가능성 • 정권교체기마다 공직자가 교체되면 행정의 전문성 및 기술성 확보가 어려움

42 다음 중 우리나라 최초의 이지스함은?

① 서애류성룡함　　　　　　　　② 세종대왕함
③ 율곡이이함　　　　　　　　　④ 권율함

해설
우리나라는 2007년 5월 국내 최초의 이지스함인 '세종대왕함'을 진수한 데 이어 2008년 두 번째 이지스함인 '율곡이이함'을 진수했고, 2012년 '서애류성룡함'까지 총 3척의 이지스함을 보유하고 있다.

43 세계 주요 석유 운송로로 페르시아 만과 오만 만을 잇는 중동의 해협은?

① 말라카해협　　　　　　　　　② 비글해협
③ 보스포러스해협　　　　　　　④ 호르무즈해협

해설
호르무즈해협(Hormuz Strait)
페르시아 만과 오만 만을 잇는 좁은 해협으로, 북쪽으로는 이란과 접하며, 남쪽으로는 아랍에미리트에 둘러싸인 오만의 월경지이다. 이 해협은 페르시아 만에서 생산되는 석유의 주요 운송로로 세계 원유 공급량의 30% 정도가 영향을 받는 곳이기도 하다.

44 다음 중 대한민국 국회의 권한이 아닌 것은?

① 긴급명령권　　　　　　　　　② 불체포특권
③ 예산안 수정권　　　　　　　④ 대통령 탄핵 소추권

해설
긴급명령권은 대통령의 권한이며, 대통령은 내우·외환·천재·지변 또는 중요한 재정·경제상의 위기에 있어서 국가의 안전보장 또는 공공의 안녕질서를 유지하기 위한 조치가 필요하고 국회의 집회를 기다릴 여유가 없을 때에 한하여 최소한으로 필요한 재정·경제상의 처분을 하거나 이에 관하여 법률의 효력을 가지는 명령을 발할 수 있다(대한민국 헌법 제76조).

45 록히드 마틴사가 개발한 공중방어시스템으로, 미국을 향해 날아오는 미사일을 고(高)고도 상공에서 격추하기 위한 목적으로 개발된 방어 체계는?

① 사드(THAAD)
② 중거리탄도미사일(IRBM)
③ 레이저빔(Laser Beam)
④ 대륙간탄도미사일(ICBM)

> **해설**
> 사드(THAAD)는 미국의 고(高)고도 미사일 방어체계다. 록히드 마틴이 개발한 공중방어시스템으로 미사일로부터 미국의 군사기지를 방어하기 위해 만들었다. 박근혜 정부 시절 우리나라 성주에 사드 배치를 두고 국내외 정세에 큰 파장을 몰고 왔었다.

46 일사부재리의 원칙에 대한 설명으로 옳은 것은?

① 국회에서 일단 부결된 안건을 같은 회기 중에 다시 발의 또는 제출하지 못한다는 것을 의미한다.
② 판결이 내려진 어떤 사건(확정판결)에 대해 두 번 이상 심리·재판을 하지 않는다는 형사상의 원칙이다.
③ 일사부재리의 원칙은 민사사건에도 적용된다.
④ 로마시민법에서 처음 등장했으며 라틴어로 '인 두비오 프로 레오(In Dubio Pro Leo)'라고 한다.

> **해설**
> ① 일사부재의의 원칙을 설명한 지문이다.
> ③ 일사부재리의 원칙은 형사사건에만 적용된다.
> ④ '인 두비오 프로 레오(In Dubio Pro Leo)'는 '형사소송법에서 증명을 할 수 없으면 무죄'라는 의미를 담고 있다.

47 다음 보기에 나온 사람들의 임기를 모두 더한 것은?

국회의원, 대통령, 감사원장, 대법원장, 국회의장

① 18년   ② 19년
③ 20년   ④ 21년

> **해설**
> • 국회의원 4년   • 대통령 5년
> • 감사원장 4년   • 대법원장 6년
> • 국회의장 2년

48 다음 세 키워드와 관련 있는 단어는 무엇인가?

• 테러방지법 • 국회 • 랜드 폴 미국 상원의원

① 딥스로트 ② 게리맨더링
③ 필리버스터 ④ 캐스팅보트

해설
필리버스터는 소수 의견을 가진 의원들이 의결 강행을 막기 위해 발언 시간을 이어감으로써 합법적으로 표결을 저지하는 행위이다. 각국의 법령에 따라 다소 다른 형태로 나타나지만 대부분의 민주주의 국가에서 각 의원들에게 보장되어 있다. 한국에서는 테러방지법을 반대하기 위해 2016년 당시 야당인 더불어민주당 의원들이 필리버스터를 했으며, 미국에서는 미국 내 드론 사용 허가를 막기 위해 2013년에 랜드 폴의원이 13시간 동안 필리버스터를 펼친 바 있다.

49 헌법 개정 절차로 올바른 것은?

① 공고 → 제안 → 국회의결 → 국민투표 → 공포
② 제안 → 공고 → 국회의결 → 국민투표 → 공포
③ 제안 → 국회의결 → 공고 → 국민투표 → 공포
④ 제안 → 공고 → 국무회의 → 국회의결 → 국민투표 → 공포

해설
헌법 개정 절차는 '제안 → 공고 → 국회의결 → 국민투표 → 공포' 순이다.

50 다음 중 반의사불벌죄가 아닌 것은?

① 존속폭행죄 ② 협박죄
③ 명예훼손죄 ④ 모욕죄

해설
반의사불벌죄는 처벌을 원하는 피해자의 의사표시 없이도 공소할 수 있다는 점에서 고소·고발이 있어야만 공소를 제기할 수 있는 친고죄(親告罪)와 구별된다. 폭행죄, 협박죄, 명예훼손죄, 과실치상죄 등이 이에 해당한다. 모욕죄는 친고죄이다.

51 다음 중 불문법이 아닌 것은?

① 판례법 ② 관습법
③ 조 리 ④ 조 례

해설
조례는 성문법이다.

52 정당해산심판에 대한 설명으로 옳지 않은 것은?

① 정당해산심판은 헌법재판소의 권한 중 하나이다.
② 민주적 기본질서에 위배되는 경우 국무회의를 거쳐 해산심판을 청구할 수 있다.
③ 일반 국민도 헌법재판소에 정당해산심판을 청구할 수 있다.
④ 해산된 정당의 대표자와 간부는 해산된 정당과 비슷한 정당을 만들 수 없다.

해설

정당해산심판은 정부만이 제소할 수 있기 때문에, 일반 국민은 헌법재판소에 정당해산심판을 청구할 수 없다. 다만, 정부에 정당해산심판을 청구해달라는 청원을 할 수 있다.

53 다음 중 헌법재판소의 관장사항이 아닌 것은?

① 법률에 저촉되지 아니하는 범위 안에서 소송에 관한 절차 제정
② 탄핵의 심판
③ 정당의 해산심판
④ 헌법소원에 관한 심판

해설

대법원은 법률에서 저촉되지 아니하는 범위 안에서 소송에 관한 절차, 법원의 내부규율과 사무처리에 관한 규칙을 제정할 수 있다(헌법 제108조).

헌법재판소법 제2조(관장사항)
• 법원 제청에 의한 법률의 위헌 여부 심판
• 탄핵의 심판
• 정당의 해산심판
• 국가기관 상호 간, 국가기관과 지방자치단체 간 및 지방자치단체 상호 간의 권한쟁의에 관한 심판
• 헌법소원에 관한 심판

54 우리나라의 배심제에 대한 설명 중 바르지 못한 것은?

① 미국의 배심제를 참조했지만 미국처럼 배심원단이 직접 유·무죄를 결정하지 않는다.
② 판사는 배심원의 유·무죄 판단과 양형 의견과 다르게 독자적으로 결정할 수 있다.
③ 시행 초기에는 민사 사건에만 시범적으로 시행되었다.
④ 피고인이 원하지 않을 경우 배심제를 시행할 수 없다.

해설

시행 초기에는 살인죄, 강도와 강간이 결합된 범죄, 3,000만원 이상의 뇌물죄 등 중형이 예상되는 사건에만 시범적으로 시행되었다.

55 다음 중 죽은 가족을 대신해서 억울함을 풀어주는 제도는?

① 신원권　　　　　　　　　② 공중권
③ 청원권　　　　　　　　　④ 추징권

> **해설**
> ② 공중권 : 타인의 소유에 관계되는 건물 · 구조물의 옥상 이상의 공간을 이용하는 권리
> ③ 청원권 : 국민이 국가기관에 대하여 문서로써 어떤 희망사항을 청원할 수 있는 기본권

56 다음 중 특별검사제에 대한 설명으로 옳지 않은 것은?

① 고위층 권력형 비리나 수사기관이 연루된 사건에 특별검사를 임명해 수사 · 기소권을 준다.
② 특검보는 15년 이상 판사 · 검사 · 변호사로 재직한 변호사 중 2명을 특검이 추천하면 대통령이 1명을 임명한다.
③ 이명박 전 대통령이 직접적으로 관여된 특검은 두 차례 시행됐다.
④ 특검팀 수사는 준비기간 만료일 다음 날부터 30일 이내이며 1회에 한해 10일 연장할 수 있다.

> **해설**
> 특검팀 수사는 특검 임명 후 10일간 준비기간을 두고, 준비기간 만료일 다음 날부터 60일 이내이며 1회에 한해 대통령의 승인을 받아 30일까지 연장할 수 있다.

57 형벌의 종류 중 무거운 것부터 차례로 나열한 것은?

① 사형 – 자격상실 – 구류 – 몰수
② 사형 – 자격상실 – 몰수 – 구류
③ 사형 – 몰수 – 자격상실 – 구류
④ 사형 – 구류 – 자격상실 – 몰수

> **해설**
> 형벌의 경중 순서
> 사형 → 징역 → 금고 → 자격상실 → 자격정지 → 벌금 → 구류 → 과료 → 몰수

02 경제 · 경영 · 금융

01 값싼 가격에 질 낮은 저급품만 유통되는 시장을 가리키는 용어는?

① 레몬마켓　　　　　　　　　　② 프리마켓
③ 제3마켓　　　　　　　　　　④ 피치마켓

해설

레몬마켓은 저급품만 유통되는 시장으로, 불량품이 넘쳐나면서 소비자의 외면을 받게 된다. 피치마켓은 레몬마켓의 반대어로, 고품질의 상품이나 우량의 재화 · 서비스가 거래되는 시장을 의미한다.

02 전세가와 매매가의 차액만으로 전세를 안고 주택을 매입한 후 부동산 가격이 오르면 이득을 보는 '갭 투자'와 관련된 경제 용어는 무엇인가?

① 코픽스　　　　　　　　　　② 트라이슈머
③ 레버리지　　　　　　　　　　④ 회색 코뿔소

해설

• 갭 투자 : 전세를 안고 하는 부동산 투자이다. 부동산 경기가 호황일 때 수익을 낼 수 있으나 부동산 가격이 위축돼 손해를 보면 전세 보증금조차 갚지 못할 수 있는 위험한 투자이다.
• 레버리지(Leverage) : 대출을 받아 적은 자산으로 높은 이익을 내는 투자 방법이다. '지렛대효과'를 낸다 하여 레버리지라는 이름이 붙었다.

03 경기상황이 디플레이션일 때 나타나는 현상으로 옳은 것은?

① 통화량 감소, 물가하락, 경기침체
② 통화량 증가, 물가상승, 경기상승
③ 통화량 감소, 물가하락, 경기상승
④ 통화량 증가, 물가하락, 경기침체

해설

디플레이션은 통화량 감소와 물가하락 등으로 인하여 경제활동이 침체되는 현상을 말한다.

04 다국적 ICT기업들이 세계 각국에서 막대한 이익을 얻고도 조약이나 세법을 악용해 세금을 내지 않는 것을 막기 위해 도입한 것은?

① 스텔스 세금　　　　　　　　　② 법인세
③ 구글세　　　　　　　　　　　　④ 국경세

해설
구글, 애플, 마이크로소프트 등 다국적 ICT기업들은 전 세계적으로 막대한 수익을 얻는 반면 세금을 회피해왔다. 이에 유럽 국가를 중심으로 이러한 기업들에 세금을 부과하자는 움직임이 시작됐는데, 그 명칭에 대표적인 포털사이트인 구글 이름을 붙인 것이다.

05 특정 품목의 수입이 급증할 때, 수입국이 관세를 조정함으로써 국내 산업의 침체를 예방하는 조치는 무엇인가?

① 세이프가드　　　　　　　　　　② 선샤인액트
③ 리쇼어링　　　　　　　　　　　④ 테이퍼링

해설
특정 상품의 수입 급증이 수입국의 경제 또는 국내 산업에 심각한 타격을 줄 우려가 있는 경우 세이프가드를 발동한다.
② 선샤인액트 : 제약사와 의료기기 제조업체가 의료인에게 경제적 이익을 제공할 경우 해당 내역에 대한 지출보고서 작성을 의무화한 제도
③ 리쇼어링 : 해외로 진출했던 기업들이 본국으로 회귀하는 현상
④ 테이퍼링 : 양적완화 정책의 규모를 점차 축소해가는 출구전략

06 다음 중 유로존 가입국이 아닌 나라는?

① 오스트리아　　　　　　　　　　② 프랑스
③ 아일랜드　　　　　　　　　　　④ 스위스

해설
유로존(Eurozone)은 유럽연합의 단일화폐인 유로를 국가통화로 도입하여 사용하는 국가나 지역을 가리키는 말로 오스트리아, 핀란드, 독일, 포르투갈, 프랑스, 아일랜드, 스페인 등 총 19개국이 가입되어 있다. 스위스는 유로존에 포함되어 있지 않기 때문에 자국 통화인 스위스프랑을 사용한다.

07 물가상승이 통제를 벗어난 상태로, 수백 퍼센트의 인플레이션율을 기록하는 상황을 말하는 경제용어는?

① 보틀넥인플레이션
② 하이퍼인플레이션
③ 디맨드풀인플레이션
④ 디스인플레이션

해설

① 생산능력의 증가속도가 수요의 증가속도를 따르지 못함으로써 발생하는 물가상승
③ 초과수요로 인하여 일어나는 인플레이션
④ 인플레이션을 극복하기 위해 통화증발을 억제하고 재정·금융긴축을 주축으로 하는 경제조정정책

08 다음 중 리디노미네이션(Redenomination)에 대한 설명으로 옳지 않은 것은?

① 나라의 화폐를 가치의 변동 없이 모든 지폐와 은행권의 액면을 동일한 비율의 낮은 숫자로 표현하는 것을 말한다.
② 리디노미네이션의 목적은 화폐의 숫자가 너무 커서 발생하는 국민들의 계산이나 회계 기장의 불편, 지급상의 불편 등의 해소에 있다.
③ 리디노미네이션은 인플레이션 기대심리를 유발할 수 있다는 문제점이 있다.
④ 화폐단위가 변경되면서 새로운 화폐를 만들어야 하기 때문에 화폐제조비용이 늘어난다.

해설

리디노미네이션은 인플레이션의 기대심리를 억제시키고, 국민들의 거래 편의와 회계장부의 편리화 등의 장점이 있다.

09 사회 구성원의 주관적인 가치판단을 반영하여 소득분배의 불평등도를 측정하는 지표는?

① 지니계수
② 빅맥지수
③ 엥겔계수
④ 앳킨슨지수

해설

불평등에 대한 사회구성원의 주관적 판단을 반영한 앳킨슨지수는 앤토니 앳킨슨 런던정경대 교수가 개발한 불평등 지표로 균등분배와 대등소득이라는 가정 하에서 얼마씩 똑같이 나누어주면 현재와 동일한 사회후생을 얻을 수 있는지 판단하고 비율을 따져본다. 보통 지니계수와 비슷하게 움직인다.

10 납세자들이 세금을 낸다는 사실을 잘 인식하지 못하고 내는 세금을 무엇이라 하는가?

① 시뇨리지
② 인플레이션 세금
③ 스텔스 세금
④ 버핏세

해설

스텔스 세금은 부가가치세, 판매세 등과 같이 납세자들이 인식하지 않고 내는 세금을 레이더에 포착되지 않고 적진에 침투하는 스텔스 전투기에 빗대어 표현한 것이다.

11 복잡한 경제활동 전체를 '경기'로서 파악하기 위해 제품, 자금, 노동 등에 관한 통계를 통합 · 정리해서 작성한 지수는?

① 기업경기실사지수 　　　　② 엔젤지수
③ GPI 　　　　④ 경기동향지수

해설

경기동향지수는 경기의 변화방향만을 지수화한 것으로 경기확산지수라고도 한다. 즉, 경기국면의 판단 및 예측, 경기전환점을 식별하기 위한 지표이다.

12 다음과 같은 현상을 무엇이라 하는가?

> 국제 유가 급락, 신흥국 경제위기, 유럽 디플레이션 등 각종 악재가 동시다발적으로 한꺼번에 터지는 것

① 세컨더리 보이콧 　　　　② 칵테일리스크
③ 염소의 저주 　　　　④ 스태그플레이션

해설

여러 가지 악재가 동시에 발생하는 경제위기 상황을 칵테일리스크라고 하는데, 다양한 술과 음료를 혼합해 만드는 칵테일에 빗대 표현한 말이다. 세계적인 경기침체, 이슬람 무장단체의 테러 등이 혼재된 경제위기를 의미한다.

13 제품의 가격을 인하하면 수요가 줄어들고 오히려 가격이 비싼 제품의 수요가 늘어나는 것을 무엇이라고 하는가?

① 세이의 법칙 　　　　② 파레토최적의 법칙
③ 쿠즈의 U자 가설 　　　　④ 기펜의 역설

해설

기펜의 역설(Giffen's Paradox)
한 재화의 가격 하락(상승)이 도리어 그 수요의 감퇴(증가)를 가져오는 현상이다. 예를 들어 쌀과 보리는 서로 대체재인 관계에 있는데, 소비자가 빈곤할 때는 보리를 많이 소비하나, 부유해짐에 따라 보리의 수요를 줄이고 쌀을 더 많이 소비하는 경향이 있다.

14 돈을 풀고 금리를 낮춰도 투자와 소비가 늘지 않는 현상을 무엇이라 하는가?

① 유동성 함정   ② 스태그플레이션
③ 디멘드풀인플레이션   ④ 애그플레이션

> **해설**
>
> 케인스는 한 나라 경제가 유동성 함정에 빠졌을 때는 금융·통화정책보다는 재정정책을 펴는 것이 효과적이라고 주장했다.

15 다음 보기에서 설명하고 있는 효과는?

> • 가격이 오르는데도 일부 계층의 과시욕이나 허영심 등으로 인해 수요가 줄어들지 않는 현상
> • 상류층 소비자들의 소비 행태를 가리키는 말

① 바넘 효과   ② 크레스피 효과
③ 스놉 효과   ④ 베블런 효과

> **해설**
>
> 미국의 경제학자이자 사회학자인 소스타인 베블런(Thorstein Bunde Veblen)이 자신의 저서 〈유한계급론〉(1899)에서 "상류층계급의 두드러진 소비는 사회적 지위를 과시하기 위하여 자각 없이 행해진다"고 지적한 데서 유래했다.

16 다음 글이 설명하고 있는 시장의 유형으로 적절한 것은?

> • 주변에서 가장 많이 볼 수 있는 시장의 유형이다.
> • 공급자의 수는 많지만, 상품의 질은 조금씩 다르다.
> • 소비자들은 상품의 차별성을 보고 기호에 따라 재화나 서비스를 소비하게 된다. 미용실, 약국 등
>   이 속한다.

① 과점시장   ② 독점적 경쟁시장
③ 생산요소시장   ④ 완전경쟁시장

> **해설**
>
> 다수의 공급자, 상품 차별화, 어느 정도의 시장 지배력 등의 특징을 갖고 있는 시장은 독점적 경쟁시장이다. 과점시장은 소수의 기업이나 생산자가 시장을 장악하고 비슷한 상품을 제조하며 동일한 시장에서 경쟁하는 시장형태이다. 우리나라 이동통신회사가 대표적인 예이다.

17 아시아 개발도상국들이 도로, 학교와 같은 사회간접자본을 건설할 수 있도록 자금 등을 지원하는 국제기구로, 중국이 주도한다는 점이 특징인 조직은?

① IMF
② AIIB
③ ASEAN
④ World Bank

해설

AIIB(아시아인프라투자은행)는 2013년 시진핑 주석이 창설을 처음 제의하였으며, 2014년 10월 아시아 21개국이 설립을 위한 양해각서(MOU)에 서명함으로써 자본금 500억 달러 규모로 출범했다.

18 총 가계지출액 중에서 식료품비가 차지하는 비율, 즉 엥겔(Engel)계수에 대한 설명과 가장 거리가 먼 것은?

① 농산물 가격이 상승하면 엥겔계수가 올라간다.
② 엥겔계수를 구하는 식은 식료품비/총가계지출액×100이다.
③ 엥겔계수는 소득 수준이 높아짐에 따라 점차 증가하는 경향이 있다.
④ 엥겔계수 상승에 따른 부담은 저소득층이 상대적으로 더 커진다.

해설

식료품은 필수품이기 때문에 소득 수준과 관계없이 반드시 일정한 비율을 소비해야 하며 동시에 어느 수준 이상은 소비할 필요가 없는 재화이다. 따라서 엥겔계수는 소득 수준이 높아짐에 따라 점차 감소하는 경향이 있다.

19 경기침체 속에서 물가상승이 동시에 발생하는 상태를 가리키는 용어는?

① 디플레이션
② 하이퍼인플레이션
③ 스태그플레이션
④ 애그플레이션

해설

① 경제 전반적으로 상품과 서비스의 가격이 지속적으로 하락하고 경제활동이 침체되는 현상
② 물가 상승 현상이 통제를 벗어난 초인플레이션 상태
④ 곡물 가격이 상승하면서 일반 물가도 오르는 현상

20 서방 선진 7개국 정상회담(G7)은 1975년 프랑스가 G6 정상회의를 창설하고 그 다음해 캐나다가 추가·확정되면서 매년 개최된 회담이다. 다음 중 G7 회원국이 아닌 나라는?

① 미 국
② 영 국
③ 이탈리아
④ 중 국

해설

1975년 프랑스가 G6 정상회의를 창설했다. 미국, 프랑스, 독일, 영국, 이탈리아, 일본 등 서방 선진 6개국의 모임으로 출범하였으며, 그 다음해 캐나다가 추가되어 서방 선진 7개국 정상회담(G7)으로 매년 개최되었다. 1990년대 이후 냉전 구도 해체로 러시아가 옵서버 형식으로 참가하였으나, 2014년 이후 제외됐다.

21 다음 중 지니계수에 대한 설명으로 옳지 않은 것은?

① 0과 1 사이의 값을 가지며 1에 가까울수록 불평등 정도가 낮다.
② 로렌츠곡선에서 구해지는 면적 비율로 계산한다.
③ 계층 간 소득분포의 불균형 정도를 나타내는 수치로 나타낸 것이다.
④ 소득이 어느 정도 균등하게 분배되는지 평가하는 데 이용된다.

해설

지니계수는 계층 간 소득분포의 불균형 정도를 나타내는 수치로, 소득이 어느 정도 균등하게 분배돼 있는 지를 평가하는 데 주로 이용된다. 지니계수는 0과 1 사이의 값을 가지며 1에 가까울수록 불평등 정도가 높은 것을 뜻한다.

22 일할 수 있는 젊은 세대인 생산가능인구(만 15~64세)의 비중이 하락하면서 부양해야 할 노년층은 늘어나고, 이로 인해 경제 성장세가 둔화되는 시기를 가리키는 것은?

① 인구 보너스(Demographic Bonus)
② 인구 플러스(Demographic Plus)
③ 인구 센서스(Demographic Census)
④ 인구 오너스(Demographic Onus)

해설

① 인구 보너스(Demographic Bonus) : 전체 인구에서 생산가능인구가 차지하는 비중이 높아지고, 유년 인구와 고령 인구 비율이 낮은 상황
③ 인구 센서스(Demographic Census) : 인구주택총조사

23 다음 중 임금상승률과 실업률 사이의 상충관계를 나타낸 것은?

① 로렌츠곡선　　　　　　　　　　② 필립스곡선

③ 지니계수　　　　　　　　　　　④ 래퍼곡선

> **해설**
>
> 실업률과 임금 · 물가상승률의 반비례 관계를 나타낸 곡선은 필립스곡선(Phillips Curve)이다. 실업률이 낮으면 임금이나 물가의 상승률이 높고, 실업률이 높으면 임금이나 물가의 상승률이 낮다는 것이다.

24 다음 중 경기가 회복되는 국면에서 일시적인 어려움을 겪는 상황을 나타내는 것은?

① 스크루플레이션　　　　　　　　② 소프트패치

③ 러프패치　　　　　　　　　　　④ 그린슈트

> **해설**
>
> 경기가 상승하는 국면에서 본격적으로 침체되거나 후퇴하는 것은 아니지만 일시적으로 성장세가 주춤해지면서 어려움을 겪는 현상을 소프트패치(Soft Patch)라 한다.
> ① 스크루플레이션 : 쥐어짤 만큼 어려운 경제상황에서 체감 물가가 올라가는 상태
> ③ 러프패치 : 소프트패치보다 더 나쁜 경제상황으로, 소프트패치 국면이 상당기간 길어질 수 있음을 의미
> ④ 그린슈트 : 경제가 침체에서 벗어나 조금씩 회복되면서 발전할 조짐을 보이는 것

25 미국 보스턴 컨설팅 그룹이 개발한 BCG 매트릭스에서 기존 투자에 의해 수익이 계속적으로 실현되는 자금 공급 원천에 해당하는 사업은?

① 스타(Star) 사업

② 도그(Dog) 사업

③ 캐시카우(Cash Cow) 사업

④ 물음표(Question Mark) 사업

> **해설**
>
> 캐시카우 사업은 시장점유율이 높아 안정적으로 수익을 창출하지만 성장 가능성은 낮은 사업이다. 스타 사업은 수익성과 성장성이 모두 큰 사업이며, 그 반대가 도그 사업이다. 물음표 사업은 앞으로 어떻게 될 지 알 수 없는 사업이다.

26 다음 보기와 관련 있는 마케팅 방법은?

> • 남성 전용 미용실 '블루클럽'
> • 모유, 우유 등에 알레르기를 보이는 유아용 분유
> • 왼손잡이용 가위

① 니치 마케팅   ② 스텔스 마케팅
③ 앰부시 마케팅   ④ 매스 마케팅

해설

틈새를 비집고 들어가는 것처럼 시장의 빈틈을 공략하는 것으로, 시장 세분화를 통해 특정한 성격을 가진 소규모의 소비자를 대상으로 하는 니치 마케팅에 대한 설명이다.

27 다음 중 기업이 공익을 추구하면서도 실질적인 이익을 얻을 수 있도록 공익과의 접점을 찾는 마케팅은?

① 바이럴 마케팅   ② 코즈 마케팅
③ 니치 마케팅   ④ 헤리티지 마케팅

해설

기업이 일방적으로 기부나 봉사활동을 하는 것에서 나아가 기업이 공익을 추구하면서도 이를 통해 실질적인 이익을 얻을 수 있도록 공익과의 접점을 찾는 것을 코즈 마케팅이라 한다.

28 다음 중 BCG 매트릭스에서 원의 크기가 의미하는 것은?

① 시장 성장률   ② 상대적 시장점유율
③ 기업의 규모   ④ 매출액의 크기

해설

BCG 매트릭스에서 원의 크기는 매출액의 크기를 의미한다.

BCG 매트릭스

미국의 보스턴컨설팅그룹이 개발한 사업전략의 평가기법으로 '성장-점유율 분석'이라고도 한다. 상대적 시장점유율과 시장성장률이라는 2가지를 각각 X, Y축으로 하여 매트릭스(2차원 공간)에 해당 사업을 위치시켜 사업전략을 위한 분석과 판단에 이용한다.

29 제품 생산부터 판매에 이르기까지 소비자를 관여시키는 마케팅 기법을 무엇이라고 하는가?

① 프로슈머 마케팅   ② 풀 마케팅
③ 앰부시 마케팅   ④ 노이즈 마케팅

> **해설**
> 프로슈머 마케팅 : 소비자의 아이디어를 제품 개발 및 유통에 활용하는 마케팅 기법
> ② 풀 마케팅 : 광고·홍보활동에 고객들을 직접 주인공으로 참여시켜 벌이는 마케팅 기법
> ③ 앰부시 마케팅 : 스폰서의 권리가 없는 자가 마치 자신이 스폰서인 것처럼 하는 마케팅 기법
> ④ 노이즈 마케팅 : 상품의 품질과는 상관없이 오로지 상품을 판매할 목적으로 각종 이슈를 요란스럽게 치장해 구설에 오르도록 하거나, 화젯거리로 소비자들의 이목을 현혹시켜 판매를 늘리는 마케팅 기법

30 다음 중 재벌의 황제경영을 바로잡아 보려는 직접적 조처에 해당하는 것은?

① 사외이사제도   ② 부채비율의 인하
③ 채무보증의 금지   ④ 지주회사제도

> **해설**
> 사외이사제도는 1997년 외환위기를 계기로 우리 스스로가 기업 경영의 투명성을 높이고자 도입한 제도이다. 경영감시를 통한 공정한 경쟁과 기업 이미지 쇄신은 물론 전문가를 경영에 참여시킴으로써 기업경영에 전문지식을 활용하려는 데 목적이 있다.

31 다음 중 주주총회에 대한 설명으로 틀린 것은?

① 주주총회에서 행하는 일반적인 결의방법은 보통 결의이다.
② 특별결의는 출석한 주주의 의결권의 3분의 1 이상의 수와 발행주식 총수의 3분의 1 이상의 수로써 정해야 한다.
③ 총회의 결의에 관하여 특별한 이해관계가 있는 자는 의결권을 행사할 수 없다.
④ 주주총회의 의사의 경과요령과 그 결과를 기재한 서면을 의사록이라고 한다.

> **해설**
> 특별결의는 출석한 주주의 의결권의 3분의 2 이상의 수와 발행주식 총수의 3분의 1 이상의 수로써 정해야 한다.

32 목표에 의한 관리(MBO)에 대한 설명으로 가장 적절하지 않은 것은?

① 구성원의 개인적 목표와 조직의 목표를 통합하려는 노력이다.
② 조직 내 모든 계층의 구성체가 함께 참여하여 목표를 구현한다.
③ 공공부문에 도입할 경우 목표성과의 측정이 용이하다.
④ 수행결과를 평가하고 환류시켜 조직의 효율성을 향상시킨다.

> **해설**
> 조직성원의 참여과정을 통해 조직의 공통된 목표를 명확히 하고 체계적으로 조직성원들의 목표를 부과하며, 그 수행결과를 평가하고 환류시켜 궁극적으로 조직의 효율성을 향상시키기 위한 관리기법을 말한다. 민간부문과는 달리 공공서비스는 구체적·계량적인 목표를 설정하기 곤란하다.

33 전 세계 1~3% 안에 드는 최상류 부유층의 소비자를 겨냥해 따로 프리미엄 제품을 내놓는 마케팅을 무엇이라고 하는가?

① 하이엔드 마케팅(High-end Marketing)
② 임페리얼 마케팅(Imperial Marketing)
③ 카니벌라이제이션(Cannibalization)
④ 하이브리드 마케팅(Hybrid Marketing)

> **해설**
>
> 고소득층 및 상류층과 중상류층이 주로 구입하는 제품 또는 서비스를 럭셔리(Luxury) 마케팅, 프레스티지(Prestige) 마케팅, 하이엔드 마케팅, VIP 마케팅이라고 한다.

34 IPO에 대한 설명 중 옳지 않은 것은?

① 주식공개나 기업공개를 의미한다.
② IPO 가격이 낮아지면 투자자의 투자수익이 줄어 자본조달 여건이 나빠진다.
③ 소유권 분산으로 경영에 주주들의 압력이 가해질 수 있다.
④ 발행회사는 주식 발행가격이 높을수록 IPO 가격도 높아진다.

> **해설**
>
> IPO(Initial Public Offering) 주식공개 제도는 기업이 일정 목적을 가지고 주식과 경영상의 내용을 공개하는 것을 의미한다. 발행회사는 주식 발행가격이 높을수록 IPO 가격이 낮아지므로 투자자의 투자수익은 줄어 추가공모 등을 통한 자본조달 여건이 나빠진다. 성공적인 IPO를 위해서는 적정 수준에서 기업을 공개하는 것이 중요하며 투자자들의 관심을 모으는 것이 필요하다.

35 기업 M&A에 대한 방어전략의 일종으로 적대적 M&A가 시도될 경우 기존 주주들에게 시가보다 싼 값에 신주를 발행해 기업인수에 드는 비용을 증가시키는 방법은?

① 황금낙하산　　　　　　　　② 유상증자
③ 신주발행　　　　　　　　　④ 포이즌 필

> **해설**
>
> 포이즌 필은 적대적 M&A 등 특정 사건이 발생하였을 때 기존 주주들에게 회사 신주(新株)를 시가보다 훨씬 싼 가격으로 매입할 수 있도록 함으로써 적대적 M&A 시도자로 하여금 지분확보를 어렵게 하여 경영권을 방어할 수 있도록 하는 것이다.

36 기업이 임직원에게 자기회사의 주식을 일정 수량, 일정 가격으로 매수할 수 있는 권리를 부여하는 제도는?

① 사이드카(Side Car)
② 스톡옵션(Stock Option)
③ 트레이딩칼라(Trading Collar)
④ 서킷브레이커(Circuit Breaker)

해설

① 사이드카(Side Car) : 선물시장이 급변할 경우 현물시장에 대한 영향을 최소화함으로써 현물시장을 안정적으로 운용하기 위한 관리제도
③ 트레이딩칼라(Trading Collar) : 주식시장 급변에 따른 지수 변동성 확대로 시장의 불안 정도가 높아질 때 발효되는 시장 조치
④ 서킷브레이커(Circuit Breaker) : 주식시장에서 주가가 급등 또는 급락하는 경우 주식매매를 일시정지하는 제도

37 다음에서 설명하는 내용에 적용할 수 있는 마케팅 기법은?

- 소셜커머스로 레스토랑 할인쿠폰을 구매한다.
- 매장 사이트를 방문하여 예약을 한다.
- 지도앱 등을 통해 가장 가까운 카페 중 한 곳을 고른다.

① 코즈 마케팅
② 스토리텔링 마케팅
③ O2O 마케팅
④ 플래그십 마케팅

해설

O2O 마케팅(Online To Offline) 모바일 서비스를 기반으로 한 오프라인 매장의 마케팅 방법이다. 즉, 온라인을 통해 오프라인 매장에 대한 정보를 습득하고 매장에서 이용할 수 있는 공동구매나 쿠폰 등을 온라인에서 얻는 것을 말한다.

38 금융기관의 재무건전성을 나타내는 기준으로, 위험가중자산(총자산)에서 자기자본이 차지하는 비율을 말하는 것은?

① DTI
② LTV
③ BIS 비율
④ 지급준비율

해설

국제결제은행(Bank for International Settlement)에서는 국제금융시장에서 자기자본비율을 8% 이상 유지하도록 권고하고 있다.

39 다음 중 세계 3대 신용평가기관이 아닌 것은?

① 무디스(Moody's)

② 스탠더드 앤드 푸어스(S&P)

③ 피치 레이팅스(FITCH Ratings)

④ D&B(Dun&Bradstreet Inc)

해설

영국의 피치 레이팅스(FITCH Ratings), 미국의 무디스(Moody's)와 스탠더드 앤드 푸어스(S&P)는 세계 3대 신용평가기관으로서 각국의 정치·경제 상황과 향후 전망 등을 고려하여 국가별 등급을 매겨 국가신용도를 평가한다. D&B (Dun&Bradstreet Inc)는 미국의 상사신용조사 전문기관으로 1933년에 R. G. Dun&Company와 Bradstreet Company의 합병으로 설립되었다.

40 연간소득 대비 총부채 연간 원리금 상환액을 기준으로 부채상환능력을 평가함으로써 대출규모를 제한하는 규제는?

① DTI

② LTV

③ DSR

④ DTA

해설

DSR(Debt Service Ratio)은 차주의 소득 대비 부채 수준을 나타내는 지표로 현행 총부채상환비율(DTI)과 비슷하지만 훨씬 엄격하다. 해당 주택담보대출의 원리금과 다른 대출의 이자 부담만을 적용해 계산하는 DTI와 달리 DSR은 할부금, 마이너스 통장 등 전체의 원리금 상환 부담을 반영해 산출한다.

① DTI : 연소득에서 부채의 연간 원리금 상환액이 차지하는 비율

② LTV : 담보 물건의 실제 가치 대비 대출금액의 비율

④ DTA : 자산평가액 대비 총부채 비율

41 선물시장이 급변할 경우 현물시장에 들어오는 프로그램 매매주문의 처리를 5분 동안 보류하여 현물시장의 타격을 최소화하는 프로그램 매매호가 관리제도를 무엇이라고 하는가?

① 코스피

② 트레이딩칼라

③ 사이드카

④ 서킷브레이커

해설

① 코스피 : 증권거래소에 상장된 종목들의 주식 가격을 종합적으로 표시한 수치

② 트레이딩칼라(Trading Collar) : 주식시장 급변에 따른 지수 변동성 확대로 시장의 불안 정도가 높아질 때 발효되는 시장 조치

④ 서킷브레이커(Circuit Breaker) : 주식시장에서 주가가 급등 또는 급락하는 경우 주식매매를 일시정지하는 제도

42 지주회사에 대한 설명으로 옳지 않은 것은?

① 카르텔형 복합기업의 대표적인 형태이다.

② 한 회사가 타사의 주식 전부 또는 일부를 보유함으로써 다수기업을 지배하려는 목적으로 이루어지는 기업집중 형태이다.

③ 자사의 주식 또는 사채를 매각하여 타 회사의 주식을 취득하는 증권대위의 방식에 의한다.

④ 콘체른형 복합기업의 전형적인 기업집중 형태이다.

> **해설**
>
> 지주회사는 콘체른형 복합기업의 대표적인 형태로서 모자회사 간의 지배관계를 형성할 목적으로 자회사의 주식총수에서 과반수 또는 지배에 필요한 비율을 소유·취득하여 해당 자회사의 지배권을 갖고 자본적으로나 관리기술적인 차원에서 지배관계를 형성하는 기업을 말한다.

43 주가가 떨어질 것을 예측해 주식을 빌려 파는 공매도를 했지만 반등이 예상되자 빌린 주식을 되갚으면서 주가가 오르는 현상은?

① 사이드카   ② 디노미네이션

③ 서킷브레이커   ④ 숏커버링

> **해설**
>
> 없는 주식이나 채권을 판 후 보다 싼 값으로 주식이나 그 채권을 구해 매입자에게 넘기는데, 예상을 깨고 강세장이 되어 해당 주식이 오를 것 같으면 손해를 보기 전에 빌린 주식을 되갚게 된다. 이때 주가가 오르는 현상을 숏커버링이라 한다.

44 다음 중 금융기관의 부실자산이나 채권만을 사들여 전문적으로 처리하는 기관을 무엇이라고 하는가?

① 굿뱅크   ② 배드뱅크

③ 다크뱅크   ④ 캔디뱅크

> **해설**
>
> 배드뱅크는 금융기관의 방만한 운영으로 발생한 부실자산이나 채권만을 사들여 별도로 관리하면서 전문적으로 처리하는 구조조정 전문기관이다.

45 보기에서 설명하는 것과 관계 깊은 용어는?

> • 산업폐기물을 해체 · 재생 · 재가공하는 산업
> • 농업 폐기물을 이용해 플라스틱이나 세제를 만들고, 돼지의 배설물에서 돼지의 먹이를 재생산하는 산업

① 정맥산업　　　　　　　　　② 동맥산업
③ 재생산업　　　　　　　　　④ 포크배럴

해설

정맥산업
더러워진 피를 새로운 피로 만드는 정맥의 역할과 같이 쓰고 버린 제품을 수거해서 산업 쓰레기를 해체 · 재생 · 재가공 등 폐기 처리하는 산업이다.

46 해외로 나가 있는 자국 기업들을 각종 세제 혜택과 규제 완화 등을 통해 자국으로 다시 불러들이는 정책을 가리키는 말은?

① 리쇼어링(Reshoring)
② 아웃소싱(Outsourcing)
③ 오프쇼어링(Off-shoring)
④ 앵커링 효과(Anchoring Effect)

해설

미국을 비롯한 각국 정부는 경기 침체와 실업난의 해소, 경제 활성화와 일자리 창출 등을 위해 리쇼어링 정책을 추진한다.

47 주식과 채권의 중간적 성격을 지닌 신종자본증권은?

① 하이브리드 채권　　　　　　② 금융 채권
③ 연대 채권　　　　　　　　　④ 농어촌지역개발 채권

해설

하이브리드 채권은 채권처럼 매년 확정이자를 받을 수 있고, 주식처럼 만기가 없으면서도 매매가 가능한 신종자본증권이다.

48 다음 중 환율인상의 영향이 아닌 것은?

① 국제수지 개선효과
② 외채 상환시 원화부담 가중
③ 수입 증가
④ 국내물가 상승

> **해설**
> 환율인상의 영향
> • 수출 증가, 수입 감소로 국제수지 개선효과
> • 수입품의 가격 상승에 따른 국내물가 상승
> • 외채 상환시 원화부담 가중

49 지급준비율에 대한 설명으로 틀린 것은?

① 지급준비율 정책은 통화량 공급을 조절하는 수단 중 하나로 금융감독원에서 지급준비율을 결정한다.
② 지급준비율을 낮추면 자금 유동성을 커지게 하여 경기부양의 효과를 준다.
③ 지급준비율은 통화조절수단으로 중요한 의미를 가진다.
④ 부동산 가격의 안정화를 위해 지급준비율을 인상하는 정책을 내놓기도 한다.

> **해설**
> 지급준비율이란 시중은행이 고객이 예치한 금액 중 일부를 인출에 대비해 중앙은행에 의무적으로 적립해야 하는 지급준비금의 비율이다. 지급준비율의 결정은 중앙은행이 하는데 우리나라의 경우 한국은행이 이에 해당한다.

50 다음 중 환매조건부채권에 대한 설명으로 틀린 것은?

① 금융기관이 일정 기간 후 확정금리를 보태어 되사는 조건으로 발행하는 채권이다.
② 발행 목적에 따라 여러 가지 형태가 있는데, 흔히 중앙은행과 시중은행 사이의 유동성을 조절하는 수단으로 활용된다.
③ 한국은행에서도 시중에 풀린 통화량을 조절하거나 예금은행의 유동성 과부족을 막기 위해 수시로 발행하고 있다.
④ 은행이나 증권회사 등의 금융기관이 수신 금융상품으로는 판매할 수 없다.

> **해설**
> 은행이나 증권회사 등의 금융기관이 수신 금융상품의 하나로 고객에게 직접 판매하는 것도 있다.

51 고객의 투자금을 모아 금리가 높은 CD, CP 등 단기 금융상품에 투자해 고수익을 내는 펀드를 무엇이라 하는가?

① ELS
② ETF
③ MMF
④ CMA

> **해설**
>
> CD(양도성예금증서), CP(기업어음) 등 단기금융상품에 투자해 수익을 되돌려주는 실적배당상품을 MMF(Money Market Fund)라고 한다.

52 금융시장이 극도로 불안한 상황일 때 은행에 돈을 맡긴 사람들이 대규모로 예금을 인출하는 사태를 무엇이라 하는가?

① 더블딥
② 디폴트
③ 펀드런
④ 뱅크런

> **해설**
>
> 뱅크런은 대규모 예금 인출사태를 의미한다. 금융시장이 불안정하거나 거래은행의 재정상태가 좋지 않다고 판단할 때, 많은 사람들이 한꺼번에 예금을 인출하려고 하면서 은행은 위기를 맞게 된다. 한편, 펀드 투자자들이 펀드에 투자한 돈을 회수하려는 사태가 잇따르는 것은 펀드런이라 한다.

53 신흥국 시장이 강대국의 금리 정책 때문에 크게 타격을 입는 것을 무엇이라 하는가?

① 긴축발작
② 옥토버서프라이즈
③ 어닝쇼크
④ 덤벨이코노미

> **해설**
>
> ① 긴축발작 : 2013년 당시 벤 버냉키 미국 연방준비제도(Fed) 의장이 처음으로 양적완화 종료를 시사한 뒤 신흥국의 통화 가치와 증시가 급락하는 현상이 발생했는데, 이를 가리켜 강대국의 금리 정책에 대한 신흥국의 '긴축발작'이라고 부르게 되었다. 미국의 금리인상 정책 여부에 따라 신흥국이 타격을 입으면서 관심이 집중되는 용어이다.
> ② 옥토버서프라이즈(October Surprise) : 미국 대통령 선거가 11월에 치러지기 때문에 10월 즈음에 각종 선거 판세를 뒤집기 위한 스캔들이 터져나오는 것을 가리킨다.
> ④ 덤벨이코노미(Dumbbell Economy) : 사회 전반적으로 건강한 삶과 운동에 대한 관심이 높아지면서 소비 진작이 나타나고 경제가 견인되는 현상을 가리킨다.

54 국내 시장에서 외국기업이 자국기업보다 더 활발히 활동하거나 외국계 자금이 국내 금융시장을 장악하는 현상을 지칭하는 용어는?

① 피셔 효과　　　　　　　　　　② 윔블던 효과
③ 베블런 효과　　　　　　　　　　④ 디드로 효과

해설

① 피셔 효과 : 1920년대 미국의 경제학자 어빙 피셔의 주장, 인플레이션이 심해지면 금리 역시 따라서 올라간다는 이론
③ 베블런 효과 : 가격이 오르는데도 오히려 수요가 증가하는 현상(가격은 가치를 반영)
④ 디드로 효과 : 새로운 물건을 갖게 되면 그것과 어울리는 다른 물건도 원하는 효과

55 2009년 1월 나카모토 사토시라는 필명의 프로그래머가 개발한 것으로 각국의 중앙은행이 화폐 발행을 독점하고 자의적인 통화정책을 펴는 것에 대한 반발로 탄생한 가상화폐는?

① 라이트코인(Litecoin)
② 이더리움(Ethereum)
③ 리플코인(Ripplecoin)
④ 비트코인(Bitcoin)

해설

비트코인은 통화를 발행하고 관리하는 중앙 장치가 존재하지 않는다. 지갑 파일의 형태로 저장되고, 이 지갑에는 각각의 고유 주소가 부여되며, 그 주소를 기반으로 비트 코인의 거래가 이루어진다.

56 기업의 실적이 시장 예상보다 훨씬 뛰어넘는 경우가 나왔을 때 일컫는 용어는?

① 어닝쇼크　　　　　　　　　　② 어닝시즌
③ 어닝서프라이즈　　　　　　　　④ 커버링

해설

시장 예상보다 훨씬 나은 실적이 나왔을 때를 '어닝서프라이즈'라고 하고 실적이 나쁠 경우를 '어닝쇼크'라고 한다. 어닝서프라이즈가 있으면 주가가 오를 가능성이, 어닝쇼크가 발생하면 주가가 떨어질 가능성이 높다.

03 사회 · 노동 · 환경

01 부자의 부의 독식을 부정적으로 보고 사회적 책임을 강조하는 용어로 월가 시위에서 1대 99라는 슬로건이 등장하며 1%의 탐욕과 부의 집중을 공격하는 이 용어는 무엇인가?

① 뉴비즘
② 노블레스 오블리주
③ 뉴리치현상
④ 리세스 오블리주

해설

노블레스 오블리주가 지도자층의 도덕의식과 책임감을 요구하는 것이라면, 리세스 오블리주는 부자들의 부의 독식을 부정적으로 보며 사회적 책임을 강조하는 것을 말한다.

02 도시에서 생활하던 노동자가 고향과 가까운 지방 도시로 취직하려는 현상은?

① U턴 현상
② J턴 현상
③ T턴 현상
④ Y턴 현상

해설

지방에서 대도시로 이동하여 생활하던 노동자가 다시 출신지로 돌아가는 것을 U턴 현상이라고 하고, 출신지 근처 지방도시로 돌아가는 것을 J턴 현상이라고 한다. 출신지에서의 고용기회가 적은 경우 출신지와 가깝고 일자리가 있는 지방도시로 가는 J턴 현상이 일어난다.

03 일과 여가의 조화를 추구하는 노동자를 지칭하는 용어는 무엇인가?

① 골드칼라
② 화이트칼라
③ 퍼플칼라
④ 논칼라

해설

골드칼라는 높은 정보와 지식으로 정보화시대를 이끌어가는 전문직종사자, 화이트칼라는 사무직노동자, 논칼라는 컴퓨터 작업 세대를 일컫는다.

04 국제기구 간의 연결이 서로 잘못된 것은?

① 기후기구 – WMO
② 관세기구 – WCO
③ 노동기구 – IMO
④ 식량농업기구 – FAO

해설

IMO는 국제해사기구이며, 국제노동기구는 ILO이다.

05 공직자가 자신의 재임 기간 중에 주민들의 민원이 발생할 소지가 있는 혐오시설들을 설치하지 않고 임기를 마치려고 하는 현상은?

① 핌투현상   ② 님투현상

③ 님비현상   ④ 핌피현상

해설

① 공직자가 사업을 무리하게 추진하며 자신의 임기 중에 반드시 가시적인 성과를 이뤄내려고 하는 업무 형태로, 님투현상과는 반대개념이다.

③ 사회적으로 필요한 혐오시설이 자기 집 주변에 설치되는 것을 강력히 반대하는 주민들의 이기심이 반영된 현상이다.

④ 지역발전에 도움이 되는 시설이나 기업들을 적극 자기 지역에 유치하려는 현상으로 님비현상과는 반대개념이다.

06 자신과는 다른 타인종과 외국인에 대한 혐오를 나타내는 정신의학 용어는?

① 호모포비아   ② 케미포비아

③ 노모포비아   ④ 제노포비아

해설

④ 제노포비아(Xenophobia) : 국가, 민족, 문화 등의 공동체 요소가 다른 외부인에 대한 공포감·혐오를 가리킨다. 현대에는 이주 노동자로 인해 경제권과 주거권에 위협을 받는 하류층에게서 자주 관찰된다.

① 호모포비아(Homophobia) : 동성애나 동성애자에게 갖는 부정적인 태도와 감정을 말하며, 각종 혐오·편견 등으로 표출된다.

② 케미포비아(Chemophobia) : 가습기 살균제, 계란, 생리대 등과 관련하여 불법적 화학 성분으로 인한 사회문제가 연이어 일어나면서 생활 주변의 화학제품에 대한 공포감을 느끼는 소비자 심리를 가리킨다.

07 다음 중 단어가 가리키는 대상이 가장 다른 것 하나는 무엇인가?

① 에이섹슈얼   ② 헤테로섹슈얼

③ 이성애   ④ 시스젠더

해설

시스젠더, 헤테로섹슈얼, 이성애는 모두 남성과 여성의 결합을 성적 지향으로 삼는 사람들을 가리키는 말이다. 에이섹슈얼(Asexuality)은 성적 지향 자체가 없다고 보거나 부재한 사람들을 가리키는 말이다. 무성애자라고도 한다.

08 일에 몰두하여 온 힘을 쏟다가 갑자기 극도의 신체·정신적 피로를 느끼며 무력해지는 현상은?

① 리플리 증후군   ② 번아웃 증후군
③ 스탕달 증후군   ④ 파랑새 증후군

> **해설**
> 번아웃 증후군은 'Burn out(불타서 없어진다)'에 증후군을 합성한 말로, 힘이 다 소진됐다고 하여 소진 증후군이라고도 한다.
> ① 리플리 증후군 : 거짓된 말과 행동을 일삼으며 거짓을 진실로 착각하는 증상
> ③ 스탕달 증후군 : 뛰어난 예술 작품을 감상한 후 나타나는 호흡 곤란, 환각 등의 증상
> ④ 파랑새 증후군 : 현실에 만족하지 못하고 이상만을 추구하는 병적 증상

09 외부 세상으로부터 인연을 끊고 자신만의 안전한 공간에 머물려는 칩거 증후군의 사람들을 일컫는 용어는?

① 딩크족   ② 패라싱글족
③ 코쿤족   ④ 니트족

> **해설**
> ① 자녀 없이 부부만의 생활을 즐기는 사람들
> ② 결혼하지 않고 부모집에 얹혀사는 사람들
> ④ 교육을 받거나 구직활동을 하지 않고, 일할 의지도 없는 사람들

10 1964년 미국 뉴욕 한 주택가에서 한 여성이 강도에게 살해되는 35분 동안 이웃 주민 38명이 아무도 신고하지 않은 사건과 관련된 것으로, 피해 여성의 이름을 따 방관자 효과라고 불리는 이것은?

① 라이 증후군   ② 리마 증후군
③ 아키바 증후군   ④ 제노비스 증후군

> **해설**
> 제노비스 증후군(Genovese Syndrome)은 주위에 사람들이 많을수록 어려움에 처한 사람을 돕지 않게 되는 현상을 뜻하는 심리학 용어이다. 대중적 무관심, 방관자 효과, 구경꾼 효과라고도 한다.

11 다음 내용 중 밑줄 친 비경제활동인구에 포함되지 않는 사람은?

> 대졸 이상 <u>비경제활동인구</u>는 2000년 159만 2,000명(전문대졸 48만 6,000명, 일반대졸 이상 110만 7,000명)이었으나, 2004년 200만명 선을 넘어섰다. 지난해 300만명을 돌파했으므로 9년 사이에 100만명이 늘었다.

① 가정주부　　　　　　　　　　② 학 생
③ 심신장애자　　　　　　　　　④ 실업자

해설
'경제활동인구'는 일정기간 동안 제품 또는 서비스 생산을 담당하여 노동활동에 기여한 인구로, 취업자와 실업자를 합한 수를 말한다. '비경제활동인구'는 만 15세 이상 인구에서 취업자와 실업자를 뺀 것으로, 일자리 없이 구직활동도 하지 않는 사람을 말한다.

12 우리나라 근로기준법상 근로가 가능한 최저근로 나이는 만 몇 세인가?

① 13세　　　　　　　　　　　　② 15세
③ 16세　　　　　　　　　　　　④ 18세

해설
근로기준법에 따르면 만 15세 미만인 자(초 · 중등교육법에 따른 중학교에 재학 중인 18세 미만인 자를 포함한다)는 근로자로 채용할 수 없다.

13 다음 중 보기에서 공통적으로 설명하는 것은 무엇인가?

> • 남아프리카 공화국에서 시행되었던 극단적인 인종차별정책과 제도이다.
> • 원래는 분리 · 격리를 뜻하는 용어이다.
> • 경제적 · 사회적으로 백인의 특권 유지 · 강화를 기도한 것이다.

① 게 토　　　　　　　　　　　② 아파르트헤이트
③ 토르데시야스　　　　　　　　④ 트란스케이

해설
① 게토(Ghetto) : 소수 인종이나 소수 민족 또는 소수 종교집단이 거주하는 도시의 한 구역
③ 토르데시야스(Tordesillas) : 1494년 에스파냐와 포르투갈이 맺은 사상 최초의 기하학적 영토조약
④ 트란스케이(Transkei) : 반투홈랜드 정책에 의해 1976년 10월에 독립이 부여된 최초의 아프리카인 홈랜드

14 다음 중 직장폐쇄와 관련된 설명으로 맞지 않는 것은?

① 직장폐쇄기간 동안에는 임금을 지급하지 않아도 된다.
② 직장폐쇄를 금지하는 단체협약은 무효이다.
③ 사용자의 적극적인 권리행사 방법이다.
④ 노동쟁의를 사전에 막기 위해 직장폐쇄를 실시하는 경우에는 사전에 해당관청과 노동위원회에 신고해야 한다.

해설
사용자는 노동조합이 쟁의행위를 개시한 이후에만 직장폐쇄를 할 수 있고, 직장폐쇄를 할 경우에는 미리 행정관청 및 노동위원회에 각각 신고해야 한다(노동조합 및 노동관계조정법 제46조).

15 다음 중 단어의 설명으로 연결이 잘못된 것은?

① 좀비족 : 향락을 즐기는 도시의 젊은이들
② 여피족 : 새로운 도시의 젊은 전문인들
③ 미 제너레이션 : 자기중심적인 젊은이들
④ 피터팬 증후군 : 현대인들에게서 나타나는 유아적이고 허약한 기질

해설
좀비족은 대기업이나 거대 조직에서 무사안일에 빠져 주체성 없는 로봇처럼 행동하는 사람들을 일컫는다.

16 기업이 사회적 역할과 책임을 다한다는 신념에 따라 실천하는 나눔 경영의 일종으로, 기업 임직원들이 모금한 후원금 금액에 비례해서 회사에서도 후원금을 내는 제도는?

① 매칭그랜트(Matching Grant)   ② 위스타트(We Start)
③ 배리어프리(Barrier Free)   ④ 유리천장(Glass Ceiling)

해설
② 위스타트(We Start) : 저소득층 아이들이 가난의 대물림에서 벗어나도록 복지와 교육의 기회를 제공하는 운동
③ 배리어프리(Barrier Free) : 장애인들의 사회적응을 막는 물리적·제도적·심리적 장벽을 제거해 나가자는 운동
④ 유리천장(Glass Ceiling) : 직장 내에서 사회적 약자들의 승진 등 고위직 진출을 막는 보이지 않는 장벽

17 노동쟁의 방식 중 하나로, 직장을 이탈하지 않는 대신에 원료·재료를 필요 이상으로 소모함으로써 사용자를 괴롭히는 방식은 무엇인가?

① 사보타주   ② 스트라이크
③ 보이콧   ④ 피케팅

> **해설**
> ② 스트라이크(Strike) : 근로자가 집단적으로 노동 제공을 거부하는 쟁의행위로 '동맹파업'이라고 한다.
> ③ 보이콧(Boycott) : 부당 행위에 대항하기 위해 집단적 · 조직적으로 벌이는 거부 운동이다.
> ④ 피케팅(Picketing) : 플래카드, 피켓, 확성기 등을 사용하여 근로자들이 파업에 동참할 것을 요구하는 행위이다.

18 소위 '금수저' 층에 속하는 기업체 오너 2세들의 권력을 이용한 행패는 비일비재하다. 이처럼 높은 사회적 지위를 가진 사람들이 도덕적 의무를 경시하고 오히려 그 권력을 이용하여 부정부패를 저지르며 사회적 약자를 상대로 부도덕한 행동을 하는 것은?

① 리세스 오블리주
② 트레픽 브레이크
③ 노블레스 오블리주
④ 노블레스 말라드

> **해설**
> 노블레스 말라드(Noblesse Malade)는 노블레스 오블리주와 반대되는 개념이다. 병들고 부패한 귀족이라는 뜻으로 사회 지도층이 도덕적 의무와 책임을 지지 않고 부정부패나 사회적 문제를 일으키는 것을 말한다.

19 다음 중 유니언숍(Union Shop) 제도에 대한 설명으로 틀린 것은?

① 노동자들이 노동조합에 의무적으로 가입해야 하는 제도이다.
② 조합원이 그 노동조합을 탈퇴하는 경우 사용자의 해고의무는 없다.
③ 채용할 때에는 조합원 · 비조합원을 따지지 않는다.
④ 목적은 노동자의 권리를 강화하기 위한 것이다.

> **해설**
> ② 조합원이 그 노동조합을 탈퇴하는 경우 사용자는 해고의무를 가진다.

20 다음 중 화이트칼라 범죄에 대한 설명으로 잘못된 것은?

① 주로 직업과 관련된 범죄이다.
② 대부분 발견되어 처벌받는다.
③ 중산층 또는 상류층이 많이 저지른다.
④ 공금횡령, 문서위조, 탈세 등이 있다.

> **해설**
> 화이트칼라 범죄는 범죄를 입증할 증거를 인멸하거나, 사회적 지위가 높아서 처벌이 쉽지 않은 경우가 많다.

21 다음의 예시 사례는 어떤 현상에 대한 해결방법인가?

> • B해방촌 신흥시장 – 소유주·상인 자율협약 체결, 향후 6년간 임대료 동결
> • 성수동 – 구청, 리모델링 인센티브로 임대료 인상 억제 추진
> • 서촌 – 프랜차이즈 개업 금지

① 스프롤 현상   ② 젠트리피케이션

③ 스테이케이션   ④ 투어리스티피케이션

해설

도심 변두리 낙후된 지역에 중산층 이상 계층이 유입됨으로써 지가나 임대료가 상승하고, 기존 주민들은 비용을 감당하지 못하여 살던 곳에서 쫓겨나고 이로 인해 지역 전체의 구성과 성격이 변하는 것이다. 지역공동체 붕괴나 영세상인의 몰락을 가져온다는 문제가 제기되면서 젠트리피케이션에 대한 대책 마련도 시급한 상황이다.

22 뛰어난 인재들만 모인 집단에서 오히려 성과가 낮게 나타나는 현상을 일컫는 용어는?

① 제노비스 신드롬   ② 롤리팝 신드롬

③ 스톡홀름 신드롬   ④ 아폴로 신드롬

해설

① 제노비스 신드롬 : 주위에 사람들이 많을수록 어려움에 처한 사람을 돕지 않게 되는 심리현상
③ 스톡홀름 신드롬 : 극한 상황을 유발한 대상에게 동화·동조하여 긍정적인 감정을 갖는 심리현상

23 영향력 있는 여성들의 고위직 승진을 가로 막는 사회 내 보이지 않는 장벽을 의미하는 용어는 무엇인가?

① 그리드락   ② 데드락

③ 로그롤링   ④ 유리천장

해설

유리천장은 충분한 능력을 갖춘 사람이 직장 내 성차별이나 인종차별 등의 이유로 고위직을 맡지 못하는 상황을 비유적으로 일컫는 말이다.

24 각종 화재, 선박사고 등은 우리 사회가 얼마나 안전에 소홀했는지를 보여주었다. 이들 사례처럼 사소한 것 하나를 방치하면 그것을 중심으로 범죄나 비리가 확산된다는 이론은 무엇인가?

① 낙인 이론
② 넛지 이론
③ 비행하위문화 이론
④ 깨진 유리창 이론

> **해설**
> 깨진 유리창 이론은 깨진 유리창 하나를 방치해 두면 그 지점을 중심으로 범죄가 확산되기 시작한다는 주장이다.

25 재활용품에 디자인 또는 활용도를 더해 그 가치를 더 높은 제품으로 만드는 것은?

① 업사이클링(Up-cycling)
② 리사이클링(Recycling)
③ 리뉴얼(Renewal)
④ 리자인(Resign)

> **해설**
> 업사이클링(Up-cycling)은 쓸모없어진 것을 재사용하는 리사이클링의 상위 개념이다. 즉 자원을 재이용할 때 디자인 또는 활용도를 더해 전혀 다른 제품으로 생산하는 것을 말한다.

26 대도시 지역에서 나타나는 열섬 현상의 원인으로 적절하지 않은 것은?

① 인구의 도시 집중
② 콘크리트 피복의 증가
③ 인공열의 방출
④ 옥상 녹화

> **해설**
> 옥상 녹화는 건물의 옥상이나 지붕에 식물을 심는 것으로, 주변 온도를 낮추어 도시의 열섬 현상을 완화시킨다.

27 2007년 환경부가 도입한 제도로서 온실가스를 줄이는 활동에 국민들을 참여시키기 위해 온실가스를 줄이는 활동에 대해 각종 인센티브를 제공하는 제도는?

① 프리덤 푸드
② 탄소발자국
③ 그린워시
④ 탄소포인트제

> **해설**
> ① 프리덤 푸드 : 동물학대방지협회가 심사·평가하여 동물복지를 실현하는 농장에서 생산된 축산제품임을 인증하는 제도
> ② 탄소발자국 : 개인 또는 단체가 직·간접적으로 발생시키는 온실기체의 총량
> ③ 그린워시 : 실제로는 환경에 유해한 활동을 하면서 마치 친환경적인 것처럼 광고하는 행위

28 다음 중 바이오에너지에 대한 설명으로 적절하지 않은 것은?

① 직접연소, 메테인발효, 알코올발효 등을 통해 얻을 수 있다.
② 산업폐기물도 바이오에너지의 자원이 될 수 있다.
③ 재생 가능한 무한의 자원이다.
④ 브라질이나 캐나다 등의 국가에서 바이오에너지가 도입 단계에 있다.

해설

브라질, 캐나다, 미국 등에서는 알코올을 이용한 바이오에너지 공급량이 이미 원자력에 맞먹는 수준에 도달해 있다.

29 오존층 파괴물질의 규제와 관련된 국제협약은?

① 리우선언   ② 교토의정서
③ 몬트리올 의정서   ④ 런던 협약

해설

① 리우선언 : 환경보전과 개발에 관한 기본원칙을 담은 선언문
② 교토의정서 : 기후변화협약(UNFCCC)에 따른 온실가스 감축을 이행하기 위한 의정서
④ 런던 협약 : 바다를 오염시킬 수 있는 각종 산업폐기물의 해양투기나 해상 소각을 규제하는 협약

30 그린 밴(Green Ban) 운동이 의미하는 것은?

① 그린벨트 안에서 자연을 파괴하는 사업 착수 거부
② 농민 중심의 생태계 보존운동
③ 정치권의 자연 파괴 정책
④ 환경을 위해 나무를 많이 심자는 운동

해설

최초의 그린 밴은 1970년대 호주 시드니의 켈리 덤불숲(Kelly's Bush)이 개발될 위기에 처하자 잭 먼디를 중심으로 개발 사업 착수를 거부하며 시작되었다. 도시발전이라는 명목으로 그린벨트지역을 파괴하는 개발이 무분별하게 이루어지는 것에 반대하여 노동조합, 환경단체, 지역사회가 전개한 도시환경운동이다.

31 다음 보기에서 설명하는 협약은 무엇인가?

> 정식 명칭은 '물새서식지로서 특히 국제적으로 중요한 습지에 관한 협약'으로, 환경올림픽이라고도 불린다. 가맹국은 철새의 번식지가 되는 습지를 보호할 의무가 있으며 국제적으로 중요한 습지를 1개소 이상 보호지로 지정해야 한다.

① 런던 협약   ② 몬트리올 의정서
③ 람사르 협약   ④ 바젤 협약

해설

① 런던 협약 : 선박이나 항공기, 해양시설로부터의 폐기물 해양투기나 해상소각을 규제하는 국제협약
② 몬트리올 의정서 : 지구의 오존층을 보호하기 위해 오존층 파괴물질의 사용을 규제하는 국제 협약
④ 바젤 협약 : 유해폐기물의 국가 간 교역을 규제하는 국제협약

32 다음에서 설명하고 있는 것은 무엇인가?

> 이것은 유기물이 분해되어 형성되는 바이오 가스에서 메탄만을 정제하여 추출한 연료로, 천연가스
> 수요처에서 에너지로 활용할 수 있다.

① 질 소
③ 바이오-메탄가스

② 이산화탄소
④ LNG

해설

생물자원인 쓰레기, 배설물, 식물 등이 분해되면서 만들어지는 바이오 가스에서 메탄을 추출한 바이오-메탄가스는 발전
이나 열 에너지원으로 이용할 수 있다.

33 대기오염지수인 ppm단위에서 1ppm은 얼마인가?

① 1만분의 1
③ 100만분의 1

② 10만분의 1
④ 1,000만분의 1

해설

대기오염의 단위인 ppm(part per million)은 100만분의 1을 나타내며, ppb(part per billion)는 1ppm의 1,000분의
1로 10억분의 1을 의미한다.

34 핵가족화에 따른 노인들이 고독과 소외로 우울증에 빠지게 되는 것을 무엇이라 하는가?

① LID 증후군
③ 펫로스 증후군

② 쿠바드 증후군
④ 빈둥지 증후군

해설

② 쿠바드 증후군 : 아내가 임신했을 경우 남편도 육체적·심리적 증상을 아내와 똑같이 겪는 현상
③ 펫로스 증후군 : 가족처럼 사랑하는 반려동물이 죽은 뒤에 경험하는 상실감과 우울 증상
④ 빈둥지 증후군 : 자녀가 독립하여 집을 떠난 뒤에 부모나 양육자가 경험하는 외로움과 상실감

35 다음 설명과 관련된 국제 협약은 무엇인가?

> 지난 4월 해양수산부는 국제해사기구에서 열린 국제회의에 참가해 2016년부터 육상 폐기물의 해양 배출을 전면 금지하기로 한 정부 의지를 밝혔다. 회의에서는 당사국의 폐기물 해양 배출 현황 보고 및 평가 등이 진행됐다.

① 바젤 협약   ② 람사르 협약
③ 런던 협약   ④ 로마 협약

해설

① 바젤 협약 : 핵 폐기물의 국가 간 교역을 규제하는 국제 환경 협약
② 람사르 협약 : 물새 서식지로서 특히 국제적으로 중요한 습지에 관한 협약
④ 로마 협약 : 지적 재산권 보호를 위한 협약

36 다음 중 성격이 다른 하나는?

① BBB   ② 파리기후협약
③ UNFCCC   ④ CBD

해설

① BBB는 'Before Babel Bridge'의 약어로, 무료 통역 서비스를 말한다.
②·③·④는 모두 환경 관련 국제 협약이다(UNFCCC : 유엔기후변화협약, CBD : 생물다양성협약).

37 '생물자원에 대한 이익 공유'와 관련된 국제협약은?

① 리우선언   ② 교토의정서
③ 나고야의정서   ④ 파리기후협약

해설

나고야의정서는 다양한 생물자원을 활용해 생기는 이익을 공유하기 위한 지침을 담은 국제협약이다.

38 환경영향평가에 대한 설명으로 옳은 것은?

① 환경보존 운동의 효과를 평가하는 것
② 환경보전법, 해상환경관리법, 공해방지법 등을 총칭하는 것
③ 공해지역 주변에 특별감시반을 설치하여 환경보전에 만전을 기하는 것
④ 건설이나 개발 전에 주변 환경에 미치는 영향을 미리 측정하여 대책을 세우는 것

해설

환경영향평가
건설이나 개발 전에 주변 환경에 미치는 영향을 미리 측정하여 해로운 환경영향을 측정해보는 것이다. 정부나 기업이 환경에 끼칠 영향이 있는 사업을 수행하고자 할 경우 시행하게 되어 있다.

39 핵 폐기물의 국가 간 교역을 규제하는 내용의 국제 환경 협약은?

① 람사르 협약
② 런던 협약
③ CBD
④ 바젤 협약

해설

① 람사르 협약 : 물새 서식지로서 특히 국제적으로 중요한 습지에 관한 협약
② 런던 협약 : 해양오염 방지를 위한 국제 협약
③ 생물 다양성 협약(CBD) : 지구상의 동·식물을 보호하고 천연자원을 보존하기 위한 국제협약

40 지구상의 동·식물을 보호하고 천연자원을 보존하기 위한 국제협약으로 멸종 위기의 동식물을 보존하려는 것이 목적인 협약은?

① CBD
② 람사르 협약
③ WWF
④ 교토의정서

해설

① CBD는 생물 다양성 협약의 영문 약자이다.
② 람사르 협약 : 물새 서식지로서 특히 국제적으로 중요한 습지에 관한 협약
③ 세계 물포럼(WWF) : 세계 물 문제 해결을 논의하기 위해 3년마다 개최되는 국제회의
④ 교토의정서 : 기후변화협약(UNFCCC)에 따른 온실가스 감축을 이행하기 위한 의정서

04 과학 · 컴퓨터 · IT · 우주

01 해안으로 밀려들어오는 파도와 다르게, 해류가 해안에서 바다 쪽으로 급속히 빠져나가는 현상을 무엇이라고 하는가?

① 이안류   ② 파송류

③ 향안류   ④ 연안류

> **해설**
>
> ② 바람에 의해 해파가 형성되어 바람의 방향으로 물이 이동하는 해류
> ③ 바다에서 해안으로 흐르는 해류
> ④ 해안으로부터 먼 곳에서 나타나는 해안과 평행한 바닷물의 흐름

02 다음 중 방사능과 관련 있는 에너지(량) 단위는?

① Bq   ② J

③ eV   ④ cal

> **해설**
>
> Bq(베크렐)은 방사능 물질이 방사능을 방출하는 능력을 측정하기 위한 방사능의 국제단위이다.

03 다음 중 간의 기능에 해당하지 않는 것은?

① 쓸개즙 분비   ② 호르몬 분비량 조절

③ 음식물 분해   ④ 해독작용

> **해설**
>
> 간은 쓸개즙을 생산해 쓸개로 보내는데, 쓸개즙에는 소화효소가 없으며 지방의 흡수를 돕는 역할을 한다. 소화효소를 분비하는 기관은 위, 이자, 소장이다.

04 다음 중 온실효과를 일으키는 것만 묶인 것은?

① 이산화탄소(CO_2), 메탄(CH_4) ② 질소(N), 아산화질소(N_2O)
③ 프레온(CFC), 산소(O_2) ④ 질소(N), 이산화탄소(CO_2)

> **해설**
> 질소(N), 산소(O_2) 등의 기체는 가시광선이나 적외선을 모두 통과시키기 때문에 온실효과를 일으키지 않는다. 교토의정서에서 정한 대표적 온실가스에는 이산화탄소(CO_2), 메탄(CH_4), 아산화질소(N_2O), 수소불화탄소(HFCs), 과불화탄소(PFCs), 육불유황(SF_6) 등이 있다.

05 다음 중 밑줄 친 '이것'이 가리키는 것은?

> 탄수화물을 섭취하면 혈당이 올라가는데, 우리 몸은 이 혈당을 낮추기 위해 인슐린을 분비하고, 인슐린은 당을 지방으로 만들어 체내에 축적하게 된다. 하지만 모든 탄수화물이 혈당을 동일하게 올리지는 않는다. 칼로리가 같은 식품이어도 이것이 낮은 음식을 먹으면 인슐린이 천천히 분비되어 혈당 수치가 정상적으로 조절되고 포만감 또한 오래 유지할 수 있어 다이어트에 도움이 되는 것으로 알려졌다.

① GMO ② 글루텐
③ GI ④ 젖 산

> **해설**
> GI, 즉 혈당지수는 어떤 식품이 혈당을 얼마나 빨리, 많이 올리느냐를 나타내는 수치이다. 예를 들어 혈당지수가 85인 감자는 혈당지수가 40인 사과보다 혈당을 더 빨리 더 많이 올린다. 일반적으로 혈당지수 55 이하는 저혈당지수 식품, 70 이상은 고혈당지수 식품으로 분류한다.

06 다음 중 OLED에 대한 설명으로 옳지 않은 것은?

① 스스로 빛을 내는 현상을 이용한다.
② 휴대전화, PDA 등 전자제품의 액정 소재로 사용된다.
③ 화질 반응속도가 빠르고 높은 화질을 지원한다.
④ 에너지 소비량이 크고 가격이 비싸다.

> **해설**
> OLED(Organic Light-Emitting Diode)는 형광성 유기화합물질에 전류를 흐르게 하면 자체적으로 빛을 내는 발광현상을 이용하는 디스플레이를 말한다. LCD보다 선명하고 보는 방향과 무관하게 잘 보이는 장점을 가진다. 화질의 반응 속도 역시 LCD에 비해 1,000배 이상 빠르다. 또한 단순한 제조공정으로 인해 가격 경쟁면에서 유리하다.

07 버스가 갑자기 서면 몸이 앞으로 쏠리는 현상은 무엇과 관련이 있는가?

① 관성의 법칙   ② 작용·반작용의 법칙

③ 가속도의 법칙   ④ 원심력

해설

관성의 법칙은 물체가 원래 운동 상태를 유지하고자 하는 법칙이다. 달리던 버스가 갑자기 서면서 몸이 앞으로 쏠리는 것은 관성 때문이다.

08 대기 중에 이산화탄소가 늘어나는 것이 원인이 되어 발생하는 온도상승 효과는?

① 엘니뇨현상   ② 터널효과

③ 온실효과   ④ 오존층파괴현상

해설

온실효과는 대기 중에 탄산가스, 아황산가스 등이 증가하면서 대기의 온도가 상승하는 현상으로 생태계의 균형을 위협한다.

09 다음 중 아폴로 11호를 타고 인류 최초로 달에 첫 발걸음을 내디딘 인물은 누구인가?

① 에드윈 올드린   ② 닐 암스트롱

③ 알렉세이 레오노프   ④ 이소연

해설

닐 암스트롱은 1969년 7월 20일 아폴로 11호로 인류 역사상 최초로 달에 착륙했다.

10 다음 중 뉴턴의 운동법칙이 아닌 것은?

① 만유인력의 법칙   ② 관성의 법칙

③ 작용·반작용의 법칙   ④ 가속도의 법칙

해설

뉴턴의 운동법칙으로는 관성의 법칙, 가속도의 법칙, 작용·반작용의 법칙이 있다. 만유인력은 뉴턴의 운동법칙이 아니다.

11 다음 중 희토류가 아닌 것은?

① 우라늄　　　　　　　　　　② 망 간
③ 니 켈　　　　　　　　　　　④ 구 리

> **해설**
> 구리는 금속물질이며, 희토류가 아니다.

12 다음 중 구제역에 걸리는 동물은?

① 닭　　　　　　　　　　　　② 말
③ 돼 지　　　　　　　　　　　④ 코뿔소

> **해설**
> 구제역은 짝수 발굽을 가진 우제류 동물(돼지, 소, 양, 낙타, 사슴)에게 나타나며, 조류인 닭, 기제류인 말과 코뿔소는 구제역에 걸리지 않는다.

13 다음 중 리튬폴리머 전지에 대한 설명으로 옳지 않은 것은?

① 안정성이 높고, 에너지 효율이 높은 2차 전지이다.
② 외부전원을 이용해 충전하여 반영구적으로 사용한다.
③ 전해질이 액체 또는 젤 형태이므로 안정적이다.
④ 제조 공정이 간단해 대량 생산이 가능하다.

> **해설**
> 리튬폴리머 전지(Lithium Polymer Battery)
> 외부 전원을 이용해 충전하여 반영구적으로 사용하는 고체 전해질 전지로, 안정성이 높고 에너지 효율이 높은 2차 전지이다. 전해질이 고체 또는 젤 형태이기 때문에 사고로 인해 전지가 파손되어도 발화하거나 폭발할 위험이 없어 안정적이다. 또한 제조 공정이 간단해 대량 생산이 가능하며 대용량도 만들 수 있다.

14 특허가 만료된 바이오의약품과 비슷한 효능을 내게 만든 복제의약품을 무엇이라 하는가?

① 바이오시밀러　　　　　　　② 개량신약
③ 바이오베터　　　　　　　　④ 램시마

> **해설**
> 바이오시밀러란 바이오의약품을 복제한 약을 말한다. 오리지널 바이오의약품과 비슷한 효능을 갖도록 만들지만 바이오의약품의 경우처럼 동물세포나 효모, 대장균 등을 이용해 만든 고분자의 단백질 제품이 아니라 화학 합성으로 만들기 때문에 기존의 특허받은 바이오의약품에 비해 약값이 저렴하다.

15 매우 무질서하고 불규칙적으로 보이는 현상 속에 내재된 일정 규칙이나 법칙을 밝혀내는 이론은?

① 카오스이론   ② 빅뱅이론

③ 엔트로피   ④ 퍼지이론

해설

카오스이론은 무질서하고 불규칙적으로 보이는 현상에 숨어 있는 질서와 규칙을 설명하려는 이론이다.

16 방사성 원소란 원자핵이 불안정하여 방사선을 방출하여 붕괴하는 원소이다. 다음 중 방사성 원소가 아닌 것은?

① 헬 륨   ② 우라늄

③ 라 듐   ④ 토 륨

해설

방사성 원소는 천연 방사성 원소와 인공 방사성 원소로 나눌 수 있다. 방사선을 방출하고 붕괴하면서 안정한 원소로 변한다. 안정한 원소가 되기 위해 여러 번의 붕괴를 거친다. 천연적인 것으로는 우라늄, 악티늄, 라듐, 토륨 등이 있고, 인공적인 것으로는 넵투늄 등이 있다. 헬륨은 방사성 원소가 아니라 비활성 기체이다.

17 장보고기지에 대한 설명으로 옳지 않은 것은?

① 남극의 미생물, 천연물질을 기반으로 한 의약품 연구 등 다양한 응용분야 연구가 이뤄진다.

② 대한민국의 두 번째 과학기지이며 한국해양연구원 부설기관인 극지연구소에서 운영한다.

③ 남극 최북단 킹조지섬에 위치한다.

④ 생명과학, 토목공학과 같은 응용 분야 연구에도 확장되고 있다.

해설

세종과학기지가 킹조지섬에 위치해 있다. 장보고기지는 테라노바 만에 있다.

18 이동하면서도 초고속 인터넷을 사용할 수 있도록 우리나라에서 개발한 광대역 인터넷 무선 통신 기술은 무엇인가?

① CDMA   ② 와이파이

③ 와이브로   ④ LAN

해설

한국은 2.3GHz 주파수를 사용하는 와이브로라는 기술 방식을 주도해왔고 유럽의 LTE 방식과 국제표준제정 과정에서 주도권을 놓고 경쟁하고 있다.

19 기술의 발전으로 인해 제품의 라이프 사이클이 점점 빨라지는 현상을 이르는 법칙은 무엇인가?

① 스마트법칙 ② 구글법칙

③ 안드로이드법칙 ④ 애플법칙

해설

안드로이드법칙은 구글의 안드로이드 운영체제를 장착한 스마트폰을 중심으로 계속해서 향상된 성능의 스마트폰이 출시돼 출시 주기도 짧아질 수밖에 없다는 법칙이다. 구글이 안드로이드를 무료로 이용할 수 있게 하면서 제품의 출시가 쉬워진 것이 큰 요인이다.

20 시간과 장소, 컴퓨터나 네트워크 여건에 구애받지 않고 네트워크에 자유롭게 접속할 수 있는 IT환경을 무엇이라고 하는가?

① 텔레매틱스 ② 유비쿼터스

③ ITS ④ 스니프

해설

유비쿼터스는 라틴어로 '언제, 어디에나 있는'을 의미한다. 즉 사용자가 시공간의 제약 없이 자유롭게 네트워크에 접속할 수 있는 환경을 말한다.

21 다음에 나타난 게임에 적용된 기술은 무엇인가?

> 유저들이 직접 현실세계를 돌아다니며 포켓몬을 잡는 모바일 게임 열풍에 평소 사람들이 찾지 않던 장소들이 붐비는 모습을 보였다.

① MR ② BR

③ AV ④ AR

해설

현실에 3차원의 가상물체를 겹쳐서 보여주는 기술을 활용해 현실과 가상환경을 융합하는 복합형 가상현실을 증강현실(AR, Augmented Reality)이라 한다.

22 컴퓨터 전원을 끊어도 데이터가 없어지지 않고 기억되며 정보의 입출력도 자유로운 기억장치는?

① 램   ② 캐시메모리
③ 플래시메모리   ④ CPU

> **해설**
> 플래시메모리는 전원이 끊겨도 저장된 정보가 지워지지 않는 비휘발성 기억장치이다. 내부 방식에 따라 저장용량이 큰 낸드(NAND)형과 처리 속도가 빠른 노어(NOR)형의 2가지로 나뉜다.

23 클라우드를 기반으로 하는 이 서비스는 하나의 콘텐츠를 여러 플랫폼을 통해 이용할 수 있다. 이 서비스는 무엇인가?

① N스크린   ② DMB
③ IPTV   ④ OTT

> **해설**
> N스크린은 하나의 콘텐츠를 여러 개의 디지털 기기들을 넘나들며 시간과 장소에 구애받지 않고 이용할 수 있도록 해주는 기술이다. 'N'은 수학에서 아직 결정되지 않은 미지수를 뜻하는데, 하나의 콘텐츠를 이용할 수 있는 스크린의 숫자를 한정짓지 않는다는 의미에서 N스크린이라고 부른다.

24 이용자의 특정 콘텐츠에 대한 데이터 비용을 이동통신사가 대신 부담하는 것을 무엇이라 하는가?

① 펌웨어   ② 플러그 앤 플레이
③ 제로레이팅   ④ 웹2.0

> **해설**
> 제로레이팅은 특정한 콘텐츠에 대한 데이터 비용을 이동통신사가 대신 지불하거나 콘텐츠 사업자가 부담하도록 하여 서비스 이용자는 무료로 이용할 수 있게 하는 것을 말한다.

25 음성 · 데이터, 통신 · 방송 · 인터넷 등이 융합된 품질보장형 광대역 멀티미디어서비스를 언제 어디서나 끊임없이 안전하게 이용할 수 있는 차세대 통합네트워크로, 유비쿼터스를 통한 홈네트워킹 서비스를 여는 데 핵심이 되는 기술은 무엇인가?

① RFID
② NFC
③ OTT
④ 광대역통합망

해설

광대역통합망(BcN)은 전화, 가전제품, 방송, 컴퓨터, 종합 유선방송 등 다양한 기기를 네트워크로 연결해 서비스를 제공할 수 있도록 만드는 인프라로, 정부가 정보통신기술의 최종 목표로 삼고 있다.

26 다음 중 RAM에 대한 설명으로 옳은 것은?

① 컴퓨터의 보조기억장치로 이용된다.
② 크게 SRAM, DRAM, ROM으로 분류할 수 있다.
③ Read Access Memory의 약어이다.
④ SRAM이 DRAM보다 성능이 우수하나 고가이다.

해설

④ SRAM은 DRAM보다 몇 배나 더 빠르긴 하지만 가격이 고가이기 때문에 소량만 사용한다.
① 컴퓨터의 주기억장치로 이용된다.
② 크게 SRAM, DRAM으로 분류할 수 있다.
③ 'Random Access Memory'의 약어이다.

27 악성 코드에 감염된 PC를 조작해 이용자를 허위로 만든 가짜 사이트로 유도하여 개인정보를 빼가는 수법은 무엇인가?

① 스미싱
② 스피어피싱
③ 파 밍
④ 메모리해킹

해설

③ 파밍은 해커가 특정 사이트의 도메인 자체를 중간에서 탈취해 개인정보를 훔치는 인터넷 사기이다. 진짜 사이트 주소를 입력해도 가짜 사이트로 연결되도록 하기 때문에, 사용자들은 가짜 사이트를 진짜 사이트로 착각하고 자신의 개인정보를 입력하여 피해를 입는다.
① 스미싱은 문자메시지(SMS)와 피싱(Phishing)의 합성어로, 인터넷 접속이 가능한 스마트폰의 문자메시지를 이용한 휴대폰 해킹을 뜻한다.
② 스피어피싱은 대상의 신상을 파악하고 그것에 맞게 낚시성 정보를 흘리는 사기수법으로 주로 회사의 고위 간부들이나 국가에 중요한 업무를 담당하고 있는 사람들이 공격 대상이 된다.

28 넷플릭스를 통해 많은 사람들이 인터넷으로 TV드라마나 영화를 본다. 이렇듯 인터넷으로 TV 프로그램 등을 볼 수 있는 서비스를 무엇이라 하는가?

① NFC
② OTT
③ MCN
④ VOD

> **해설**
>
> OTT는 'Top(셋톱박스)를 통해 제공됨'을 의미하는 것으로, 범용 인터넷을 통해 미디어 콘텐츠를 이용할 수 있는 서비스를 말한다. 넷플릭스는 세계적으로 유명한 OTT 서비스제공업체이다.

29 지나치게 인터넷에 몰두하고 인터넷에 접속하지 않으면 극심한 불안감을 느끼는 중독증을 나타내는 현상은?

① INS증후군
② 웨바홀리즘
③ 유비쿼터스
④ VDT증후군

> **해설**
>
> 웨바홀리즘은 월드와이드웹의 웹(Web)과 알코올 중독증(Alcoholism)의 합성어로, IAD(Internet Addiction Disorder)로도 불린다. 정신적·심리적으로 인터넷에 과도하게 의존하는 사람들이 생겨나 인터넷에 접속하지 않으면 불안감을 느끼고 일상생활을 하기 힘들어하며, 수면 부족, 생활 패턴의 부조화, 업무 능률 저하 등이 나타나기도 한다.

30 인터넷 사용자가 접속한 웹사이트 정보를 저장하는 정보 기록 파일을 의미하며, 웹사이트에서 사용자의 하드디스크에 저장되는 특별한 텍스트 파일을 무엇이라 하는가?

① 쿠 키
② 피 싱
③ 캐 시
④ 텔 넷

> **해설**
>
> 쿠키에는 PC 사용자의 ID와 비밀번호, 방문한 사이트 정보 등이 담겨 하드디스크에 저장된다. 이용자들의 홈페이지 접속을 도우려는 목적에서 만들어졌기 때문에 해당 사이트를 한 번 방문하고 이후에 다시 방문했을 때에는 별다른 절차를 거치지 않고 빠르게 접속할 수 있다는 장점이 있다.

31 인터넷 주소창에 사용하는 'HTTP'의 의미는?

① 인터넷 네트워크망

② 인터넷 데이터 통신규약

③ 인터넷 사용경로 규제

④ 인터넷 포털서비스

해설

HTTP(HyperText Transfer Protocol)는 WWW상에서 클라이언트와 서버 사이에 정보를 주고 받는 요청/응답 프로토콜로 인터넷 데이터 통신규약이다.

32 기업이나 조직의 모든 정보가 컴퓨터에 저장되면서, 컴퓨터의 정보 보안을 위해 외부에서 내부 또는 내부에서 외부의 정보통신망에 불법으로 접근하는 것을 차단하는 시스템은?

① 쿠 키   ② DNS

③ 방화벽   ④ 아이핀

해설

화재가 발생했을 때 불이 번지지 않게 하기 위해서 차단막을 만드는 것처럼, 네트워크 환경에서도 기업의 네트워크를 보호해주는 하드웨어, 소프트웨어 체제를 방화벽이라 한다.

33 하나의 디지털 통신망에서 문자, 동영상, 음성 등 각종 서비스를 일원화해 통신 · 방송서비스의 통합, 효율성 극대화, 저렴화를 추구하는 종합통신 네트워크는 무엇인가?

① VAN   ② UTP케이블

③ ISDN   ④ RAM

해설

ISDN(Integrated Sevices Digital Network)은 종합디지털서비스망이라고도 하며, 각종 서비스를 일원화해 통신 · 방송 서비스의 통합, 효율성 극대화, 저렴화를 추구하는 종합통신네트워크이다.

34 다음 중 증강현실에 대한 설명으로 옳지 않은 것은?

① 현실세계에 3차원 가상물체를 겹쳐 보여준다.

② 스마트폰의 활성화와 함께 주목받기 시작했다.

③ 실제 환경은 볼 수 없다.

④ 위치기반 서비스, 모바일 게임 등으로 활용 범위가 확장되고 있다.

> **해설**
>
> 가상현실 기술은 가상환경에 사용자를 몰입하게 하여 실제 환경은 볼 수 없지만, 증강현실 기술은 실제 환경을 볼 수 있게 하여 현실감을 제공한다.

35 스마트TV와 인터넷TV 각각의 기기는 서버에 연결되는 방식이 서로 달라 인터넷망 사용의 과부하가 발생할 수밖에 없다. 최근에 이와 관련해 통신사와 기기회사 사이에 갈등이 빚어졌는데 무엇 때문인가?

① 프로그램 편성   ② 요금징수체계

③ 수익모델   ④ 망중립성

> **해설**
>
> 망중립성은 네트워크사업자가 관리하는 망이 공익을 위한 목적으로 사용돼야 한다는 원칙이다. 통신사업자는 막대한 비용을 들여 망설치를 하여 과부하로 인한 망의 다운을 막으려고 하지만, 스마트TV 생산 회사들이나 콘텐츠 제공업체들은 망중립성을 이유로 이에 대한 고려 없이 제품 생산에만 그쳐, 망중립성을 둘러싼 갈등이 불거졌다.

36 다음 인터넷 용어 중 허가된 사용자만 디지털콘텐츠에 접근할 수 있도록 제한해 비용을 지불한 사람만 콘텐츠를 사용할 수 있도록 하는 서비스는?

① DRM(Digital Rights Management)

② WWW(World Wide Web)

③ IRC(Internet Relay Chatting)

④ SNS(Social Networking Service)

> **해설**
>
> ① DRM은 우리말로 디지털 저작권 관리라고 부른다. 허가된 사용자만 디지털 콘텐츠에 접근할 수 있도록 제한해 비용을 지불한 사람만 콘텐츠를 사용할 수 있도록 하는 서비스 또는 정보보호 기술을 통틀어 가리킨다.
> ② 인터넷에서 그래픽, 음악, 영화 등 다양한 정보를 통일된 방법으로 찾아볼 수 있는 서비스를 의미한다.
> ③ 인터넷에 접속된 수많은 사용자와 대화하는 서비스이다.
> ④ 온라인 인맥구축 서비스로 1인 미디어, 1인 커뮤니티, 정보 공유 등을 포괄하는 개념이다.

37 다음 내용에서 밑줄 친 이것에 해당하는 용어는?

> • 이것은 웹2.0, SaaS(Software as a Service)와 같이 최근 잘 알려진 기술 경향들과 연관성을 가지는 일반화된 개념이다.
> • 이것은 네트워크에 서버를 두고 데이터를 저장하거나 관리하는 서비스이다.

① 클라우드 컴퓨팅(Cloud Computing)
② 디버깅(Debugging)
③ 스풀(SPOOL)
④ 멀티태스킹(Multitasking)

해설

② 디버깅(Debugging) : 원시프로그램에서 목적프로그램으로 번역하는 과정에서 발생하는 오류를 찾아 수정하는 것
③ 스풀(SPOOL) : 데이터를 주고받는 과정에서 중앙처리장치와 주변장치의 처리 속도가 달라 발생하는 속도 차이를 극복해 지체 현상 없이 프로그램을 처리하는 기술
④ 멀티태스킹(Multitasking) : 한 사람의 사용자가 한 대의 컴퓨터로 2가지 이상의 작업을 동시에 처리하거나, 2가지 이상의 프로그램들을 동시에 실행시키는 것

38 매우 무질서하고 불규칙적으로 보이는 현상 속에 내재된 일정 규칙이나 법칙을 밝혀내는 이론은?

① 카오스이론   ② 빅뱅이론
③ 엔트로피   ④ 퍼지이론

해설

카오스이론은 무질서하고 불규칙적으로 보이는 현상에 숨어 있는 질서와 규칙을 설명하려는 이론이다.

39 우리나라 최초의 인공위성은 무엇인가?

① 무궁화1호   ② 우리별1호
③ 온누리호   ④ 스푸트니크1호

해설

우리나라 최초의 인공위성은 우리별1호(1992)이고, 세계 최초의 인공위성은 구소련의 스푸트니크1호(1957)이다.

05 문화 · 미디어 · 스포츠

01 미국 브로드웨이에서 연극과 뮤지컬에 대해 수여하는 상은 무엇인가?

① 토니상 ② 에미상

③ 오스카상 ④ 골든글로브상

> **해설**
>
> 토니상은 연극의 아카데미상이라고 불리며 브로드웨이에서 상연된 연극과 뮤지컬 부문에 대해 상을 수여한다.

02 다음 중 판소리 5마당이 아닌 것은?

① 춘향가 ② 수궁가

③ 흥보가 ④ 배비장전

> **해설**
>
> 판소리 5마당은 춘향가, 심청가, 흥보가, 적벽가, 수궁가이다.

03 다음 중 유네스코 세계문화유산이 아닌 것은?

① 석굴암 · 불국사 ② 종 묘

③ 경복궁 ④ 수원 화성

> **해설**
>
> 유네스코 세계문화유산
>
> 석굴암 · 불국사, 해인사 장경판전, 종묘, 창덕궁, 수원화성, 경주역사유적지구, 고창 · 화순 · 강화 고인돌 유적, 조선왕릉, 안동하회 · 경주양동마을, 남한산성, 백제역사유적지구, 산사 · 한국의 산지승원, 한국의 서원

04 불교 의식인 재를 올릴 때 부처의 공덕을 찬양하며 부르는 노래로, 우리나라의 3대 전통 성악곡 중 하나로 꼽히는 이것은 무엇인가?

① 범 패   ② 계면조
③ 시나위   ④ 판소리

해설

우리나라 3대 성악곡에는 판소리, 범패, 가곡이 있으며, 그중 범패는 부처의 공덕을 찬양하며 부르는 노래이다.

05 다음 중 3대 영화제가 아닌 것은?

① 베니스영화제   ② 베를린영화제
③ 몬트리올영화제   ④ 칸영화제

해설

세계 3대 영화제는 베니스, 베를린, 칸 영화제이다.

06 '새로운 물결'이라는 뜻을 지닌 프랑스의 영화 운동으로, 기존의 영화 산업의 틀에서 벗어나 개인적·창조적인 방식이 담긴 영화를 만드는 것은 무엇인가?

① 네오리얼리즘   ② 누벨바그
③ 맥거핀   ④ 인디즈

해설

누벨바그는 '새로운 물결'이라는 뜻의 프랑스어로, 1958년경부터 프랑스 영화계에서 젊은 영화인들이 주축이 되어 펼친 영화 운동이다. 대표적인 작품으로는 고다르의 〈네 멋대로 해라〉, 트뤼포의 〈어른들은 알아주지 않는다〉 등이 있다.

07 음악의 빠르기에 대한 설명이 잘못된 것은?

① 아다지오(Adagio) : 아주 느리고 침착하게
② 모데라토(Moderato) : 보통 빠르게
③ 알레그레토(Allegretto) : 빠르고 경쾌하게
④ 프레스토(Presto) : 빠르고 성급하게

해설

③ 알레그레토(Allegretto) : 조금 빠르게

08 국보 1호와 주요 무형문화재 1호를 각각 바르게 연결한 것은?

① 숭례문 – 남사당놀이
② 숭례문 – 종묘제례악
③ 흥인지문 – 종묘제례악
④ 흥인지문 – 양주별산대놀이

> **해설**
> 흥인지문은 보물 1호, 양주별산대놀이와 남사당놀이는 각각 무형문화재 2호와 3호이다.

09 다음 중 유네스코 지정 세계기록유산이 아닌 것은?

① 삼국사기
② 훈민정음
③ 직지심체요절
④ 5 · 18 민주화운동 기록물

> **해설**
> 유네스코 세계기록유산
> 훈민정음, 조선왕조실록, 직지심체요절, 승정원일기, 해인사 대장경판 및 제경판, 조선왕조 의궤, 동의보감, 일성록, 5 · 18 민주화운동 기록물, 난중일기, 새마을운동 기록물, 한국의 유교책판, KBS 특별 생방송 '이산가족을 찾습니다' 기록물, 조선왕실 어보와 어책, 국채보상운동 기록물, 조선통신사 기록물

10 2년마다 주기적으로 열리는 국제 미술 전시회를 가리키는 용어는?

① 트리엔날레
② 콰드리엔날레
③ 비엔날레
④ 아르누보

> **해설**
> 비엔날레는 이탈리아어로 '2년마다'라는 뜻으로, 미술 분야에서 2년마다 열리는 전시 행사를 일컫는다. 가장 역사가 길며 그 권위를 인정받고 있는 것은 베니스 비엔날레이다.

11 다음 중 사물놀이에 쓰이는 악기로 해당하지 않는 것은?

① 꽹과리
② 장 구
③ 징
④ 소 고

> **해설**
> 사물놀이는 꽹과리, 징, 장구, 북을 연주하는 음악 또는 놀이이다.

12 국악의 빠르기 중 가장 느린 장단은?

① 휘모리   ② 중모리
③ 진양조   ④ 자진모리

해설

국악의 빠르기 : 진양조 → 중모리 → 중중모리 → 자진모리 → 휘모리

13 다음 중 2020년 노벨상과 가장 관련이 없는 과학 연구 분야는 무엇인가?

① C형 감염   ② 블랙홀
③ 유전자가위   ④ 페가수스자리51

해설

2020 노벨생리의학상은 'C형 감염' 바이러스를 연구한 학자들이 수상했고, 노벨물리학상은 '블랙홀'을 발견한 학자들이 수상했으며, 노벨화학상은 '유전자가위'를 발명한 학자들이 수상했다. '페가수스자리51'은 2019 노벨물리학상을 수상한 학자들과 관련된 연구 분야이다.

14 다음 중 르네상스 3대 화가가 아닌 사람은?

① 레오나르도 다빈치   ② 미켈란젤로
③ 피카소   ④ 라파엘로

해설

피카소는 20세기 초 입체파의 대표 화가이다.

15 베른조약에 따르면 저작권의 보호 기간은 저작자의 사후 몇 년인가?

① 30년   ② 50년
③ 80년   ④ 100년

해설

베른조약은 1886년 스위스의 수도 베른에서 체결된 조약으로, 외국인의 저작물을 무단 출판하는 것을 막고 다른 가맹국의 저작물을 자국민의 저작물과 동등하게 대우하도록 한다. 보호 기간은 저작자의 생존 및 사후 50년을 원칙으로 한다.

16 저작권에 반대되는 개념으로 지적 창작물에 대한 권리를 모든 사람이 공유할 수 있도록 하는 것은?

① 베른조약　　　　　　　　　　② WIPO
③ 실용신안권　　　　　　　　　　④ 카피레프트

해설

카피레프트는 저작권(Copyright)에 반대되는 개념이며 정보의 공유를 위한 조치이다.

17 조선시대 국가의 주요 행사를 그림 등으로 상세하게 기록한 책은 무엇인가?

① 외규장각　　　　　　　　　　② 조선왕실의궤
③ 종묘 제례　　　　　　　　　　④ 직지심체요절

해설

조선왕실의궤는 조선시대 국가나 왕실의 주요 행사를 그림 등으로 상세하게 기록한 책이다. '의궤'는 의식과 궤범을 결합한 말로 '의식의 모범이 되는 책'이라는 뜻이다.
① 외규장각은 1782년 정조가 왕실 관련 서적을 보관할 목적으로 강화도에 설치한 규장각의 부속 도서관이다.
③ 종묘제례는 조선 역대 군왕의 신위를 모시는 종묘에서 지내는 제사이다.
④ 직지심체요절은 고려 시대의 것으로, 현존하는 세계에서 가장 오래된 금속활자본이다.

18 오페라 등 극적인 음악에서 나오는 기악 반주의 독창곡은?

① 아리아　　　　　　　　　　　② 칸타타
③ 오라토리오　　　　　　　　　④ 세레나데

해설

② 아리아·중창·합창 등으로 이루어진 대규모 성악곡
③ 성경에 나오는 이야기를 극화한 대규모의 종교적 악극
④ 17~18세기 이탈리아에서 발생한 가벼운 연주곡

19 영화의 한 화면 속에 소품 등 모든 시각적 요소를 동원해 주제를 드러내는 방법은?

① 몽타주　　　　　　　　　　　② 인디즈
③ 미장센　　　　　　　　　　　④ 옴니버스

해설

① 미장센과 상대적인 개념으로 따로 촬영된 짧은 장면들을 연결해서 의미를 창조하는 기법
② 독립 영화
④ 독립된 콩트들이 모여 하나의 주제를 나타내는 것

20 다음 중 올림픽에 관한 설명으로 옳지 않은 것은?

① 한국은 1948년에 최초로 올림픽에 출전했다.
② 국제올림픽위원회 본부는 스위스 로잔에 있다.
③ 한국 대표팀이 최초로 메달을 획득한 구기 종목은 핸드볼이다.
④ 근대 5종 경기 종목은 펜싱, 수영, 승마, 사격, 크로스컨트리 등이다.

> **해설**
> 1976년 몬트리올 올림픽에서 여자 배구가 첫 메달(동메달)을 획득했으며, 1984년 로스앤젤레스 대회에서는 여자 농구와 핸드볼이 은메달을 획득했다. 또한 1988년 서울 대회에서 여자 핸드볼이 단체 구기종목 사상 최초로 올림픽 금메달을 획득했다.

21 다음 중 광고에서 친근함을 주어 주목률을 높이기 위해 쓰는 3B가 아닌 것은?

① Baby   ② Body
③ Beauty   ④ Beast

> **해설**
> 미인(Beauty), 동물(Beast), 아기(Baby)는 광고의 주목률을 높이기 위해 고려해야 하는 3가지 요소이다.

22 다음 중 종합편성채널 사업자가 아닌 것은?

① 조선일보   ② 중앙일보
③ 연합뉴스   ④ 매일경제

> **해설**
> 종합편성채널 사업자는 조선일보(TV조선), 중앙일보(JTBC), 매일경제(MBN), 동아일보(채널A)이다.

23 매스커뮤니케이션의 효과 이론 중 지배적인 여론과 일치되면 의사를 적극 표출하지만 그렇지 않으면 침묵하는 경향을 보이는 이론은 무엇인가?

① 탄환 이론   ② 미디어 의존 이론
③ 모델링 이론   ④ 침묵의 나선 이론

> **해설**
> 침묵의 나선 이론은 지배적인 여론 형성에 큰 영향력을 행사한다.

24 다음 중 미국의 4대 방송사가 아닌 것은?

① CNN
② ABC
③ CBS
④ NBC

> **해설**
> 미국의 4대 방송사는 NBC, CBS, ABC, FOX이다.

25 광고의 종류에 관한 설명이 잘못 연결된 것은?

① 인포머셜 광고 – 상품의 정보를 상세하게 제공하는 것
② 애드버토리얼 광고 – 언뜻 보아서는 무슨 내용인지 알 수 없는 광고
③ 레트로 광고 – 과거에 대한 향수를 느끼게 하는 회고 광고
④ PPL 광고 – 영화나 드라마 등에 특정 제품을 노출시키는 간접 광고

> **해설**
> ② 신문·잡지에 기사 형태로 실리는 논설식 광고. 신세대의 취향을 만족시키는 것으로 언뜻 보아서는 무슨 내용인지 알 수 없는 광고는 '키치 광고'이다.

26 언론을 통해 뉴스가 전해지기 전에 뉴스 결정권자가 뉴스를 취사선택하는 것을 무엇이라고 하는가?

① 바이라인
② 발롱데세
③ 게이트키핑
④ 방송심의위원회

> **해설**
> 게이트키핑은 게이트키퍼가 뉴스를 취사선택하여 전달하는 것으로, 게이트키퍼의 가치관이 작용할 수 있다.

27 처음에는 상품명을 감췄다가 서서히 공개하면서 궁금증을 유발하는 광고 전략을 무엇이라 하는가?

① PPL 광고
② 비넷 광고
③ 트레일러 광고
④ 티저 광고

> **해설**
> ① 영화나 드라마의 장면에 상품이나 브랜드 이미지를 노출시키는 광고 기법
> ② 한 주제에 맞춰 다양한 장면을 짧게 보여주면서 강렬한 이미지를 주는 기법
> ③ 메인광고 뒷부분에 다른 제품을 알리는 맛보기 광고. '자매품'이라고도 함

28 오락거리만 있고 정보는 전혀 없는 새로운 유형의 뉴스를 가리키는 용어는?

① 블랙 저널리즘(Black Journalism)

② 옐로 저널리즘(Yellow Journalism)

③ 하이프 저널리즘(Hype Journalism)

④ 팩 저널리즘(Pack Journalism)

해설

① 감추어진 이면적 사실을 드러내는 취재 활동

② 독자들의 관심을 유도하기 위해 범죄, 성적 추문 등의 선정적인 사건들 위주로 취재하여 보도하는 것

④ 취재 방법이나 취재 시각 등이 획일적이어서 개성이나 독창성이 없는 저널리즘

29 선거 보도 형태의 하나로 후보자의 여론조사 결과 및 득표 상황만을 집중적으로 보도하는 저널리즘은 무엇인가?

① 가차 저널리즘(Gotcha Journalism)

② 경마 저널리즘(Horse Race Journalism)

③ 센세이셔널리즘(Sensationalism)

④ 제록스 저널리즘(Xerox Journalism)

해설

① 유명 인사의 사소한 해프닝을 집중 보도

③ 스캔들 기사 등을 보도하여 호기심을 자극

④ 극비 문서를 몰래 복사하여 발표

30 다음 중 IPTV에 관한 설명으로 잘못된 것은 무엇인가?

① 방송·통신 융합 서비스이다.

② 영화·드라마 등 원하는 콘텐츠를 제공받을 수 있다.

③ 양방향 서비스이다.

④ 별도의 셋톱박스를 설치할 필요가 없다.

해설

IPTV의 시청을 위해서는 TV 수상기에 셋톱박스를 설치해야 한다.

31 미국 콜롬비아대 언론대학원에서 선정하는 미국 최고 권위의 보도·문학·음악상은?

① 토니상   ② 그래미상

③ 퓰리처상   ④ 템플턴상

> **해설**
>
> 퓰리처상
> 미국의 언론인 퓰리처의 유산으로 제정된 언론·문학상이다. 1917년에 시작되어 매년 저널리즘 및 문학계의 업적이 우수한 사람을 선정하여 19개 부분에 걸쳐 시상한다.

32 언론의 사실적 주장에 관한 보도로 피해를 입었을 때 자신이 작성한 반론문을 보도해줄 것을 요구할 수 있는 권리는 무엇인가?

① 액세스권   ② 정정보도청구권

③ 반론보도청구권   ④ 퍼블릭액세스

> **해설**
>
> ① 언론 매체에 자유롭게 접근·이용할 수 있는 권리
> ② 언론에 대해 정정을 요구할 수 있는 권리로 사실 보도에 한정되며 비판·논평은 해당하지 않는다.
> ④ 일반인이 직접 제작한 영상물을 그대로 반영하는 것

33 다음 뉴스의 종류와 그에 대한 설명이 바르게 연결되지 않은 것은?

① 디스코 뉴스 – 뉴스의 본질에 치중하기보다 스타일을 더 중요시하는 형태
② 스폿 뉴스 – 사건 현장에서 얻어진 생생한 뉴스로, 핫뉴스라고도 한다.
③ 패스트 뉴스 – 논평·해설 등을 통해 잘 정리되고 오보가 적은 뉴스
④ 스트레이트 뉴스 – 사건·사고의 내용을 객관적 입장에서 보도하는 것

> **해설**
>
> ③ 패스트 뉴스 : 긴 해설이나 설명 없이 최신 뉴스를 보도하는 형태이다. 자세한 논평과 해설을 통해 잘 정리된 기사를 보도하는 형태의 뉴스는 '슬로 뉴스'이다.

34 숨겨진 사실을 드러내는 것으로 약점을 보도하겠다고 위협하거나 특정 이익을 위해 보도하는 저널리즘은 무엇인가?

① 블랙 저널리즘(Black Journalism)
② 뉴 저널리즘(New Journalism)
③ 팩 저널리즘(Pack Journalism)
④ 하이에나 저널리즘(Hyena Journalism)

해설

② 뉴 저널리즘 : 속보성과 단편성을 거부하고 소설의 기법을 이용해 심층적인 보도 스타일을 보이는 저널리즘
③ 팩 저널리즘 : 취재 방법 및 시각이 획일적인 저널리즘으로, 신문의 신뢰도 하락을 불러온다.
④ 하이에나 저널리즘 : 권력 없고 힘없는 사람에 대해서 집중적인 매도와 공격을 퍼붓는 저널리즘

35 다음 중 미디어렙에 관한 설명으로 옳지 않은 것은?

① Media와 Representative의 합성어이다.
② 방송사의 위탁을 받아 광고주에게 광고를 판매하는 대행사이다.
③ 판매 대행시 수수료는 따로 받지 않는다.
④ 광고주가 광고를 빌미로 방송사에 영향을 끼치는 것을 막아준다.

해설

멀티모드서비스란 미디어렙은 방송광고판매대행사로, 판매 대행 수수료를 받는 회사이다.

36 매스컴 관련 권익 보호와 자유를 위해 설립된 기구 중 워싱턴에 위치하고 외국 수뇌 인물들의 연설을 듣고 질의·응답하는 것을 주 행사로 삼는 기구는?

① 내셔널프레스클럽   ② 세계신문협회
③ 국제언론인협회   ④ 국제기자연맹

해설

② 1948년 국제신문발행인협회로 발족한 세계 최대의 언론 단체이다.
③ 1951년 결성된 단체로 언론인 상호 간의 교류와 협조를 통해 언론의 자유를 보장하는 것을 목적으로 매년 1회씩 대회가 열린다.
④ 본부는 브뤼셀에 있으며 3년마다 '기자 올림픽'이라 불리는 대규모 총회가 열린다.

37 신제품 또는 기업에 대하여 언론이 일반 보도로 다루도록 함으로써 결과적으로 무료로 광고 효과를 얻게 하는 PR의 한 방법은?

① 콩로머천드(Conglomerchant)
② 애드버커시(Advocacy)
③ 퍼블리시티(Publicity)
④ 멀티스풋(Multispot)

해설
퍼블리시티는 광고주가 회사·제품·서비스 등과 관련된 뉴스를 신문·잡지 등의 기사나 라디오·방송 등에 제공하여 무료로 보도하도록 하는 PR방법이다.

38 지상파와 케이블 등 기존 TV 방송 서비스를 해지하고 인터넷 등으로 방송을 보는 소비자를 일컫는 신조어는?

① 다운시프트족 ② 프리터족
③ 그루밍족 ④ 코드커터족

해설
코드커터족(Cord Cutters)은 지상파와 케이블 등 기존 TV 방송 서비스를 해지하고 인터넷 등으로 능동적인 방송시 청을 하는 소비자군을 말한다.

39 아날로그 채널 주파수(6MHz)를 쪼개 지상파 방송사가 가용할 수 있는 채널수를 늘리는 것을 무엇이라고 하는가?

① 시분할다중화(TDM) ② 파장분할다중화(WDM)
③ 압축다중화(PMSB) ④ 멀티모드서비스(MMS)

해설
멀티모드서비스란 1개 주파수 대역에서 고화질(HD)과 표준화질(SD) 등 비디오채널을 복수로 운영하는 기술이다.

40 시청자가 원하는 콘텐츠를 양방향으로 제공하는 방송·통신 융합 서비스로 시청자가 편리한 시간에 원하는 프로그램을 선택해 볼 수 있는 방송 서비스는?

① CATV   ② Ustream
③ Podcasting   ④ IPTV

> **해설**
> ① 동축케이블을 이용해 프로그램을 송신하는 유선 TV
> ② 실시간 동영상 중계 사이트
> ③ 사용자들이 인터넷을 통해 새로운 방송을 자동으로 구독할 수 있게 하는 미디어

41 스위스에 있는 올림픽 관리 기구는 무엇인가?

① IOC   ② IBF
③ ITF   ④ FINA

> **해설**
> ① IOC(International Olympic Committee) : 국제올림픽위원회
> ② IBF(International Boxing Federation) : 국제복싱연맹
> ③ ITF(International Tennis Federation) : 국제테니스연맹
> ④ FINA(Federation Internationale de Natation) : 국제수영연맹

42 골프의 일반적인 경기 조건에서 각 홀에 정해진 기준 타수를 'Par'라고 한다. 다음 중 Par보다 2타수 적은 스코어로 홀인하는 것을 뜻하는 용어는 무엇인가?

① 버디(Birdie)   ② 이글(Eagle)
③ 보기(Bogey)   ④ 알바트로스(Albatross)

> **해설**
> 기준 타수보다 2타수 적은 스코어로 홀인하는 것을 이글이라 한다.
> ① 버디 : 기준 타수보다 1타 적은 타수로 홀인하는 것
> ③ 보기 : 기준 타수보다 1타수 많은 스코어로 홀인하는 것
> ④ 알바트로스 : 기준 타수보다 3개가 적은 타수로 홀인하는 것

43 다음 육상 경기 중 필드경기에 해당하지 않는 것은?

① 높이뛰기 ② 창던지기
③ 장애물 경기 ④ 멀리뛰기

> **해설**
>
> 필드경기는 크게 도약경기와 투척경기로 나뉜다. 도약경기에는 멀리뛰기, 높이뛰기, 장대높이뛰기, 세단뛰기 등이 있으며, 투척경기에는 창던지기, 원반던지기, 포환던지기, 해머던지기 등의 종목이 있다.

44 다음 중 야구에서 타자가 투스트라이크 이후 아웃이 되는 상황이 아닌 것은?

① 번트파울 ② 헛스윙
③ 파울팁 ④ 베이스온볼스

> **해설**
>
> 투스트라이크 이후 번트는 쓰리번트라고 하여 성공하지 못하고 파울이 되면 아웃이며, 파울팁은 타자가 스윙을 하여 배트에 살짝 스친 뒤 포수에게 잡히는 공이다. 베이스온볼스(Base On Balls)는 볼넷을 의미한다.

45 권투 선수처럼 뇌에 많은 충격을 받은 사람에게 주로 나타나는 뇌세포 손상증을 일컫는 말은?

① 펀치 드렁크(Punch Drunk)
② 신시내티 히트(Cincinnati Hit)
③ 더블 헤더(Double Header)
④ 샐러리 캡(Salary Cap)

> **해설**
>
> 펀치 드렁크는 권투 선수처럼 뇌에 많은 손상을 입은 사람들 대부분이 겪는 증상으로 혼수상태, 기억상실, 치매 등의 증세가 나타나며 심한 경우 생명을 잃기도 한다.

46 골프의 18홀에서 파 5개, 버디 2개, 보기 4개, 더블보기 4개, 트리플보기 3개를 기록했다면 최종 스코어는 어떻게 되는가?

① 이븐파 ② 3언더파
③ 9오버파 ④ 19오버파

> **해설**
>
> 파 5개(0)+버디 2개(-2)+보기 4개(+4)+더블보기 4개(+8)+트리플보기 3개(+9)=19오버파

47 남자부 4대 골프 대회에 속하지 않는 것은?

① 마스터스
② 브리티시 오픈
③ 맥도널드 오픈
④ US 오픈

해설

• 남자부 4대 골프 대회 : 마스터스, 브리티시 오픈(영국 오픈), PGA 챔피언십, US 오픈
• 여자부 4대 골프 대회 : AIG 브리티시 여자오픈, US 여자오픈, KPMG 위민스 PGA 챔피언십, ANA 인스퍼레이션

48 농구에서 스타팅 멤버를 제외한 벤치 멤버 중 가장 기량이 뛰어나 언제든지 경기에 투입할 수 있는 투입 1순위 후보는?

① 포스트맨
② 스윙맨
③ 식스맨
④ 세컨드맨

해설

벤치 멤버 중 투입 1순위 후보는 식스맨이라고 한다. 포스트맨은 공을 등지고 골 밑 근처에서 패스를 연결하거나 스스로 공격하는 선수이고, 스윙맨은 가드·포워드 역할을 모두 수행할 수 있는 선수이다.

49 축구 경기에서 해트트릭이란 무엇인가?

① 1경기에서 1명의 선수가 1골을 넣는 것
② 1경기에서 1명의 선수가 2골을 넣는 것
③ 1경기에서 1명의 선수가 3골을 넣는 것
④ 1경기에서 3명의 선수가 1골씩 넣는 것

해설

크리켓에서 3명의 타자를 삼진 아웃시킨 투수에게 명예를 기리는 뜻으로 선물한 모자(Hat)에서 유래했으며, 한 팀이 3년 연속 대회 타이틀을 석권했을 때도 해트트릭이라고 한다.

50 다음 중 유럽의 국가와 국가별 프로 축구 리그의 연결로 옳은 것은?

① 스페인 - 프리미어리그
② 독일 - 분데스리가
③ 이탈리아 - 프리미어리그
④ 잉글랜드 - 프리메라리가

해설

① 스페인 - 프리메라리가
③ 이탈리아 - 세리에 A
④ 잉글랜드 - 프리미어리그

51 다음 중 골프 용어가 아닌 것은?

① 로진백
② 이 글
③ 어프로치샷
④ 언더파

해설

로진백은 투수나 타자가 공이 미끄러지지 않게 하기 위해 묻히는 송진 가루나 로진이 들어있는 작은 주머니이다. 손에 묻힐 수는 있어도 배트, 공, 러브 등에 묻히는 것은 금지되어 있다. 그밖에 역도나 체조 선수들도 사용한다.

52 월드컵 본선에서 골을 넣은 뒤 파울로 퇴장당한 선수들을 일컫는 용어는?

① 가린샤 클럽
② 블랙슈즈 클럽
③ 170 클럽
④ 벤치맙 클럽

해설

가린샤 클럽은 1962년 칠레 월드컵에서 브라질의 스트라이커 가린샤가 골을 넣은 뒤 퇴장을 당하면서 생긴 용어이다.

53 세계 5대 모터쇼에 포함되지 않는 모터쇼는?

① 토리노 모터쇼
② 도쿄 모터쇼
③ 제네바 모터쇼
④ 북미 국제 오토쇼

해설

세계 5대 모터쇼 파리 모터쇼, 프랑크푸르트 모터쇼, 제네바 모터쇼, 북미 국제 오토쇼(디트로이트 모터쇼), 도쿄 모터쇼

54 미국과 유럽을 오가며 2년마다 개최되는 미국과 유럽의 남자 골프 대회는?

① 데이비스컵   ② 라이더컵

③ 프레지던츠컵   ④ 스탠리컵

> **해설**
> ② 라이더컵은 영국인 사업가 새뮤얼 라이더(Samuel Ryder)가 순금제트로피를 기증함으로써 그 이름을 따서 붙인, 미국과 유럽의 남자 골프 대회이다.
> ① 데이비스컵은 테니스 월드컵이라고도 불리는 세계 최고 권위의 국가 대항 남자 테니스 대회이다.
> ③ 프레지던츠컵은 미국과 유럽을 제외한 인터내셔널팀 사이의 남자 프로 골프 대항전이다.
> ④ 스탠리컵은 북아메리카에서 프로아이스하키 리그의 플레이오프 우승 팀에게 수여되는 트로피를 가리킨다.

55 다음 중 2스트라이크 이후에 추가로 스트라이크 판정을 받았으나 포수가 이 공을 놓칠 경우(잡기 전에 그라운드에 닿은 경우도 포함)를 가리키는 말은 무엇인가?

① 트리플 더블   ② 낫아웃

③ 퍼펙트게임   ④ 노히트노런

> **해설**
> ① 트리플 더블 : 한 선수가 득점, 어시스트, 리바운드, 스틸, 블록슛 중 세 부문에서 2자리 수 이상을 기록하는 것을 가리키는 농구 용어
> ③ 퍼펙트게임 : 야구에서 투수가 상대팀에게 한 개의 진루도 허용하지 않고 승리로 이끈 게임
> ④ 노히트노런 : 야구에서 투수가 상대팀에게 한 개의 안타도 허용하지 않고 승리로 이끈 게임

56 근대 5종 경기는 기원전 708년에 실시된 고대 5종 경기를 현대에 맞게 발전시킨 것으로 근대 올림픽을 창설한 쿠베르탱의 실시로 시작하게 되었다. 이와 관련된 근대 5종 경기가 아닌 것은?

① 마라톤   ② 사 격

③ 펜 싱   ④ 승 마

> **해설**
> 근대 5종 경기는 한 경기자가 사격, 펜싱, 수영, 승마, 크로스컨트리(육상) 5종목을 겨루어 종합 점수로 순위를 매기는 경기이다.

06 한국사·세계사

01 다음 유물이 처음 사용된 시대의 생활 모습으로 옳은 것은?

① 거친무늬 거울을 사용하였다.
② 주로 동굴이나 막집에서 살았다.
③ 빗살무늬 토기에 식량을 저장하였다.
④ 철제 농기구를 이용하여 농사를 지었다.

해설
제시된 유물은 가락바퀴로 신석기시대의 유물이다. 가락바퀴는 실을 뽑는 도구로 신석기시대에 원시적 형태의 수공예가 이루어졌음을 알 수 있는 증거이다. 빗살무늬 토기는 신석기시대를 대표하는 토기로, 서울 암사동 유적지에서 출토된 밑이 뾰족한 모양의 토기가 대표적이다.

02 한서지리지에 다음의 법 조항을 가진 나라로 소개되는 국가는?

- 사람을 죽인 자는 즉시 사형에 처한다.
- 남에게 상처를 입힌 자는 곡물로써 배상한다.
- 남의 재산을 훔친 사람은 노비로 삼고, 용서받으려면 한 사람당 50만전을 내야 한다.

① 고구려 ② 고조선
③ 발 해 ④ 신 라

해설
고조선의 '8조법'의 내용이다. 현재 3개의 조목만 전해지는 8조금법을 통해 고조선은 사유재산제의 사회로서 개인의 생명 보호를 중시했으며 계급사회였음을 알 수 있다.

03 다음 자료에 해당하는 나라에 대한 설명으로 옳은 것은?

> 혼인할 때는 말로 미리 정하고, 여자 집에서는 본채 뒤편에 작은 별채를 짓는데, 그 집을 서옥이라 부른다. 해가 저물 무렵에 신랑이 신부의 집 문 밖에 도착하여 자기 이름을 밝히고 절하면서, 신부의 집에서 머물기를 청한다. … (중략) … 자식을 낳아 장성하면 아내를 데리고 집으로 돌아간다.
> – 〈삼국지 동이전〉

① 12월에 영고라는 제천 행사를 열었다.
② 제가회의에서 국가의 중대사를 결정하였다.
③ 특산물로 단궁, 과하마, 반어피 등이 있었다.
④ 제사장인 천군과 신성 지역인 소도가 있었다.

해설

제시된 사료는 고구려의 서옥제라는 혼인풍습에 대한 것이다. 남녀가 혼인을 하면 신부집 뒤껠에 서옥이라는 집을 짓고 살다가, 자식을 낳아 장성하면 신부를 데리고 자기 집으로 가는 풍습이다. 제가회의는 고구려의 귀족회의로 유력 부족의 우두머리들이 모여 국가의 중대사와 주요 정책을 논의하고 결정하였다.

04 다음 자료와 관련된 설명으로 옳지 않은 것은?

> 진평왕 30년, 왕은 ㉠ 고구려가 빈번하게 강역을 침범하는 것을 근심하다가 수나라에 병사를 청하여 고구려를 정벌하고자 하였다. 이에 ㉡ 원광에게 군사를 청하는 글을 짓도록 명하니, 원광이 "자기가 살려고 남을 죽이도록 하는 것은 승려로서 할 일이 아니나, 제가 대왕의 토지에서 살고 대왕의 물과 풀을 먹으면서, 어찌 감히 명령을 좇지 않겠습니까?"라고 하며, 곧 글을 지어 바쳤다. … (중략) … 33년에 왕이 수나라에 사신을 보내어 표문을 바치고 출병을 청하니, ㉢ 수나라 양제가 이를 받아들이고 군사를 일으켰다.
> – 〈삼국사기〉 신라본기

① 당시 신라는 백제와 동맹을 맺어 고구려의 남진에 대처하고 있었다.
② ㉠ – 고구려는 한강 유역을 되찾기 위해 신라를 자주 공격하였다.
③ ㉡ – 원광은 세속오계를 지어 화랑도의 행동 규범을 제시하였다.
④ ㉢ – 고구려는 살수에서 대승을 거두고, 수나라의 침략을 격퇴하였다.

해설

고구려가 빈번하게 신라를 공격했던 시기는 신라가 진흥왕 이후 한강 하류 지역을 차지하고 팽창한 6세기 후반이다. 이때 고구려의 남하 정책에 대항하여 체결되었던 나제 동맹이 결렬되고 여제 동맹이 체결되었으며 신라는 고립을 피하기 위해 중국의 수·당과 동맹을 체결하였다. 고구려는 7세기에 중국의 혼란을 통일한 수의 침입을 살수 대첩으로 물리쳤으며, 신라는 진흥왕 때 화랑도를 국가 차원에서 장려하고 조직을 확대하였으며 원광의 세속 5계를 행동 규범으로 삼았다. 원광이 수에 군사를 청원하는 글을 쓴 것으로 보아 당시 불교는 호국불교적 성격이 강함을 알 수 있다.

05 (가), (나)에 대한 설명으로 옳지 않은 것은?

> • 임금과 신하들이 인재를 어떻게 뽑을까 의논하였다. 그래서 여러 사람들을 모아 함께 다니게 하고 그 행실과 뜻을 살펴 등용하였다. 그러므로 김대문이 쓴 책에서 "우리나라의 현명한 재상과 충성 스러운 신하, 훌륭한 장수와 용감한 병졸은 모두 [(가)]에서 나왔다."라고 하였다.
> • [(나)]는(은) 예부에 속한다. 경덕왕이 태학으로 이름을 고쳤다. 박사와 조교가 예기·주역·논 어·효경을 가르친다. 9년이 되도록 학업에 진척이 없는 자는 퇴학시킨다.

① (가)는 원시 사회의 청소년 집단에서 기원하였다.
② (가)에서는 전통적 사회 규범과 전쟁에 관한 교육을 하였다.
③ (나)는 유학 교육을 위하여 신문왕 때 설치하였다.
④ (나)에는 7품 이상 문무 관리의 자제가 입학하였다.

해설
(가)는 화랑도, (나)는 국학이다. 화랑도는 원시 사회의 청소년 집단 수련에 기원을 두고 있다. 귀족자제 중에서 선발된 화랑을 지도자로 삼고, 낭도는 귀족은 물론 평민까지 망라하였다. 국학은 신문왕 때 설립하였으며 관등이 없는 자부터 대사(12관등) 이하인 자들이 입학할 수 있었고, 논어, 효경 등의 유학을 가르쳤다.

06 다음 밑줄 친 제도와 같은 성격의 정책은?

> 고구려의 고국천왕이 을파소 등을 기용하여 왕 16년(194)에 실시한 <u>진대법</u>은 춘궁기에 가난한 백성 에게 관곡을 빌려주었다가 추수인 10월에 관(官)에 환납케 하는 제도이다. 이것은 귀족의 고리 대금 업으로 인한 폐단을 막고, 양민들의 노비화를 막으려는 목적으로 실시한 제도였다. 이러한 제도는 신라나 백제에도 있었을 것이며 고려의 의창 제도, 조선의 환곡 제도의 선구가 되었다.

① 실업자를 위한 일자리 창출 대책
② 출산율 상승을 위한 출산장려금 정책
③ 생활무능력자를 대상으로 한 공공부조
④ 초등학생을 대상으로 한 무상급식 제도

해설
고구려의 진대법, 고려의 의창 제도, 조선의 환곡 제도는 흉년이나 춘궁기에 곡식을 빈민에게 대여하고 추수기에 이를 환수하던 제도이다. 이와 같은 성격을 지닌 오늘날의 제도는 어려운 사람들의 의식주를 돕기 위한 공공부조라고 할 수 있다.

07 다음 연표에 활동했던 백제의 왕을 소재로 영화를 제작하려고 한다. 등장할 수 있는 장면으로 옳은 것은?

> 346 백제 제13대 왕위 등극
> 369 왜 왕에게 칠지도 하사
>   황해도 치양성 전투에서 태자 근구수의 활약으로 고구려군을 상대하여 승리함
> 371 평양성 전투에서 고구려 고국원왕을 전사시킴

① 중앙집권을 위해 율령을 반포하는 장면
② 동맹국인 신라의 왕에게 배신당하여 고민하고 있는 장면
③ 사상의 통합을 위해 불교를 공인하는 장면
④ 〈서기〉라는 역사책을 편찬하는 고흥

해설

제시된 연표의 칠지도, 고국원왕 전사 등을 통해 연표의 왕이 근초고왕임을 알 수 있다. 근초고왕은 4세기 백제의 왕으로 고구려, 신라보다 앞서 국가를 흥성시켰다. 또 다른 업적으로는 요서·산둥·규슈 진출, 왕위 부자 상속, 고흥의 역사서 〈서기〉 편찬 등이 있다.

08 다음 중 발해에 관한 설명으로 옳지 않은 것은?

① 대조영이 고구려 유민과 말갈족을 연합하여 건국했다.
② 당나라의 제도를 받아들여 독자적인 3성 6부 체제를 갖췄다.
③ 독자적인 연호를 사용하고 '해동성국'이라는 칭호를 얻었다.
④ 여진족의 세력 확대로 인해 여진족에게 멸망당하였다.

해설

발해는 거란족의 세력 확대와 내분 때문에 국력이 약해져 926년 거란족(요나라)에 의해 멸망당하였다.

09 다음에서 설명하고 있는 삼국시대의 왕은?

> • 한반도의 한강 이남까지 영토를 늘렸다.
> • 신라의 요청으로 원군을 보내 왜구를 격퇴하였다.
> • 후연과 전쟁에서 승리하여 요동지역을 확보하였다.

① 미천왕   ② 소수림왕
③ 장수왕   ④ 광개토대왕

해설

광개토대왕은 후연, 동부여, 백제 등과의 전쟁에서 승리하고 남으로는 한강이남 지역, 북으로는 요동 등으로 영토를 넓혔다.
① 미천왕 : 낙랑군, 대방군 등을 정복하였다.
② 소수림왕 : 율령반포, 불교공인 등 내부체제를 정비하였다.
③ 장수왕 : 도읍을 평양으로 옮기는 등 남하정책을 펼쳤다.

10　공민왕의 개혁 정치에 대한 설명으로 옳지 않은 것은?

① 친원파와 기씨 일족을 숙청했다.

② 원·명 교체의 상황에서 개혁을 추진했다.

③ 신진사대부를 견제하기 위해 정방을 설치했다.

④ 관제를 복구하고 몽골식 생활 풍습을 금지했다.

　　해설

　　정방은 고려 무신집권기 최우가 설치한 인사 담당 기관인데, 공민왕은 정방을 폐지했다.

11　음서 제도와 공음전이 고려 사회에 끼친 영향은?

① 농민층의 몰락을 방지하였다.

② 문벌 귀족 세력을 강화시켰다.

③ 국가 재정의 확보에 공헌하였다.

④ 개방적인 사회 분위기를 가져왔다.

　　해설

　　문벌 귀족은 고위 관직을 독점하고 음서의 특권으로 승진하였으며, 공음전 등의 경제적 특권을 누리기도 했다.

12　(가), (나) 역사서에 대한 설명으로 옳지 않은 것은?

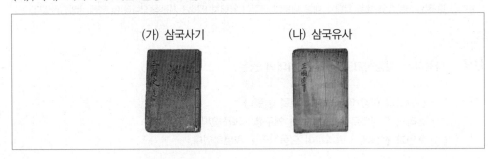

(가) 삼국사기　　　　(나) 삼국유사

① (가) - 김부식이 주도하여 편찬하였다.

② (가) - 유교적 합리주의 사관에 기초하였다.

③ (나) - 신라와 발해를 남북국이라 하였다.

④ (나) - 단군의 건국 이야기가 수록되어 있다.

　　해설

　　③은 조선 후기 실학자 유득공이 발해에 관해 쓴 역사서인 〈발해고〉의 내용으로 발해의 역사·문화·풍습 등을 9부문으로 나누어 서술했고, 신라와 발해를 남북국이라고 칭하였다.

13 다음은 고려 무신집권기의 기구명과 그에 대한 특징이다. (가)에 들어갈 내용으로 옳은 것은?

기구명	특징
중방	고위 무신들의 회의 기구
교정도감	국정을 총괄하는 최고 권력 기구
정방	(가)

① 법률과 소송을 관장한 기구
② 곡식의 출납 및 회계 담당 기구
③ 최우가 설치한 인사 행정 담당 기구
④ 역사서의 편찬과 보관을 담당한 기구

해설

무신정권의 실질적인 권력자였던 최우는 교정도감을 통하여 정치권력을 행사하였고, 독자적인 인사 기구인 정방을 설치하여 인사권을 장악하였다.

14 고려 태조 왕건이 실시한 정책으로 옳지 않은 것은?

① 사심관 제도와 기인 제도 등의 호족 견제 정책을 실시했다.
② 연등회와 팔관회를 중요하게 다룰 것을 강조했다.
③ 과거 제도를 실시하여 신진 세력을 등용했다.
④ '훈요십조'를 통해 후대의 왕들에게 유언을 남겼다.

해설

광종(재위 949~975)은 과거 제도를 시행하여 신진 세력을 등용하고 신・구세력의 교체를 꾀하는 한편 노비안검법 실시, 호족과 귀족세력 견제 등 개혁적인 정치를 단행하여 강력한 왕권을 확립하였다.

15 다음에서 설명하고 있는 고려의 기구는 무엇인가?

> 고려시대 변경의 군사문제를 의논하던 국방회의기구로 중서문하성과 중추원의 고위 관료들이 모여 국가의 군기 및 국방상 중요한 일을 의정하던 합의기관이다. 무신정변 이후에는 군사적 문제뿐 아니라 민사적 문제까지 관장하는 등 권한이 강화되었으며, 왕권을 제한하는 역할도 하였다.

① 도병마사 　　　　　　　　② 식목도감
③ 중서문하성 　　　　　　　④ 비변사

해설

고려의 독자적인 기구인 도병마사에 대한 내용이다. 도병마사는 변경의 군사 문제를 의논해 결정하는 것이었으나 무신정변 이후 도당이라 불리며 국사전반에 걸쳐 권한이 확대되었다. 원간섭기에는 도평의사사로 개칭되고 국가의 모든 중대사를 회의해 결정하는 기관으로 변질되었다.

16 다음 중 고려시대에 '정혜쌍수(定慧雙修)', '돈오점수(頓悟漸修)'를 주장하고, 수선사 결사 운동을 주도한 승려는?

① 지 눌   ② 원 효
③ 의 천   ④ 도 선

해설

보조국사 지눌대사는 조계종을 중심으로 한 선종과 교종의 통합운동을 전개하였으며 수선사 결사 제창, 정혜쌍수 · 돈오점수를 통해 선교일치 사상의 완성을 이루었다.

17 다음 시의 내용에 나타난 폐단을 개혁하기 위해 실시했던 제도에 대한 설명으로 가장 적절한 것은?

> 우리라고 좋아서 이 짓 하나요?
> 간밤에도 관가에서 문서가 날아 왔죠.
> 내일 아침 높은 손님 맞아서 연희를 성대히 벌인다고
> 물고기 회치고 굽고 모두 다 이 강에서 나갑니다.
> 자가사비 문절망둑 쏘가리 잉어 어느 것 없이 거둬 가지요
> 물고기 잡아다 바치라 한 달에도 너덧 차례
> 한 번 바치는데 적기나 한가요 걸핏하면 스무 마리 서른 마리
> 정해진 마릿수 채우지 못하면 장터에 나가 사다가 바치고
> 혹시 잡다가 남으면 팔아서 양식에 보태지요
>
> 　　　　　　　　　　　　　　　　　　　　　 – 〈작살질〉, 송명흠

① 군적의 문란이 심해지면서 농민의 부담이 다시 가중되었다.
② 지주는 결작이라고 하여 토지 1결당 미곡 2두를 납부하게 되었다.
③ 농민은 1년에 베 1필씩만 부담하면 과중한 납부량에서 벗어날 수 있었다.
④ 토지가 없거나 적은 농민에게 과중하게 부과되었던 부담이 다소 경감되었다.

해설

①·②·③은 균역법과 관련된 내용이다. 제시된 시의 내용은 공납의 폐단에 관한 것으로, 관가에서 공납을 바치라면 양과 내용에 관계없이 따라야 하는 어민들의 어려움을 얘기하고 있다. 공납은 정해진 양을 채우지 못하면 시장에서 사서 납부해야 하는 등 백성들에게 많은 부담을 주었다. 이러한 공납의 폐단을 개선하기 위해 특산물을 현물로 내는 대신 쌀이나 돈으로 납부하게 하고, 공납을 토지에 부과하도록 하는 대동법을 시행하였다. 대동법은 토지가 없거나 적은 농민들의 부담을 다소 경감시키는 효과가 있었다.

18 다음 그림과 관련하여 당시 대외 관계에 대해 옳게 설명한 것은?

① 이종무의 쓰시마 섬 정벌로 인하여 우리나라 사신을 맞는 일본의 태도가 정중하였다.
② 왜구의 소란으로 조선에서는 3포 개항을 불허하고 일본 사신의 파견만을 허용하였다.
③ 왜란 이후 끌려간 도공과 백성들을 돌려받기 위하여 조선 정부는 매년 통신사를 파견하였다.
④ 일본은 조선의 문화를 받아들이고 에도 막부의 권위를 인정받기 위해 통신사 파견을 요청하였다.

> **해설**
> 제시된 그림은 임진왜란 이후 우리나라에서 일본에 파견한 통신사 그림이다. 일본은 조선의 선진 문화를 받아들이고, 도쿠가와 막부의 쇼군이 바뀔 때마다 권위를 인정받기 위하여 조선의 사절 파견을 요청하였다. 이에 따라 조선은 1607년 부터 1811년까지 12회에 걸쳐 많을 때는 400~500명에 달하는 인원의 통신사를 파견하였다.

19 다음 중 조선시대의 신분 제도에 대한 설명으로 옳은 것은?

① 서얼은 양반으로 진출하는 데 제한을 받지 않았다.
② 노비의 신분은 세습되지 않았다.
③ 서리, 향리, 기술관은 직역 세습이 불가능했다.
④ 양인 이상이면 과거에 응시할 수 있었다.

> **해설**
> ① 서얼은 관직 진출이 제한되었고, ② 노비의 신분은 세습되었고 매매・양도・상속의 대상이었으며, ③ 직역 세습과 신분 안에서 혼인이 가능했다.

20 조선시대 기본법전인 '경국대전'에 관한 설명으로 옳지 않은 것은?

① 세조가 편찬을 시작하여 성종 대에 완성되었다.
② 조선 초의 법전인 '경제육전'의 원전과 속전 및 그 뒤의 법령을 종합해 만들었다.
③ '형전'을 완성한 뒤, 재정・경제의 기본이 되는 '호전'을 완성했다.
④ 이전・호전・예전・병전・형전・공전 등 6전으로 이루어졌다.

> **해설**
> 1460년(세조 6년) 7월에 먼저 재정・경제의 기본이 되는 호전을 완성했고, 이듬해 7월에는 형전을 완성하여 공포・시행 하였다.

21 조선시대 4대 사화를 시대 순으로 바르게 연결한 것은?

① 무오사화 → 기묘사화 → 갑자사화 → 을사사화
② 무오사화 → 갑자사화 → 기묘사화 → 을사사화
③ 갑자사화 → 무오사화 → 을사사화 → 기묘사화
④ 갑자사화 → 기묘사화 → 갑자사화 → 을사사화

해설

무오사화	1498년 (연산군)	• 훈구파와 사림파의 대립 • 연산군의 실정, 세조의 왕위 찬탈을 비판한 김종직의 조의제문 • 유자광, 이극돈
갑자사화	1504년 (연산군)	• 폐비 윤씨 사건이 배경 • 무오사화 때 피해를 면한 일부 훈구 세력까지 피해
기묘사화	1519년 (중종)	• 조광조의 개혁 정치 • 위훈 삭제로 인한 훈구 세력의 반발 • 주초위왕 사건
을사사화	1545년 (명종)	• 인종의 외척 윤임(대윤파)과 명종의 외척 윤원형(소윤파)의 대립 • 명종의 즉위로 문정왕후 수렴청정 • 집권한 소윤파가 대윤파를 공격

22 다음의 설명에 해당하는 조선 후기의 실학자는 누구인가?

> • 농민을 위한 제도 개혁을 주장한 중농학파
> • 목민심서, 경세유표 편찬
> • 과학 기술의 발전을 주장하고 실학을 집대성

① 유형원
② 이 익
③ 정약용
④ 박지원

해설

• 목민심서 : 정약용이 관리들의 폭정을 비판하며 수령이 지켜야 할 지침을 밝힌 책
• 경세유표 : 정약용이 행정기구의 개편과 토지 제도와 조세 제도 등 제도의 개혁 원리를 제시한 책

23 조선 후기에 발생한 사건들을 시대 순으로 바르게 나열한 것은?

① 임오군란 → 갑신정변 → 동학농민운동 → 아관파천
② 임오군란 → 아관파천 → 동학농민운동 → 갑신정변
③ 갑신정변 → 임오군란 → 아관파천 → 동학농민운동
④ 갑신정변 → 아관파천 → 임오군란 → 동학농민운동

해설

임오군란 (1882년)	별기군 창설에 대한 구식 군인의 반발, 청의 내정간섭 초래
갑신정변 (1884년)	급진적 개혁 추진, 청의 내정간섭 강화
동학농민운동 (1894년)	반봉건·반침략적 민족운동, 우금치 전투에서 패배
아관파천 (1896년)	명성황후가 시해당한 뒤 고종과 왕세자가 러시아 공관으로 대피

24 다음과 같은 내용이 발표된 배경으로 가장 적절한 것은?

> 옛날에는 군대를 가지고 나라를 멸망시켰으나 지금은 빚으로 나라를 멸망시킨다. 옛날에 나라를 멸망케 하면 그 명호를 지우고 그 종사와 정부를 폐지하고, 나아가 그 인민으로 하여금 새로운 변화를 받아들여 복종케 할 따름이다. 지금 나라를 멸망케 하면 그 종교를 없애고 그 종족을 끊어버린다. 옛날에 나라를 잃은 백성들은 나라가 없을 뿐이었으나, 지금 나라를 잃은 백성은 아울러 그 집안도 잃게 된다. … 국채는 나라를 멸망케 하는 원본이며, 그 결과 망국에 이르게 되어 모든 사람이 화를 입지 않을 수 없게 된다.

① 우리나라 최초의 은행인 조선은행이 설립되면서 자금 조달이 어려워졌다.
② 외국 상인의 활동 범위가 넓어지면서 서울을 비롯한 전국의 상권을 차지하였다.
③ 정부의 상공업 진흥 정책으로 회사 설립이 늘어나면서 차관 도입이 확대되었다.
④ 일제는 화폐 정리와 시설 개선 등의 명목으로 거액의 차관을 대한제국에 제공하였다.

해설

자료는 국채보상운동에 관한 내용이다. 국채보상운동은 일본이 조선에 빌려준 국채를 갚아 경제적으로 독립하자는 운동으로 1907년 2월 서상돈 등에 의해 대구에서 시작되었다. 대한매일신보, 황성신문 등 언론기관이 자금 모집에 적극 참여했으며, 남자들은 금연운동을 하였고 부녀자들은 비녀와 가락지를 팔아서 이에 호응하였다. 일제는 친일 단체인 일진회를 내세워 국채보상운동을 방해하였고, 통감부에서 국채보상회의 간사인 양기탁을 횡령이라는 누명을 씌워 구속하는 등 적극적으로 탄압했다. 결국 양기탁은 무죄로 석방되었지만 국채보상운동은 좌절되고 말았다.

25 다음 개화기 언론에 대한 설명으로 옳지 않은 것은?

① 황성신문은 국·한문 혼용으로 발간되었고, '시일야방성대곡'을 게재하였다.

② 순한글로 간행된 제국신문은 창간 이듬해 이인직이 인수하여 친일지로 개편되었다.

③ 독립신문은 한글과 영문을 사용하였으며, 근대적 지식 보급과 국권·민권 사상을 고취하였다.

④ 우리나라 최초의 신문인 한성순보는 관보의 성격을 띠고 10일에 한 번 한문으로 발행되었다.

> **해설**
>
> 제국신문은 1898년부터 1910년까지 순한글로 발행한 신문으로 여성과 일반 대중을 독자로 언론 활동을 전개하였다. 이인직이 인수하여 친일지로 개편한 신문은 천도교계의 만세보로서 1907년부터 '대한신문'으로 제호를 바꾸어 발간하였다.

26 다음과 같은 활동을 한 '이 단체'는 어디인가?

> '이 단체'의 깃발 밑에 공고한 단결을 이루기가 뼈저리게 힘들다고 고민할망정 결국 분산을 재촉한 것은 중대한 과오가 아닌가. 계급운동을 무시한 민족 당일당 운동이 문제가 있는 것과 같이 민족을 도외시하고 계급운동만 추구하며 민족주의 진영을 철폐하자는 것도 중대한 과오이다. … (중략) … 조선의 운동은 두 진영의 협동을 지속적으로 추구해야 할 정세에 놓여 있고, 서로 대립할 때가 아니다. 두 진영의 본질적 차이를 발견하기 어려운 만큼 긴밀히 동지적 관계를 기할 수 있는 것이다.

① 신민회 ② 정우회

③ 신간회 ④ 근우회

> **해설**
>
> 신간회는 좌우익 세력이 합작하여 결성된 대표적 항일단체로, 민족적·정치적·경제적 예속을 탈피하고, 언론 및 출판의 자유를 쟁취하였으며, 동양척식회사 반대, 근검절약운동 전개 등을 활동목표로 전국에 지회와 분회를 조직하여 활동하였다.

27 3·1운동 이후 1920년대 일제의 식민통치 내용으로 옳지 않은 것은?

① 회사령 폐지 ② 산미증식계획

③ 경성제국대학 설립 ④ 헌병경찰제 실시

> **해설**
>
> 1910년대에 무단 통치(헌병 경찰 통치)를 하던 일제는 3·1운동(1919) 이후 1920년대부터 통치방법을 변화해 문화통치(보통 경찰 통치)를 실시했다. 경성제국대학은 1924년에 설립됐으며, 회사령은 1910년 12월에 조선총독부가 공포했다가 1920년에 폐지했다.

28 다음 중 홍범 14조에 관한 설명으로 옳지 않은 것은?

① 갑오개혁 이후 정치적 근대화와 개혁을 위해 제정된 국가기본법이다.

② 왜에 의존하는 생각을 끊고 자주독립의 기초를 세울 것을 선포했다.

③ 납세를 법으로 정하고 함부로 세금을 거두어 들이지 못하도록 했다.

④ 종실·외척의 정치관여를 용납하지 않음으로써 대원군과 명성황후의 정치개입을 배제했다.

해설

홍범 14조는 갑오개혁 후 선포된 우리나라 최초의 근대적 헌법으로 청에 의존하는 것을 끊음으로써 청에 대한 종주권을 부인했고, 종실·외척의 정치개입 배제 및 조세법정주의 등의 내용을 담고 있다.

29 시일야방성대곡이 최초로 실린 신문은 무엇인가?

① 한성순보   ② 황성신문

③ 독립신문   ④ 대한매일신보

해설

시일야방성대곡은 을사늑약의 부당함을 알리고 을사오적을 규탄하기 위해 장지연이 쓴 논설로, 황성신문에 게재되었다. 이 논설로 황성신문은 일제에 의해 정간이 되기도 했다.

30 다음 중 3·1 운동에 관한 설명으로 옳지 않은 것은?

① 2·8 독립선언과 미국 윌슨 대통령의 민족자결주의에 영향을 받았다.

② 1919년 3월 1일 33인의 민족대표가 탑골공원에서 독립선언서를 발표했다.

③ 비폭력 시위에서 인원과 계층이 늘어나면서 폭력투쟁으로 발전하였다.

④ 일본의 통치 방식을 민족말살통치로 변화시키는 요인이 되었다.

해설

일제의 식민통치 방식이 3·1 운동 이후 문화통치로 바뀌었다.

31 다음 법이 공포된 이후 나타난 일제의 지배 정책에 대한 설명으로 옳지 않은 것은?

> 제4조 정부는 전시에 국가총동원상 필요할 때는 칙령이 정하는 바에 따라 제국 신민을 징용하여 총 동원 업무에 종사하게 할 수 있다.

① 마을에 애국반을 편성하여 일상생활을 통제하였다.
② 일본식 성과 이름으로 고치는 창씨개명을 시행하였다.
③ 여성에게 작업복인 '몸뻬'라는 바지의 착용을 강요하였다.
④ 토지 현황 파악을 위해 전국적으로 토지 소유권을 조사하였다.

해설

제시된 자료는 국가총동원법(1938)이다. ④는 1910년대 토지조사사업에 대한 설명이다.

32 다음이 설명하는 운동에 대한 내용을 보기에서 고른 것은?

> • 광화문 광장 : 경무대와 국회의사당, 중앙청 등 국가 주요 기관이 광장 주변에 몰려있어 가장 격렬한 시위가 벌어졌다.
> • 마로니에 공원(옛 서울대학교 교수회관 터) : 대학 교수단이 시국 선언을 한 뒤 '학생의 피에 보답하라'는 현수막을 들고 가두 시위에 나섰다.
> • 이화장 : 대통령이 하야 성명을 발표하고 경무대를 떠나 사저인 이화장에 도착하였다.

보기

ㄱ. 4・13 호헌 조치의 철폐를 요구하였다.
ㄴ. 신군부 세력의 집권이 배경이 되었다.
ㄷ. 3・15 부정선거에 항의하는 시위에서 시작되었다.
ㄹ. 대통령 중심제에서 의원 내각제로 변화되는 계기가 되었다.

① ㄱ, ㄴ
② ㄱ, ㄷ
③ ㄴ, ㄷ
④ ㄷ, ㄹ

해설

4・19 혁명에 대한 설명이다.
ㄱ. 전두환 정부의 4・13 호헌 조치에 반대하여 1987년 6월 민주항쟁이 전개되었다.
ㄴ. 1980년 신군부가 비상계엄을 전국으로 확대하였고, 이에 반대하여 5・18 광주 민주화 운동이 전개되었다.

33 (가)~(라)를 일어난 순서대로 옳게 나열한 것은?

> (가) 경부고속도로 준공   (나) 100억 달러 수출 달성
> (다) IMF 구제 금융 지원 요청   (라) 고속 철도 개통

① (가) – (나) – (다) – (라)
② (가) – (나) – (라) – (다)
③ (나) – (가) – (다) – (라)
④ (나) – (가) – (라) – (다)

해설

(가) 경부고속도로 준공(1970년, 박정희 정부)
(나) 수출 100억 달러 달성(1977년, 박정희 정부)
(다) IMF 구제 금융 요청(1997년, 김영삼 정부)
(라) 고속 철도 개통(2004년, 노무현 정부)

34 (가)에 들어갈 내용으로 옳은 것은?

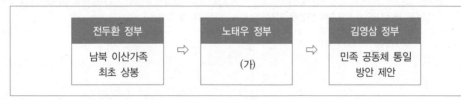

① 남북 조절 위원회 구성답
② 경의선 복구 사업 시작
③ 남북 기본 합의서 채택
④ 7·4 남북 공동 성명 발표

해설

1991년 노태우 정부는 남북 기본 합의서를 채택하였다.
• 남북한 당국자 간의 통일 논의의 재개를 추진함으로써 남북 이산가족 고향 방문단 및 예술 공연단의 교환방문이 전두환 정부 때 성사되었다(1985).
• 민족 공동체 통일 방안(1994)은 한민족 공동체 통일 방안(1989)과 3단계 3대 기조 통일 정책(1993)의 내용을 종합한 것으로 공동체 통일 방안이라고도 한다. 김영삼 정부가 이를 북한에 제안하였고, 자주, 평화, 민주의 3대 원칙과 화해 협력, 남북 연합, 통일 국가 완성의 3단계 통일 방안을 발표하였다.

35 청동기 문화를 배경으로 기원전 3000년을 전후해 큰 강 유역에서 발생한 4대 문명에 해당하지 않는 것은?

① 메소포타미아 문명
② 잉카 문명
③ 황하 문명
④ 인더스 문명

> **해설**

메소포타미아 문명(기원전 3500년)	티그리스강, 유프라테스강
이집트 문명(기원전 3000년)	나일강
황하 문명(기원전 3000년)	황하강
인더스 문명(기원전 2500년)	인더스강

36 세계 4대 문명 발상지 중 다음에서 설명하는 것과 관계가 깊은 것은?

> 쐐기문자, 60진법, 태음력 제정

① 황하 문명
② 마야 문명
③ 이집트 문명
④ 메소포타미아 문명

> **해설**
>
> 티그리스강, 유프라테스강 유역을 중심으로 발전한 메소포타미아 문명은 기원전 3500년경에 발전하였으며 쐐기문자와 60진법을 사용하였고 함무라비 법전을 편찬하였으며 태음력을 제정하였다.

37 다음 중 헬레니즘 문화에 대한 설명으로 옳지 않은 것은?

① 실용적인 자연과학이 발전하였다.
② 알렉산드리아 지방을 중심으로 크게 융성하였다.
③ 신 중심의 기독교적 사고방식을 사상적 기초로 하였다.
④ 인도의 간다라 미술에 상당한 영향을 미쳤다.

> **해설**
>
> 헬레니즘 문화는 그리스 문화가 오리엔트 문명과 융합되어 형성한 유럽문화의 2대 조류로, 로마 문화를 일으키고 인도의 간다라 미술을 탄생시켰던 인간 중심의 문화였다.

38 십자군 원정의 결과로 옳지 않은 것은?

① 교황권과 영주의 세력이 강화되었다.
② 동방 무역이 활발해지며 동양에 대한 관심이 높아졌다.
③ 상공업도시가 성장하면서 장원이 해체되었다.
④ 이슬람 문화가 유입되면서 유럽인들의 시야가 확대되었다.

해설

십자군 원정의 결과 교황권이 쇠퇴하였고, 영주의 세력이 약화된 반면 국왕의 권위가 강화되었다.

39 다음 보기의 전쟁들을 시대 순으로 바르게 나열한 것은?

㉠ 크림 전쟁	㉡ 십자군 전쟁
㉢ 장미 전쟁	㉣ 종교 전쟁
㉤ 백년 전쟁	

① ㉠ - ㉡ - ㉢ - ㉣ - ㉤
② ㉡ - ㉤ - ㉢ - ㉣ - ㉠
③ ㉢ - ㉣ - ㉤ - ㉡ - ㉠
④ ㉣ - ㉠ - ㉡ - ㉢ - ㉤

해설

㉡ 십자군 전쟁 : 11~13세기 중세 서유럽의 그리스도교 국가들이 이슬람교도들로부터 성지를 탈환하기 위해 벌인 전쟁이다.
㉤ 백년 전쟁 : 1337~1453년 영국과 프랑스 사이에 벌어진 전쟁으로 봉건제후와 귀족들이 몰락하고 중앙집권적 국가로 발전하는 계기가 되었다.
㉢ 장미 전쟁 : 1455~1485년 영국의 왕위 계승을 둘러싸고 요크 가문과 랭커스터 가문이 대립하며 발생한 내란이다.
㉣ 종교 전쟁 : 종교개혁(16~17세기) 이후 낭트칙령으로 신앙의 자유를 얻기 전까지 구교와 신교 간의 대립으로 일어난 전쟁이다.
㉠ 크림 전쟁 : 1853~1856년 러시아와 오스만투르크, 영국, 프랑스, 프로이센, 사르데냐 연합군이 크림반도와 흑해를 둘러싸고 벌인 전쟁이다.

40 종교개혁의 발생 배경으로 적절하지 않은 것은?

① 왕권의 약화
② 교황권의 쇠퇴
③ 교회의 지나친 세속화
④ 이성 중시 사상의 확대

해설

종교개혁은 16세기 교회의 세속화와 타락에 반발하여 출현한 그리스도교 개혁운동으로 1517년 독일의 마틴 루터가 이를 비판하는 95개조의 반박문을 발표한 것을 시작으로 이후 스위스의 츠빙글리, 프랑스의 칼뱅 등에 의해 전 유럽에 퍼졌고 그 결과 가톨릭으로부터 이탈한 프로테스탄트라는 신교가 성립되었다.

41 다음 밑줄 친 사상의 영향으로 일어난 사건은?

> 몽테스키외, 볼테르, 루소, 디드로 등에 의해 약 반세기에 걸쳐 배양되었고 특히 루소의 문명에 대한 격렬한 비판과 인민주권론이 혁명사상의 기초가 되었다. 기독교의 전통적인 권위와 낡은 사상을 비판하고 합리적인 이성의 계발로 인간생활의 진보와 개선을 꾀하였다.

① 영국에서 권리장전이 승인되었다.
② 칼뱅을 중심으로 종교개혁이 진행되었다.
③ 레닌이 소비에트 정권을 무너뜨렸다.
④ 시민들이 혁명을 통해 새로운 헌법을 정하고 프랑스 공화정이 성립되었다.

해설

이성과 진보를 강조하는 계몽주의는 프랑스 혁명의 사상적 배경이 되었다. 1789~1794년 프랑스에서 일어난 프랑스 혁명은 정치권력이 왕족과 귀족에서 시민으로 옮겨진 역사적 전환점이 되었다.

42 미국의 독립혁명에 대한 설명으로 옳지 않은 것은?

① 보스턴 차 사건을 계기로 시작되었다.
② 프랑스·스페인·네덜란드 등의 지원을 받아 요크타운 전투에서 승리했다.
③ 1783년 파리조약으로 평화 협정을 맺고 영국이 독립을 인정했다.
④ 프랑스 혁명과 달리 영국으로부터 독립하는 것만을 목적으로 하였다.

해설

미국의 독립혁명(1775년)은 영국으로부터 독립하는 것이 주된 목적이었으나 절대군주제에 대항하며 자연적 평등과 권리를 주장했고, 민주적인 정치형태를 수립하고자 한 점에서 프랑스 혁명과 유사하다.

43 다음 중 청 말기 서양 기술의 도입으로 부국강병을 이루고자 한 근대화 운동은 무엇인가?

① 양무운동   ② 태평천국운동
③ 의화단 운동   ④ 인클로저 운동

해설

양무운동은 당시 아편 전쟁과 애로호 사건을 겪으며 서양의 군사적 위력을 알게 된 청조는 서양 문물을 도입하고 군사·과학·통신 등을 개혁함으로써 부국강병을 이루고자 했으나 1894년 청일 전쟁의 패배로 좌절되었다.

44 다음 중 시기적으로 가장 먼저 일어난 사건은 무엇인가?

① 청교도 혁명   ② 갑오개혁
③ 프랑스 혁명   ④ 신해혁명

> **해설**
> ① 청교도 혁명(1640~1660년)
> ③ 프랑스 혁명(1789~1794년)
> ② 갑오개혁(1894~1896년)
> ④ 신해혁명(1911년)

45 다음의 사상을 바탕으로 전개된 중국의 민족 운동으로 옳은 것은?

> • 만주족을 몰아내고 우리 한족 국가를 회복한다.
> • 이제는 평민혁명에 의해 국민 정부를 세운다. 무릇 국민은 평등하게 참정권을 갖는다.
> • 사회·경제 조직을 개량하고 천하의 땅값을 조사하여 결정해야 한다.

① 양무운동   ② 신해혁명
③ 의화단운동   ④ 태평천국운동

> **해설**
> 쑨원이 제창하였던 민족주의, 민권주의, 민생주의의 삼민주의를 설명한 것이다. 이 사상을 바탕으로 한 신해혁명은 1911년에 청나라를 멸망시키고 중화민국을 세운 민주주의 혁명이다.

46 다음 중 제1차 세계대전 이후의 세계 정세에 대한 설명으로 옳지 않은 것은?

① 얄타 회담에서 전후 국제기구 설립에 합의하였다.
② 독일과 연합국 사이의 강화 조약으로 베르사유 조약이 체결되었다.
③ 세계 평화를 유지하기 위한 최초의 국제평화기구인 국제연맹이 만들어졌다.
④ 전후 문제 처리를 위하여 파리 강화 회의가 개최되었다.

> **해설**
> 제2차 세계대전 이후 얄타 회담에서 전후 국제기구 설립에 합의하면서 국제연합이 창설되었다.

47 제2차 세계대전과 관련된 다음의 사건들 중 가장 먼저 일어난 것은?

① 얄타 회담
② 나가사키 원폭 투하
③ UN 창설
④ 카이로 회담

해설

카이로 회담은 제2차 세계대전 때 이집트의 카이로에서 개최된 것으로 1943년 11월에 제1차 카이로 회담이, 그해 12월에 제2차 카이로 회담이 열렸다.
① 얄타 회담 : 1945년 2월 4~11일
② 나가사키 원폭 투하 : 1945년 8월 9일
③ UN 창설 : 1945년 10월 24일

48 국제연합에 대한 설명으로 옳지 않은 것은?

① 미국과 영국의 대서양 헌장을 기초로 결성되었다.
② 안전 보장 이사회의 상임 이사국은 거부권을 행사할 수 있다.
③ 소련과 미국이 참여함으로써 세계 중심 기구로 자리 잡았다.
④ 독일과 일본은 제2차 세계대전을 일으킨 국가로서 가입하지 못하였다.

해설

국제연합은 미국의 루스벨트와 영국의 처칠이 발표한 대서양 헌장(1941년)을 기초로 결성되었다. 제1차 세계대전 후 결성된 국제연맹에 소련과 미국이 불참한 것과 달리 국제연합에는 소련과 미국이 참여함으로써 현재까지 세계 중심 기구로 활동하고 있다. 독일, 일본은 제2차 세계대전을 일으킨 국가였지만 국제연합에 가입되어 있다.

49 제1 · 2차 세계대전과 관련하여 열린 국제회담을 순서대로 바르게 나열한 것은?

① 베르사유 조약 – 카이로 회담 – 얄타 회담 – 포츠담 선언
② 카이로 회담 – 얄타 회담 – 포츠담 선언 – 베르사유 조약
③ 얄타 회담 – 포츠담 선언 – 베르사유 조약 – 카이로 회담
④ 포츠담 선언 – 베르사유 조약 – 카이로 회담 – 얄타 회담

해설

베르사유 조약(1919년) – 카이로 회담(1943) → 얄타 회담(1945.2) → 포츠담 선언(1945.7)

4 PART

적성검사

01 언어능력

※ 다음 제시된 단어와 같거나 유사한 의미를 가진 것을 고르시오. [1~3]

01

발전

① 동조　　　　　　　　② 진전
③ 발생　　　　　　　　④ 퇴보
⑤ 발주

02

성취

① 성장　　　　　　　　② 번성
③ 달성　　　　　　　　④ 취득
⑤ 고취

03

이목

① 괄목　　　　　　　　② 경계
③ 기습　　　　　　　　④ 정도
⑤ 시선

※ 다음 중 동의 또는 유의 관계인 단어를 2개 고르시오. [4~5]

04
① 애매하다
② 궁색하다
③ 질색하다
④ 하릴없다
⑤ 옹색하다

05
① 실의
② 평안
③ 재능
④ 안전
⑤ 기교

※ 다음 제시된 단어와 반대되는 의미를 가진 단어를 고르시오. [6~8]

06

가지런하다

① 나란하다
② 똑바르다
③ 균등하다
④ 들쭉날쭉하다
⑤ 고르다

07

망각

① 밀집
② 정신
③ 내포
④ 기억
⑤ 착각

08

꼼꼼하다

① 강샘하다
② 꽁꽁하다
③ 강마르다
④ 눅눅하다
⑤ 끌탕하다

※ 다음 중 반의 관계가 아닌 것을 고르시오. [9~10]

09 ① 소멸 – 생성　　　　② 반제 – 차용
　　　③ 쇄국 – 개국　　　　④ 수척 – 초췌
　　　⑤ 달성 – 실패

10 ① 동요 – 안정　　　　② 활용 – 사장
　　　③ 외관 – 내면　　　　④ 유미 – 탐미
　　　⑤ 추락 – 상승

※ 밑줄 친 부분과 같은 의미로 쓰인 것을 고르시오. [11~12]

11

나는 무인도의 정글 속에서 내 짧고 불행한 생애의 마지막을 <u>맞고</u> 싶지 않았다.

① 내 육감은 잘 <u>맞는</u> 편이다.
② 그들은 우리를 반갑게 <u>맞아</u> 주었다.
③ 우리 대학은 설립 60주년을 <u>맞았다</u>.
④ 우박을 <u>맞아</u> 비닐하우스에 구멍이 났다.
⑤ 그 두 나라는 이해관계가 잘 <u>맞는</u> 분야에 한해서 협력하기로 했다.

12

<u>노는</u> 시간에 잠 좀 그만 자고 소설책이라도 읽어라.

① 우리 가게는 월요일에 <u>논다</u>.
② 앞니가 흔들흔들 <u>논다</u>.
③ 뱃속에서 아기가 <u>논다</u>.
④ 동생이 공놀이를 하며 <u>논다</u>.
⑤ 돈 있는 사람들은 자기들끼리 <u>노는</u> 법이다.

13 다음 문장의 밑줄 친 단어 중 성격이 다른 것은?

① 어른들에게 반말하는 버릇을 <u>고쳐라</u>.
② 장마철이 오기 전에 지붕을 <u>고쳐라</u>.
③ 엉뚱한 원고를 <u>고치다</u>.
④ 늦잠 자는 습관을 <u>고치기가</u> 쉽지 않다.
⑤ 성종은 옷을 바로 잡으시고 자리를 <u>고쳐</u> 앉으시었다.

14 다음 중 24절기와 계절이 바르게 연결되지 않은 것은?

① 곡우(穀雨) – 봄
② 청명(淸明) – 여름
③ 망종(芒種) – 여름
④ 한로(寒露) – 가을
⑤ 동지(冬至) – 겨울

15 다음에서 밑줄 친 말은 모두 어떤 물건의 수효를 묶어서 세는 단위로 쓰인다. 이 가운데 수량이 가장 적은 것은?

① 굴비 <u>두 갓</u>   ② 명주 <u>한 필</u>
③ 탕약 <u>세 제</u>   ④ 달걀 <u>한 꾸러미</u>
⑤ 오이 <u>한 거리</u>

16 다음 중 수효가 가장 작은 단위 명사는?

① 톳   ② 강다리
③ 손   ④ 우리
⑤ 접

17 나이를 나타내는 한자어가 잘못 연결된 것은?

① 상수(上壽) – 100세

② 졸수(卒壽) – 90세

③ 미수(米壽) – 80세

④ 진갑(進甲) – 62세

⑤ 지학(志學) – 15세

18 다음 중 호칭어가 잘못된 것은?

① 부인의 언니 – 처형

② 부인의 남동생 – 처남

③ 부인의 여동생 – 처제

④ 부인의 남동생의 아내 – 제수

⑤ 부인의 여동생의 남편 – 동서

19 다음 중 호칭어가 잘못된 것은?

① 손위 올케 – 언니, 새언니

② 손아래 누이의 남편 – 매형

③ 남편의 여동생 – 아가씨

④ 시동생 – 도련님, 서방님

⑤ 오빠의 아내 – 올케

20 다음 중 높임표현이 옳지 않은 것은?

① 할아버지께서 진지를 드신다.

② 손님, 주문하신 커피 나오셨습니다.

③ 철수가 할아버지를 모시고 왔다.

④ 철수가 영희에게 책을 주었다.

⑤ 김서방, 밥 먹고 가게.

※ 다음 중 밑줄 친 부분의 표기가 잘못된 것을 고르시오. [21~23]

21 ① 치아 관리의 중요성은 <u>익히</u> 알려져 있다.
② 꽃이 생각보다 쉽게 졌고, <u>이파리</u>는 시들했다.
③ 그 마을은 경상남도 남해군의 <u>끄트머리</u>에 있다.
④ 밤길을 걷다 <u>또아리</u>를 트고 있는 뱀을 발견했다.
⑤ 중고차를 구매할 때는 사고 이력 및 차량 정보를 <u>꼼꼼히</u> 살펴봐야 한다.

22 ① 그는 손가락으로 나무를 <u>가리켰다</u>.
② <u>뚝빼기</u>에 담겨 나와서 시간이 지나도 식지 않았다.
③ 열심히 하는 것은 좋은데 <u>초점</u>이 틀렸다.
④ 몸이 너무 약해서 보약을 <u>달여</u> 먹어야겠다.
⑤ 벽을 가득 덮고 있는 <u>넝쿨</u> 덕에 여름 분위기가 난다.

23 ① 어려운 문제의 답을 <u>맞혀야</u> 높은 점수를 받을 수 있다.
② 공책에 선을 <u>반듯이</u> 긋고 그 선에 맞춰 글을 쓰는 연습을 해.
③ 생선을 간장에 10분 동안 <u>졸이면</u> 요리가 완성된다.
④ 미안하지만 지금은 바쁘니까 <u>이따가</u> 와서 얘기해.
⑤ 땅 주인은 땅을 사려는 사람에게 흥정을 <u>붙였다</u>.

24 다음 중 띄어쓰기가 올바르지 않은 것을 고르면?

① 나는 책을 읽어도 보고 했으나 머릿속에 들어오지 않았다.
② "어디, 나한테 덤벼들어 봐라!"
③ 신발이 그만 물에 떠내려가 버렸다.
④ 하늘을 보니 비가 올듯도 하다.
⑤ 넌 오늘 쉬는 게 좋을 것 같다.

25 다음 중 띄어쓰기가 올바른 것은?

① 이 건물을 짓는데 몇 년이나 걸렸습니까?

② 김철수씨는 지금 창구로 와 주시기 바랍니다.

③ 걱정하지 마. 그 일은 내가 알아서 해결할 게.

④ 물건을 교환하시려면 1주일 내에 방문하셔야 합니다.

⑤ 다음 주에 발표할 보고서가 아직 완성이 안됐다.

※ 다음 문장을 논리적 순서대로 알맞게 배열한 것을 고르시오. [26~28]

26

(가) 우리가 선택해야 할 문제는 우주 개발을 어떻게 해야 할 것인가이다.

(나) 인류가 의식을 갖게 되면서부터 우주를 꿈꾸어 왔다는 증거는 세계 여러 민족의 창세신화에서 발견된다.

(다) 이제 인류는 우주의 시초를 밝히게 되었고, 우주의 끄트머리를 바라볼 수 있게 되었으며, 우주 공간에 인류의 거주지를 만들 수 있게 되었다.

(라) 그리고 그 결과가 오늘날의 우주 개발이라는 현실로 다가온 것이다.

(마) 그러므로 우주 개발을 해야 할 것이냐 말아야 할 것이냐는 이제 문제의 핵심이 아니다.

(바) 우주를 개발하려는 시도가 최근에 등장한 것은 아니다.

① (나) – (다) – (마) – (가) – (바) – (라)

② (나) – (마) – (가) – (다) – (바) – (라)

③ (바) – (나) – (마) – (가) – (라) – (다)

④ (바) – (나) – (라) – (다) – (가) – (마)

⑤ (바) – (나) – (라) – (다) – (마) – (가)

27

(가) 왜냐하면 눈과 자율신경을 통한 인간의 정신적·생리적 삶의 리듬은 일별, 월별로 변화하는 주광에 영향을 받기 때문이다.

(나) 인공광은 변화하는 주광과 달리 시간의 제약 없이 빛의 밝기를 원하는 대로 조절할 수 있지만, 인간의 건강과 안락감에 부정적 영향을 미치는 측면을 간과할 수 없다.

(다) 우리가 전등이라고 부르는 인공광은 빛의 조도 조절, 야간 조명, 기후나 기상에 따른 변화 등에 대처하기 위해서 필요하다.

(라) 하지만 인공광은 생리적 반응에 있어서 자연광과 일치하지 않기 때문에 인간의 시각적 적응 능력을 필요로 하며, 자연 채광이 차단된 밀폐된 공간에서는 상황 판단에 혼란을 일으키기 쉽다는 단점이 있다.

① (다) – (라) – (나) – (가)
② (다) – (나) – (가) – (라)
③ (라) – (가) – (나) – (다)
④ (가) – (다) – (나) – (라)
⑤ (가) – (나) – (다) – (라)

28

(가) 새 술은 새 부대에 담아야 하듯이, 낯선 세계는 낯선 표현 방식을 통해 더욱 잘 드러낼 수 있다.

(나) 시에는 주관적이고 낯선 이미지들이, 철학책에는 이해하기 힘든 추상적 용어들이 산재해 있기 때문이다.

(다) 우리의 친숙한 삶에 '느낌'과 '위험'으로 충만한 낯선 세계를 불러들인다는 점에서 시와 철학은 동일한 역할을 수행한다고 볼 수 있는 것이다.

(라) 그러나 이것은 시인과 철학자가 친숙한 세계가 아니라 원초적으로 낯선 세계를 표현하고 있기 때문에 발생한 현상이다.

(마) 시집이나 철학책은 다른 장르의 글들보다 상대적으로 이해하기 어렵다.

① (마) – (가) – (다) – (나) – (라)
② (가) – (다) – (나) – (라) – (마)
③ (마) – (나) – (라) – (가) – (다)
④ (가) – (나) – (마) – (라) – (다)
⑤ (마) – (나) – (다) – (라) – (가)

※ 다음 글에서 〈보기〉의 문장이 들어갈 위치로 가장 적절한 것을 고르시오. [29~30]

29

루트비히 판 베토벤(Ludwig van Beethoven)의 〈교향곡 9번 d 단조〉 Op. 125는 그의 청력이 완전히 상실된 상태에서 작곡한 교향곡으로 유명하다. (㉠) 1824년에 완성된 이 작품은 4악장에 합창 및 독창이 포함된 것이 특징이다. 당시 시대적 배경을 볼 때, 이는 처음으로 성악을 기악곡에 도입한 획기적인 작품이었다. (㉡) 이 작품은 베토벤의 다른 작품들을 포함해 서양음악 전체에서 가장 뛰어난 작품 가운데 하나로 손꼽히며, (㉢) 현재 유네스코의 세계기록유산으로 지정되어 있다. (㉣) 또한, 4악장의 전주 부분은 유럽 연합의 공식 상징가로 사용되며, 자필 원본 악보는 2003년 런던 소더비 경매에서 210만 파운드에 낙찰되기도 했다. (㉤)

> **보기**
>
> 이 작품에 '합창교향곡'이라는 명칭이 붙은 것도 바로 4악장에 나오는 합창 때문이다.

① ㉠
② ㉡
③ ㉢
④ ㉣
⑤ ㉤

30

(가) 자연계는 무기적인 환경과 생물적인 환경이 상호 연관되어 있으며 그것은 생태계로 불리는 한 시스템을 이루고 있음이 밝혀진 이래, 이 이론은 자연을 이해하기 위한 가장 기본이 되는 것으로 받아들여지고 있다. (나) 그동안 인류는 더 윤택한 삶을 누리기 위하여 산업을 일으키고 도시를 건설하며 문명을 이룩해왔다. (다) 이로써 우리의 삶은 매우 윤택해졌으나 우리의 생활환경은 오히려 훼손되고 있으며 환경오염으로 인한 공해가 누적되고 있고, 우리 생활에서 없어서는 안 될 각종 자원도 바닥이 날 위기에 놓이게 되었다. (라) 따라서 우리는 낭비되는 자원, 그리고 날로 황폐해져 가는 자연에 대하여 우리가 해야 할 시급한 임무가 무엇인지를 깨닫고, 이를 실천하기 위해 우리 모두의 지혜와 노력을 모아야만 한다. (마)

> **보기**
>
> 만약 우리가 이 위기를 슬기롭게 극복해내지 못한다면 인류는 머지않아 파멸에 이르게 될 것이다.

① (가)
② (나)
③ (다)
④ (라)
⑤ (마)

※ 다음 중 빈칸에 들어갈 가장 적절한 것을 고르시오. [31~33]

31

키는 유전적인 요소가 크다. 그러나 이러한 한계를 극복할 수 있는 강력한 수단이 있다. 바로 영양이다. 키 작은 유전자를 갖고 태어나도 잘 먹으면 키가 커질 수 있다는 것이다. 핵심은 단백질과 칼슘이다. 이를 가장 손쉽게 섭취할 수 있는 것은 우유이다. 가격도 생수보다 저렴하다. 물론 우유의 효과에 대한 부정적 견해도 존재한다. 아토피 피부염과 빈혈·골다공증 등 각종 질병이 생길 수 있다는 주장이다. 그러나 이는 일부 학계의 의견이 침소봉대(針小棒大)되었다고 본다. 당뇨가 생기니 밥을 먹지 말고, 바다가 오염됐다고 생선을 먹지 않을 순 없지 않은가.

① 아이들의 건강을 위해 우유 소비를 줄여야 한다.
② 키에 관한 유전적 요소를 극복하는 방법으로는 수술밖에 없다.
③ 키는 물론 건강까지 생각한다면 자녀들에게 우유를 먹여야 한다.
④ 우유는 아이들의 혀를 담백하게 길들이는 데 중요한 역할을 한다.
⑤ 아이들의 건강 상태에 따라 우유를 먹여야 할지 말아야 할지 결정해야 한다.

32

20세기 대량생산체제의 생산성 경쟁은 21세기에는 걸맞지 않은 주제다. 국경의 의미가 사라지는 글로벌 시대에는 남의 제품을 모방하여 많이 만드는 것으로는 살아남지 못한다. 누가 더 차별화된 제품을 소비자의 다양한 입맛에 맞게 만들어 내느냐가 성장의 관건이다. 이를 위해서는 창의성이 무엇보다 중요하다.

① 최근 기업의 과제는 구성원의 창의성을 최대한으로 이끌어내는 것이다.
② 21세기 기업은 전보다 더욱 품질 향상에 주력해야 한다.
③ 기업이 글로벌 시대에 살아남기 위해서는 생산성을 극대화해야 한다.
④ 21세기의 기업 환경은 20세기에 비해 한결 나아지고 있다.
⑤ 때로는 모방이 창의성보다 효과를 발휘할 수 있다.

33

현대 자본주의 사회에서 대중은 예술미보다 상품미에 더 민감하다. 상품이란 이윤을 얻기 위해 대량으로 생산하는 상품이 가지는 아름다움을 의미한다. '　　　　　'(라)고, 요즈음 생산자는 상품을 많이 팔기 위해 디자인과 색상에 신경을 쓰고, 소비자는 같은 제품이라도 겉모습이 화려하거나 아름다운 것을 사려고 한다. 결국, 우리가 주위에서 보는 거의 모든 상품은 상품미를 추구하고 있다. 그래서인지 모든 것을 다 상품으로 취급하는 자본주의 사회에서는 돈벌이를 위해서라면 모든 사물, 심지어는 인간까지도 상품미를 추구하는 대상으로 삼는다.

① 같은 값이면 다홍치마　　　　　　② 술 익자 체 장수 지나간다
③ 원님 덕에 나팔 분다　　　　　　④ 구슬이 서 말이라도 꿰어야 보배
⑤ 바늘 가는 데 실 간다

※ 다음 글의 내용과 일치하는 것을 고르시오. [34~35]

34

> 우리 속담에 '울다가도 웃을 일이다.'라는 말이 있듯이 슬픔의 아름다움과 해학의 아름다움이 함께 존재한다면 이것은 우리네의 곡절 많은 역사 속에 밴 미덕의 하나라고 할 만하다. 울다가도 웃을 일이라는 말은 물론 어처구니가 없을 때 하는 말이기도 하지만 애수가 아름다울 수 있고 또 익살이 세련되어 아름다울 수 있다면 그 사회의 서정과 조형미에 나타나는 표현에도 의당 이러한 것이 반영되어 있어야 한다.
> 이러한 고요의 아름다움과 슬픔의 아름다움이 조형 작품 위에 옮겨질 수 있다면 이것은 바로 예술에서 말하는 적조미의 세계이며, 익살의 아름다움이 조형 위에 구현된다면 물론 이것은 해학미의 세계일 것이다.

① 익살은 우리 민족만이 지닌 특성이다.
② 익살은 풍속화에서 가장 잘 표현된다.
③ 익살이 조형 위에 구현된다면 적조미이다.
④ 익살은 우리 민족의 삶의 정서를 반영한다.
⑤ 익살은 예술 작품을 통해서만 표현될 수 있다.

35

> 우리는 선인들이 남긴 훌륭한 문화유산이나 정신 자산을 언어(특히, 문자 언어)를 통해 얻는다. 언어가 시대를 넘어 문명을 전수하는 역할을 하는 것이다. 언어를 통해 전해진 선인들의 훌륭한 문화유산이나 정신 자산은 당대의 문화나 정신을 살찌우는 밑거름이 된다. 만약 언어가 없다면 선인들과 대화하는 일은 불가능할 것이다. 그렇게 되면 인류사회는 앞선 시대와 단절되어 더 이상의 발전을 기대할 수 없게 된다. 인류가 지금과 같은 고도의 문명사회를 이룩할 수 있었던 것도 언어를 통해 선인들과 끊임없이 대화하며 그들에게서 지혜를 얻고 그들의 훌륭한 정신을 이어받았기 때문이다.

① 언어는 인간의 유일한 의사소통의 도구이다.
② 과거의 문화유산은 빠짐없이 계승되어야 한다.
③ 문자 언어는 음성 언어보다 우월한 가치를 가진다.
④ 언어는 시간에 구애받지 않고 정보를 전달할 수 있다.
⑤ 문명의 발달은 언어와 더불어 이루어져 왔다.

안심Touch

※ 다음 글의 내용과 일치하지 않는 것을 고르시오. [36~38]

36

> 프로이센의 철학자인 임마누엘 칸트는 근대 계몽주의를 정점에 올려놓음은 물론 독일 관념철학의 기초를 세운 것으로 유명하다. 그는 인식론을 다룬 저서는 물론 종교와 법, 역사에 관해서도 중요한 책을 썼는데, 특히 칸트가 만년에 출간한 『실천이성 비판』은 이후 윤리학과 도덕 철학 분야에 지대한 영향을 끼쳤다.
>
> 이 책에 따르면 악은 단순히 이 세상의 행복을 얻으려는 욕심의 지배를 받아 이를 실천의 원리로 삼는 것이며, 선은 이러한 욕심의 지배에서 벗어나 내부에서 우러나오는 단호한 도덕적 명령을 받는 것이다. 순수하게 도덕적 명령을 따른다는 것은, 오직 의무를 누구나 지켜야만 할 의무이기에 이행한다는 태도, 즉 형식적 태도를 의미한다. 칸트는 태초에 선과 악이 처음에 있어서 원리가 결정되는 것이 아니라 그 반대라는 것을 선언한 것이다.

① 임마누엘 칸트는 독일 관념철학의 기초를 세웠다.
② 임마누엘 칸트는 철학은 물론 종교와 법, 역사에 관한 책을 저술했다.
③ 임마누엘 칸트는 만년에 『실천이성 비판』을 출간했다.
④ 임마누엘 칸트는 행복을 악으로, 도덕적 명령을 선으로 규정했다.
⑤ 임마누엘 칸트는 선을 누구나가 지켜야만 할 의무이기에 순수하게 도덕적 명령을 따르는 것으로 보았다.

37

> '갑'이라는 사람이 있다고 하자. 이때 사회가 갑에게 강제적 힘을 행사하는 것이 정당화되는 근거는 무엇일까? 그것은 갑이 다른 사람에게 미치는 해악을 방지하려는 데 있다. 특정 행위가 갑에게 도움이 될 것이라든가, 이 행위가 갑을 더욱 행복하게 할 것이라든가 또는 이 행위가 현명하다든가 혹은 옳은 것이라든가 하는 이유를 들면서 갑에게 이 행위를 강제하는 것은 정당하지 않다. 이러한 이유는 갑에게 권고하거나 이치를 이해시키거나 무엇인가를 간청하거나 할 때는 충분한 이유가 된다. 그러나 갑에게 강제를 가하는 이유 혹은 어떤 처벌을 가할 이유는 되지 않는다. 이와 같은 사회적 간섭이 정당화되기 위해서는 갑이 행하려는 행위가 다른 어떤 이에게 해악을 끼칠 것이라는 점이 충분히 예측되어야 한다. 한 사람이 행하고자 하는 행위 중에서 그가 사회에 대해서 책임을 져야 할 유일한 부분은 다른 사람에게 관계되는 부분이다.

① 개인에 대한 사회의 간섭은 어떤 조건이 필요하다.
② 행위 수행 혹은 행위 금지의 도덕적 이유와 법적 이유는 구분된다.
③ 한 사람의 행위는 타인에 대한 행위와 자신에 대한 행위로 구분된다.
④ 사회는 개인의 해악에 관해서는 관심이 있지만, 그 해악을 방지할 강제성의 근거는 가지고 있지 않다.
⑤ 타인과 관계되는 행위는 사회적 책임이 따른다.

38

청색기술은 자연의 원리를 차용하거나 자연에서 영감을 얻은 기술을 말한다. 그리고 청색기술을 경제 전반으로 확대한 것을 '청색경제'라고 한다. 벨기에의 환경운동가인 군터 파울리(Gunter Pauli)가 저탄소 성장을 표방하는 녹색기술의 한계를 지적하며 청색경제를 제안했다. 녹색경제가 환경오염에 대한 사후 대책으로 환경보호를 위한 비용을 수반한다면, 청색경제는 애초에 자연 친화적이면서도 경제적인 물질을 창조한다는 점에서 차이가 있다.

청색기술은 오랫동안 진화를 거듭해서 자연에 적응한 동식물 등을 모델 삼아 새로운 제품을 만드는데, 특히 화학·재료과학 분야에서 연구가 활발히 진행되고 있다. 예를 들어 1955년 스위스에서 식물 도꼬마리의 가시를 모방해 작은 돌기를 가진 잠금장치 '벨크로(일명 찍찍이)'가 발명되었고, 얼룩말의 줄무늬에서 피부 표면 온도를 낮추는 원리를 알아낼 수 있었다.

이미 미국·유럽·일본 등 선진국에서는 청색기술을 국가 전략사업으로 육성하고 있고, 세계 청색기술 시장은 2030년에 1조 6,000억 달러 규모로 성장할 전망이다. 그러나 커다란 잠재력을 지닌 것에 비해 사람들의 인식은 터무니없이 부족하다. 청색기술에 대해 많은 사람이 알고 있을수록 환경과 기술에 대한 가치관의 변화를 이끌어낼 수 있고, 기술을 상용화시킬 수 있다. 따라서 청색기술의 발전을 위해서는 많은 홍보가 필요하다.

① 청색경제는 자연과 상생하는 것을 목적으로 하며 이를 바탕으로 경제성을 창조한다.
② 청색기술의 대상은 자연에 포함되는 모든 동식물이다.
③ 흰개미집을 모델로 냉난방없이 공기를 신선하게 유지하도록 설계된 건물은 청색기술을 활용한 것이다.
④ 청색기술 시장은 커다란 잠재력을 지닌 시장이다.
⑤ 청색기술을 홍보하는 것은 사람들의 가치관 변화와 기술 상용화에 도움이 된다.

※ 다음 글의 중심 내용으로 가장 적절한 것을 고르시오. [39~40]

39

> 분노는 공격과 복수의 행동을 유발한다. 분노 감정의 처리에는 '눈에는 눈, 이에는 이'라는 탈리오 법칙이 적용된다. 분노의 감정을 느끼게 되면 상대방에 대해 공격적인 행동을 하고 싶은 공격 충동이 일어난다. 동물의 경우, 분노를 느끼면 이빨을 드러내게 되고 발톱을 세우는 등 공격을 위한 준비 행동을 나타내게 된다. 사람의 경우에도 분노를 느끼면 자율신경계가 활성화되고 눈매가 사나워지며 이를 꽉 깨물고 주먹을 불끈 쥐는 등 공격 행위와 관련된 행동들이 나타나게 된다. 특히 분노 감정이 강하고 상대방이 약할수록 공격 충동은 행동화되는 경향이 있다.

① 공격을 유발하게 되는 원인
② 분노가 야기하는 행동의 변화
③ 탈리오 법칙의 정의와 실제 사례
④ 동물과 인간의 분노 감정의 차이
⑤ 분노 감정의 처리와 법칙

40

> 발전된 산업 사회는 인간을 단순한 수단으로 지배하기 위해 새로운 수단을 발전시키고 있다. 여러 사회 과학과 심층 심리학이 이를 위해 동원되고 있다. 목적이나 이념의 문제를 배제하고 가치 판단으로부터의 중립을 표방하는 사회 과학들은 인간 조종을 위한 기술적·합리적인 수단을 개발해 대중 지배에 이바지한다. 마르쿠제는 이런 발전된 산업 사회에서의 도구화된 지성을 비판하면서 이것을 '현대인의 일차원적 사유'라고 불렀다. 비판과 초월을 모르는 도구화된 사유라는 것이다.
> 발전된 산업 사회는 이처럼 사회 과학과 도구화된 지성을 동원해 인간을 조종하고 대중을 지배할 뿐만 아니라 향상된 생산력을 통해 인간을 매우 효율적으로 거의 완전하게 지배한다. 즉 발전된 산업 사회는 높은 생산력을 통해 늘 새로운 수요들을 창조하고, 모든 선전 수단을 동원하여 이러한 새로운 수요들을 인간의 삶을 위해 불가결한 것으로 만든다. 그리하여 인간이 새로운 수요들을 지향하지 않을 수 없게 한다. 이렇게 산업 사회는 늘 새로운 수요의 창조와 공급을 통해 인간의 삶을 지배하고 그의 인격을 사로잡아 버리는 것이다.

① 산업 사회에서 도구화된 지성의 문제점
② 산업 사회의 발전과 경제력 향상
③ 산업 사회의 특징과 문제점
④ 산업 사회의 대중 지배 양상
⑤ 산업 사회의 새로운 수요의 창조와 공급

41 다음 글의 제목으로 가장 적절한 것은?

> 우리는 비극을 즐긴다. 비극적인 희곡과 소설을 즐기고, 비극적인 그림과 영화 그리고 비극적인 음악과 유행가도 즐긴다. 슬픔, 애절, 우수의 심연에 빠질 것을 알면서도 소포클레스의 「안티고네」, 셰익스피어의 「햄릿」을 찾고, 베토벤의 '운명', 차이코프스키의 '비창', 피카소의 '우는 연인'을 즐긴다. 아니면 텔레비전의 멜로드라마를 보고 값싼 눈물이라도 흘린다. 이를 동정과 측은과 충격에 의한 '카타르시스', 즉 마음의 세척으로 설명한 아리스토텔레스의 주장은 유명하다. 그것은 마치 눈물로 스스로의 불안, 고민, 고통을 씻어내는 역할을 한다는 것이다.
> 니체는 좀 더 심각한 견해를 갖는다. 그는 "비극은 언제나 삶에 아주 긴요한 기능을 가지고 있다. 비극은 사람들에게 그들을 싸고도는 생명 파멸의 비운을 똑바로 인식해야 할 부담을 덜어주고, 동시에 비극 자체의 암울하고 음침한 원류에서 벗어나게 해서 그들의 삶의 흥취를 다시 돋우어 준다."라고 하였다. 그런 비운을 직접 전면적으로 목격하는 일, 또 더구나 스스로 직접 그것을 겪는 일이라는 것은 너무나 끔찍한 일이기에, 그것을 간접경험으로 희석한 비극을 봄으로써 '비운'이란 그런 것이라는 이해와 측은지심을 갖게 되고, 동시에 실제 비극이 아닌 그 가상적인 환영(幻影) 속에서 비극에 대한 어떤 안도감도 맛보게 된다.

① 비극의 현대적 의의   ② 비극에 반영된 삶
③ 비극의 기원과 역사   ④ 비극을 즐기는 이유
⑤ 비극의 부작용

42 다음 글을 바탕으로 한 추론으로 옳은 것은?

> 노모포비아는 '휴대 전화가 없을 때(No mobile) 느끼는 불안과 공포증(Phobia)'이라는 의미의 신조어이다. 영국의 인터넷 보안업체 시큐어엔보이는 2012년 3월 영국인 1,000명을 대상으로 설문 조사한 결과 응답자의 66%가 노모포비아, 즉 휴대 전화를 소지하지 않았을 때 공포를 느낀다고 발표했다. 노모포비아는 특히 스마트폰을 많이 쓰는 젊은 나이일수록 그 증상이 심하다. 18 ~ 24세 응답자의 경우 노모포비아 응답률이 77%나 됐다. 전문가들은 이 증상이 불안감, 자기회의감 증가, 책임전가와 같은 정신적인 스트레스를 넘어 육체적 고통도 상당한 수준이라고 이야기한다. 휴대 전화에 집중하느라 계단에서 구르거나 난간에서 떨어지는 경미한 사고부터 심각한 차 사고까지 그 피해는 광범위하다.

① 노모포비아는 젊은 나이의 휴대 전화 보유자에게서 나타난다.
② 노모포비아는 스마트폰을 사용하는 경우에 무조건 나타난다.
③ 정신적인 스트레스만 발생시킨다.
④ 휴대 전화를 사용하지 않는 사람에게서는 노모포비아 증상이 나타나지 않는다.
⑤ 모든 젊은이들에게서 노모포비아 증상이 나타난다.

43 다음 글을 바탕으로 한 추론으로 옳지 않은 것을 고르면?

> 사람의 무게 중심이 지지점과 가까울수록 넘어지지 않는다. 지지점은 물체가 지면에 닿은 부분으로 한 발로 서 있을 때에는 그 발바닥이 지지점이 되고 두 발을 벌리고 서있을 경우에는 두 발바닥 사이가 안정 영역이 된다. 균형감을 유지하기 위해서는 안정 영역에 무게 중심이 놓여 있어야 한다. 만약 외부의 힘에 의해서 무게 중심이 지지점과 연직 방향*에서 벗어난다면, 중력에 의한 회전력을 받게 되어 지지점을 중심으로 회전하며 넘어진다. 이렇게 기우뚱거리며 넘어지는 과정도 회전 운동이라 할 수 있다.
>
> *연직 방향 : 중력과 일직선상에 있는 방향

① 사람은 무게 중심이 지면에 닿아있는 부분과 가까울수록 넘어지지 않는다.
② 두 지지점 사이는 안정 영역이라고 한다.
③ 무게 중심이 지지점과 연직 방향에서 벗어나도 회전력을 받으면 넘어지지 않을 수 있다.
④ 균형감을 유지하기 위해서는 무게 중심이 두 지지점 사이에 있어야 한다.
⑤ 중력에 의한 회전력은 균형감을 무너뜨려 사람을 넘어지게 만들기도 한다.

44 다음 글의 논지를 뒷받침할 수 있는 논거로 가장 적절한 것은?

> 서울시내 대형 병원 한 곳이 고용하는 인원은 의사와 같은 전문 인력부터 식당이나 청소용역과 같은 서비스 인력을 합해 8천 ~ 1만 명에 이른다. 한국은행은 영리병원 도입으로 의료서비스 산업 비중이 선진국 수준에 이르면 약 24조 원의 경제적 부가가치와 약 21만 명의 중장기적 고용 창출 효과가 있을 것으로 분석했다. 건강보험제도와 같은 공적 의료보험의 근간을 흔들지 않는 범위 내에서 영리병원을 통해 의료서비스 산업을 선진화하는 해법을 찾아낸다면 국가 경제에도 큰 보탬이 될 것이다. 이념 논쟁에 갇혀 변화 자체를 거부하다 보면 성장과 일자리 창출의 기회가 싱가포르와 같은 의료서비스 산업 선진국으로 넘어가고 말 것이다.

① 영리병원 허용으로 인해 의료 시설이 다변화되면 고용 창출 효과가 상승할 것이다.
② 영리병원 도입으로 인한 효과는 빠르게 나타날 것이다.
③ 공적 의료보험은 일자리 창출 효과가 낮다.
④ 싱가포르의 선진화된 의료서비스 산업은 영리병원의 도입으로부터 시작되었다.
⑤ 성장과 일자리 창출의 기회를 잡아 의료서비스 선진국이 돼야 한다.

45 다음 글의 '셉테드'에 해당하는 것으로 알맞지 않은 것은?

> 1970년대 초 미국의 오스카 뉴먼은 뉴욕의 두 마을의 생활수준이 비슷한데도 불구하고 범죄 발생수는 3배가량 차이가 난다는 것을 확인하고, 연구를 거듭하여 범죄 발생 빈도가 두 마을의 공간 디자인의 차이에서 나타난다는 것을 발견하여 대중적으로 큰 관심을 받았다.
>
> 이처럼 셉테드는 건축물 설계 시에 시야를 가리는 구조물을 없애 공공장소에서의 범죄에 대한 자연적 감시가 이뤄지도록 하고, 공적인 장소임을 표시하여 경각심을 일깨우고, 동선이 유지되도록 하여 일탈적인 접근을 거부하는 등 사전에 범죄를 차단할 수 있는 환경을 조성하는 데 그 목적이 있다.
>
> 우리나라에서는 2005년 처음으로 경기도 부천시가 일반주택단지를 셉테드 시범지역으로 지정하였고, 판교·광교 신도시 및 은평 뉴타운 일부 단지에 셉테드를 적용하였다. 또한 국토교통부에서「범죄예방 건축기준 고시」를 2015년 4월 1일부터 제정해 시행하고 있다.

① 아파트 단지 내 놀이터 주변 수목을 낮은 나무 위주로 심는다.
② 지하주차장의 여성 전용 주차공간을 건물 출입구에 가깝게 배치한다.
③ 수도·가스 배관 등을 미끄러운 재질로 만든다.
④ 공공장소의 엘리베이터를 내부 확인이 가능하도록 유리로 설치한다.
⑤ 각 가정에서는 창문을 통한 침입을 방지하기 위해 방범창을 설치한다.

46 다음 글에 대한 반응으로 적절하지 않은 것은?

> 최근 거론되고 있는 건 전자 판옵티콘이다. 각종 전자 감시 기술은 프라이버시에 근본적인 위협으로 대두되고 있다. '감시'는 거대한 성장 산업으로 비약적인 발전을 거듭하고 있다. 2003년 7월 '노동자 감시 근절을 위한 연대모임'이 조사한 바에 따르면, 한국에서 전체 사업장의 90%가 한 가지 이상의 방법으로 노동자 감시를 하고 있는 것으로 밝혀졌다. "24시간 감시에 숨이 막힌다."는 말까지 나오고 있다.
>
> 최근 러시아에서는 공무원들의 근무 태만을 감시하기 위해 공무원들에게 감지기를 부착시켜 놓고 인공위성 추적 시스템을 도입하는 방안을 둘러싸고 논란이 벌어지고 있다. 전자 감시 기술은 인간의 신체 속까지 파고 들어갈 만반의 준비를 갖추고 있다.
>
> 어린아이의 몸에 감시 장치를 내장하면 아이의 안전을 염려할 필요는 없겠지만, 그게 과연 좋기만 한 것인지, 또 그 기술이 다른 좋지 않은 목적에 사용될 위험은 없는 것인지, 따져볼 일이다. 감시를 위한 것이 아니라 하더라도 전자 기술에 의한 정보의 집적은 언제든 개인의 프라이버시를 위협할 수 있다.

① 전자 기술의 발전이 순기능만을 가지는 것은 아니구나.
② 직장은 개인의 생활공간이라기보다 공공장소로 보아야 하므로 프라이버시의 보호를 바라는 것은 지나친 요구인 것 같아.
③ 감시를 당하는 사람은 언제나 감시당하고 있다는 생각 때문에 자기 검열을 강화하게 될 거야.
④ 전자 기술사용의 일상화는 의도하지 않은 프라이버시 침해를 야기할 수도 있어.
⑤ 전자 감시 기술의 발달은 필연적이므로 프라이버시를 위협할 수도 있어.

※ 다음 글을 읽고 물음에 답하시오. [47~48]

민족 문화의 전통을 말하는 것은 반드시 보수적이라는 멍에를 메어야만 하는 것일까? 이 문제에 대한 올바른 해답을 얻기 위해서는, 전통이란 어떤 것이며, 또 그것이 어떻게 계승되어 왔는가를 살펴보아야 할 것이다. 연암 박지원은 영·정조 시대 북학파의 대표적 인물 중 한 사람이다. 그가 지은 『열하일기』나 『방경각외전』 에 실려 있는 소설이 몰락하는 양반 사회에 대한 신랄한 풍자를 가지고 있을 뿐 아니라, 문장 또한 기발하여, 그는 당대의 허다한 문사들 중에서도 최고봉을 이루고 있는 것으로 추앙되고 있다. 그러나 그의 문학은 패관 기서를 따르고 고문을 본받지 않았다 하여, 하마터면 『열하일기』가 촛불의 재로 화할 뻔한 아슬아슬한 때도 있었다. 말하자면, 연암은 고문파에 대한 반항을 통하여 그의 문학을 건설한 것이다. 그러나 오늘날 우리는 민족 문화의 전통을 연암에게서 찾으려고는 할지언정, 고문파에서 찾으려고 하지는 않는다. 이 사실은 우리 에게 민족 문화의 전통에 관한 해명의 열쇠를 제시해 주는 것은 아닐까?

전통은 물론 과거로부터 이어 온 것을 말한다. 이 전통은 대체로 그 사회 및 그 사회의 구성원인 개인의 몸에 배어 있는 것이다. 그러므로 스스로 깨닫지 못하는 사이에 전통은 우리의 현실에 작용하는 경우가 있다. 그 러나 과거에서 이어 온 것을 무턱대고 모두 전통이라 한다면, 인습이라는 것과 구별이 서지 않을 것이다. 우리는 인습을 버려야 할 것이라고는 생각하지만, 계승해야 할 것이라고는 생각하지 않는다.

여기서 우리는 과거에서 이어 온 것을 객관화하고, 이를 비판하는 입장에 서야 할 필요를 느끼게 된다. 그 비판을 통해서 현재의 문화 창조에 이바지할 수 있다고 생각되는 것만을 우리의 전통이라고 불러야 할 것 이다.

이와 같이, 전통은 인습과 구별될 뿐더러 또 단순한 유물과도 구별되어야 한다. 현재에 있어서의 문화 창조 와 관계가 없는 것을 우리는 문화적 전통이라고 부를 수가 없기 때문이다.

47 윗글에 나타난 글쓴이의 관점과 일치하는 것은?

① 과거에서 이어온 것은 모두 살릴 필요가 있다.
② 과거보다 현재의 것을 더 중요시할 필요가 있다.
③ 현재의 관점에서 과거의 것은 청산할 필요가 있다.
④ 과거의 것 중에서 가치 있는 것을 찾을 필요가 있다.
⑤ 과거를 불식하고 미래지향적 태도를 지닐 필요가 있다.

48 윗글을 바탕으로 '전통'을 정의할 때 가장 적절한 것은?

① 전통은 과거에서 이어온 것이다.
② 전통은 후대에 높이 평가되는 것이다.
③ 전통은 오늘날 널리 퍼져 있는 것이다.
④ 전통은 과거에서 이어와 현재 문화 창조에 이바지할 수 있는 것이다.
⑤ 전통은 오늘날 삶에 막대한 영향을 주는 것이다.

※ 다음 글을 읽고 물음에 답하시오. [49~50]

나이가 들면서 크고 작은 신체 장애가 오는 것은 동서고금의 진리이고 어쩔 수 없는 사실이다. 노화로 인한 신체 장애는 사십대 중반의 갱년기를 넘기면 누구에게나 나타날 수 있는 현상이다.

원시가 된다든가, 치아가 약해진다든가, 높은 계단을 빨리 오를 수 없다든가, 귀가 잘 안 들려서 자신도 모르게 큰 소리로 이야기한다든가, 기억력이 감퇴하는 것 등이 그 현상이다. 노인들에게 '당신들도 젊은이들처럼 할 수 있다.'라고 헛된 자존심을 부추길 것이 아니라, (㉠) 우리가 장애인들에게 특별한 배려를 하는 것은 그들의 인권을 위해서이다. 그것은 건강한 사람과 동등하게 그들을 인간으로 대하는 태도이다. 늙음이라는 신체적 장애를 느끼는 노인들에 대한 배려도 그들의 인권을 보호하는 차원에서 이루어져야 할 것이다.

집안의 어르신을 잘 모시는 것을 효도의 관점에서만 볼 것이 아니라, 인권의 관점에서 볼 줄도 알아야 한다. 노부모에 대한 효도가 좀 더 보편적 차원의 성격을 갖지 못한다면, 앞으로의 세대들에게 설득력을 얻기 어려울 것이다. 나는 장애인을 위한 자원 봉사에는 열심인 한 젊은이가 자립 능력이 없는 병약한 노부모 모시기를 거부하며, 효도의 ㉡ 시대착오적 측면을 적극 비판하는 경우를 보았다. 이렇게 인권의 사각 지대는 가정 안에도 있을 수 있다. 보편적 관점에서 보면, 노부모를 잘 모시는 것은 효도의 차원을 넘어선 인권 존중이라고 할 수 있다. 인권 존중은 가까운 곳에서부터 시작되어야 하고, 인권은 그것이 누구의 인권이든, 언제 어디서든 존중되어야 한다.

49 ㉠에 들어갈 말로 가장 적절한 것은?

① 모든 노인들을 가족처럼 공경해야 한다.
② 노인 스스로 그 문제를 해결할 수 있도록 한다.
③ 노인들에게 실질적으로 경제적인 도움을 주어야 한다.
④ 노인성 질환 치료를 위해 노력해야 한다.
⑤ 노인들의 장애로 인한 부담을 사회가 나누어 가져야 한다.

50 ㉡의 사례로 적절하지 않은 것은?

① 정민주 씨는 투표할 때마다 반드시 입후보자들의 출신 고교를 확인한다.
② 차사랑 씨는 직장에서 승진하였기에 자가용 자동차를 고급 차로 바꾸었다.
③ 이규제 씨는 학생들의 효율적인 생활지도를 위해 두발 규제를 제안했다.
④ 한지방 씨는 생활비를 아끼기 위해 직장에 도시락을 싸가기로 했다.
⑤ 장부장 씨는 직원들의 창의적 업무 수행을 위해 직원들의 복장을 통일된 정장 차림으로 할 것을 건의하였다.

02 수리능력

※ 다음 식의 값을 구하시오. [1~10]

01

$$0.901+5.468-2.166$$

① 2.194   ② 4.203

③ 6.206   ④ 8.535

⑤ 8.642

02

$$12\times8-4\div2$$

① 82   ② 94

③ 100   ④ 112

⑤ 124

03

$$(16+4\times5)\div4$$

① 7   ② 8

③ 9   ④ 10

⑤ 11

04

$$(79+79+79+79) \times 25$$

① 781　　　　　　　　　　② 7,810
③ 7,900　　　　　　　　　④ 790
⑤ 8,200

05

$$\frac{2}{3} \div 5 + \frac{2}{5} \times 2$$

① $\frac{14}{15}$　　　　　　　　② $\frac{4}{5}$

③ $\frac{2}{3}$　　　　　　　　④ $\frac{8}{15}$

⑤ $\frac{11}{15}$

06

$$291 - 14 \times 17 + 22$$

① 75　　　　　　　　　　② 92
③ 4,538　　　　　　　　　④ 4,731
⑤ 5,021

07

$$7-\left(\frac{5}{3}\div\frac{15}{21}\times\frac{9}{4}\right)$$

① $\frac{3}{5}$ ② $\frac{5}{4}$

③ $\frac{7}{4}$ ④ $\frac{7}{5}$

⑤ $\frac{7}{6}$

08

$$\frac{4}{7}\times\frac{5}{6}+\frac{4}{7}\div\frac{3}{22}$$

① $\frac{97}{21}$ ② $\frac{14}{3}$

③ $\frac{95}{21}$ ④ $\frac{16}{3}$

⑤ $\frac{100}{21}$

09

$$5.5\times4+3.6\times5$$

① 40 ② 40.5
③ 48.5 ④ 50
⑤ 50.5

10

$$79{,}999+7{,}999+799+79$$

① 88,856 ② 88,866
③ 88,876 ④ 88,886
⑤ 88,896

※ 다음 중 계산결과가 주어진 식과 같은 것을 고르시오. [11~13]

11

$36 \times 145 + 6,104$

① $901 \times 35 + 27$　　　　　　② $385 \times 12 + 5,322$

③ $16,212 \div 28 + 8,667$　　　④ $516 \times 31 - 4,672$

⑤ $246 \times 35 - 2,800$

12

$70.668 \div 151 + 6.51$

① $3.79 \times 10 - 30.922$　　　② $6.1 \times 1.2 - 1.163$

③ $89.1 \div 33 + 5.112$　　　　④ $9.123 - 1.5 \times 1.3$

⑤ $7.856 - 2.8 \times 1.5$

13

$41 + 42 + 43$

① $6 \times 6 \times 6$　　　　　　② $5 \times 4 \times 9$

③ $7 \times 2 \times 3$　　　　　　④ $6 \times 2 \times 9$

⑤ $3 \times 2 \times 21$

14 다음 중 계산 결과가 다른 하나를 고르면?

① $69 - 17 + 78$　　　　　　② $10 \times 12 + 10$

③ $5 \times 13 \times 2$　　　　　④ $7 \times 8 \times 2 + 8$

⑤ $3 \times 9 + 103$

※ 다음 빈칸에 들어갈 알맞은 수를 고르시오. **[15~17]**

15

$$0.3598 < (\quad) < 0.9584$$

① $\dfrac{7}{20}$ ② $\dfrac{10}{9}$

③ $\dfrac{8}{15}$ ④ $\dfrac{31}{32}$

⑤ $\dfrac{35}{36}$

16

$$\dfrac{22}{9} < (\quad) < \dfrac{11}{4}$$

① $\dfrac{33}{17}$ ② $\dfrac{59}{19}$

③ $\dfrac{62}{21}$ ④ $\dfrac{66}{25}$

⑤ $\dfrac{50}{9}$

17

$$0.71 < (\quad) < \dfrac{9}{12}$$

① $\dfrac{3}{4}$ ② $\dfrac{695}{1,000}$

③ 0.705 ④ $\dfrac{145}{200}$

⑤ 0.85

18 두 실수 a, b에 대하여 연산 ◎을 $a◎b=(a-b)+(b\times10+2)$로 정의할 때 $(1◎6)+(4◎2)$의 값은?

① -23 ② 23

③ -81 ④ 81

⑤ 92

19 스웨덴 화폐 1크로나가 미국 화폐 0.12달러일 때, 120크로나는 몇 달러인가?

① 14.4달러   ② 1.44달러

③ 15.4달러   ④ 1.54달러

⑤ 16.4달러

20 중국 화폐 1위안이 미국 화폐 0.16달러일 때, 55위안은 몇 달러인가?

① 8.2달러   ② 8.4달러

③ 8.8달러   ④ 9달러

⑤ 9.2달러

21 정주는 4km 떨어진 영화관까지 150m/min이 속도로 자전거를 타고 가다가 중간에 내려 50m/min의 속도로 걸어갔다. 집에서 영화관까지 도착하는 데 30분이 걸렸을 때, 정주가 걸어간 시간은 몇 분인가?

① 5분   ② 7분

③ 10분   ④ 15분

⑤ 20분

안심Touch

22 정혁이가 집에서 역까지 갈 때는 50m/min, 돌아올 때는 60m/min의 속력으로 걸어서 총 22분이 걸렸다. 이때 역에서 집에 돌아올 때 걸린 시간은?

① 9분
② 10분
③ 11분
④ 12분
⑤ 13분

23 강을 따라 20km 떨어진 A지점과 B지점을 배로 왕복하였더니 올라가는 데는 4시간, 내려오는 데는 2시간이 걸렸다. 강물이 흐르는 속력은 시속 몇 km인가?

① 2km/h
② 2.5km/h
③ 3km/h
④ 3.5km/h
⑤ 4km/h

24 5% 소금물 400g이 있다. 여기에서 몇 g의 물을 증발시켜야 10%의 소금물을 얻을 수 있는가?

① 100g
② 200g
③ 300g
④ 400g
⑤ 500g

25 8% 식염수와 13% 식염수를 혼합하여 10% 식염수 500g을 만들었다. 13%의 식염수는 몇 g이 필요한가?

① 100g
② 150g
③ 200g
④ 250g
⑤ 300g

26 식염 75g을 몇 g의 물에 넣어야 15%의 식염수가 되는가?

① 350g
② 375g
③ 400g
④ 425g
⑤ 450g

27 사과 1개를 정가대로 판매하면 개당 600원의 이익을 얻는다. 정가의 20%를 할인하여 6개 판매한 매출액은 정가에서 400원씩 할인하여 8개를 판매한 것과 같다고 할 때, 이 상품의 정가는 얼마인가?

① 500원
② 700원
③ 900원
④ 1,000원
⑤ 1,200원

28 현재 아버지의 나이는 35세, 아들은 10세이다. 아버지 나이가 아들 나이의 2배가 되는 것은 몇 년 후인가?

① 5년 후
② 10년 후
③ 15년 후
④ 20년 후
⑤ 25년 후

29 5명으로 이루어진 남성 신인 아이돌 그룹의 모든 멤버 나이의 합은 105살이다. 5명 중 3명의 나이는 5명의 평균 나이와 같고, 가장 큰 형의 나이가 24살일 때, 막내의 나이는 몇 살인가?

① 18살
② 19살
③ 20살
④ 21살
⑤ 22살

30 어느 과수원에서 작년에 생산된 사과와 배의 개수를 모두 합하면 500개였다. 올해는 작년보다 사과의 생산량은 절반으로 감소하고 배의 생산량은 두 배로 증가하였다. 올해 사과와 배의 개수를 합하여 모두 700개를 생산했을 때, 올해 생산한 사과의 개수는?

① 100개
② 200개
③ 300개
④ 400개
⑤ 500개

31 어느 공장에서 작년에 A제품과 B제품을 합하여 1,000개를 생산하였다. 올해는 작년에 비하여 A제품의 생산이 10% 증가하고, B제품의 생산은 10% 감소하여 전체로는 4% 증가하였다. 올해에 생산된 A제품의 수는?

① 550개   ② 600개
③ 660개   ④ 700개
⑤ 770개

32 민수가 아이들에게 노트를 나눠주려고 하는데 남는 노트가 없이 나눠주려고 한다. 7권씩 나눠주면 13명이 노트를 못 받고, 마지막으로 노트를 받은 아이는 2권밖에 받지 못해서 6권씩 나눠주었더니 10명이 노트를 못 받고, 마지막으로 노트를 받은 아이는 2권밖에 받지 못했다. 그렇다면 몇 권씩 나눠주어야 노트가 남지 않으면서 공평하게 나눠줄 수 있겠는가?

① 1권   ② 2권
③ 3권   ④ 4권
⑤ 5권

33 어떤 회사의 신입사원 채용시험 응시자가 200명이었다. 시험점수의 전체평균은 55점, 합격자의 평균은 70점, 불합격자의 평균은 40점이었다. 합격한 사람은 몇 명인가?

① 70명   ② 80명
③ 90명   ④ 100명
⑤ 110명

34 어떤 마을의 총 인구가 150명이다. 어른과 어린이의 비율은 2 : 1이고 남자 어린이와 여자 어린이의 비율은 2 : 3이라면 남자 어린이 수는 몇 명인가?

① 15명   ② 20명
③ 25명   ④ 30명
⑤ 35명

35 가로, 세로의 길이가 각각 20cm, 15cm인 직사각형이 있다. 가로의 길이를 줄여서, 직사각형의 넓이를 반 이하로 줄이려 한다. 가로의 길이는 최소 몇 cm 이상 줄여야 하는가?

① 8cm
② 10cm
③ 12cm
④ 14cm
⑤ 16cm

36 우영이는 면적이 144m²인 정사각형 모양 밭에 사과나무 169그루를 심으려고 한다. 일정한 간격으로 심었을 때, 나무와 나무 사이의 거리의 최솟값은 얼마인가?

① 1m
② 1.2m
③ 1.3m
④ 2m
⑤ 2.5m

37 지하철이 A역에는 3분마다 오고, B역에는 2분마다 오고, C역에는 4분마다 온다. 지하철이 오전 4시 30분에 처음으로 A, B, C역에 동시에 도착했다면, 5번째로 세 지하철역에서 지하철이 동시에 도착하는 시각은 언제인가?

① 4시 45분
② 5시
③ 5시 15분
④ 5시 18분
⑤ 5시 20분

38 K호텔은 고객들을 위해 무료로 이벤트를 하고 있다. 매일 분수쇼와 퍼레이드를 보여주고 있으며, 시간은 오전 10시부터 시작한다. 분수쇼는 10분 동안하고 35분 쉬고, 퍼레이드는 20분 공연하고, 40분의 휴식을 한다. 사람들이 오후 12시부터 오후 7시까지 분수쇼와 퍼레이드의 시작을 함께 볼 수 있는 기회는 몇 번인가?

① 1번
② 2번
③ 3번
④ 4번
⑤ 5번

39 1, 1, 1, 2, 2, 3을 가지고 여섯 자리 수를 만들 때, 가능한 모든 경우의 수는 총 몇 개인가?

① 30가지　　　　　　　　　　② 60가지

③ 120가지　　　　　　　　　 ④ 240가지

⑤ 300가지

40 서로 다른 2개의 주사위 A, B를 동시에 던졌을 때, 나온 눈의 곱이 홀수일 확률은?

① $\dfrac{1}{4}$　　　　　　　　　② $\dfrac{1}{5}$

③ $\dfrac{1}{6}$　　　　　　　　　④ $\dfrac{1}{8}$

⑤ $\dfrac{1}{9}$

41 다음은 수도권 지역의 기상실황표이다. 이에 대한 설명으로 옳지 않은 것은?

〈기상실황표〉

구분	시정 (km)	현재기온 (℃)	이슬점 온도 (℃)	불쾌지수	습도 (%)	풍향	풍속 (m/s)	기압 (hPa)
서울	6.9	23.4	14.6	70	58	동	1.8	1012.7
백령도	0.4	16.1	15.2	61	95	동남동	4.4	1012.6
인천	10	21.3	15.3	68	69	서남서	3.8	1012.9
수원	7.7	23.8	16.8	72	65	남 서	1.8	1012.9
동두천	10.1	23.6	14.5	71	57	남남서	1.5	1012.6
파주	20	20.9	14.7	68	68	남남서	1.5	1013.1
강화	4.2	20.7	14.8	67	67	남 동	1.7	1013.3
양평	6.6	22.7	14.5	70	60	동남동	1.4	1013
이천	8.4	23.7	13.8	70	54	동북동	1.4	1012.8

① 시정이 가장 좋은 곳은 파주이다.

② 이슬점 온도가 가장 높은 지역은 불쾌지수 또한 가장 높다.

③ 불쾌지수가 70을 초과한 지역은 2곳이다.

④ 현재기온이 가장 높은 지역은 이슬점 온도와 습도 또한 가장 높다.

⑤ 시정이 가장 좋지 않은 지역은 풍속이 가장 강하다.

42 다음은 계절별 강수량 추이에 관한 자료이다. 이에 대한 그래프를 보고 설명한 내용으로 옳은 것은?

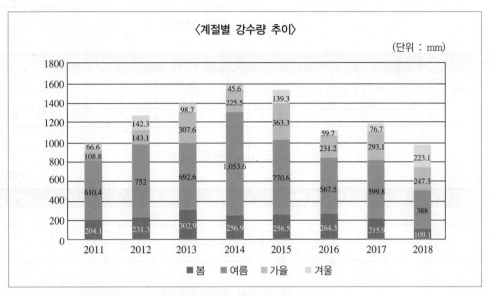

〈계절별 강수량 추이〉

① 2011년부터 2018년까지 가을철 평균 강수량은 210mm 미만이다.

② 우리나라 여름철 강수량은 그 해 강수량의 50% 이상을 차지한다.

③ 강수량이 제일 낮은 해에 우리나라는 가뭄이었다.

④ 전년 대비 강수량의 변화가 가장 큰 때는 2016년이다.

⑤ 여름철 강수량이 두 번째로 높았던 해의 가을·겨울철 강수량의 합은 봄철 강수량의 2배이다.

※ 다음은 A, B, C사의 농기계(트랙터, 이앙기, 경운기)에 대한 직원들의 평가를 나타낸 자료이다. 이어지는 물음에 답하시오. [43~45]

〈A, B, C사 트랙터 만족도〉

(단위 : 점)

구분	가격	성능	안전성	디자인	연비	사후관리
A사	5	4	5	4	2	4
B사	4	5	3	4	3	4
C사	4	4	4	4	3	5

〈A, B, C사 이앙기 만족도〉

(단위 : 점)

구분	가격	성능	안전성	디자인	연비	사후관리
A사	4	3	5	4	3	4
B사	5	5	4	4	2	4
C사	4	5	4	5	4	5

〈A, B, C사 경운기 만족도〉

(단위 : 점)

구분	가격	성능	안전성	디자인	연비	사후관리
A사	3	3	5	5	4	4
B사	4	4	3	4	4	4
C사	5	4	3	4	3	5

※ 모든 항목의 만족도는 5점(최상) ~ 1점(최하)으로 1점 단위로 평가한다.

43 세 가지 농기계의 평가를 모두 고려했을 때, 직원들이 가장 선호하는 회사와 만족도 점수를 구하면?(단, 만족도 비교는 해당 점수의 총합으로 한다)

① A사, 71점
② B사, 70점
③ B사, 73점
④ C사, 72점
⑤ C사, 75점

44 가격과 성능만을 고려하여 세 가지 농기계를 한 회사에서 구입하려고 할 때, 해당 회사와 만족도 점수는 어떻게 되는가?(단, 만족도 비교는 해당 점수의 총합으로 한다)

① A사, 22점
② B사, 27점
③ C사, 26점
④ B사, 28점
⑤ C사, 25점

45 안전성과 연비만을 고려하여 세 가지 농기계를 한 회사에서 구입하려고 할 때, 해당 회사와 만족도의 점수는 어떻게 되는가?(단, 만족도 비교는 해당 점수의 총합으로 한다)

① A사, 24점
② B사, 15점
③ A사, 21점
④ B사, 27점
⑤ C사, 26점

※ 다음은 어린이보호구역 지정현황을 나타낸 자료이다. 이어지는 물음에 답하시오. **[46~48]**

〈어린이보호구역 지정현황〉

(단위 : 개소)

구분	2012년	2013년	2014년	2015년	2016년	2017년
초등학교	5,365	5,526	5,654	5,850	5,917	5,946
유치원	2,369	2,602	2,781	5,476	6,766	6,735
특수학교	76	93	107	126	131	131
보육시설	619	778	1,042	1,755	2,107	2,313
학원	5	7	8	10	11	11

46 2015년과 2017년의 전체 어린이보호구역 수의 차는 얼마인가?

① 1,748개소
② 1,819개소
③ 1,828개소
④ 1,839개소
⑤ 1,919개소

47 학원을 제외한 어린이보호구역 시설 중 2014년에 전년 대비 증가율이 가장 높은 시설은 무엇인가?

① 초등학교
② 유치원
③ 특수학교
④ 보육시설
⑤ 학원

48 다음 중 옳지 않은 것은?

① 2012년 어린이보호구역의 합계는 8,434개이다.
② 2017년 어린이보호구역은 2012년보다 총 6,607개 증가했다.
③ 2016년과 2017년 사이에는 어린이보호구역으로 지정된 특수학교 수는 증가하지 않았다.
④ 초등학교 어린이보호구역은 계속해서 증가하고 있다.
⑤ 학원 어린이보호구역은 2017년에 전년 대비 증가율이 0%이다.

※ 다음 자료는 지식재산권 심판청구 현황에 관한 자료이다. 이어지는 물음에 답하시오. [49~50]

<지식재산권 심판청구 현황>

(단위 : 건, 개월)

구분		2015년	2016년	2017년	2018년
심판청구 건수	계	20,990	17,124	15,188	15,883
	특허	12,238	10,561	9,270	9,664
	실용신안	906	828	559	473
	디자인	806	677	691	439
	상표	7,040	5,058	4,668	5,307
심판처리 건수	계	19,473	16,728	15,552	16,554
	특허	10,737	9,882	9,632	9,854
	실용신안	855	748	650	635
	디자인	670	697	677	638
	상표	7,211	5,401	4,593	5,427
심판처리 기간	특허·실용신안	5.9	8.0	10.6	10.2
	디자인·상표	5.6	8.0	9.1	8.2

49 다음 중 자료를 보고 판단한 내용으로 올바르지 않은 것은?

① 2015년부터 2018년까지 수치가 계속 증가한 항목은 하나도 없다.
② 심판청구 건수보다 심판처리 건수가 더 많은 해도 있다.
③ 2015년부터 2018년까지 건수가 지속적으로 감소한 항목은 2개이다.
④ 2018년에는 특허·실용신안의 심판처리 기간이 2015년에 비해 70% 이상 더 길어졌다.
⑤ 2017년에는 모든 항목에서 다른 해보다 건수가 적고 기간이 짧다.

50 2015년 대비 2018년 실용신안 심판청구 건수 감소율은 얼마인가?

① 약 45.6%   ② 약 47.8%
③ 약 49.7%   ④ 약 52.0%
⑤ 약 53.4%

※ 일정한 규칙으로 수를 나열할 때, 빈칸에 들어갈 알맞은 수를 고르시오. [51~70]

51

| 40　31　22　(　)　4 |

① 13 　　　　　　　　② 14
③ 15 　　　　　　　　④ 16
⑤ 17

52

| −20　−10　10　40　80　(　) |

① 120 　　　　　　　② 130
③ 140 　　　　　　　④ 150
⑤ 160

53

| 111　79　63　55　(　)　49　48 |

① 54 　　　　　　　　② 53
③ 52 　　　　　　　　④ 51
⑤ 50

54

| 27　15　13.5　30　(　)　60　3.375 |

① 6.45 　　　　　　　② 6.75
③ 45 　　　　　　　　④ 50
⑤ 57

55

27	81	9	27	3	( )

① 5   ② 6
③ 7   ④ 8
⑤ 9

56

5   ( )   2   13   -1   10   -4   7

① 16   ② 13
③ 11   ④ 9
⑤ 7

57

27   86   23   79   ( )   72   15   65

① 75   ② 20
③ 78   ④ 17
⑤ 19

58

41   216   51   36   61   ( )   71   1

① 6   ② 9
③ 11   ④ 14
⑤ 16

59

2   ( )   4   6   9   14   22   35

① 3   ② 5
③ 8   ④ 10
⑤ 12

60

-7 -3 -8 -9 ( ) -22

① -10　　　　　　　　　② -15
③ -17　　　　　　　　　④ -20
⑤ -21

61

1 1 2 2 3 4 4 ( )

① 4　　　　　　　　　② 5
③ 6　　　　　　　　　④ 7
⑤ 8

62

68 71 ( ) 70 73 68 82 65

① 6　　　　　　　　　② 7
③ 69　　　　　　　　　④ 34
⑤ 75

63

5 -2 9 6 13 ( ) 17

① -13　　　　　　　　　② -15
③ -18　　　　　　　　　④ -21
⑤ -24

64

1,019 2,000 1,020 2,000 1,022 6,000 1,025 ( )

① 10,000　　　　　　　　② 20,000
③ 30,000　　　　　　　　④ 40,000
⑤ 50,000

65

$$3 \quad 5 \quad (\ ) \quad 75 \quad 1{,}125 \quad 84{,}375$$

① 10 ② 15
③ 20 ④ 25
⑤ 30

66

$$-5 \quad -3 \quad 1 \quad 9 \quad 25 \quad (\ )$$

① 50 ② 57
③ 143 ④ 286
⑤ 314

67

$$(\ ) \quad 125 \quad 3 \quad 25 \quad -9 \quad 5 \quad 27 \quad 1$$

① -3 ② -1
③ 5 ④ 17
⑤ 20

68

$$\underline{6 \quad 4 \quad 4} \quad \underline{21 \quad 5 \quad 32} \quad \underline{19 \quad (\ ) \quad 10}$$

① 18 ② 16
③ 14 ④ 12
⑤ 10

69

$$\underline{10 \quad 6 \quad 4} \quad \underline{15 \quad 9 \quad 6} \quad \underline{20 \quad 12 \quad (\ )}$$

① 5 ② 8
③ 10 ④ 14
⑤ 18

70

			1	1	2	3	5	8	13	( )	34

① 15   ② 18

③ 21   ④ 26

⑤ 32

71 등차수열 $\{a_n\}$에서 $a_1 + a_5 = 12$, $a_3 + a_7 = 20$일 때, a_2의 값은?

① 0   ② 1

③ 2   ④ 3

⑤ 4

72 두 정수 a, b에 대하여 1, a, b는 이 순서로 등차수열을 이루고, a, $\sqrt{3}$, b는 이 순서로 등비수열을 이룰 때, $a^2 + b^2$의 값은?

① 2   ② 5

③ 8   ④ 10

⑤ 12

73 모든 항이 양수인 등비수열 $\{a_n\}$에서 $a_2 a_4 = 16$, $a_3 a_5 = 64$일 때, a_6의 값은?

① 8   ② 16

③ 32   ④ 64

⑤ 128

74 두 함수 $f(x)=2x-1$, $g(x)=x-4$에 대하여 $(f \circ (g \circ f)^{-1} \circ f)(3)$의 값은?

① 2   ② 5

③ 7   ④ 9

⑤ 11

75 두 점 $A(-3, -4)$, $B(5, 2)$를 지름의 양 끝점으로 하는 원의 방정식은?

① $(x-1)^2+(y+1)^2=25$

② $(x+1)^2+(y+1)^2=25^2$

③ $(x-1)^2+(y-1)^2=25$

④ $(x-1)^2+(y-1)^2=25^2$

⑤ $(x+1)^2+(y-1)^2=25$

76 θ는 제3사분면의 각이고 $\dfrac{1+\sin\theta}{1-\sin\theta}=\dfrac{1}{3}$일 때, $\cos\theta$의 값은?

① $-\dfrac{\sqrt{3}}{2}$ ② $-\dfrac{1}{2}$

③ 0 ④ $\dfrac{1}{2}$

⑤ 1

77 이차방정식 $x^2 - 10x + 8 = 0$의 두 근을 α, β라고 할 때, $\log_2 \alpha + \log_2 \beta$의 값은?

① 1   ② 3

③ 5   ④ 7

⑤ 9

78 두 집합 $A = \{2, 3, x^2 + 4\}$, $B = \{x + 1, 4, 2x + 3\}$에 대하여 $A \cap B = \{2, 5\}$일 때, 실수 x의 값은?

① -1 ② 0

③ 1   ④ 2

⑤ 3

79 $\dfrac{1}{1 \times 2} + \dfrac{1}{2 \times 3} + \dfrac{1}{3 \times 4} + \cdots + \dfrac{1}{99 \times 100}$의 값은?

① $\dfrac{99}{100}$ ② $\dfrac{1}{100}$

③ $\dfrac{1}{99}$ ④ $\dfrac{100}{99}$

⑤ $\dfrac{101}{99}$

80 $\log_x (x^2 - 2x - 3)$이 정의되기 위한 x의 값의 범위는?

① $0 < x < 1$ ② $x > \dfrac{1}{2}$

③ $x > 1$ ④ $x > 2$

⑤ $x > 3$

03 추리능력

※ 다음 제시된 낱말의 대응 관계로 볼 때, 빈칸에 들어가기에 알맞은 것을 고르시오. [1~5]

01

> 긴장 : 이완=(   ) : 거대

① 거만　　　　　　　　② 왜소
③ 비대　　　　　　　　④ 해소
⑤ 창대

02

> 믿음 : 신용=(   ) : 선의

① 선악　　　　　　　　② 선방
③ 회의　　　　　　　　④ 신뢰
⑤ 호의

03

> 요리사 : 주방=학생 : (   )

① 교복　　　　　　　　② 책
③ 공부　　　　　　　　④ 선생님
⑤ 학교

04

물 : 정수=( ) : 제련

① 주물

② 용광로

③ 도금

④ 광석

⑤ 제철

05

탄산 : 사이다=( ) : 공기

① 하늘

② 산소

③ 바람

④ 물

⑤ 오존

※ 다음 제시된 낱말의 대응 관계로 볼 때, 빈칸에 들어갈 단어로 알맞게 짝지어진 것을 고르시오.
[6~7]

06

( ) : 수선=마트 : ( )

① 호들갑, 구매

② 세탁소, 판매

③ 땜질, 물건

④ 구두, 외래어

⑤ 치료, 할인

07

자립 : ( )=심야 : ( )

① 독립, 광명

② 의존, 백주

③ 의타심, 꼭두새벽

④ 의지, 한밤

⑤ 식민지, 암흑

※ 다음의 명제가 참일 때 옳게 추론한 것을 고르시오. [8~10]

08

> • 강아지를 좋아하는 사람은 자연을 좋아한다.
> • 편의점을 좋아하는 사람은 자연을 좋아하지 않는다.

① 편의점을 좋아하지 않는 사람은 강아지를 좋아한다.
② 자연을 좋아하는 사람은 강아지를 좋아한다.
③ 강아지를 좋아하는 사람은 편의점을 좋아한다.
④ 편의점을 좋아하는 사람은 강아지를 좋아하지 않는다.
⑤ 강아지를 좋아하지 않는 사람은 자연을 좋아하지 않는다.

09

> • 철수는 의사이거나 변호사이다.
> • 의사는 스포츠카와 오토바이를 가지고 있다.
> • 변호사는 스포츠카를 가지고 있지 않거나 오토바이를 가지고 있지 않다.

① 철수가 스포츠카를 가지고 있지 않다면 철수는 변호사이다.
② 철수가 스포츠카나 오토바이를 가지고 있다면 철수는 변호사가 아니다.
③ 철수가 변호사라면 오토바이를 가지고 있지 않다.
④ 철수는 의사이면서 변호사이다.
⑤ 철수는 스포츠카와 오토바이를 가지고 있다.

10

> • 철수의 성적은 영희보다 낮고, 수연이보다 높다.
> • 영희의 성적은 90점이고, 수연이의 성적은 85점이다.
> • 수연이와 윤수의 성적은 같다.

① 철수의 성적은 윤수보다 낮다.
② 철수의 성적은 90점 이상이다.
③ 철수의 성적은 85점 이하이다.
④ 철수의 성적은 86 ~ 89점 사이이다.
⑤ 영희의 성적은 수연이보다 낮다.

※ 마지막 명제가 참일 때, 다음 빈칸에 들어갈 명제로 가장 적절한 것을 고르시오. [11~13]

11

> 어떤 음식은 식물성이다.
> 모든 식물은 음식이다.
> 그러므로 _____

① 어떤 식물성인 것은 음식이다.
② 모든 음식은 식물성이다.
③ 식물이 아닌 것은 음식이 아니다.
④ 어떤 식물은 음식이 아니다.
⑤ 식물성이 아닌 음식은 없다.

12

> 경찰에 잡히지 않으면 도둑질을 하지 않은 것이다.
> _____
> 그러므로 감옥에 안 가면 도둑질을 하지 않은 것이다.

① 도둑질을 하면 감옥에 가지 않는다.
② 감옥에 가면 도둑질을 한다.
③ 도둑질을 하면 경찰에 잡힌다.
④ 경찰에 잡히면 감옥에 간다.
⑤ 경찰은 도둑질을 하지 않는다.

13

> 서로를 사랑하면 세계에 평화가 찾아온다.
> _____
> 그러므로 타인을 사랑하면 세계에 평화가 찾아온다.

① 서로를 사랑하지 않는다는 것은 타인을 사랑하지 않는다는 것이다.
② 세계가 평화롭지 않으면 서로를 싫어한다는 것이다.
③ 서로를 사랑하면 타인을 사랑하지 않게 된다.
④ 세계에 평화가 찾아오면 서로를 사랑하게 된다.
⑤ 세계에 평화가 찾아오면 서로를 미워하게 된다.

14 월요일부터 일요일까지 4형제가 돌아가면서 어머니 병간호를 하기로 했다. 주어진 조건이 항상 참일 때, 다음 중 옳지 않은 것을 고르면?

- 첫째, 둘째, 셋째는 이틀씩, 넷째는 하루를 병간호하기로 했다.
- 어머니가 혼자 계시도록 두는 날은 없다.
- 첫째는 화요일과 목요일에 병간호할 수 없다.
- 둘째는 평일에 하루, 주말에 하루 병간호하기로 했다.
- 셋째는 일요일과 평일에 병간호하기로 했다.
- 넷째는 수요일에 병간호하기로 했다.

① 첫째는 월요일과 금요일에 병간호한다.
② 넷째는 수요일에 하루만 병간호한다.
③ 셋째는 화요일과 일요일에 병간호한다.
④ 둘째 화요일에 병간호를 할 수도, 하지 않을 수도 있다.
⑤ 둘째는 토요일과 평일에 하루 병간호한다.

15 수빈, 인성, 성민, 지헌, 기열, 지혜가 달리기 시합을 하고 난 뒤 다음과 같은 대화를 나눴다. 다음 중 항상 참이 아닌 것은?

수빈 : 성민이와 지혜가 내 앞에서 결승선에 들어가는 걸 봤어.
인성 : 지헌이는 간발의 차로 바로 내 앞에서 결승선에 들어갔어.
성민 : 나는 지헌이보다는 빨랐는데, 1등은 아니야.
지헌 : 성민이 말이 맞아. 정확히 기억은 안 나는데 나는 3등 아니면 4등이었어.
기열 : 내가 결승선에 들어오고, 나중에 지헌이가 들어왔어.
지혜 : 나는 1등은 아니지만 꼴등도 아니었어.

① 제일 먼저 결승선에 들어온 사람은 기열이다.
② 제일 나중에 결승선에 들어온 사람은 수빈이다.
③ 성민이는 지혜보다 순위가 높다.
④ 인성이는 성민이보다 순위가 낮다.
⑤ 지헌이가 3등이면 지혜는 5등이다.

16 서울에서 열린 2018 H자동차 모터쇼 2층 특별 전시장에는 다섯 종류의 차량이 전시되어 있다. 차종은 제네시스, 소나타, 에쿠스, 그랜저, 투싼이며 색상은 흰색, 파란색, 검은색 중 하나이다. 주어진 〈조건〉이 다음과 같을 때, 다음 중 옳지 않은 것은?

> **조건**
> • 양 끝에 있는 차량은 모두 흰색이다.
> • 소나타는 가장 오른쪽에 있다.
> • 그랜저는 제네시스 바로 오른쪽에 있으며, 에쿠스보다는 왼쪽에 있다.
> • 제네시스와 투싼의 색상은 동일하고, 그 사이에는 검은색 차량 한 대가 있다.
> • 소나타 바로 왼쪽에 있는 차량은 파란색이다.

① 흰색 차량은 총 3대이다.
② 그랜저는 왼쪽에서 두 번째에 위치한다.
③ 검은색과 파란색 차량은 각각 1대씩 있다.
④ 에쿠스와 그랜저의 색상은 주어진 조건만으로는 알 수 없다.
⑤ 그랜저와 같은 색상의 차량은 없다.

17 A, B, C, D, E, F 여섯 사람으로 구성된 부서에서 주말 당직을 정하는데 다음의 〈조건〉을 모두 지켜야 한다. 당직을 맡을 수 있는 사람을 바르게 짝지은 것은?

> **조건**
> • A와 B가 당직을 하면 C도 당직을 한다.
> • C와 D 중 한 명이라도 당직을 하면 E도 당직을 한다.
> • E가 당직을 하면 A와 F도 당직을 한다.
> • F가 당직을 하면 E는 당직을 하지 않는다.
> • A가 당직을 하면 E도 당직을 한다.

① A, B   ② A, E
③ B, F   ④ C, E
⑤ D, F

18 어느 도시에 있는 병원의 공휴일 진료 현황은 다음과 같다. 공휴일에 진료하는 병원의 수는?

> • 만약 B병원이 진료를 하지 않으면, A병원은 진료를 한다.
> • 만약 B병원이 진료를 하면, D병원은 진료를 하지 않는다.
> • 만약 A병원이 진료를 하면, C병원은 진료를 하지 않는다.
> • 만약 C병원이 진료를 하지 않으면, E병원이 진료를 한다.
> • E병원은 공휴일에 진료를 하지 않는다.

① 1곳   ② 2곳
③ 3곳   ④ 4곳
⑤ 5곳

※ 일정한 규칙으로 문자를 나열할 때, 빈칸에 들어갈 문자를 고르시오. [19~25]

19

ㅜ ㄷ ( ) ㅅ ㅓ ㅋ

① ㅠ   ② ㅂ
③ ㅅ   ④ ㅗ
⑤ ㅜ

20

ㄱ ㄷ ㄹ ㅅ ( ) ㄹ

① ㅋ   ② ㄱ
③ ㅅ   ④ ㅌ
⑤ ㅍ

21

C D ( ) J R H

① D   ② I
③ F   ④ L
⑤ M

22

| 캐 해 새 채 매 애 (   ) |

① 매   ② 배
③ 래   ④ 채
⑤ 캐

23

| ㄴ ㅁ ㅈ ㅎ ㅂ (   ) |

① ㅍ   ② ㅂ
③ ㅈ   ④ ㄱ
⑤ ㄷ

24

| ㄱ B ㄹ H ㄴ (   ) |

① C   ② D
③ E   ④ F
⑤ G

25

| E C J H P N (   ) |

① W   ② Y
③ F   ④ U
⑤ V

※ 다음 중 규칙이 다른 하나를 고르시오. [26~27]

26 ① PLNM
③ 포조코초
⑤ 리료류루

② ㅅㄷㄱㄴ
④ HDFE

27 ① ㄹㅅㅂㄹ
③ 무미므무
⑤ PMNP

② HKJH
④ 서처저서

※ 일정한 규칙으로 도형을 나열할 때, ?에 들어갈 알맞은 도형을 고르시오. [28~30]

28

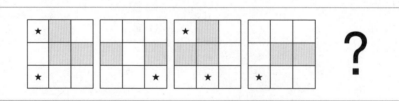

29

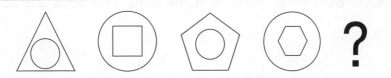

①

②

③

④

30

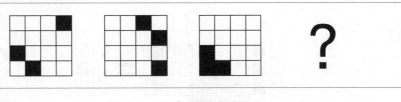

①

②

③

④

※ 다음 도형이 일정한 규칙을 따른다고 할 때, ?에 들어갈 알맞은 도형을 고르시오. [31~33]

31

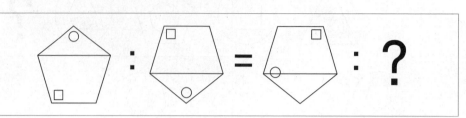

① 　　②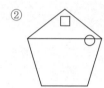

③ 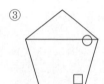　　④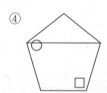

32

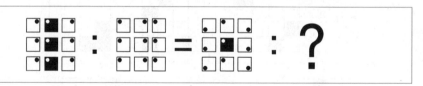

① 　　②

③ 　　④

33

 : = :

①

②

③

④

※ 다음 도형은 일정한 패턴을 가지고 변화한다. 다음 중 ?에 들어갈 도형으로 가장 알맞은 것을 고르시오. **[34~35]**

34

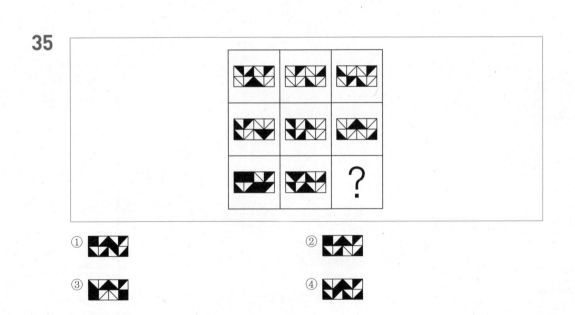

①   ②

③   ④

35

①   ②

③   ④

04 지각능력

※ 다음 제시된 문자와 같은 것의 개수를 구하시오. [1~5]

01

쨍

쨍	컁	퓨	껀	짱	멩	걍	먄	녜	쨍	해	예
퓨	애	뿌	쨍	멸	뚜	냥	압	럍	뷀	쓴	빵
짱	멸	녜	뿌	해	쨍	컁	애	쨍	뚜	뷀	뺀
예	쨍	냥	먄	깡	퓨	쓴	껀	취	빵	쟁	썸

① 1개   ② 2개
③ 3개   ④ 4개
⑤ 5개

02

take

tale	taxi	tall	talk	tact	time	tend	tack	task	tank	tend	tape
term	task	tack	tape	than	taxi	take	tall	tend	tale	talk	term
take	tend	tape	tale	term	tank	tapc	than	time	tack	taxi	tact
taxi	tale	time	tend	tank	tall	tact	talk	tend	tall	tale	task

① 1개   ② 2개
③ 3개   ④ 4개
⑤ 5개

03

					5248						

2489	5892	8291	4980	2842	5021	5984	1298	8951	3983	9591	5428
5248	5147	1039	7906	9023	5832	5328	1023	8492	6839	7168	9692
7178	1983	9572	5928	4726	9401	5248	5248	4557	4895	1902	5791
4789	9109	7591	8914	9827	2790	9194	3562	8752	7524	6751	1248

① 1개   ② 2개
③ 3개   ④ 4개
⑤ 5개

04

					아						

캬	①	갸	퍄	⑪	⑫	퍄	랴	냐	샤	①	아
㉟	야	쟈	◎	쟈	랴	냐	뱌	⑭	캬	쟈	ⓢ
먀	ⓢ	㊵	탸	랴	야	㉝	댜	캬	샤	⑥	햐
야	댜	ⓢ	탸	캬	㉕	⑫	⑫	캬	ⓒ	야	ⓢ

① 1개   ② 2개
③ 3개   ④ 4개
⑤ 5개

05

					羅						

難	羅	卵	落	諾	拉	衲	捼	廊	朗	尼	内
奈	老	怒	路	懦	蘿	瑙	泥	多	羅	羅	茶
對	代	臺	道	都	羅	搗	儺	邏	頭	杜	羅
羅	徒	團	但	答	踏	蘿	累	淚	畓	苙	屠

① 2개   ② 3개
③ 5개   ④ 6개
⑤ 7개

※ 다음 제시된 좌우의 문자 또는 기호를 비교하여 같으면 ①을, 다르면 ②를 표시하시오. **[6~10]**

06

12LJIAGPOQl:HN [   ] 12LJIAGPOQl:HN

07

IXiiEAOXx [   ] IXiiEAOXx

08

やづごしどなる [   ] やづごじどなる

09

傑琉浴賦忍杜家 [   ] 傑瑜浴賦忍杜家

10

ⓗ⑭ⓧⓕⓓⓘ⑧ⓩ [   ] ⓗ⑭ⓧⓕⓓⓘ⑧ⓩ

※ 다음 중 좌우를 비교했을 때 같은 것은 몇 개인지 고르시오. [11~12]

11

◎☆▽◆☆♤◐♠ – ○★▽■★♠◐♣

① 1개 ② 2개
③ 3개 ④ 4개
⑤ 5개

12

CVNUTQERL – CBNUKQERL

① 3개 ② 4개
③ 5개 ④ 6개
⑤ 7개

※ 다음 중 좌우를 비교했을 때 다른 것은 몇 개인지 고르시오. [13~14]

13

AiioXTVcp – AIIoxTvcb

① 2개 ② 3개
③ 4개 ④ 5개
⑤ 6개

14

ⓐⓢⓔⓗⓐⓚⓣⓗ – ⓐⓢⓓⓐⓖⓣⓗ

① 1개 ② 2개
③ 3개 ④ 4개
⑤ 5개

※ 다음 표에 제시되지 않은 문자를 고르시오. [15~17]

15

MER	LTA	VER	DTA	DLR	ITI	DOR	ETE	RSR	ZER	BTA	LOE
XSR	WER	LSR	UER	OSR	DCR	PER	ASD	WCT	KTI	YAM	GTE
OTA	KKN	YSR	DSR	DZR	ATA	SDR	SSR	DTI	LHE	FTE	BVG
NER	HTE	VOE	TER	JTI	DAA	PSR	DTE	LME	QSR	SDZ	CTA

① LTA   ② DTI
③ LTE   ④ DSR
⑤ PER

16

팖	탈	밥	션	탐	폭	콕	헐	달	합	햔	번
한	랄	발	밫	팝	턴	핳	뽑	선	팦	협	곡
팔	혹	곰	독	견	랄	퍌	팍	톡	변	뱜	갈
콕	합	편	던	할	펍	협	신	촉	날	함	팝

① 밥   ② 편
③ 톡   ④ 할
⑤ 선

17

1457	4841	3895	8643	3098	4751	6898	5785	6980	4617	6853	6893
1579	5875	3752	4753	4679	3686	5873	8498	8742	3573	3702	6692
3792	9293	8274	7261	6309	9014	3927	6582	2817	5902	4785	7389
3873	5789	5738	8936	4787	2981	2795	8633	4862	9592	5983	5722

① 1023   ② 3895
③ 5873   ④ 6582
⑤ 8936

※ 다음 문제의 좌쪽에 표시된 숫자나 문자의 개수를 고르시오. **[18~19]**

18

6	98406198345906148075634361456234

① 4개   ② 5개
③ 6개   ④ 7개
⑤ 8개

19

3	82058305898678232078340853398983253

① 4개   ② 5개
③ 6개   ④ 7개
⑤ 8개

※ 다음 중 제시된 도형과 같은 것을 고르시오. **[20~22]**

20

①   ②

③   ④

⑤

21

①

②

③

④

⑤

22

①

②

③

④

⑤

※ 다음 중 나머지 도형과 다른 것을 고르시오. [23~25]

23

①

②

③

④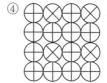

⑤

24

①

②

③

④

⑤

25

※ 주어진 전개도로 정육면체를 만들 때, 만들어질 수 없는 것을 고르시오. [26~27]

26

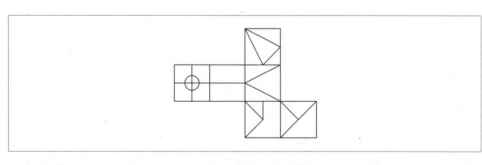

27

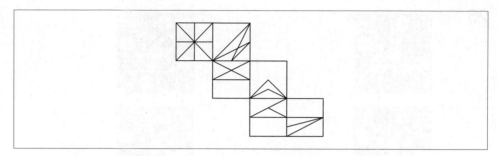

①

②

③

④

⑤

※ 제시된 전개도를 접었을 때 나타나는 입체도형으로 알맞은 것을 고르시오. [28~29]

28

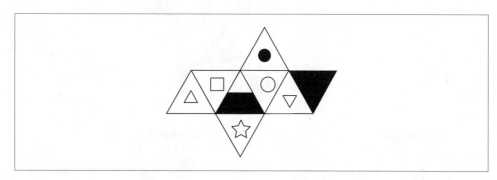

①

②

③

④

⑤

29

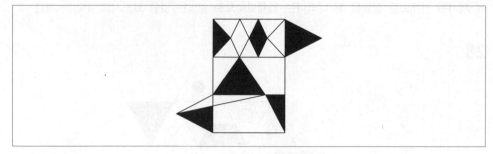

①

②

③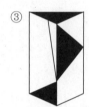

④

⑤

※ 다음 그림을 순서대로 배열한 것을 고르시오. [30~32]

30

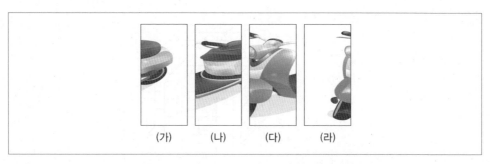

(가)   (나)   (다)   (라)

① (다) – (가) – (라) – (나)   ② (라) – (다) – (나) – (가)
③ (나) – (가) – (라) – (다)   ④ (나) – (라) – (다) – (가)

31

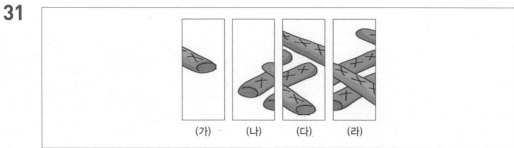

(가)   (나)   (다)   (라)

① (라) – (나) – (가) – (다)   ② (나) – (가) – (라) – (다)
③ (라) – (가) – (다) – (나)   ④ (나) – (라) – (다) – (가)

32

(가)   (나)   (다)   (라)   (마)

① (다) – (나) – (마) – (가) – (라)   ② (마) – (라) – (가) – (다) – (나)
③ (나) – (가) – (마) – (라) – (다)   ④ (라) – (가) – (마) – (다) – (나)

※ 다음 블록의 개수는 몇 개인지 고르시오. [33~34]

33

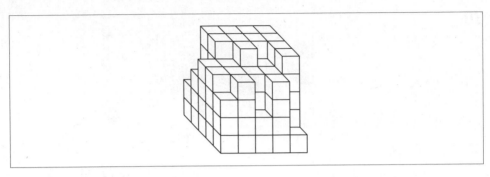

① 97개　　　　　　　　　② 102개

③ 107개　　　　　　　　　④ 112개

34

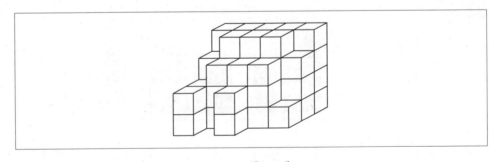

① 50개　　　　　　　　　② 52개

③ 54개　　　　　　　　　④ 56개

※ 다음 블록을 그림상에서 보았을 때, 물음에 답하시오. [35~37]

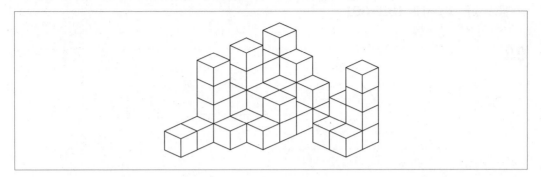

35 보이지 않는 블록의 개수는 몇 개인가?

① 13개 　　　　　　　　　② 14개
③ 15개 　　　　　　　　　④ 16개

36 최소한 몇 개의 블록을 더 쌓아야 직육면체 모양의 블록이 되겠는가?

① 125개 　　　　　　　　② 130개
③ 135개 　　　　　　　　④ 140개

37 두 면이 보이는 블록의 개수는 몇 개인가?

① 14개 　　　　　　　　　② 15개
③ 16개 　　　　　　　　　④ 17개

※ 다음 그림과 같이 화살표 방향으로 종이를 접은 후, 펀치로 구멍을 뚫어 다시 펼쳤을 때의 그림으로
옳은 것을 고르시오. [38~39]

38

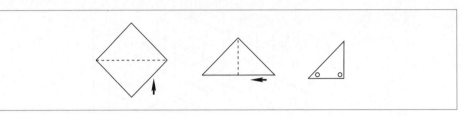

①   ②

③ 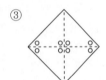   ④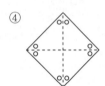

39

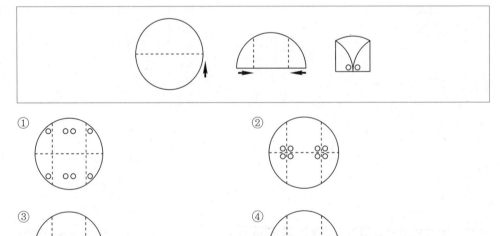

5 PART

NCS
직업기초능력평가

01 의사소통능력

01 다음에 나타난 의사소통능력 개발 과정에서의 피드백에 대한 설명으로 적절하지 않은 것은?

> 피드백(Feedback)이란 상대방에게 그의 행동의 결과가 어떠한지에 대하여 정보를 제공해 주는 것을 말한다. 즉, 그의 행동이 나의 행동에 어떤 영향을 미치고 있는가에 대하여 상대방에게 솔직하게 알려주는 것이다. 말하는 사람 또는 전달자는 피드백을 이용하여 메시지의 내용이 실제로 어떻게 해석되고 있는가를 조사할 수 있다.

① 대인관계에 있어서의 행동을 개선할 수 있는 기회를 제공해 줄 수 있다.
② 의사소통의 왜곡에서 오는 오해와 부정확성을 줄일 수 있다.
③ 상대방의 긍정적인 면뿐만 아니라 부정적인 면도 솔직하게 전달해야 한다.
④ 말뿐만 아니라 얼굴 표정 등으로 정확한 반응을 얻을 수 있다.
⑤ 효과적인 개선을 위해서는 긍정적인 면보다 부정적인 면을 강조하여 전달해야 한다.

02 공문서는 결재권자가 해당 문서에 결재함으로써 성립하고, 성립한 문서는 입법주의에 따라 문서의 종류마다 효력이 다르게 발생한다. 〈보기〉는 문서의 효력 발생에 대한 입법주의를 각각 설명한 것일 때, 다음 중 올바르게 연결된 것은?

> **보기**
>
> (가) 성립한 문서가 상대방에게 발신된 때 효력이 발생한다는 견해로, 신속한 거래에 적합하며 다수에게 동일한 통지를 해야 할 경우 획일적으로 효력을 발생하게 할 수 있다는 장점이 있다.
>
> (나) 상대방이 문서의 내용을 알게 되었을 때에 효력이 발생한다는 견해로, 상대방의 부주의나 고의 등으로 인해 내용을 알 수 없을 경우 발신자가 불이익을 감수해야 하는 폐단이 발생할 수 있다.
>
> (다) 문서가 상대방에게 도달해야 효력이 발생한다는 견해로, 이때 도달은 문서가 상대방의 지배범위 내에 들어가 사회 통념상 그 문서의 내용을 알 수 있는 상태가 되었다고 인정되는 것을 의미한다.
>
> (라) 문서가 성립한 때, 즉 결재로써 문서의 작성이 끝났을 때에 효력이 발생한다는 견해로, 문서 발신 지연 등 발신자의 귀책사유로 인한 불이익을 상대방이 감수해야 하는 부당함이 발생하기도 한다.

	(가)	(나)	(다)	(라)
①	표백주의	도달주의	요지주의	발신주의
②	도달주의	요지주의	발신주의	표백주의
③	도달주의	표백주의	발신주의	요지주의
④	발신주의	표백주의	도달주의	요지주의
⑤	발신주의	요지주의	도달주의	표백주의

03 다음 중 경청 훈련 방법과 사례가 잘못 연결된 것은?

	방법	사례
①	주의 기울이기	A씨는 말을 하고 있는 B씨의 얼굴과 몸의 움직임뿐만 아니라 호흡하는 자세까지도 주의하여 관찰하고 있다. 또한 B씨의 어조와 억양, 소리 크기에도 귀를 기울이고 있다.
②	상대방의 경험을 인정하고 더 많은 정보 요청하기	C씨는 자신의 경험담을 이야기하고 있는 D씨에게 관심과 존경을 보이고 있으며, D씨가 계속해서 이야기를 할 수 있도록 질문을 던지기도 한다.
③	정확성을 위해 요약하기	E씨는 유치원에서 친구와 다투었다는 아이의 말을 듣고는 "친구와 간식을 두고 다툼을 해서 너의 기분이 좋지 않구나."라며 아이의 이야기를 자신의 말로 반복하여 표현하였다.
④	개방적인 질문	F씨는 G씨에 대한 이해의 정도를 높이기 위해 주말에 부산으로 여행을 간다는 G씨에게 이번 여행은 누구와 가는지 질문하고 있다.
⑤	'왜?'라는 질문 삼가기	H씨는 부정적·강압적인 표현의 '왜?'라는 질문을 사용하지 않으려고 노력하고 있다.

04 김 팀장은 이 사원에게 다음과 같은 업무지시를 내렸고, 이 사원은 김 팀장의 업무지시에 따라 홍보 자료를 작성하려고 한다. 다음 중 이 사원이 작성 과정에서 고려해야 할 사항으로 적절하지 않은 것은?

이○○ 씨, 근로자들에게 NCS 기반의 신직업자격을 알리기 위한 홍보 자료를 제작해야 합니다. 먼저, 아무래도 신직업자격의 개념과 기능에 대한 설명이 있어야 할 것 같군요. 그리고 기존 국가기술자격에 비해 무엇이 달라졌는지 알려주는 것도 좋을 것 같네요. 마지막으로 신직업자격 체계도를 한 눈에 볼 수 있었으면 좋겠네요. 참! 관련 문의는 이메일로만 받을 예정이므로 참고바랍니다.

① 모든 근로자들의 이해를 돕기 위해 개념은 핵심 용어 중심으로 쉽게 설명해야겠어.
② 기업과 근로자 두 가지 측면에서의 기능으로 나누어 필요성을 강조해야겠어.
③ 기존 국가기술자격과의 차이점을 표로 비교하여 나타내야겠어.
④ 펼칠 수 있는 신직업자격 체계도 맵을 만들어 한 눈에 볼 수 있게 해야지.
⑤ 궁금한 점은 별도로 문의할 수 있도록 자격설계팀 이메일 주소를 넣어야겠어.

05 다음 사례에 나타난 A씨의 문제점으로 가장 적절한 것은?

> 안 좋은 일이 발생하면 항상 자신을 탓하는 편인 A씨는 친구가 약속 시간에 늦는 경우에도 "내가 빨리 나온 게 죄지."라고 말한다. 또한 A씨는 평소 사소한 실수에도 '죄송합니다.' '미안합니다.' 등의 표현을 입에 달고 산다. 다른 사람에 의해 발생한 실수에도 자신이 미안해하는 탓에 A씨를 잘 모르는 사람들은 A씨를 예의 바른 사람으로 평가한다. 그러나 A씨를 오랫동안 지켜본 사람들은 A씨의 그런 태도가 오히려 A씨의 이미지를 부정적으로 만들고 있다고 이야기한다.

① 무엇을 보든지 부정적으로 평가를 내린다.
② 상대의 말에 공감을 하지 않는다.
③ 낮은 자존감과 열등감으로 자기 자신을 대한다.
④ 자신의 대화 패턴을 제대로 이해하지 못한다.
⑤ 불필요한 어휘나 거부감을 주는 표현을 자주 사용한다.

06 다음 제시문의 전개 순서로 가장 자연스러운 것은?

> (가) 상품 생산자, 즉 판매자는 화폐를 얻기 위해 자신의 상품을 시장에 내놓는다. 하지만 생산자가 만들어 낸 상품이 시장에 들어서서 다른 상품이나 화폐와 관계를 맺게 되면, 이제 그 상품은 주인에게 복종하기를 멈추고 자립적인 삶을 살아가게 된다.
>
> (나) 이처럼 상품이나 시장 법칙은 인간에 의해 산출된 것이지만, 이제 거꾸로 상품이나 시장 법칙이 인간을 지배하게 된다. 이때 인간 및 인간들 간의 관계가 소외되는 현상이 나타난다.
>
> (다) 상품은 그것을 만들어 낸 생산자의 분신이지만, 시장 안에서는 상품이 곧 독자적인 인격체가 된다. 즉, 사람이 주체가 아니라 상품이 주체가 된다.
>
> (라) 또한 사람들이 상품들을 생산하여 교환하는 과정에서 시장의 경제 법칙을 만들어 냈지만, 이제 거꾸로 상품들은 인간의 손을 떠나 시장 법칙에 따라 교환된다. 이런 시장 법칙의 지배 아래에서는 사람과 사람 간의 관계가 상품과 상품, 상품과 화폐 등 사물과 사물 간의 관계에 가려 보이지 않게 된다.

① (가) - (다) - (나) - (라)   ② (가) - (다) - (라) - (나)
③ (다) - (라) - (가) - (나)   ④ (다) - (라) - (나) - (가)
⑤ (다) - (가) - (라) - (나)

07 다음 글에서 ⊙ ~ ⑩의 수정방안으로 적절하지 않은 것은?

> ⊙ 일반적인 사전적 의미의 '취미'는 '전문적으로 하는 것이 아니라 즐기기 위하여 하는 일'이지만 좀 더 철학적 관점 에서 본다면 취미(Geschmack)는 주관적인 인간의 감정적 영역으로, 미적 대상을 감상하고 비판하는 능력이다. 발타사르 그라시안(Baltasar Gracian)에 따르면 취미는 충동과 자유, 동물성과 정신의 중간적인 것으로 각종 일에 대해 거리를 취하고 구별하여 선택하는 능력으로 일종의 인식방식이다.
>
> 취미에 대한 정의와 관점은 다양하다. 취미를 감각 판단으로 바라볼 것인가에 대해 서로 맞서고 있는 감각주의 전통과 합리주의 전통의 논쟁이 있어 왔으며, 현대사회에서는 취미 연구를 심리학적, 사회적 두 가지 관점에서 본다. 심리학적인 관점에서 취미는 개인의 생애를 통해서 변화하며 동시에 개인, 시대, 민족, 지역 등에 따라 ⓛ 틀리다. 개인의 취미는 넓고 깊은 교양에 의한 것이며, 통속적으로는 여가나 오락을 뜻하는 것으로 쓰이기도 한다. ⓒ 하지만 이와 동시에 일정한 시대, 민족에 있어서는 공통된 취미가 '객관적 정신'으로 전체를 지배하기도 한다. ⓓ 따라서 취미는 그 누구도 '취미란 이런 것이다.'라고 정의내릴 수 없다.
>
> 이 과정에서 우리는 '한 사회 내에서 일정 기간 동안 유사한 문화양식과 행동양식이 일정 수의 사람들에게 공유되는 사회적 동조 현상'인 유행과의 차이에 대해 의문을 가지게 된다. 유행은 취미와 아주 밀접하게 결부된 현상이다. ⓔ 그러나 유행은 경험적 일반성에 의존하는 공동체적 감각이고, 취미는 경험보다는 규범적 일반성에 의존하는 감각이다. 다시 말해 유행은 공동체 속에서 활동하고 또 그것에 종속되지만, 취미는 그것에 종속되지 않는다. 취미는 자신의 판단력에 의존한다는 점에서 유행과 구별된다.

① ⊙ : 문장이 너무 길어 호흡이 길어지므로 '… 하는 일'이다. 하지만 …'으로 수정한다.

② ⓛ : 의미상 '비교가 되는 대상이 서로 같지 아니하다.'라는 뜻의 '다르다'로 바꾼다.

③ ⓒ : 자연스러운 연결을 위해 '또한'으로 바꾼다.

④ ⓓ : 글의 전개상 불필요한 내용이므로 삭제한다.

⑤ ⓔ : 앞뒤 내용의 자연스러운 흐름을 위해 '그래서'로 바꾼다.

※ 다음 글을 읽고 이어지는 질문에 답하시오. [8~9]

(가) 인류의 생명을 위협하는 미세먼지와의 전쟁

먼지는 인류가 지구상에 등장하기 훨씬 전부터 지구 대기를 가득 채우고 있었다. 구름 속에서 눈과 비를 만들고 따가운 햇볕을 가려주는 등 인류에게 이로운 존재였던 먼지가 문제가 된 것은 산업화, 도시화로 인해 자연의 먼지보다 훨씬 작고 위험한 미세먼지가 대기를 덮기 시작했기 때문이다.

보통 지름이 $10\mu m$(머리카락 굵기의 1/5 ~ 1/7)보다 작고, $2.5\mu m$(머리카락 굵기의 1/20 ~ 1/30)보다 큰 입자를 미세먼지라고 부른다. 주로 자동차가 많은 도로변이나 화석연료를 쓰는 산업단지 등에서 발생한다. 지름이 $2.5\mu m$ 이하의 입자는 '초미세먼지'로 분류되며, 담배 연기나 연료의 연소 시에 생성된다.

이러한 미세먼지가 우리 몸속으로 들어오면 면역력이 급격히 떨어져 감기 천식 기관지염 같은 호흡기 질환은 물론 심혈관질환, 피부질환, 안구질환 등 각종 질병에 노출될 수 있다. 세계보건기구(WHO)는 지난 2014년 한 해 동안 미세먼지로 인해 기대수명보다 일찍 사망한 사람이 700만 명에 이른다고 발표했다. 흡연으로 연간 발생하는 조기 사망자가 600만 명임을 고려하면 미세먼지의 유해성이 얼마나 심각한지 잘 알 수 있다.

(나)

2010년 전 세계 자동차 보유대수는 10억 대를 넘었고, 우리나라는 2014년 10월 말에 세계 15번째로 2,000만 대(차량 1대당 인구 2.26명)를 돌파했다. 궁극적으로 미세먼지를 없애려면 도시에서 자동차 통행을 전면 금지하면 된다. 하지만 이것은 현실적으로 불가능하기에 자동차 통행수요를 줄임으로써 미세먼지 발생을 최소화하는 정책이 필요하다. 실제로 유럽이나 미국, 일본 등 많은 나라에서 다양한 자동차 배출가스 정책을 통해 미세먼지를 줄이려고 노력하고 있다.

(다) 미세먼지 없는 깨끗한 세상을 위한 우리의 정책

우리나라 역시 자동차 배출가스 저감을 통해 미세먼지를 줄이려는 세계적인 추세에 보조를 맞추고 있다. 우선, 자동차 배출가스 배출허용기준을 강화하고, 경유차에 배출가스 저감장치를 부착하도록 함으로써 저공해화를 유도한다. 이 밖에도 연료 품질기준 강화, 자동차배출가스검사 강화, 자동차 배출가스 단속 강화 등 다양한 정책을 추진 중이다. 따라서 대도시 미세먼지 기여도 1위의 불명예를 안고 있는 노후 경유차 77%를 퇴출하는 한편, 어린이집, 유치원 밀집지역을 '미세 먼지 프리존(Free Zone)'으로 선정해 노후 경유차 출입 제한 등의 규제 조치를 취한다.

최대 미세먼지 배출국인 중국과 공조도 활발히 전개하기로 했다. 기존의 연구협력 수준을 넘어 환경기술사업 분야의 협력을 강화한다. 아울러 한중 정상회의에서 미세먼지 문제를 의제화해 공동선언 발표를 추진한다는 계획이다. 이처럼 미세먼지는 국가 간 협력해야 하는 전 세계적 문제라고 할 수 있다.

08 다음 중 (나)의 제목으로 옳지 않은 것은?

① 자동차의 공급, 대기오염의 원인
② 대기오염의 주범, 자동차 배출가스
③ 미세먼지, 자동차 배출가스 정책으로 줄여
④ 자동차 통행수요, 미세먼지에 영향
⑤ 친환경 자동차 공급, 미세먼지 감소

09 다음 중 바르게 이해하지 못한 사람은?

① 김 사원 : 미세먼지라고 위험성을 간과하면 안 되겠구나. 미세먼지 때문에 면역력이 감소하게
되면 각종 질병에 노출되니까 말이야.

② 이 사원 : 담배 연기로 생성되는 지름이 3μm 이하인 입자는 모두 '초미세먼지'라고 분류하는
구나.

③ 홍 대리 : 프랑스 파리에서는 미세먼지가 심각한 날에는 무조건 차량 2부제를 실시한다고 하는
데, 이는 (나)의 사례로 적절하네.

④ 손 대리 : 미국에서 자동차 배출가스 정화 장치를 부착하는 것은 미세먼지와 대기오염을 줄이기
위해 노력하는 방안 중 하나이구나.

⑤ 박 과장 : 우리나라의 노력도 중요하지만, 다른 나라와의 협력을 통해 대기오염을 개선하도록
노력하는 것도 매우 중요하구나.

10 다음 글의 내용과 일치하지 않는 것은?

최근 4차 산업혁명과 사물인터넷의 관심이 매우 증대하고 있다. 제4차 산업혁명은 디지털, 바이오, 물리학 등 다양한 경계를 융합한 기술혁명이 그 핵심이며 기술융합을 위하여 사물인터넷을 적극적으로 활용한다는 것이 주요 내용이라 할 수 있다. 제4차 산업혁명은 2016년 초 세계경제포럼의 가장 중요한 회의인 다보스포럼의 주제로 '제4차 산업혁명의 이해'가 채택됨으로 전 세계 많은 사람들의 주목을 받는 어젠다로 급부상하게 된다. 제4차 산업혁명을 촉발시키는 중요한 기술 중 하나는 사물 인터넷이다.

미국의 정보기술 연구회사 가트너(Gartner)는 2011년 10대 전략기술 중 하나로 사물인터넷을 선정한 이후 사물인터넷과 그 확장개념들이라 할 수 있는 만물인터넷 및 만물정보 등을 현재까지 매년 10대 전략기술에 포함시키고 있을 정도로 사물 인터넷은 정보통신기술 중 가장 중요한 기술로 자리잡았다.

사물인터넷을 활용하는 정보통신기술의 변화를 반영하는 스마트도시가 전 세계적으로 확산 중에 있다. 그 결과 2008년 선진국 중심으로 20여 개에 불과하던 스마트도시 관련 프로젝트는 최근 5년 사이 중국, 인도, 동남아시아, 남미, 중동 국가들을 포함하여 600여 개 이상의 도시에서 스마트도시 관련 프로젝트들이 추진 중에 있다.

우리나라는 한국형 스마트도시라고 할 수 있는 유비쿼터스도시(U-City) 프로젝트를 해외 도시들에 비하여 비교적 빠르게 추진하였다. 한국에서는 2003년부터 시민 삶의 질 향상 및 도시 경쟁력 제고를 목표로 신도시 개발과정에 직접 적용하는 U-City 프로젝트를 추진하였으며 해외 국가들에 비하여 빠른 정책적 지원 및 스마트도시 구축과 운영을 위한 재정 투자 등을 통하여 실무적 경험이 상대적으로 우위에 있다.

하지만 최근 신도시형 스마트도시 구축 위주의 한국형 스마트도시 모델은 한계점을 노출하게 된다. 최근 국내 건설경기 침체, 수도권 제2기 신도시 건설의 만료 도래 등으로 U-City 투자가 위축되었으며 대기업의 U-City 참여 제한 등으로 신도시 중심의 U-City 사업 모델 성장 동력이 축소되는 과정을 최근까지 겪어왔다. 또한, U-City 사업이 지능화시설물 구축 혹은 통합운영센터의 건설로 표면화 되었지만 공공주도 및 공급자 중심의 스마트도시 시설투자는 정책 수혜자인 시민의 체감으로 이어지지 못하는 한계가 발생하게 된다.

※ 어젠다 : 모여서 서로 의논할 사항이나 주제

① 제4차 산업혁명은 디지털, 바이오, 물리학 등 다양한 경계를 융합한 기술혁명이 그 핵심이다.
② 제4차 산업혁명을 촉발시키는 중요한 기술 중 하나는 사물 인터넷이다.
③ 만물인터넷 및 만물정보 등은 사물인터넷의 확장개념으로 정보통신기술의 중요한 기술로 자리 잡았다.
④ 우리나라는 한국형 스마트도시라고 할 수 있는 유비쿼터스도시(U-City) 프로젝트를 비교적 빠르게 추진하였다.
⑤ 스마트도시 시설투자의 수혜자인 시민의 체감으로 이어지지 못하는 이유로 대기업 주도의 투자이기 때문이다.

11 귀하는 K회사의 채용절차 중 토론면접에 참여하고 있다. 토론 주제는 '공공 자전거 서비스 제도를 실시해야 하는가.'이며, 다음은 토론면접의 일부이다. 토론 내용에 대한 이해로 올바르지 않은 것은?

사회자 : 최근 사람들의 교통 편의를 위해 공공 자전거 서비스를 제공하는 지방 자치 단체가 늘고 있습니다. 공공 자전거 서비스 제도는 지방 자치 단체에서 사람들에게 자전거를 무상으로 빌려주어 일상생활에서 이용하게 하는 제도입니다. 이에 대해 '공공 자전거 서비스 제도를 시행해야 한다.'라는 논제로 토론을 하고자 합니다. 먼저 찬성 측 입론해 주십시오.

A씨 : 최근 회사나 학교 주변의 교통 체증이 심각한 상황입니다. 특히, 출퇴근 시간이나 등하교 시간에는 많은 자동차가 한꺼번에 쏟아져 나와 교통 혼잡이 더욱 가중되고 있습니다. 공공 자전거 서비스 제도를 도입하여 많은 사람이 자전거를 이용하여 출퇴근하게 되면 출퇴근이나 등하교 시의 교통 체증 문제를 완화할 수 있을 것입니다. 또한 공공 자전거 서비스 제도를 시행하면 자동차의 배기가스로 인한 대기 오염을 줄일 수 있고, 경제적으로도 교통비가 절감되어 가계에 도움이 될 것입니다.

사회자 : 반대 측에서 반대 질의해 주십시오.

B씨 : 공공 자전거 서비스 제도를 실시하면 교통 체증 문제를 완화할 수 있다고 하셨는데, 그럴 경우 도로에 자전거와 자동차가 섞이게 되어 오히려 교통 혼잡 문제가 발생하지 않을까요?

A씨 : 자전거 전용 도로를 만들면 자전거와 자동차가 뒤섞여 빚는 교통 혼잡을 막을 수 있어서 말씀하신 문제점을 해결할 수 있습니다.

사회자 : 이번에는 반대 측에서 입론해 주십시오.

B씨 : 공공 자전거 서비스 제도가 도입되면 자전거를 구입하거나 유지하는 데 드는 비용, 자전거 대여소를 설치하고 운영하는 데 드는 경비 등을 모두 지방 자치 단체에서 충당해야 합니다. 그런데 이 비용들은 모두 사람들의 세금으로 마련되는 것입니다. 따라서 자전거를 이용하지 않는 사람들도 공공 자전거 서비스에 필요한 비용을 지불해야 하기 때문에 형평성의 문제가 발생할 수 있습니다. 자신의 세금 사용에 대해 문제를 제기할 수 있는 사람들의 요구를 고려하여 신중한 접근이 필요하다고 봅니다.

사회자 : 그러면 이번에는 찬성 측에서 반대 질의해 주십시오.

A씨 : 공공 자전거 서비스 제도의 운용 경비를 모두 지방 자치 단체에서 충당해야 한다고 하셨는데, 통계 자료에 따르면 공공 자전거 서비스 제도를 시행하고 있는 지방 자치 단체 열 곳 중 여덟 곳이 공공 자전거 대여소를 무인으로 운영하고 있으며, 운영 경비의 70%를 정부로부터 지원받고 있다고 합니다. 이런 점에서 지방 자치 단체가 운영 경비를 모두 부담한다고 보기 어렵지 않나요? 그리고 공공 자전거 서비스는 사람들 모두가 이용할 수 있는 혜택이므로 세금 사용의 형평성 문제가 발생한다고 보기 어렵다고 생각합니다.

B씨 : 물론 그렇게 볼 수도 있습니다만, 정부의 예산도 국민의 세금에서 지출되는 것입니다. 공공 자전거 무인 대여소 설치에 들어가는 비용은 얼마나 되는지, 우리 구에 정부 예산이 얼마나 지원될 수 있는지 등을 더 자세하게 살펴봐야 합니다.

---

① 반대 측은 형평성을 근거로 공공 자전거 서비스 제도에 대해 문제를 제기하고 있다.
② 찬성 측과 반대 측은 공공 자전거 서비스 시행 시 발생할 수 있는 교통 체증 문제에 대립하는 논점을 가지고 있다.
③ 찬성 측은 공공 자전거 서비스 제도의 효과에 대해 구체적인 근거를 제시하고 있다.
④ 반대 측은 예상되는 상황을 제시해서 찬성 측의 주장에 대해 의문을 제기하고 있다.
⑤ 반대 측은 찬성 측의 주장을 일부 인정하고 있다.

12   다음 중 글을 읽고 알 수 있는 사실이 아닌 것은?

인류의 역사를 석기시대, 청동기시대 그리고 철기시대로 구분한다면 현대는 '플라스틱시대'라고 할 수 있을 만큼 플라스틱은 현대사회에서 가장 혁명적인 물질 중 하나이다. "플라스틱은 현대 생활의 뼈, 조직, 피부가 되었다."는 미국의 과학 저널리스트 수전 프라인켈(Susan Freinkel)의 말처럼 플라스틱은 인간의 생활에 많은 부분을 차지하고 있다. 저렴한 가격과 필요에 따라 내구성, 강도, 유연성 등을 조절할 수 있는 장점 덕분에 일회용 컵부터 옷, 신발, 가구 등 플라스틱이 아닌 것이 거의 없을 정도이다. 그러나 플라스틱에는 치명적인 단점이 있다. 플라스틱이 지닌 특성 중 하나인 영속성(永續性)이다. 즉, 인간이 그동안 생산한 플라스틱은 바로 분해되지 않고 어딘가에 계속 존재하고 있어 플라스틱은 환경오염의 원인이 된 지 오래다.

치약, 화장품, 피부 각질제거제 등 생활용품, 화장품에 들어 있는 작은 알갱이의 성분은 '마이크로비드(Microbead)'라는 플라스틱이다. 크기가 1mm보다 작은 플라스틱을 '마이크로비드'라고 하는데 이 알갱이는 정수처리과정에서 걸러지지 않고 생활 하수구에서 강으로, 바다로 흘러간다. 조그만 알갱이들은 바다를 떠돌면서 생태계의 먹이사슬을 통해 동식물 체내에 축적되어 면역체계 교란, 중추신경계 손상 등의 원인이 되는 잔류성 유기 오염물질(Persistent Organic Pollutants)을 흡착한다. 그리고 물고기, 새 등 여러 생물은 마이크로비드를 먹이로 착각해 섭취한다. 마이크로비드를 섭취한 해양생물은 다시 인간의 식탁에 올라온다. 즉, 우리가 버린 플라스틱을 우리가 다시 먹게 되는 셈이다.

플라스틱 포크로 음식을 먹고, 플라스틱 컵으로 물을 마시는 등 플라스틱을 음식을 먹기 위한 수단으로만 생각했지 직접 먹게 되리라고는 상상도 못 했을 것이다. 우리가 먹은 플라스틱이 우리 몸에 남아 분해되지 않고 큰 질병을 키우게 될 것을 말이다.

① 플라스틱은 필요에 따라 유연성, 강도 등을 조절할 수 있고, 값이 싼 장점이 있다.
② 플라스틱은 바로 분해되지 않고 어딘가에 존재한다.
③ 마이크로비드는 크기가 작기 때문에 정수처리과정에서 걸러지지 않고 바다로 유입된다.
④ 마이크로비드는 잔류성 유기 오염물질을 분해하는 역할을 한다.
⑤ 물고기 등 해양생물들은 마이크로비드를 먹이로 착각해 먹는다.

13 B대리는 부서별 동아리 활동 진행을 맡게 되었는데 이번 동아리 활동은 등산이다. 필요한 준비물을 챙기던 중 미세먼지에 대비해 마스크를 구입하라는 지시를 받고 마스크를 사려고 한다. 다음 중 올바르지 않은 것은?

〈보건용 마스크 고르는 법〉

의약외품으로 허가된 '보건용 마스크' 포장에는 입자차단 성능을 나타내는 'KF80', 'KF94', 'KF99'가 표시되어 있는데, 'KF' 문자 뒤에 붙은 숫자가 클수록 미세입자 차단 효과가 더 크다. 다만 숨쉬기가 어렵거나 불편할 수 있으므로 황사·미세먼지 발생 수준, 사람별 호흡량 등을 고려해 적당한 제품을 선택하는 것이 바람직하다.

약국, 마트, 편의점 등에서 보건용 마스크를 구입하는 경우에는 제품의 포장에서 '의약외품'이라는 문자와 KF80, KF94, KF99 표시를 반드시 확인해야 한다.

아울러 보건용 마스크는 세탁하면 모양이 변형되어 기능을 유지할 수 없으므로 세탁하지 않고 사용해야 하며, 사용한 제품은 먼지나 세균에 오염되어 있을 수 있으므로 재사용하지 말아야 한다.

또한 수건이나 휴지 등을 덧댄 후 마스크를 사용하면 밀착력이 감소해 미세입자 차단 효과가 떨어질 수 있으므로 주의해야 하고, 착용 후에는 마스크 겉면을 가능하면 만지지 말아야 한다.

---

① KF 뒤에 붙은 숫자가 클수록 미세입자 차단 효과가 더 크다.
② 수건이나 휴지 등을 덧댄 후 마스크를 사용하는 것은 이중 차단 효과를 준다.
③ 보건용 마스크는 세탁하면 모양이 변형되어 기능을 유지할 수 없다.
④ 사용한 제품은 먼지나 세균에 오염되어 있을 수 있으므로 재사용하지 말아야 한다.
⑤ 착용 후에는 마스크 겉면을 가능한 한 만지지 않도록 한다.

안심Touch

14 다음 중 ㉠과 ㉡에 들어갈 내용을 가장 적절하게 나열한 것은?

아담 스미스의 '보이지 않는 손'이라는 가정은 시장에서 개인의 이익추구 활동을 제한하지 않는 것이 전체 이윤을 극대화하는 최선의 방책임을 보여주는 것으로 간주되었다. 그렇다면 다음의 경우는 어떠한가?

공동 소유의 목초지에 양을 치기에 알맞은 풀이 자라고 있다고 생각해 보자. 일정 넓이의 목초지에 방목할 수 있는 가축 두수에는 일정한 한계가 있기 마련이다. 즉 '수용 한계'가 존재하는 것이다. 그 목초지에 한 마리를 더 방목시킨다고 해서 다른 가축들이 갑자기 죽거나 병에 걸리는 것은 아니다. 하지만 목초지의 수용 한계를 넘어 양을 키울 경우, 목초가 줄어들어 그 목초지에서 양을 키워 얻을 수 있는 전체 생산량이 줄어든다. 나아가 수용 한계를 과도하게 초과할 정도로 사육 두수가 늘어날 경우 목초지 자체가 거의 황폐해진다.

예를 들어 수용 한계가 양 20마리인 공동 목초지에서 4명의 농부가 각각 5마리의 양을 키우고 있다고 해 보자. 그 목초지의 수용 한계에 이미 도달한 상태이지만, 그중 한 농부가 자신의 이익을 늘리고자 방목하는 양의 두수를 늘리려 한다. 그러면 5마리를 키우고 있는 농부들은 목초지의 수용 한계로 인하여 기존보다 이익이 줄어들지만, 두수를 늘린 농부의 경우 그의 이익이 기존보다 조금 늘어난다. 손실을 만회하기 위해 다른 농부들도 사육 두수를 늘리고자 할 것이다. 이러한 상황이 장기화될 경우, [㉠   ] 이처럼 아담 스미스의 '보이지 않는 손'에 시장을 맡겨 둘 경우 [㉡   ] 결과가 나타날 것이다.

① ㉠ : 농부들의 총이익은 기존보다 증가할 것이다.
   ㉡ : 한 사회의 공공 영역이 확장되는
② ㉠ : 농부들의 총이익은 기존보다 감소할 것이다.
   ㉡ : 한 사회의 전체 이윤이 감소하는
③ ㉠ : 농부들의 총이익은 기존보다 감소할 것이다.
   ㉡ : 한 사회의 전체 이윤이 유지되는
④ ㉠ : 농부들의 총이익은 기존과 같게 될 것이다.
   ㉡ : 한 사회의 전체 이윤이 유지되는
⑤ ㉠ : 농부들의 총이익은 기존과 같게 될 것이다.
   ㉡ : 한 사회의 공공 영역이 보호되는

15 다음 글을 읽고 '한국인의 수면 시간'과 관련된 글을 쓴다고 할 때, 글의 주제로 가장 적절하지 않은 것은?

인간은 평생 3분의 1 정도를 잠으로 보낸다. 잠은 낮에 사용한 에너지를 보충하고, 피로를 회복하는 중요한 과정이다. 하지만 한국인은 잠이 부족하다. 한국인의 수면 시간은 7시간 41분밖에 되지 않으며, 2016년 기준 경제협력개발기구(OECD) 회원국 가운데 꼴찌를 차지했다. 한 조사에 따르면, 전 국민의 17% 정도가 주 3회 이상 불면 증상을 갖고 있으며, 이는 연령이 높아짐에 따라 늘어났다. 이에 따라 불면증, 기면증, 수면무호흡증 등 수면장애로 병원을 찾는 사람은 2016년 기준 291만 8,976명으로 5년 새 13% 증가했다. 수면장애를 방치하면 삶의 질 저하는 물론 만성 두통, 심혈관계질환 등이 발생할 수 있다. 불면증은 수면 질환의 대명사로, 가장 흔하고 복합적인 질환이다. 불면증은 면역기능 저하, 인지감퇴뿐만 아니라 일상생활에 장애를 초래할 수 있으며, 우울증, 인지장애 등을 유발할 수 있다.

코를 골며 자다가 몇 초에서 몇 분 동안 호흡을 멈추는 수면무호흡증도 있다. 이 역시 인지기능 저하와 심혈관계질환 등 합병증을 일으킨다. 특히 수면무호흡증은 비만과 관계가 깊고, 졸음운전의 원인이 되기도 한다.

최근 고령 인구 증가로 뇌 퇴행성 질환인 렘수면 행동장애(RBD; Rem Sleep Behavior Disorder)도 늘고 있다. 이 병은 잠자는 동안 악몽을 꾸면서 소리를 지르고, 팔다리를 움직이고, 벽을 치고, 침대에서 뛰어내리는 등 난폭한 행동을 한다. 이 병을 앓는 상당수는 파킨슨병, 치매 환자로 이어진다. 또한, 잠들기 전에 다리에 이상 감각이나 통증이 생기는 하지불안증후군도 수면의 질을 떨어뜨리는 병이다. 낮 동안 졸리는 기면증(嗜眠症) 역시 일상생활에 심각한 장애를 초래한다.

한 정신건강의학과 교수는 "수면 문제는 결국 심혈관계질환, 치매와 파킨슨병 등의 퇴행성 질환, 우울증, 졸음운전의 원인이 되므로 전문적인 치료를 받아야 한다."고 했다.

① 한국인의 부족한 수면 시간
② 수면 마취제의 부작용
③ 수면장애의 종류
④ 수면장애의 심각성
⑤ 전문 치료가 필요한 수면장애

16 다음 중 글의 내용과 일치하지 않는 것은?

사람의 눈이 원래 하나였다면 세계를 입체적으로 지각할 수 있었을까? 입체 지각은 대상까지의 거리를 인식하여 세계를 3차원으로 파악하는 과정을 말한다. 입체 지각은 눈으로 들어오는 시각 정보로부터 다양한 단서를 얻어 이루어지는데, 이를 양안 단서와 단안 단서로 구분할 수 있다.

양안 단서는 양쪽 눈이 함께 작용하여 얻어지는 것으로, 양쪽 눈에서 보내오는 시차(視差)가 있는 유사한 상이 대표적이다. 단안 단서는 한쪽 눈으로 얻을 수 있는 것인데, 사람은 단안 단서만으로도 이전의 경험으로부터 추론에 의하여 세계를 3차원으로 인식할 수 있다. 망막에 맺히는 상은 2차원이지만 그 상들 사이의 깊이의 차이를 인식하게 해 주는 다양한 실마리들을 통해 입체 지각이 이루어진다.

동일한 물체가 크기가 다르게 시야에 들어오면 우리는 더 큰 시각(視角)을 가진 쪽이 더 가까이 있다고 인식한다. 이렇게 물체의 상대적 크기는 대표적인 단안 단서이다. 또 다른 단안 단서로는 '직선 원근'이 있다. 우리는 앞으로 뻗은 길이나 레일이 만들어 내는 평행선의 폭이 좁은 쪽이 넓은 쪽보다 멀리 있다고 인식한다. 또 하나의 단안 단서인 '결 기울기'는 같은 대상이 집단적으로 어떤 면에 분포할 때, 시야에 동시에 나타나는 대상들의 연속적인 크기 변화로 얻어진다. 예를 들면 들판에 만발한 꽃을 보면 앞쪽은 꽃이 크고 뒤로 가면서 서서히 꽃이 작아지는 것으로 보이는데 이러한 시각적 단서가 쉽게 원근감을 일으킨다.

어떤 경우에는 운동으로부터 단안 단서를 얻을 수 있다. '운동 시차'는 관찰자가 운동할 때 정지한 물체들이 얼마나 빠르게 움직이는 것처럼 보이는지가 물체들까지의 상대적 거리에 대한 실마리를 제공하는 것이다. 예를 들어 기차를 타고 가다 창밖을 보면 가까이에 있는 나무는 빨리 지나가고 멀리 있는 산은 거의 정지해 있는 것처럼 보인다.

① 세계를 입체적으로 지각하기 위해서는 단서가 되는 다양한 시각 정보가 필요하다.
② 단안 단서에는 물체의 상대적 크기, 직선 원근, 결 기울기, 운동 시차 등이 있다.
③ 사고로 한쪽 눈의 시력을 잃은 사람은 입체 지각이 불가능하다.
④ 대상까지의 거리를 인식할 수 있어야 세계를 입체적으로 지각할 수 있다.
⑤ 이동하는 차 안에서 창밖을 보면 가까이에 있는 건물이 멀리 있는 건물보다 더 빨리 지나간다.

17 다음 제시된 단락 또는 문장을 읽고, 이어질 단락을 논리적 순서대로 알맞게 배열한 것은?

> 연금 제도의 금융 논리와 관련하여 결정적으로 중요한 원리는 중세에서 비롯된 신탁 원리다. 12세기 영국에서는 미성년 유족(遺族)에게 토지에 대한 권리를 합법적으로 이전할 수 없었다. 그럼에도 불구하고 영국인들은 유언을 통해 자식에게 토지 재산을 물려주고 싶어 했다.

> (가) 이런 상황에서 귀족들이 자신의 재산을 미성년 유족이 아닌, 친구나 지인 등 제3자에게 맡기기 시작하면서 신탁 제도가 형성되기 시작했다. 여기서 재산을 맡긴 성인 귀족, 재산을 물려받은 미성년 유족, 그리고 미성년 유족을 대신해 그 재산을 관리·운용하는 제3자로 구성되는 관계, 즉 위탁자, 수익자, 그리고 수탁자로 구성되는 관계가 등장했다.
>
> (나) 연금 제도가 이 신탁 원리에 기초해 있는 이상, 연금 가입자는 연기금 재산의 운용에 대해 영향력을 행사하기 어렵게 된다. 왜냐하면 신탁의 본질상 공·사 연금을 막론하고 신탁 원리에 기반을 둔 연금 제도에서는 수익자인 연금 가입자의 적극적인 권리 행사가 허용되지 않기 때문이다.
>
> (다) 이 관계에서 주목해야 할 것은 미성년 유족은 성인이 될 때까지 재산권을 온전히 인정받지는 못했다는 점이다. 즉 신탁 원리 하에서 수익자는 재산에 대한 운용 권리를 모두 수탁자인 제3자에게 맡기도록 되어 있었기 때문에 수익자의 지위는 불안정했다.
>
> (라) 결국 신탁 원리는 수익자의 연금 운용 권리를 현저히 약화시키는 것을 기본으로 한다. 그 대신 연금 운용을 수탁자에게 맡기면서 '수탁자 책임'이라는, 논란이 분분하고 불분명한 책임이 부과된다. 수탁자 책임 이행의 적절성을 어떻게 판단할 수 있는가에 대해 많은 논의가 있었지만, 수탁자 책임의 내용에 대해서 실질적인 합의가 이루어지지는 못했다.

① (가) – (다) – (나) – (라)

② (가) – (나) – (라) – (다)

③ (다) – (가) – (나) – (라)

④ (나) – (라) – (가) – (다)

⑤ (나) – (가) – (다) – (라)

※ 다음 글을 읽고 이어지는 질문에 답하시오. [18~19]

저명한 철학자 화이트헤드는 철학을 '관념들의 모험'이라고 하였다. 실로 그렇다. 그러나 어떠한 모험도 위험이 뒤따르며 철학의 모험도 예외가 아니다. 여기서는 철학의 모험을 처음으로 시도하려고 할 때에 겪을 수 있는 몇 가지 위험을 지적해 보겠다.

일반적으로 적은 지식은 위험하다고 말하곤 한다. 그러나 커다란 지식을 얻기 위해서는 적은 양에서 시작하지 않으면 안 된다. 또한, 커다란 지식을 갖추었다고 하더라도 위험이 완전히 배제되는 것은 아니다. 예를 들면, 원자 에너지의 파괴적인 위력에 대해 지대한 관심을 가진 사람들이 원자의 비밀을 꿰뚫어 보려고 막대한 노력을 기울였다. 그러나 원자에 대한 지식의 획득에도 불구하고 사람들이 느끼는 위험은 줄어들지 않고 오히려 늘어났다. 이와 같이 증대하는 지식이 새로운 난점들을 발생시킨다는 사실을 알게 된 것은 최근의 일이 아니다. 서양 철학자 플라톤의 '동굴의 비유'는 지식의 획득과 그에 따른 대가 지불을 불가분의 관계로 이해하고 있음을 보여준다.

㉠ '동굴의 비유'에 의하면, 사람들은 태어나면서부터 앞만 보도록 된 곳에 앉은 쇠사슬에 묶인 죄수와 같다는 것이다. 사람들의 등 뒤로는 불이 타오르고, 그 불로 인해 모든 사물은 동굴의 벽에 그림자로 나타날 뿐이다. 혹 동굴 밖의 환한 세상으로 나온 이가 있다면, 자신이 그동안 기만과 구속의 흐리멍덩한 삶을 살아왔음을 깨닫게 될 것이다. 그리하여 그가 동굴로 돌아가 사람들을 계몽하고자 한다면, 그는 오히려 무지의 장막에 휩싸인 자들에게 불신과 박해를 받게 될 것이다. 여기에서 박해를 받는 것은 깨달음에 가해진 '선물'이라고 할 수 있다.

철학 입문자들은 실제로 지적(知的)으로 도전을 받기를 원하는 사람들이다. 그들은 정신의 모험에 참여하겠다는 서명을 한 셈이다. 또한 그들은 자신들을 위해 계획된 새로운 내용과 높은 평가 기준이 자신에게 적용되기를 바란다. 그들은 앞으로 무슨 일이 일어날지 거의 모르고 있지만, 그들 자신은 자발적으로 상당한 정도의 개인적인 위험을 기꺼이 감수하려 든다. 이러한 위험을 구체적으로 말하면, 자기를 인식하는 데 따르는 위험이며, 이전부터 갖고 있던 사고와 행위 방식을 혼란시킬지도 모르는 모험이며, 학습하는 도중에 발생할 수 있는 미묘하고도 중대한 위험이다. 한 번 문이 열리면 다시 그 문을 닫기란 매우 어렵다. 일반 사람들은 더 큰 방, 더 넓은 인생 공간에 나아가면 대부분 두려움을 느끼며 용기를 잃게 된다. 그러나 몇몇의 뛰어난 입문자들은 사활(死活)을 걸어야 하는 도전에 맞서, 위험을 감싸 안으며 흥미로운 작업을 진전시키기 위해 지성적 도구들을 예리하게 간다.

철학의 모험은 자주 거칠고 무한한 혼돈의 바다에 표류하는 작은 뗏목에 비유된다. 어떤 철학적 조난자들은 뗏목과 파도와 날씨 등의 직접적인 환경을 더욱 깊이 알게 될 것이다. 또한 어떤 조난자들은 조류의 속도나 현재의 풍향을 알게 될 것이다. 또 어떤 조난자들은 진리의 섬을 얼핏 보고 믿음이라는 항구를 향해 힘차게 배를 저어 나아갈 것이다. 또 다른 조난자들은 막막함과 절망의 중심에서 완전히 좌초해 버릴 수도 있다. 뗏목과 그 위에 탄 사람들은 '보험'에 들어 있지 않다. 거기에는 보증인이 없다. 그러나 뗏목은 늘 거기에 있으며, 이미 뗏목을 타고 있는 사람들은 더 많은 사람이 자신이 있는 곳으로 올 수 있도록 자리를 마련할 것이다.

18 다음 중 윗글의 서술상의 특징으로 적절한 것은?

① 비유적인 표현으로 대상의 특성을 밝히고 있다.
② 여러 가지를 비교하면서 우월성을 논하고 있다.
③ 상반된 이론을 대비하여 독자의 관심을 유도하고 있다.
④ 용어의 개념을 제시하여 대상의 범위를 한정하고 있다.
⑤ 대상의 문제점을 파악하고 나름의 해결책을 모색하고 있다.

19 윗글의 글쓴이가 밑줄 친 ㉠을 인용한 이유를 바르게 추리한 것은?

① 자신의 운명은 스스로 개척해야 한다는 것을 주지시키기 위해
② 인간의 호기심은 불행한 결과를 초래한다는 것을 알려 주기 위해
③ 인간이 지켜야 할 공동의 규범은 반드시 따라야 함을 강조하기 위해
④ 새로운 지식을 획득하려면 대가를 치러야 한다는 것을 주지시키기 위해
⑤ 커다란 지식을 갖추는 것이 중요함을 알리기 위해

20 다음 중 글을 읽고 추론한 내용으로 가장 적절한 것은?

> 미적인 것이란 내재적이고 선험적인 예술 작품의 특성을 밝히는 데서 더 나아가 삶의 풍부하고 생동적인 양상과 가치, 목표를 예술 형식으로 변환한 것이다. 미(美)는 어떤 맥락으로부터도 자율적이기도 하지만 타율적이다. 미에 대한 자율적 견해를 지닌 칸트도 일견 타당하지만, 미를 도덕이나 목적론과 연관시킨 톨스토이나 마르크스도 타당하다. 우리가 길을 지나다 이름 모를 곡을 듣고서 아름답다고 느끼는 것처럼 순수미의 영역이 없는 것은 아니다. 하지만 그 곡이 독재자를 열렬히 지지하기 위한 선전곡이었음을 안 다음부터 그 곡을 혐오하듯 미(美) 또한 사회 경제적, 문화적 맥락의 영향을 받기도 한다.

① 작품의 구조 자체에 주목하여 문학작품을 감상해야 한다는 절대주의적 관점은 칸트의 견해와 유사하다.
② 칸트는 현실과 동떨어진 작품보다 부조리한 사회 현실을 고발하는 작품의 가치를 더 높게 평가하였을 것이다.
③ 칸트의 견해에 따르면 예술 작품이 독자에게 어떠한 영향을 미치느냐에 따라 작품의 가치가 달라질 수 있다.
④ 톨스토이의 견해에 따라 시를 감상한다면 운율과 이미지, 시상 전개 등을 중심으로 감상해야 한다.
⑤ 톨스토이와 마르크스는 예술 작품이 내재하고 있는 고유한 특성이 감상에 중요하지 않다고 주장했다.

02 수리능력

01 집에서 약수터까지 가는 데 형은 $\frac{1}{2}$m/s로 걸어서 10분 걸리고, 동생은 15분이 걸린다. 두 사람이 동시에 집에서 출발하여 약수터를 다녀오는 데 형이 집에 도착했다면 동생은 집에서 몇 m 떨어진 곳에 있는가?(단, 약수터에서 머문 시간은 생각하지 않는다)

① 150m   ② 200m

③ 250m   ④ 300m

⑤ 350m

02 남자 5명과 여자 3명 중에서 4명의 대표를 선출할 때, 적어도 1명의 여자가 포함되도록 선출하는 경우의 수는?

① 55가지   ② 60가지

③ 65가지   ④ 70가지

⑤ 75가지

03 양궁 대회에 참여한 진수, 민영, 지율, 보라 네 명의 최고점이 모두 달랐다. 진수의 최고점과 민영이 최고점의 2배를 합한 점수가 10점이었고, 지율이의 최고점과 보라 최고점의 2배를 합한 점수가 35점이었다. 진수, 민영, 지율이의 최고점에 각각 2배, 4배, 5배를 한 총점의 합이 85점이었다면 보라의 최고점은 몇 점인가?

① 8점   ② 9점

③ 10점   ④ 11점

⑤ 12점

04 다음과 같은 유통과정에서 상승한 최종 배추가격은 협동조합의 최초 구매가격 대비 몇 % 상승했는가?

판매처	구매처	판매가격
산지	협동조합	재배 원가에 10% 이윤을 붙임
협동조합	도매상	산지에서 구입가격에 20% 이윤을 붙임
도매상	소매상	협동조합으로부터 구입가격이 판매가의 80%
소매상	소비자	도매상으로부터 구입가격에 20% 이윤을 붙임

① 98%
② 80%
③ 78%
④ 70%
⑤ 65%

05 다음과 같은 도로를 따라 P지점에서 R지점까지 이동하려고 한다. Q, S지점을 반드시 거쳐야 할 때, 최단거리로 이동 가능한 방법은 모두 몇 가지인가?

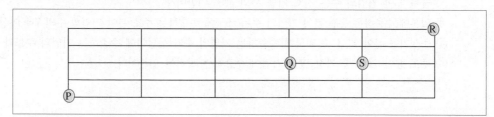

① 18가지
② 30가지
③ 32가지
④ 44가지
⑤ 48가지

※ 다음은 국내기업의 업종별 현재 수출 국가와 업종별 향후 진출 희망 국가에 관한 자료이다. 다음 자료를 읽고 이어지는 질문에 답하시오. [6~7]

〈업종별 현재 수출 국가〉

(단위 : 개)

구분	일본	중국	미국	동남아	독일	유럽(독일제외)	기타	무응답	합계
주조	24	15	20	18	20	13	15	0	125
금형	183	149	108	133	83	83	91	0	830
소성가공	106	100	94	87	56	69	94	19	625
용접	96	96	84	78	120	49	77	0	600
표면처리	48	63	63	45	0	24	57	0	300
열처리	8	13	11	9	5	6	8	0	60
합계	465	436	380	370	284	244	342	19	2,540

〈업종별 향후 진출 희망 국가〉

(단위 : 개)

구분	일본	중국	미국	동남아	독일	유럽(독일제외)	기타	합계
주조	24	16	29	25	1	8	3	106
금형	16	7	23	16	24	25	0	111
소성가공	96	129	140	129	8	28	58	588
용접	16	295	92	162	13	119	48	745
표면처리	5	32	7	19	0	13	10	86
열처리	0	16	2	7	0	0	2	27
합계	157	495	293	358	46	193	121	1,663

※ 모든 업종의 기업은 하나의 국가에만 수출한다.

06 다음 중 업종별 현재 수출 국가에 관한 설명으로 옳지 않은 것은?

① 열처리 분야 기업 중 중국에 수출하는 기업의 비율은 20% 이상이다.
② 금형 분야 기업의 수는 전체 기업 수의 40% 미만이다.
③ 일본에 수출하는 용접 분야 기업의 수는 중국에 수출하는 주조 분야 기업의 수의 7배 이상이다.
④ 소성가공 분야 기업 중 미국에 수출하는 기업의 수가 동남아에 수출하는 기업의 수보다 많다.
⑤ 주조 분야 기업 중 가장 많은 기업이 수출하는 국가는 일본이다.

07 다음 중 자료에 대해 옳은 설명을 한 사람을 모두 고른 것은?

- 지현 : 가장 많은 수의 금형 분야 기업들이 진출하고 싶어 하는 국가는 독일이야.
- 준엽 : 국내 열처리 분야 기업들이 가장 많이 수출하는 국가는 가장 많은 열처리 분야 기업들이 진출하고 싶어 하는 국가와 같아.
- 찬영 : 표면처리 분야 기업 중 유럽(독일 제외)에 진출하고 싶어 하는 기업은 미국에 진출하고 싶어 하는 기업의 2배 이상이야.
- 진경 : 용접 분야 기업 중 기타 국가에 수출하는 기업의 수는 용접 분야 기업 중 독일을 제외한 유럽에 진출하고 싶어 하는 기업의 수보다 많아.

① 지현, 준엽
② 지현, 찬영
③ 준엽, 찬영
④ 준엽, 진경
⑤ 찬영, 진경

08 다음은 P공장에서 근무하는 근로자들의 임금수준 분포를 나타낸 자료이다. 근로자 전체에게 지급된 임금(월 급여)의 총액이 2억 원일 때, 〈보기〉 중 올바른 설명을 모두 고른 것은?

〈공장 근로자의 임금수준 분포〉

임금수준(만 원)	근로자 수(명)
월 300 이상	4
월 270 이상 300 미만	8
월 240 이상 270 미만	12
월 210 이상 240 미만	26
월 180 이상 210 미만	30
월 150 이상 180 미만	6
월 150 미만	4
합계	90

보기

㉠ 근로자당 평균 월 급여액은 230만 원 이하이다.
㉡ 절반 이상의 근로자들이 월 210만 원 이상의 급여를 받고 있다.
㉢ 월 180만 원 미만이 급여를 받는 근로자의 비율은 약 14%이나.
㉣ 적어도 15명 이상의 근로자가 월 250만 원 이상의 급여를 받고 있다.

① ㉠
② ㉠, ㉡
③ ㉠, ㉡, ㉣
④ ㉡, ㉢, ㉣
⑤ ㉠, ㉡, ㉢, ㉣

※ 다음은 O사에서 제품별 밀 소비량을 조사한 그래프이다. 그래프를 참고하여 이어지는 질문에 답하시 오. [9~10]

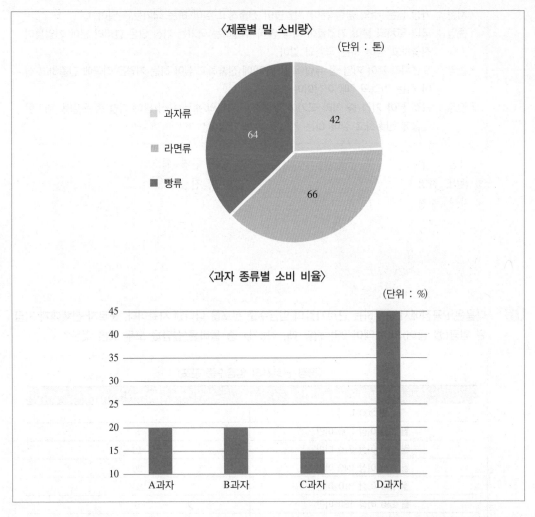

〈제품별 밀 소비량〉
(단위 : 톤)

과자류
라면류
빵류

〈과자 종류별 소비 비율〉
(단위 : %)

09 O사가 과자류에 밀 사용량을 늘리기로 결정하였다. 라면류와 빵류에 소비되는 밀 소비량의 각각 10%씩을 과자류에 사용한다면, 과자류에는 총 몇 톤의 밀을 사용하게 되는가?

① 45톤　　　　　　　　　　　　② 50톤

③ 55톤　　　　　　　　　　　　④ 60톤

⑤ 65톤

10 A ~ D과자 중 밀을 가장 많이 소비하는 과자와 가장 적게 소비하는 과자의 밀 소비량 차이는 몇 톤인가?(단, 제품별 밀 소비량 그래프의 과자류 밀 소비량 기준이다)

① 10.2톤   ② 11.5톤
③ 12.6톤   ④ 13톤
⑤ 14.4톤

11 다음은 권장 소비자 가격과 판매 가격 차이를 조사한 자료 중 일부이다. 주어진 〈조건〉을 적용했을 때, 할인가 판매 시 괴리율이 가장 높은 품목은?(단, 괴리율은 소수점 이하 둘째 자리에서 버림한다)

(단위 : 원, %)

상품	판매 가격		권장 소비자 가격과의 괴리율	
	정상가	할인가	권장 소비자 가격	정상가 판매 시 괴리율
세탁기	600,000	580,000	640,000	6.2
무선전화기	175,000	170,000	181,000	3.3
오디오세트	470,000	448,000	493,000	4.6
골프채	750,000	720,000	786,000	4.5
운동복	195,000	180,000	212,500	8.2

조건

- [권장 소비자 가격과의 괴리율(%)] = $\dfrac{(권장 소비자 가격)-(판매 가격)}{(권장 소비자 가격)} \times 100$
- 정상가 : 할인 판매를 하지 않는 상품의 판매 가격
- 할인가 : 할인 판매를 하는 상품의 판매 가격

① 세탁기   ② 무선전화기
③ 오디오세트   ④ 골프채
⑤ 운동복

12 다음은 2016 ~ 2019년 행정기관들의 고충민원 접수처리 현황 자료이다. 자료에 대한 〈보기〉의 설명 중 적절한 것을 모두 고른 것은?(단, 소수점 이하 셋째 자리에서 반올림한다)

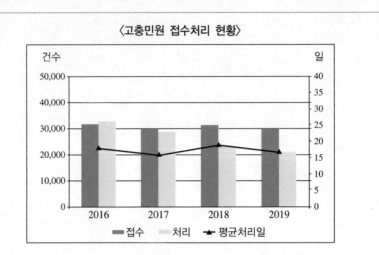

〈고충민원 접수처리 현황〉

〈고충민원 접수처리 항목별 세부현황〉

(단위 : 건)

구분		2016년	2017년	2018년	2019년
접수		31,681	30,038	31,308	30,252
처리		32,737	28,744	23,573	21,080
인용	시정권고	277	257	205	212
	제도개선	–	–	–	–
	의견표명	467	474	346	252
	조정합의	2,923	2,764	2,644	2,567
	소계	3,667	3,495	3,195	3,031
단순안내		12,396	12,378	10,212	9,845
기타처리		16,674	12,871	10,166	8,204
평균처리일		18일	16일	19일	17일

보기

ㄱ. 기타처리 건수의 전년 대비 감소율은 매년 증가하였다.
ㄴ. 처리 건수 중 인용 건수 비율은 2019년이 2016년에 비해 3% 이상 높다.
ㄷ. 조정합의 건수의 처리 건수 대비 비율은 2017년이 2018년보다 높다.
ㄹ. 평균처리일이 짧은 해일수록 조정합의 건수 대비 의견표명 건수 비율이 높다.

① ㄱ
② ㄴ
③ ㄱ, ㄷ
④ ㄴ, ㄹ
⑤ ㄴ, ㄷ, ㄹ

※ 어느 나라의 중학교 졸업자의 그 해 진로에 관한 조사 결과이다. 이어지는 질문에 답하시오.
[13~14]

(단위 : 명)

구분	성별		중학교 종류		
	남	여	국립	공립	사립
중학교 졸업자	908,388	865,323	11,733	1,695,431	66,547
고등학교 진학자	861,517	838,650	11,538	1,622,438	66,146
진학 후 취업자	6,126	3,408	1	9,532	1
직업학교 진학자	17,594	11,646	106	29,025	109
진학 후 취업자	133	313	0	445	1
취업자(진학자 제외)	21,639	8,913	7	30,511	34
실업자	7,523	6,004	82	13,190	255
사망, 실종	155	110	0	222	3

13 남자와 여자의 고등학교 진학률은 각각 얼마인가?

　　　　남자　　　여자
① 약 94.8%　　약 96.9%
② 약 94.8%　　약 94.9%
③ 약 95.9%　　약 96.9%
④ 약 95.9%　　약 94.9%
⑤ 약 96.8%　　약 96.9%

14 공립 중학교를 졸업한 남자 중 취업자는 몇 %인가?

① 50%　　　　　　② 60%
③ 70%　　　　　　④ 80%
⑤ 알 수 없음

※ 다음은 현 직장 만족도에 대하여 조사한 자료이다. 자료를 참고하여 이어지는 질문에 답하시오.
[15~16]

<현 직장 만족도>

만족분야별	직장유형별	2018년	2019년
전반적 만족도	기업	6.9	6.3
	공공연구기관	6.7	6.5
	대학	7.6	7.2
임금과 수입	기업	4.9	5.1
	공공연구기관	4.5	4.8
	대학	4.9	4.8
근무시간	기업	6.5	6.1
	공공연구기관	7.1	6.2
	대학	7.3	6.2
사내분위기	기업	6.3	6.0
	공공연구기관	5.8	5.8
	대학	6.7	6.2

15 2018년 3개 기관의 전반적 만족도의 합은 2019년 3개 기관의 임금과 수입 만족도의 합의 몇 배인가?(단, 소수점 이하 둘째 자리에서 반올림한다)

① 1.4배 ② 1.6배
③ 1.8배 ④ 2.0배
⑤ 2.2배

16 다음 중 자료에 대한 설명으로 옳지 않은 것은?(단, 비율은 소수점 이하 둘째 자리에서 반올림한다)

① 현 직장에 대한 전반적 만족도는 대학 유형에서 가장 높다.
② 2019년 근무시간 만족도에서는 공공연구기관과 대학의 만족도가 동일하다.
③ 2019년에 모든 유형의 직장에서 임금과 수입의 만족도는 전년 대비 증가했다.
④ 사내분위기 측면에서 2018년과 2019년 공공연구기관의 만족도는 동일하다.
⑤ 2019년 근무시간에 대한 만족도의 전년 대비 감소율은 대학 유형이 가장 크다.

17 다음은 2015 ~ 2019년 4종목의 스포츠 경기에 대한 경기 수를 나타낸 자료이다. 다음 중 자료에 대한 설명으로 가장 적절하지 않은 것은?

〈국내 연도별 스포츠 경기 수〉

(단위 : 회)

구분	2015년	2016년	2017년	2018년	2019년
농구	413	403	403	403	410
야구	432	442	425	433	432
배구	226	226	227	230	230
축구	228	230	231	233	233

① 농구의 경기 수는 2016년 전년 대비 감소율이 2019년 전년 대비 증가율보다 높다.

② 2015년 농구와 배구 경기 수 차이는 야구와 축구 경기 수 차이의 90% 이상이다.

③ 2015년부터 2019년까지 야구 평균 경기 수는 축구 평균 경기 수의 2배 이하이다.

④ 2016년부터 2018년까지 경기 수가 증가하는 스포츠는 1종목이다.

⑤ 2019년 경기 수가 5년 동안의 각 종목별 평균 경기 수보다 적은 스포츠는 1종목이다.

18 대학교 입학을 위해 지방에서 올라온 대학생 S씨는 자취방을 구하려고 한다. 대학교 근처 자취방의 월세와 대학교까지 거리는 다음과 같다. 한 달을 기준으로 S씨가 지출하게 될 자취방 월세와 자취방에서 대학교까지 왕복 시 거리비용을 합산할 때, S씨가 선택할 수 있는 가장 저렴한 비용의 자취방은?

구분	월세	대학교까지 거리(편도)
A자취방	330,000원	1.8km
B자취방	310,000원	2.3km
C자취방	350,000원	1.3km
D자취방	320,000원	1.6km
E자취방	340,000원	1.4km

※ 대학교 통학일(한 달 기준) : 15일

※ 거리비용 : 1km당 2,000원

① A자취방

② B자취방

③ C자취방

④ D자취방

⑤ E자취방

※ H사 인사팀에 근무하고 있는 E대리는 다른 부서의 D대리와 B과장의 승진심사를 위해 아래 표를 작성하였다. 이어지는 질문에 답하시오. [19~20]

〈승진심사 점수〉

(단위 : 점)

구분	기획력	업무실적	조직 성과업적	청렴도	승진심사 평점
B과장	80	72	78	70	
D대리	60	70	48		63.6

※ 승진심사 평점은 기획력 30%, 업무실적 30%, 조직 성과업적 25%, 청렴도 15%로 계산한다.
※ 각 부문별 만점 기준점수는 100점이다.

19 다음 중 D대리의 청렴도 점수로 옳은 것은?

① 80점 　　　　　② 81점
③ 82점 　　　　　④ 83점
⑤ 84점

20 H사에서 과장이 승진후보에 오르기 위해서는 승진심사 평점이 80점 이상이어야 한다. B과장이 과장 승진후보가 되려면 몇 점이 더 필요한가?

① 4.2점 　　　　　② 4.4점
③ 4.6점 　　　　　④ 4.8점
⑤ 5.0점

03 문제해결능력

01 다음은 G화장품의 신제품 판매 동향 보고서이다. 이 기업이 가장 중점을 두어야 할 대책으로 적절한 것은?

> • 대상제품 : 새로 개발한 상황버섯 로션
> • 영업활동 : 발매와 동시에 대규모 광고 시행
> • 판매실적 : 예상판매 목표의 50% 미만으로 매우 부진
> • 원인분석 : 소비자들이 자사 브랜드를 잘 알고 있지만 상황버섯의 독특한 향이 싫어서 판매실적
>   이 부진해 보임

① 제품 특성을 개선한다.
② 판매 가격을 인하한다.
③ 판매 점포를 확대한다.
④ 홍보 자료를 배포한다.
⑤ 점포 인원을 확대한다.

02 여덟 조각의 피자를 다음 〈조건〉에 따라 A, B, C, D가 나눠 먹는다고 할 때, 참이 아닌 진술은?

> **조건**
> • 네 사람 중 피자를 한 조각도 먹지 않은 사람은 없다.
> • A는 피자 두 조각을 먹었다.
> • 피자를 가장 적게 먹은 사람은 B이다.
> • C는 D보다 피자 한 조각을 더 많이 먹었다.

① 피자 한 조각이 남는다.
② 두 명이 짝수 조각의 피자를 먹었다.
③ A와 D가 먹은 피자 조각 수는 같다.
④ C가 가장 많은 조각의 피자를 먹었다.
⑤ B는 D보다 피자 한 조각을 덜 먹었다.

03 A고객은 3일 후 떠날 3주간의 제주도 여행에 대비하여 가족 모두 여행자 보험에 가입하고자 H은행에 전화로 문의하였다. 이에 K사원이 A고객에게 여행자 보험 상품을 추천하고자 할 때, K사원의 설명으로 적절하지 않은 것은?(단, A고객 가족의 나이는 만 14세, 17세, 45세, 51세, 75세이다)

〈H은행 여행자 보험〉

- 가입연령 : 만 1 ~ 79세(인터넷 가입 만 19 ~ 70세)
- 납입방법 : 일시납
- 납입기간 : 일시납
- 보험기간 : 2일 ~ 최대 1개월
- 보장내용

보장의 종류	보험금 지급사유	지급금액
상해사망 및 후유장해	여행 중 사고로 상해를 입고 그 직접적인 결과로 사망하거나 후유장해상태가 되었을 때	- 사망 시 가입금액 전액 지급 - 후유장해 시 장해정도에 따라 가입금액의 30 ~ 100% 지급
질병사망	여행 중 발생한 질병으로 사망 또는 장해지급률 80% 이상의 후유장해가 남았을 경우	가입금액 전액 지급
휴대품손해	여행 중 우연한 사고로 휴대품이 도난 또는 파손되어 손해를 입은 경우	가입금액 한도 내에서 보상하되 휴대품 1개, 또는 1쌍에 대하여 20만 원 한도로 보상(단, 자기부담금 1만 원 공제)

- 유의사항
  - 보험계약 체결일 기준 만 15세 미만자의 경우 사망은 보장하지 않음
  - 보장금액과 상해, 질병 의료실비에 관한 보장내용은 홈페이지 참조

---

① 고객님, 가족 모두 가입하시려면 반드시 은행에 방문 접수를 해주셔야 합니다.
② 고객님, 만 14세 자녀의 경우에 본 상품에 가입하셔도 사망보험금은 지급되지 않습니다.
③ 고객님, 여행 도중 귀중품을 분실하셨을 경우에 분실물의 수량과 관계없이 최대 20만 원까지 보상해 드립니다.
④ 고객님, 후유장해 시 보험금은 장해정도에 따라 차등 지급됩니다.
⑤ 고객님, 보험가입 시 보험금은 한 번만 내시면 됩니다.

04 A공단에서는 사업주의 직업능력개발훈련 시행을 촉진하기 위해 훈련방법과 기업규모에 따라 지원금을 차등지급하고 있다. 다음 자료를 토대로 원격훈련으로 직업능력개발훈련을 시행하는 X, Y, Z 세 기업과 각 기업의 원격훈련지원금을 올바르게 짝지은 것은?

〈기업 규모별 지원 비율〉

구분	훈련	지원 비율
우선지원대상 기업	향상 · 양성훈련 등	100%
대규모 기업	향상 · 양성훈련	60%
	비정규직 대상훈련 / 전직훈련	70%
상시근로자 1,000인 이상 대규모 기업	향상 · 양성훈련	50%
	비정규직 대상훈련 / 전직훈련	70%

〈원격훈련 종류별 지원금〉

훈련종류 / 심사등급	인터넷	스마트	우편
A	5,600원	11,000원	3,600원
B	3,800원	7,400원	2,800원
C	2,700원	5,400원	1,980원

※ 인터넷 · 스마트 원격훈련 : 정보통신매체를 활용하여 훈련이 시행되고 훈련생 관리 등이 웹상으로 이루어지는 훈련
※ 우편원격훈련 : 인쇄매체로 된 훈련교재를 이용하여 훈련이 시행되고 훈련생 관리 등이 웹상으로 이루어지는 훈련
※ (원격훈련지원금)=(원격훈련 종류별 지원금)×(훈련시간)×(훈련수료인원)×(기업 규모별 지원 비율)

〈세 기업의 원격훈련 시행 내역〉

구분	X기업	Y기업	Z기업
기업규모	우선지원대상 기업	대규모 기업	상시근로자 1,000인 이상 대규모 기업
종류	스마트	인터넷	스마트
내용	향상 · 양성훈련	비정규직 대상훈련 / 전직훈련	향상 · 양성훈련
훈련시간	6시간	3시간	4시간
등급	C등급	B등급	A등급
훈련수료인원	7명	4명	6명

① X기업 - 201,220원
② X기업 - 226,800원
③ Y기업 - 34,780원
④ Y기업 - 35,120원
⑤ Z기업 - 98,000원

05 K공사에서 2박 3일로 신입사원 OT 행사를 하기로 하였다. 김 대리는 신입사원에게 할당된 방에 신입사원을 배정하는 업무를 맡았다. 아래 결과를 참고할 때 신입사원에게 주어진 방은 몇 개인가?

> • 4명씩 방을 배정하면 12명이 방 배정을 못 받는다.
> • 6명씩 방을 배정하면 방이 2개가 남는다.

① 12개   ② 14개
③ 16개   ④ 24개
⑤ 26개

06 S사는 신제품의 품번을 다음과 같은 규칙에 따라 정한다. 제품에 설정된 임의의 영단어가 'intellectual'라면 이 제품의 품번으로 올바른 것은?

> 〈규칙〉
>
> 1단계 : 알파벳 a ~ z를 숫자 1, 2, 3, …으로 변환하여 계산한다.
> 2단계 : 제품에 설정된 임의의 영단어를 숫자로 변환한 값의 합을 구한다.
> 3단계 : 임의의 영단어 속 자음의 합에서 모음의 합을 뺀 값의 절댓값을 구한다.
> 4단계 : 2단계와 3단계의 값을 더한 다음 4로 나누어 2단계의 값에 더한다.
> 5단계 : 4단계의 값이 정수가 아닐 경우, 소수점 이하 첫째 자리에서 버림한다.

① 120   ② 140
③ 160   ④ 180
⑤ 200

※ 다음은 A, B, C, D사원의 5월 근태 현황 중 일부를 나타낸 자료이다. 다음을 보고 이어지는 질문에 답하시오. **[7~8]**

〈5월 근태 현황〉

(단위 : 회)

구분	A사원	B사원	C사원	D사원
지각	1			1
결근				
야근				2
근태 총 점수(점)	0	-4	-2	0

〈5월 근태 정보〉

- 근태는 지각(-1), 결근(-1), 야근(+1)으로 이루어져 있다.
- A, B, C, D사원의 근태 총 점수는 각각 0점, -4점, -2점이다.
- A, B, C사원은 지각, 결근, 야근을 각각 최소 1회, 최대 3회 하였고 각 근태 횟수는 모두 달랐다.
- A사원은 지각을 1회 하였다.
- 근태 중 야근은 A사원이 가장 많이 했다.
- 지각은 B사원이 C사원보다 적게 했다.

07 다음 중 항상 옳은 것은?

① 지각을 제일 많이 한 사람은 C사원이다.
② B사원은 결근을 2회 했다.
③ C사원은 야근을 1회 했다.
④ A사원은 결근을 3회 했다.
⑤ 야근을 가장 적게 한 사람은 A사원이다.

08 다음 중 지각보다 결근을 많이 한 사람은?

① A사원, B사원　　　　　　② A사원, C사원
③ B사원, C사원　　　　　　④ B사원, D사원
⑤ C사원, D사원

안심Touch

09 남성 정장 제조 전문회사에서 20대를 위한 캐주얼 SPA 브랜드에 신규 진출하려고 한다. 귀하는 3C 분석 방법을 취하여 다양한 자료를 조사했으며, 다음과 같은 분석내용을 도출하였다. 자사에서 추진하려는 신규 사업 계획의 타당성에 대해서 올바르게 설명한 것은?

3C	상황분석
고객(Customer)	• 40대 중년 남성을 대상으로 한 정장 시장은 정체 및 감소 추세 • 20대 캐주얼 및 SPA 시장은 매년 급성장
경쟁사(Competitor)	• 20대 캐주얼 SPA 시장에 진출할 경우, 경쟁사는 글로벌 및 토종 SPA 기업, 캐주얼 전문 기업 외에도 비즈니스 캐주얼, 아웃도어 의류 기업도 포함 • 경쟁사들은 브랜드 인지도, 유통망, 생산 등에서 차별화된 경쟁력을 가짐 • 경쟁사 중 상위업체는 하위업체와의 격차 확대를 위해 파격적 가격 정책과 20대 지향 디지털마케팅 전략을 구사
자사(Company)	• 신규 시장 진출 시 막대한 마케팅 비용 발생 • 낮은 브랜드 인지도 • 기존 신사 정장 이미지 고착 • 유통과 생산 노하우 부족 • 디지털마케팅 역량 미흡

① 20대 SPA 시장이 급성장하고, 경쟁이 치열해지고 있지만, 자사의 유통 및 생산 노하우로 가격경쟁력을 확보할 수 있으므로 신규 사업을 추진하는 것이 바람직하다.

② 40대 중년 정장 시장은 감소 추세에 있으므로 새로운 수요발굴이 필요하며, 기존의 신사 정장 이미지를 벗어나 20대 지향 디지털마케팅 전략을 구사하면 신규 시장의 진입이 가능하므로 신규 사업을 진행하는 것이 바람직하다.

③ 20대 SPA 시장이 급성장하고 있지만, 하위업체의 파격적인 가격정책을 이겨 내기에 막대한 비용이 발생하므로 신규 사업 진출은 적절하지 못하다.

④ 20대 SPA 시장은 계속해서 성장하고 매력적이지만, 경쟁이 치열하고 경쟁자의 전략이 막강하다. 이에 비해 자사의 자원과 역량은 부족하여 신규 사업 진출은 하지 않는 것이 바람직하다.

⑤ 브랜드 경쟁력을 유지하기 위해서는 20대 SPA 시장 진출이 필요하며, 파격적 가격정책을 도입하면 자사의 높은 브랜드 이미지와 시너지 효과를 낼 수 있기에 신규 사업을 진행하는 것이 바람직하다.

※ 다음은 호텔별 연회장 대여 현황에 대한 자료이다. 자료를 보고 이어지는 질문에 답하시오. [10~11]

〈호텔별 연회장 대여 현황〉

건물	연회장	대여료	수용 가능 인원	회사로부터 거리	비고
A호텔	연꽃실	140만 원	200명	6km	2시간 이상 대여 시 추가비용 40만 원
B호텔	백합실	150만 원	300명	2.5km	1시간 초과 대여 불가능
C호텔	매화실	150만 원	200명	4km	이동수단 제공
C호텔	튤립실	180만 원	300명	4km	이동수단 제공
D호텔	장미실	150만 원	250명	4km	–

10 총무팀에 근무하고 있는 이 대리는 김 부장에게 다음과 같은 지시를 받았다. 이 대리가 연회장 예약을 위해 지불해야 하는 예약금은 얼마인가?

> 다음 주에 있을 회사창립 20주년 기념행사를 위해 준비해야 할 것들 알려줄게요. 먼저 다음 주 금요일 오후 6시부터 8시까지 사용 가능한 연회장 리스트를 뽑아서 행사에 적합한 연회장을 예약해 주세요. 연회장 대여를 위한 예산은 160만 원이고, 회사에서의 거리가 가까워야 임직원들이 이동하기에 좋을 것 같아요. 행사 참석 인원은 240명이고, 이동수단을 제공해준다면 우선적으로 고려하도록 하세요. 예약금은 대여료의 10%라고 하니 예약 완료하고 지불하도록 하세요.

① 14만 원 　　　　　　　　② 15만 원
③ 16만 원 　　　　　　　　④ 17만 원
⑤ 18만 원

11 회사창립 20주년 기념행사의 연회장 대여 예산이 200만 원으로 증액된다면, 이 대리는 어떤 연회장을 예약하겠는가?

① A호텔 연꽃실 　　　　　　② B호텔 백합실
③ C호텔 매화실 　　　　　　④ C호텔 튤립실
⑤ D호텔 장미실

안심Touch

12 다음은 A와 B의 시계조립 작업지시서이다. 〈조건〉에 따라 작업할 때, B의 최종 완성 시간과 유휴 시간은 각각 얼마인가?(단, 이동 시간은 고려하지 않는다)

〈작업지시서〉

[각 공작 기계 및 소요 시간]
1. 앞면 가공용 A공작 기계 : 20분
2. 뒷면 가공용 B공작 기계 : 15분
3. 조립 : 5분

[공작 순서]
시계는 각 1대씩 만들며 A는 앞면부터 가공하여 뒷면 가공 후 조립하고, B는 뒷면부터 가공하여 앞면 가공 후 조립하기로 하였다.

조건

1. A, B공작 기계는 각 1대씩이며 모두 사용해야 하고, 두 명이 동시에 작업을 시작한다.
2. 조립은 가공이 이루어진 후 즉시 실시한다.

	최종 완성 시간	유휴 시간
①	40분	5분
②	45분	5분
③	45분	10분
④	50분	5분
⑤	50분	10분

※ 하반기에 연수를 마친 A, B, C, D, E 5명은 다음 〈조건〉에 따라 세계 각국에 있는 해외사업본부로 배치될 예정이다. 다음을 읽고 이어지는 질문에 답하시오. **[13~14]**

> **조건**
>
> • A, B, C, D, E는 인도네시아, 미국 서부, 미국 남부, 칠레, 노르웨이에 있는 서로 다른 해외사업본부로 배치된다.
> • C와 D 중 한 명은 미국 서부에 배치된다.
> • B는 칠레에 배치되지 않는다.
> • E는 노르웨이로 배치된다.
> • 미국 서부에는 회계직이 배치된다.
> • C가 인도네시아에 배치되면 A는 칠레에 배치된다.
> • A가 미국 남부에 배치되면 B는 인도네시아에 배치된다.
> • A, D, E는 회계직이고, B, C는 기술직이다.

13 다음 중 D가 배치될 해외사업본부는 어디인가?

① 인도네시아   ② 미국 서부
③ 미국 남부   ④ 칠레
⑤ 알 수 없음

14 위의 〈조건〉을 바탕으로 할 때, ㉠~㉣의 설명 중 옳은 것을 모두 고른 것은?

> ㉠ C가 인도네시아에 배치되면 B는 미국 남부에 배치된다.
> ㉡ A가 미국 남부에 배치되면 C는 인도네시아에 배치된다.
> ㉢ A는 반드시 칠레에 배치된다.
> ㉣ 노르웨이에는 회계직이 배치된다.

① ㉠, ㉡   ② ㉠, ㉣
③ ㉡, ㉢   ④ ㉡, ㉣
⑤ ㉢, ㉣

15 귀하는 점심 식사 중 식당에 있는 TV에서 정부의 정책에 관한 뉴스를 보았다. 함께 점심을 먹는 동료들과 뉴스를 보고 나눈 대화의 내용으로 옳지 않은 것은?

> 앵커 : 저소득층에게 법률서비스를 제공하는 정책을 구상 중입니다. 정부는 무료로 법률자문을 하겠다고 자원하는 변호사를 활용하여 자원봉사제도와 정부에서 법률 구조공단 등의 기관을 신설하고 변호사를 유급으로 고용하여 법률서비스를 제공하는 유급법률구조제도, 정부가 법률서비스의 비용을 대신 지불하는 법률보호제도 등의 세 가지 정책대안 중 하나를 선택할 계획입니다.
> 이 정책대안을 비교하는 데 고려해야 할 정책목표는 비용저렴성, 접근용이성, 정치적 실현가능성, 법률서비스의 전문성입니다. 정책대안과 정책목표의 관계는 화면으로 보여드립니다. 각 대안이 정책목표를 달성하는 데 유리한 경우는 (+)로, 불리한 경우는 (−)로 표시하였으며, 유불리 정도는 같습니다. 정책목표에 대한 가중치의 경우, '0'은 해당 정책목표를 무시하는 것을, '1'은 해당 정책목표를 고려하는 것을 의미합니다.

<정책대안과 정책목표의 상관관계>

정책목표	가중치		정책대안		
	A안	B안	자원봉사제도	유급법률구조제도	법률보호제도
비용 저렴성	0	0	+	−	−
접근 용이성	1	0	−	+	−
정치적 실현 가능성	0	0	+	−	+
전문성	1	1	−	+	−

① 아마도 전문성 면에서는 유급법률구조제도가 자원봉사제도보다 더 좋은 정책 대안으로 평가받게 되겠군.
② A안의 가중치를 적용할 경우 유급법률구조제도가 가장 적절한 정책대안으로 평가받게 되지 않을까?
③ 반대로 B안의 가중치를 적용할 경우 자원봉사제도가 가장 적절한 정책대안으로 평가받게 될 것 같아.
④ A안과 B안 중 어떤 것을 적용하더라도 정책대안 비교의 결과는 달라지지 않을 것으로 보여.
⑤ 비용저렴성을 달성하기에 가장 유리한 정책대안은 자원봉사제도로군.

16 다음 중 바르게 추론한 것만을 〈보기〉에서 모두 고른 것은?

(가) ~ (마)팀이 현재 수행하고 있는 과제의 수는 다음과 같다.

- (가)팀 : 0
- (나)팀 : 1
- (다)팀 : 2
- (라)팀 : 2
- (마)팀 : 3

이 과제에 추가하여 8개의 새로운 과제 a, b, c, d, e, f, g, h를 다음 〈조건〉에 따라 (가) ~ (마)팀에 배정한다.

조건

- 어느 팀이든 새로운 과제를 적어도 하나는 맡아야 한다.
- 기존에 수행하던 과제를 포함해서 한 팀이 맡을 수 있는 과제는 최대 4개이다.
- 기존에 수행하던 과제를 포함해서 4개 과제를 맡는 팀은 둘이다.
- a, b는 한 팀이 맡아야 한다.
- c, d, e는 한 팀이 맡아야 한다.

보기

ㄱ. a를 (나)팀이 맡을 수 없다.
ㄴ. f를 (가)팀이 맡을 수 있다.
ㄷ. 기존에 수행하던 과제를 포함해서 2개 과제를 맡는 팀이 반드시 있다.

---

① ㄱ   ② ㄴ
③ ㄱ, ㄷ   ④ ㄴ, ㄷ
⑤ ㄱ, ㄴ, ㄷ

17 G공사는 직원들에게 간식을 제공하려고 한다. 피자 1판의 정가가 30,000원이고, 구매방식별 할인 혜택이 다음과 같을 때, 가장 저렴하게 구매할 수 있는 방법은 무엇인가?

구매방식	할인 혜택과 비용
스마트폰 앱	정가의 25% 할인
전화	정가에서 3,000원 할인 후, 할인된 가격의 10% 추가 할인
회원카드와 쿠폰	회원카드로 정가의 15% 할인 후, 쿠폰으로 할인된 가격의 10% 추가 할인
직접 방문	정가의 30% 할인, 교통비용 3,000원 발생
교환권	24,000원에 피자 1판 교환

① 스마트폰 앱 ② 전화
③ 회원카드와 쿠폰 ④ 직접 방문
⑤ 교환권

18 대구에서 광주까지 편도운송을 하는 A사의 화물차량 운행상황은 다음과 같다. 만약, 적재효율을 기존의 1,000상자에서 1,200상자로 높여 운행 횟수를 줄이고자 한다면, A사가 얻을 수 있는 월 수송비 절감액은?

- 차량 운행대수 : 4대
- 1대당 1일 운행횟수 : 3회
- 1대당 1회 수송비 : 100,000원
- 월 운행일수 : 20일

① 3,500,000원 ② 4,000,000원
③ 4,500,000원 ④ 5,000,000원
⑤ 5,500,000원

19 김 대리는 회의 참석자의 역할을 고려해 A ~ F 총 6명이 앉을 6인용 원탁 자리를 세팅 중이다. 다음 내용을 모두 만족하도록 세팅했을 때, 나란히 앉게 되는 사람은?

> • 원탁 둘레로 6개의 의자를 같은 간격으로 세팅한다.
> • A가 C와 F 중 한 사람의 바로 옆 자리에 앉도록 세팅한다.
> • D의 바로 옆 자리에 C나 E가 앉지 않도록 세팅한다.
> • A가 좌우 어느 쪽을 봐도 B와의 사이에 2명이 앉도록 세팅하고, B의 바로 왼쪽 자리에 F가 앉도록 세팅한다.

① A와 D   ② A와 E
③ B와 C   ④ B와 D
⑤ C와 F

20 경영학과에 재학 중인 A ~ E는 계절학기 시간표에 따라 요일별로 하나의 강의만 수강한다. 전공 수업을 신청한 C는 D보다 앞선 요일에 수강하고, E는 교양 수업을 신청한 A보다 나중에 수강한다고 할 때, 다음 중 항상 참이 되는 것은?

월	화	수	목	금
전공 1	전공 2	교양 1	교양 2	교양 3

① A가 수요일에 강의를 듣는다면 E는 교양 2 강의를 듣는다.
② B가 전공 수업을 듣는다면 C는 화요일에 강의를 듣는다.
③ C가 화요일에 강의를 듣는다면 E는 교양 3 강의를 듣는다.
④ D는 반드시 전공 수업을 듣는다.
⑤ E는 반드시 교양 수업을 듣는다.

안심Touch

04 자원관리능력

01 다음 중 빈칸에 들어갈 말로 적절한 것은?

> N회사에 근무 중인 S씨는 물품을 효과적으로 관리하기 위해 _____의 원칙에 따라 안 쓰는 이면지를 서랍 하단에 별도로 모아두고 있다.

① 동일성   ② 유사성

③ 구분성   ④ 명료성

⑤ 변별성

02 A사의 총무팀에서 근무 중인 B대리는 회사의 예산을 관리하는 업무를 담당하고 있다. 각 팀에서 지출한 비용을 처리하기 위해 B대리에게 요청한 내역이 다음과 같을 때, B대리가 직접비용으로 처리할 내역은 모두 몇 개인가?

> • 영업팀 : 지난달 출장 교통비
> • 관리팀 : 신입사원 컴퓨터 구입에 사용된 금액
> • 홍보팀 : 자사 홍보용 책자 제작에 사용된 금액
> • 인사팀 : 신입사원 교육으로 초청한 강사에게 지급한 금액

① 0개   ② 1개

③ 2개   ④ 3개

⑤ 4개

03 기획팀의 A대리는 같은 팀의 B대리와 동일한 업무를 진행함에도 불구하고 항상 업무 마감 기한을 제대로 지키지 못해 어려움을 겪고 있다. B대리의 업무 처리 과정을 지켜본 결과 B대리는 업무 처리에 소요되는 시간을 미리 계획하여 일정을 여유 있게 조절하는 것을 알 수 있었다. A대리가 B대리의 업무 처리 과정을 따라 실천한다고 할 때 얻을 수 있는 효과로 적절하지 않은 것은?

① A대리의 업무 스트레스가 줄어들 것이다.
② 기업의 생산성 향상에 도움을 줄 수 있을 것이다.
③ A대리는 다양한 역할 수행을 통해 균형적인 삶을 살 수 있을 것이다.
④ A대리의 업무 목표를 달성할 수 있을 것이다.
⑤ A대리는 앞으로 가시적인 업무에 전력을 다할 수 있을 것이다.

04 다음은 시간계획을 작성하는 데 필요한 항목들이다. 〈보기〉에서 효율적인 시간계획을 작성하는 순서로 옳은 것은?

> 보기
>
> (가) 일의 우선순위 정하기   (나) 명확한 목표를 설정하기
> (다) 시간 계획서 작성하기   (라) 예상 소요시간 결정하기

① (가) - (나) - (다) - (라)   ② (나) - (가) - (라) - (다)
③ (다) - (라) - (나) - (가)   ④ (가) - (라) - (다) - (나)
⑤ (나) - (다) - (가) - (라)

05 다음 중 비효율적인 일중독자의 특징으로 적절하지 않은 것은?

① 위기 상황에 과잉 대처한다.
② 자신의 일을 다른 사람에게 맡기지 않는다.
③ 최우선 업무보다 가시적인 업무에 전력을 다한다.
④ 작은 일을 크게 부풀리거나 과장한다.
⑤ 가장 생산성이 높은 일을 가장 오래 한다.

06 A와 B는 각각 해외에서 직구로 물품을 구매하였다. 해외 관세율이 다음과 같을 때, A와 B 중 관세를 더 많이 낸 사람과 그 금액은 얼마인가?

〈해외 관세율〉

(단위 : %)

품목	관세	부가세
책	5	5
유모차, 보행기	5	10
노트북	8	10
스킨, 로션 등 화장품	6.5	10
골프용품, 스포츠용 헬멧	8	10
향수	7	10
커튼	13	10
카메라	8	10
신발	13	10
TV	8	10
휴대폰	8	10

※ 향수 화장품의 경우 개별소비세 7%, 농어촌특별세 10%, 교육세 30%가 추가된다.
※ 100만 원 이상 전자제품(TV, 노트북, 카메라, 핸드폰 등)은 개별소비세 20%, 교육세 30%가 추가된다.

〈구매 품목〉

A : TV(110만 원), 화장품(5만 원), 휴대폰(60만 원), 스포츠용 헬멧(10만 원)
B : 책(10만 원), 카메라(80만 원), 노트북(110만 원), 신발(10만 원)

① A, 91.5만 원 ② B, 90.5만 원
③ A, 94.5만 원 ④ B, 92.5만 원
⑤ B, 93.5만 원

07 신입사원이 소모품을 구매한 영수증에 커피를 쏟아 영수증의 일부가 훼손되었다고 한다. 영수증을 받은 귀하는 구매한 물품과 결제금액이 일치하는지를 확인하려고 한다. 훼손된 영수증의 나머지 정보를 활용한다면 C품목의 수량은 몇 개인가?

가맹점명, 가맹점주소가 실제와 다른 경우 신고 안내
여신금융협회 : 02-2011-0777 – 포상금 10만 원 지급

영 수 증

상호 : (주)A할인매장
대표자 : ○○○
전화번호 : 02-0000-0000
사업자번호 : 148-81-00000
서울 종로구 새문안로 000

20-04-15 14:30:42

품명	수량	단가	금액
A	2	2,500원	5,000원
B	6	1,000원	☐원
C	☐	1,500원	☐원
D	2	4,000원	☐원
E	8	500원	☐원
소계			☐원
부가세(10%)			3,500원
합계			☐원

이용해주셔서 감사합니다.

① 5개 ② 6개
③ 7개 ④ 8개
⑤ 9개

08 진영이는 이번 출장에 KTX표를 미리 구매하여 40% 할인된 가격에 구매하였으나, 출장 일정이 바뀌는 바람에 하루 전날 표를 취소하였다. 환불 규정에 따라 16,800원을 돌려받았을 때, 할인되지 않은 KTX표의 가격은?

〈KTX 환불 규정〉

출발 2일 전	출발 1일 전 ~ 열차 출발 전	열차 출발 후
100%	70%	50%

① 40,000원 ② 48,000원
③ 56,000원 ④ 67,200원
⑤ 70,000원

09 K공사 임직원은 신입사원 입사를 맞아 워크숍을 가려고 한다. 총 13명의 임직원이 워크숍에 참여한다고 할 때, 다음 중 가장 저렴한 비용으로 이용할 수 있는 교통편의 조합은 무엇인가?

〈이용 가능한 교통편 현황〉

구분	탑승 인원	비용	주유비	비고
소형버스	10명	200,000원	0원	1일 대여 비용
대형버스	40명	500,000원	0원	–
렌터카	5명	80,000원(대당)	50,000원	동일 기간 3대 이상 렌트 시 렌트비용 5% 할인
택시	3명	120,000원(편도)	0원	–
대중교통	제한 없음	13,400원 (1인당, 편도)	0원	10명 이상 왕복티켓 구매 시 총금액에서 10% 할인

① 대형버스 1대 ② 소형버스 1대, 렌터카 1대
③ 소형버스 1대, 택시 1대 ④ 렌터카 3대
⑤ 대중교통 13명

10 S사에서는 A ~ N직원 중 면접위원을 선발하고자 한다. 면접위원의 구성 조건이 다음과 같을 때, 적절하지 않은 것은?

〈면접위원 구성 조건〉

- 면접관은 총 6명으로 구성한다.
- 이사 이상의 직급으로 50% 이상 구성해야 한다.
- 인사팀을 제외한 모든 부서는 두 명 이상 선출할 수 없고, 인사팀은 반드시 두 명 이상을 포함한다.
- 모든 면접위원의 입사 후 경력은 3년 이상으로 한다.

직원	직급	부서	입사 후 경력
A	대리	인사팀	2년
B	과장	경영지원팀	5년
C	이사	인사팀	8년
D	과장	인사팀	3년
E	사원	홍보팀	6개월
F	과장	홍보팀	2년
G	이사	고객지원팀	13년
H	사원	경영지원	5개월
I	이사	고객지원팀	2년
J	과장	영업팀	4년
K	대리	홍보팀	4년
L	사원	홍보팀	2년
M	과장	개발팀	3년
N	이사	개발팀	8년

① L사원은 면접위원으로 선출될 수 없다.

② N이사는 반드시 면접위원으로 선출된다.

③ B과장이 면접위원으로 선출됐다면 K대리도 선출된다.

④ 과장은 두 명 이상 선출되었다.

⑤ 모든 부서에서 면접위원이 선출될 수는 없다.

05 정보능력

01 다음 중 빈칸에 알맞은 것은 무엇인가?

> 기업이 경쟁우위를 확보하기 위하여 구축, 이용하는 정시시스템. 기존의 정보시스템이 기업 내 업무의 합리화나 효율화에 역점을 두었던 것에 반하여, 기업이 경쟁에서 승리하여 살아남기 위한 필수적인 시스템이라는 뜻에서 _____이라고 한다. 그 요건으로는 경쟁 우위의 확보, 신규 사업의 창출이나 상권의 확대, 업계 구조의 변혁 등을 들 수 있다. 실례로는 금융 기관의 대규모 온라인시스템, 항공 회사의 좌석예약시스템, 슈퍼마켓(체인점) 등에서의 판매시점관리(POS)를 들 수 있다. 최근에는 대외지향적인 전략시스템뿐만 아니라 기업 구조의 재구축을 위한 업무 재설계(BPR)와 같이 경영 전략을 수립하여 그에 맞는 정보시스템을 재구축하는 접근 방식을 채용하고 있다.

① 비즈니스 프로세스 관리(BPM; Business Process Management)
② 전사적자원관리(ERP; Enterprise Resource Planning)
③ 경영정보시스템(MIS; Management Information System)
④ 전략정보시스템(SIS; Strategic Information System)
⑤ 의사결정지원시스템(DSS; Decision Support System)

02 다음 제시문에서 나타나는 사회는?

> 이 세상에서 필요로 하는 정보가 사회의 중심이 되는 사회로서 컴퓨터 기술과 정보통신 기술을 활용하여 사회 각 분야에서 필요로 하는 가치 있는 정보를 창출하고, 보다 유익하고 윤택한 생활을 영위하는 사회로 발전시켜 나가는 것을 뜻한다.

① 정보화사회　　　　　　　　　② 산업화사회
③ 농업사회　　　　　　　　　　④ 미래사회
⑤ 시민사회

03 다음 중 엑셀의 틀 고정 및 창 나누기에 대한 설명으로 옳지 않은 것은?

① 화면에 나타나는 창 나누기 형태는 인쇄 시 적용되지 않는다.

② 창 나누기를 수행하면 셀 포인터의 오른쪽과 아래쪽으로 창 구분선이 표시된다.

③ 창 나누기는 셀 포인터의 위치에 따라 수직, 수평, 수직·수평 분할이 가능하다.

④ 첫 행을 고정하려면 셀 포인터의 위치에 상관없이 [틀 고정] – [첫 행 고정]을 선택한다.

⑤ 셀 편집 모드에 있거나 워크시트가 보호된 경우에는 틀 고정 명령을 사용할 수 없다.

04 A물산에 근무하는 B사원은 제품 판매 결과보고서를 작성할 때, 자주 사용하는 여러 개의 명령어를 묶어 하나의 키 입력 동작으로 만들어서 빠르게 완성하였다. 그리고 판매 결과를 여러 유통 업자에게 알리기 위해 같은 내용의 안내문을 미리 수집해 두었던 주소록을 활용하여 쉽게 작성하였다. 이러한 사례에서 사용한 워드프로세서(한글 2010)의 기능으로 옳은 것을 〈보기〉에서 모두 고른 것은?

보기	
ㄱ. 매크로	ㄴ. 글맵시
ㄷ. 메일 머지	ㄹ. 하이퍼링크

① ㄱ, ㄴ ② ㄱ, ㄷ

③ ㄴ, ㄷ ④ ㄴ, ㄹ

⑤ ㄷ, ㄹ

05 다음 중 워크시트의 인쇄에 대한 설명으로 옳지 않은 것은?

① 인쇄 영역에 포함된 도형은 기본적으로 인쇄가 되지 않으므로 인쇄를 하려면 도형의 [크기 및 속성] 대화 상자에서 '개체 인쇄' 옵션을 선택해야 한다.

② 인쇄하기 전에 워크시트를 미리 보려면 〈Ctrl〉+〈F2〉 키를 누른다.

③ 기본적으로 화면에 표시되는 열 머리글(A, B, C 등)이나 행 머리글(1, 2, 3 등)은 인쇄되지 않는다.

④ 워크시트의 내용 중 특정 부분만을 인쇄 영역으로 설정하여 인쇄할 수 있다.

⑤ 워크시트의 셀 구분선을 그대로 인쇄하려면 페이지 설정 대화상자의 [시트] 탭에서 '눈금선'을 선택하면 된다.

※ 귀하는 지점별 매출 및 매입 현황을 정리하고 있다. 이어지는 질문에 답하시오. **[6~7]**

	A	B	C	D	E	F
1	지점명	매출	매입			
2	주안점	2,500,000	1,700,000			
3	동암점	3,500,000	2,500,000		최대 매출액	
4	간석점	7,500,000	5,700,000		최소 매출액	
5	구로점	3,000,000	1,900,000			
6	강남점	4,700,000	3,100,000			
7	압구정점	3,000,000	1,500,000			
8	선학점	2,500,000	1,200,000			
9	선릉점	2,700,000	2,100,000			
10	교대점	5,000,000	3,900,000			
11	서초점	3,000,000	1,900,000			
12	합계					

06 다음 중 [F3] 셀을 구하는 함수식으로 옳은 것은?

① =MIN(B2:B11)

② =MAX(B2:C11)

③ =MIN(C2:C11)

④ =MAX(C2:C11)

⑤ =MAX(B2:B11)

07 다음 중 매출과 매입의 합계를 구할 때 사용할 함수는?

① REPT
② CHOOSE
③ SUM
④ AVERAGE
⑤ DSUM

※ 병원에서 근무하는 귀하는 건강검진 관리 현황을 정리하고 있다. 이어지는 질문에 답하시오. **[8~9]**

	A	B	C	D	E	F
1			〈건강검진 관리 현황〉			
2	이름	검사구분	주민등록번호	검진일	검사항목 수	성별
3	강민희	종합검진	960809-2******	2018-11-12	18	
4	김범민	종합검진	010323-3******	2018-03-13	17	
5	조현진	기본검진	020519-3******	2018-09-07	10	
6	최진석	추가검진	871205-1******	2018-11-06	6	
7	한기욱	추가검진	980232-1******	2018-04-22	3	
8	정소희	종합검진	001015-4******	2018-02-19	17	
9	김은별	기본검진	891025-2******	2018-10-14	10	
10	박미옥	추가검진	011002-4******	2018-07-21	5	

08 2018년 하반기에 검진받은 사람의 수를 확인하려 할 때, 사용해야 할 함수는?(단, 하반기는 2018년 7월 1일부터이다)

① COUNT   ② COUNTA

③ SUMIF   ④ MATCH

⑤ COUNTIF

09 주민등록번호를 통해 성별을 구분하려고 할 때, 각 셀에 필요한 함수식으로 옳은 것은?

① [F3] : =IF(AND(MID(C3,8,1)="2",MID(C3,8,1)="4"),"여자","남자")

② [F4] : =IF(AND(MID(C4,8,1)="2",MID(C4,8,1)="4"),"여자","남자")

③ [F7] : =IF(OR(MID(C7,8,1)="2",MID(C7,8,1)="4"),"여자","남자")

④ [F9] : =IF(OR(MID(C9,8,1)="1",MID(C9,8,1)="3"),"여자","남자")

⑤ [F6] : =IF(OR(MID(C6,8,1)="2",MID(C6,8,1)="3"),"남자","여자")

10 사원코드 두 번째 자리의 숫자에 따라 팀이 구분된다. 1은 홍보팀, 2는 기획팀, 3은 교육팀이라고 할 때, 팀명을 구하기 위한 함수로 옳은 것은?

◢	A	B	C	D	E
1	직원명단				
2	이름	사원코드	직급	팀명	입사년도
3	강민희	J1023	부장		1980
4	김범민	J1526	과장		1982
5	조현진	J3566	과장		1983
6	최진석	J3523	부장		1978
7	한기욱	J3214	대리		1998
8	정소희	J1632	부장		1979
9	김은별	J2152	대리		1999
10	박미옥	J1125	대리		1997

① CHOOSE, MID　　　　　　② CHOOSE, RIGHT
③ COUNTIF, MID　　　　　　④ IF, MATCH
⑤ IF, COUNT

06 기술능력

01 다음 중 기술경영자의 능력이 아닌 것은?

① 기술을 기업의 전반적인 전략 목표에 통합시키는 능력
② 빠르고 효과적으로 새로운 기술을 습득하고 기존의 기술에서 탈피하는 능력
③ 기술을 효과적으로 평가할 수 있는 능력
④ 조직 밖의 기술 이용을 수행할 수 있는 능력
⑤ 기술 이전을 효과적으로 할 수 있는 능력

02 다음은 기술 시스템의 발전 단계를 나타낸 것이다. 빈칸에 들어갈 단계로 적절한 것은?

〈기술 시스템의 발전 단계〉

1단계 : 발명, 개발, 혁신의 단계

↓

2단계 : 기술 이전의 단계

↓

3단계 : _____

↓

4단계 : 기술 공고화 단계

① 기술 협조의 단계　　　　　② 기술 경영의 단계
③ 기술 평가의 단계　　　　　④ 기술 경쟁의 단계
⑤ 기술 투자의 단계

03 다음 중 기술선택을 위한 우선순위 결정요인이 아닌 것은?

① 제품의 성능이나 원가에 미치는 영향력이 큰 기술
② 쉽게 구할 수 있는 기술
③ 기업 간에 모방이 어려운 기술
④ 최신 기술로 진부화 될 가능성이 적은 기술
⑤ 기업이 생산하는 제품 및 서비스에 보다 광범위하게 활용할 수 있는 기술

04 다음 중 산업 재해의 예방 대책 순서로 올바른 것은?

① 사실의 발견 → 안전 관리 조직 → 원인 분석 → 시정책 선정 → 시정책 적용 및 뒤처리
② 사실의 발견 → 원인 분석 → 시정책 선정 → 안전 관리 조직 → 시정책 적용 및 뒤처리
③ 안전 관리 조직 → 원인 분석 → 사실의 발견 → 시정책 선정 → 시정책 적용 및 뒤처리
④ 안전 관리 조직 → 사실의 발견 → 원인 분석 → 시정책 선정 → 시정책 적용 및 뒤처리
⑤ 안전 관리 조직 → 원인 분석 → 시정책 선정 → 사실의 발견 → 시정책 적용 및 뒤처리

05 다음 사례와 같은 재해를 예방하기 위한 대책으로 옳지 않은 것은?

〈재해 개요〉

X기업에 설치된 소각로 하부에서 피해자가 소각재 및 이물질을 하부 배출구로 밀어주는 4번 푸셔가 정상 작동되지 않아 경고판을 무시한 채 전원부의 차단 없이, 에어건을 사용하여 정비 작업 중, 갑자기 작동된 4번 푸셔에 상체가 끼어 사망한 재해이다.

① 근로자 상호 간에 불안전한 행동을 지적하여 안전에 대한 이해를 증진시킨다.
② 설비의 정비, 청소 등의 작업 시 근로자가 위험해질 우려가 있는 경우 설비를 정지시킨다.
③ 설비의 운전을 정지하였을 때, 타인이 설비를 운전하는 것을 방지한다.
④ 끼임에 대한 위험성이 있는 장소에는 방호울이나 방책을 설치한다.
⑤ 기계가 양호한 상태로 작동되도록 유지 관리를 한다.

※ K제조기업에서는 다음과 같은 사망재해 예방자료를 제작하여 작업현장에 배부하고자 한다. 자료를 읽고 이어지는 질문에 답하시오. **[6~7]**

〈주요 사망재해 5대 유형〉

① **끼임** : 제조업 전체의 28% 점유

★ 사망재해는 이렇게 발생합니다.

끼임으로 인한 사망재해는 방호장치가 미설치된 기계설비의 작업점, 기어·롤러의 말림점, 벨트·체인 등 동력전달부와 회전체 취급 작업 시 면장갑 착용 등으로 인해 발생합니다. 또한 기계설비의 정비·수리 등의 작업 시 기계를 정지하지 않거나, 타 근로자의 기동스위치 오조작으로 인해 발생합니다.

★ 사망재해 예방 대책

① 기계설비의 작업점에는 센서, 덮개 등 방호장치 설치

② 기어, 롤러의 말림점에는 방호덮개 설치

③ 벨트, 체인 등 동력전달부에는 방호덮개 설치

④ 회전체 취급 작업 시 면장갑 착용금지 및 적절한 작업복 착용

⑤ 정비·수리 등의 작업 시에는 반드시 기계를 정지한 후 작업을 실시하고, 조작부에는 잠금장치 및 표지판 설치

② **떨어짐** : 제조업 전체의 20% 점유

★ 사망재해는 이렇게 발생합니다.

떨어짐으로 인한 사망재해는 사다리의 파손·미끄러짐, 지붕 위에서 보수작업 중 선라이트 등 약한 부위 파손, 화물자동차의 적재·포장작업 및 대형설비나 제품 위에서의 작업 중에 주로 발생합니다.

★ 사망재해 예방 대책

① 사다리는 파손되지 않는 견고한 것을 사용, 작업자는 안전모를 착용하고, 전도방지 조치를 실시한 후 사용

② 지붕 위 작업 시에는 30cm 이상의 작업발판을 설치하고, 하부에 안전방호망 설치

③ 트럭 적재함과 높이가 같은 전용 입·출하장에서 작업하고, 작업 시에는 안전모 착용

④ 대형설비나 제품 위에서의 작업 시에는 고소작업대 등 전용승강설비 사용 및 안전발판 설치

③ **부딪힘** : 제조업 전체의 9% 점유

★ 사망재해는 이렇게 발생합니다.

부딪힘으로 인한 사망재해는 작업장 내에서 지게차의 운반작업, 화물자동차의 운행, 백호(Back Hoe) 붐대의 회전, 크레인으로 중량물 운반 시에 주로 발생합니다.

★ 사망재해 예방 대책

① 지게차 운행 시에는 운전자 시야를 확보할 수 있도록 적재하고, 제한속도를 지정하여 과속하지 않도록 조치

② 사업장 내 화물자동차 운행 시 유도자를 배치하고, 운전자는 유도자의 신호에 따라 운행

③ 백호 붐의 작업반경 내에서는 동시 작업 금지

④ 크레인으로 중량물 인양 시에는 편심이 되지 않도록 수직으로 인양하고, 무선리모컨 사용 등 작업자가 근접하지 않도록 조치

④ **물체에 맞음** : 제조업 전체의 8% 점유

★ 사망재해는 이렇게 발생합니다.

맞음으로 인해 발생하는 사망재해는 과도한 높이로 불안정하게 적재된 적재물, 적절한 포장이 없는 중량물을 지게차로 운반, 크레인의 와이어로프 파손 및 달기기구 이탈, 고속회전체인 숫돌 파손 등으로 인해 주로 발생합니다.

★ 사망재해 예방 대책

① 지게차 운전자는 유자격자로 하고, 운전자 시야 확보 및 제한속도 지정 등으로 사업장 내 과속 금지

② 지게차 포크에 화물 적재 시 편하중 금지 및 전용 팰릿(Pallet) 사용

③ 경사면에서의 급선회 금지, 지게차에 좌석안전띠 설치 및 착용

④ 지게차 전용 운행통로 확보 및 근로자 출입금지 조치 시행

⑤ **화재 / 폭발 · 파열 / 누출** : 제조업 전체의 5% 점유

★ 사망재해는 이렇게 발생합니다.

화재 / 폭발 · 파열 / 누출로 인한 사망재해는 화학설비에서 인화성 물질의 누출, 용접 작업 중 불티의 비산, 인화성 물질이 잔류한 폐드럼 절단, 환기가 충분하지 않은 탱크 내부 등에서의 화기작업으로 인해 주로 발생합니다.

★ 사망재해 예방 대책

① 인화성 물질 등을 취급하는 설비, 탱크 등은 누출이 없도록 조치(가스검지기 등 경보장치설치)

② 용접작업 시 불받이포 등 불티 비산방지 조치 및 소화기 비치

③ 폐드럼 절단 작업은 잔류 인화성 물질 제거 후 실시

④ 밀폐공간은 인화성 액체나 증기가 남아 있지 않도록 환기 등의 조치 후 화기작업 실시

06 작업장 내에서 사망재해를 줄이고자 위 자료를 포스터로 제작하여 현장에 부착하고자 한다. 귀하의 상사는 주요 사고가 어떻게 발생하는지를 한눈에 알아볼 수 있도록 그림을 함께 삽입하라고 지시하였다. 귀하는 '떨어짐' 유형에 대해 다음과 같은 삽화를 제작하였다. 그러나 상사가 적절하지 못한 이미지가 있다고 한다. 다음 중 적절하지 않은 이미지는 무엇인가?

①

②

③
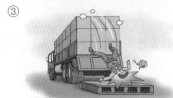

④

⑤

07 상사의 지시대로 유형마다 그림을 추가하여 포스터 제작을 마무리하였다. 포스터 인쇄 전 최종 검토하는 과정에서 예방 대책이 사망재해 유형과 어울리지 않는 부분이 있다는 것을 발견하였다. 귀하가 찾은 것은 어느 부분에 있는가?

① 끼임   ② 떨어짐

③ 부딪힘   ④ 물체에 맞음

⑤ 화재 / 폭발·파열 / 누출

※ 기획전략팀에서는 사무실을 간편히 청소할 수 있는 새로운 청소기를 구매하였다. 기획전략팀의 B대리는 새 청소기를 사용하기 전에 제품 설명서를 참고하였다. 다음 설명서를 읽고 이어지는 질문에 답하시오. [8~10]

〈사용 설명서〉

1. 충전

- 충전 시 작동 스위치 2곳을 반드시 꺼 주십시오.
- 타 제품의 충전기를 사용할 경우 고장의 원인이 되오니 반드시 전용 충전기를 사용하십시오.
- 충전 시 충전기에 열이 느껴지는 것은 고장이 아닙니다.
- 본 제품에는 배터리 보호를 위하여 과충전 보호회로가 내장되어 있어 적정 충전시간을 초과하여도 배터리는 심한 손상이 없습니다.
- 충전기의 줄을 잡고 뽑을 경우 감전, 쇼트, 발화 및 고장의 원인이 됩니다.
- 충전하지 않을 때는 전원 콘센트에서 충전기를 뽑아 주십시오. 절연 열화에 따른 화재, 감전 및 고장의 원인이 됩니다.

2. 이상발생 시 점검 방법

증상	확인사항	해결 방법
스위치를 켜도 청소기가 작동하지 않는다면?	• 청소기가 충전잭에 꽂혀 있는지 확인하세요. • 충전이 되어 있는지 확인하세요. • 본체에 핸디 청소기가 정확히 결합되었는지 확인하세요. • 접점부(핸디, 본체)를 부드러운 면으로 깨끗이 닦아주세요.	청소기에서 충전잭을 뽑아주세요.
사용 중 갑자기 흡입력이 떨어진다면?	• 흡입구를 커다란 이물질이 막고 있는지 확인하세요. • 먼지 필터가 막혀 있는지 확인하세요. • 먼지통 내에 오물이 가득 차 있는지 확인하세요.	이물질을 없애고 다시 사용하세요.
청소기가 멈추지 않는다면?	• 스틱 손잡이 / 핸디 손잡이 스위치 2곳 모두 꺼져 있는지 확인하세요. • 청소기 본체에서 핸디 청소기를 분리하세요.	
사용시간이 짧다고 느껴진다면?	10시간 이상 충전하신 후 사용하세요.	
라이트 불이 켜지지 않는다면?	• 청소기 작동 스위치를 ON으로 하셨는지 확인하세요. • 라이트 스위치를 ON으로 하셨는지 확인하세요.	
파워브러쉬가 작동하지 않는다면?	머리카락이나 실 등 이물질이 감겨있는지 확인하세요.	청소기 전원을 끄고 이물질 제거 후 전원을 켜면 파워브러쉬가 재작동하며 평상시에도 파워브러쉬가 멈추었을 때는 전원 스위치를 껐다 켜시면 브러쉬가 재작동합니다.

08 사용 중 충전으로 인한 고장이 발생한 경우, 다음 중 그 원인에 해당하지 않는 것은?

① 충전 시 작동 스위치 2곳을 모두 끄지 않은 경우
② 충전기를 뽑을 때 줄을 잡고 뽑은 경우
③ 충전하지 않을 때 충전기를 계속 꽂아 둔 경우
④ 적정 충전시간을 초과하여 충전한 경우
⑤ 타 제품의 충전기를 사용한 경우

09 B대리는 청소기의 전원을 껐다 켬으로써 청소기의 작동 불량을 해결하였다. 다음 중 어떤 작동 불량이 발생하였는가?

① 청소기가 멈추지 않았다.
② 사용시간이 짧게 느껴졌다.
③ 파워브러쉬가 작동하지 않았다.
④ 사용 중 흡입력이 떨어졌다.
⑤ 라이트 불이 켜지지 않았다.

10 다음 중 청소기에 이물질이 많이 들어있을 때 나타날 수 있는 증상은?

① 사용시간이 짧아진다.
② 라이트 불이 켜지지 않는다.
③ 스위치를 켜도 청소기가 작동하지 않는다.
④ 충전 시 충전기에서 열이 난다.
⑤ 사용 중 갑자기 흡입력이 떨어진다.

07 조직이해능력

---

01 다음 빈칸에 들어갈 용어에 대한 설명으로 옳지 않은 것은?

> 조직과 환경은 영향을 주고받는다. 조직도 환경에 영향을 미치기는 하지만, 환경은 조직의 생성, 지속 및 발전에 지대한 영향력을 가지고 있다. 오늘날 조직을 둘러싼 환경은 급변하고 있으며, 조직은 생존하기 위하여 이러한 환경의 변화를 읽고 적응해 나가야 한다. 이처럼 환경의 변화에 맞춰 조직이 새로운 아이디어나 행동을 받아들이는 것을 (   )라고 한다.

① 환경의 변화를 인지하는 데에서 시작된다.
② 조직의 세부목표나 경영방식을 수정하거나, 규칙이나 규정 등을 새로 제정하기도 한다.
③ 조직의 목적과 일치시키기 위해 구성원들의 사고방식 변화를 방지한다.
④ 신기술의 발명을 통해 생산성을 높일 수도 있다.
⑤ 조직구조, 경영방식, 각종 시스템 등을 개선하는 것이다.

02 조직구조에 대한 설명 중 적절하지 않은 것은?

① 기능별 조직은 환경이 안정적일 때 조직관리의 효율성이 높다.
② 기능별 조직은 각 기능별 규모의 경제를 얻을 수 있다.
③ 제품 조직은 사업부 내 기능 간 조정이 용이하다.
④ 제품 조직은 시장 특성에 적절히 대응하므로 소비자의 만족을 증대시킬 수 있다.
⑤ 매트릭스 조직은 다품종을 생산하는 대규모 조직에서 효율적이다.

03 귀하는 A중소기획의 영업팀에 채용돼 일주일간의 신입사원 교육을 마친 뒤, 오늘부터 본격적인 업무를 시작하게 되었다. 영업팀 팀장은 첫 출근한 귀하를 자리로 불러 "다른 팀장들에게 인사하기 전에, 인사기록카드를 작성해서 관련 팀에 제출하도록 하세요. 그리고 우리 팀 비품 신청 건이 어떻게 처리되고 있는지도 좀 부탁해요."라고 하셨다. 팀장의 지시를 모두 처리하기 위한 귀하의 행동으로 올바른 것은?

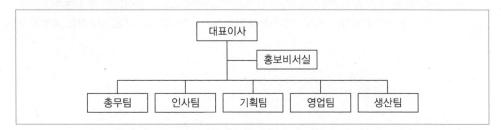

① 비서실에 가서 인사기록카드를 제출하고, 영업팀 비품 신청 상황을 묻는다.
② 인사팀에 가서 인사기록카드를 제출하고, 영업팀 비품 신청 상황을 묻는다.
③ 기획팀에 가서 인사기록카드를 제출하고, 영업팀 비품 신청 상황을 묻는다.
④ 인사팀에 가서 인사기록카드를 제출하고, 총무팀에 영업팀 비품 신청 상황을 묻는다.
⑤ 생산팀에 가서 인사기록카드를 제출하고, 총무팀에 영업팀 비품 신청 상황을 묻는다.

04 다음 밑줄 친 ㉠, ㉡에 대한 설명으로 옳은 것은?

> 조직구조는 조직마다 다양하게 이루어지며, 조직목표의 효과적 달성에 영향을 미친다. 조직구조에 대한 많은 연구를 통해 조직구조에 영향을 미치는 요인으로는 조직의 전략, 규모, 기술, 환경 등이 있음을 확인할 수 있으며, 이에 따라 ㉠ 기계적 조직 혹은 ㉡ 유기적 조직으로 설계된다.

① ㉠은 의사결정 권한이 조직의 하부구성원들에게 많이 위임되어 있다.
② ㉡은 상하간의 의사소통이 공식적인 경로를 통해 이루어진다.
③ ㉠은 규제나 통제의 정도가 낮아, 의사소통 결정이 쉽게 변할 수 있다.
④ ㉡은 구성원들의 업무가 분명하게 정의된다.
⑤ 안정적이고 확실한 환경에서는 ㉠이, 급변하는 환경에서는 ㉡이 적합하다.

05 다음은 조직의 체제를 구성하는 요소들에 대한 O / × 퀴즈이다. O의 개수는 총 몇 개인가?

> • 조직목표는 조직이 달성하려는 장래의 상태이다. (   )
> • 조직의 구조는 조직 내의 부문 사이에 형성된 관계로 조직 구성원들의 공유된 생활양식이나 가치이다. (   )
> • 조직도는 조직 구성원들의 임무, 수행과업, 일하는 장소들을 알아보는 데 유용하다. (   )
> • 조직의 규칙과 규정은 조직 구성원들의 행동범위를 정하고 일관성을 부여하는 역할을 한다.
> (   )

① 1개   ② 2개
③ 3개   ④ 4개
⑤ 없음

06 귀하는 6개월간의 인턴 기간을 마치고 정규직 채용 면접에 참가했다. 면접 당일, 면접관이 인턴을 하는 동안 우리 조직에 대해서 알게 된 것을 말해보라는 질문을 던졌다. 다음 중 귀하가 면접관에게 말할 항목으로 가장 적절하지 않은 것은 무엇인가?

① 조직의 구조
② 주요 업무 내용
③ 사무실의 구조
④ 업무 환경
⑤ 업무 처리 과정

07 다음은 ○○행사기획업체의 행사안전 점검표이다. 점검표의 점검내용을 확인한 후 다음과 같이 확인란에 체크 표시를 하였을 때, 다음 점검표에 대한 해석으로 옳지 않은 것은?

〈행사안전 점검표〉

구분	점검내용	확인	비고
1	바닥이 미끄러운 곳은 없는가?	✔	미끄럼방지 패드 구매 필요
2	위험한 장소에 보호망이 있는가?		
3	모든 시설, 설비는 잘 고정되어 흔들리지 않는가?	✔	
4	문이 부드럽게 열리고 닫히며 손 끼임 방지장치가 있는가?	✔	
5	실외 놀이기구는 바닥에 안전하게 고정되어 있는가?	✔	
6	비상시 연락할 수 있는 휴대전화가 있는가?	✔	
7	유아들의 안전을 관리할 성인이 항상 있는가?		
8	비가 올 때 천장이나 벽에서 누수되는 곳은 없는가?	✔	
9	깨진 유리창이 없고 창틀에 파손된 부분은 없는가?		
10	창문에 안전장치와 방충망이 되어 있는가?	✔	
11	놀이기구에 유해색소가 칠해져 있거나 칠이 벗겨져 있는 부분은 없는가?	✔	친환경 페인트 구매 필요
12	약품이나 교사용 물품 등 위험한 물건이 영유아의 손이 닿지 않는 곳에 보관되어 있는가?		
13	앰프설비는 영유아가 열지 못하도록 잠금장치가 되어 있는가?	✔	더 안전한 잠금장치 구매 필요

① 보호망과 창틀에 대한 확인이 필요한 상황이다.
② 유아들의 안전 관리를 위한 성인의 존재와 휴대전화 여부의 확인이 필요하다.
③ 미끄럼방지 패드와 친환경 페인트에 대한 구매가 요구된다.
④ 문에 손 끼임 방지장치 설치 여부와 앰프설비의 잠금 여부는 확인되었다.
⑤ 실외 놀이기구가 바닥에 안전하게 고정되어 있음은 확인되었다.

※ 다음은 I공항공사 운항시설처의 업무분장표이다. 다음 표를 참고하여 이어지는 질문에 답하시오. [8~9]

〈운항시설처 업무분장표〉

구분		업무분장
운항시설처	운항안전팀	• 이동지역 안전관리 및 지상안전사고 예방 안전 활동 • 항공기 이착륙시설 및 계류장 안전점검, 정치장 배정 및 관리 • 이동지역 차량 / 장비 등록, 말소 및 계류장 사용료 산정 • 야생동물 위험관리업무(용역관리 포함) • 공항안전관리시스템(SMS)운영계획 수립·시행 및 자체검사 시행·관리
	항공등화팀	• 항공등화시설 운영계획 수립 및 시행 • 항공등화시스템(A-SMGCS) 운영 및 유지관리 • 시각주기안내시스템(VDGS) 운영 및 유지관리 • 계류장조명등 및 외곽보안등 시설 운영 및 유지관리 • 에어사이드지역 전력시설 운영 및 유지관리 • 항공등화시설 개량계획 수립 및 시행
	기반시설팀	• 활주로 등 운항기반시설 유지관리 • 지하구조물(지하차도, 공동구, 터널, 배수시설) 유지관리 • 운항기반시설 녹지 및 계측관리 • 운항기반시설 제설작업 및 장비관리 • 운항기반시설 공항운영증명 기준관리 • 전시목표(활주로 긴급 복구) 및 보안시설 관리

08 다음은 I공항공사와 관련된 보도 자료의 제목이다. 다음 중 운항시설처의 업무와 가장 거리가 먼 것은?

① I공항, 관계기관 합동 종합제설훈련 실시
② I공항, 전시대비 활주로 긴급 복구훈련 실시
③ I공항공사, 항공등화 핵심장비 국산화 성공
④ 골든타임을 사수하라! I공항 항공기 화재진압훈련 실시
⑤ I공항공사, 관계기관 합동 '야생동물통제관리 협의회' 발족

09 I공항공사의 운항안전팀에서는 안전회보를 발간한다. 다음 달에 발간하는 안전회보 제작을 맡게 된 A사원은 회보에 실을 내용을 고민하고 있다. 다음 중 안전회보에 실릴 내용으로 적절하지 않은 것은?

① I공항 항공안전 캠페인 시행 – 이동지역 안전문화를 효과적으로 정착시키기 위한 분기별 캠페인 및 합동 점검 실시
② 안전관리시스템 위원회 개최 – 이동지역 안전 증진을 위해 매년 안전관리시스템 위원회 개최
③ 우수 운항안전 지킴이 선정 현황 – 이동지역 내 사고 예방에 공로가 큰 안전 신고 / 제안자 선정 및 포상
④ 이동지역 운전교육용 시뮬레이터 운영개시 – 이동지역 지형·지물에 대한 가상체험 공간 제공으로 운전교육 효과 극대화
⑤ 대테러 종합훈련 실시 – 여객터미널 출국장에서 폭발물 연쇄테러를 가정하여 이에 대응하는 훈련 진행

10 A회사의 연구용역 업무를 담당하는 정 대리는 연구비 총액 6,000만 원이 책정된 용역업체와의 계약을 체결하였다. 규정을 준수하는 정 대리의 상사 최 부장은 계약 체결건에 대해 확인하기 위해 정 대리에게 전화를 걸었다. 통화 내용 중 옳지 않은 부분은?

〈규정〉

제00조(용역발주의 방식) 연구비 총액 5,000만 원 이상의 연구용역은 경쟁입찰 방식을 따르되, 그 외의 연구용역은 담당자에 의한 수의계약 방식으로 발주한다.

제00조(용역방침결정서) 용역 발주 전에 담당자는 용역방침결정서를 작성하여 부서장의 결재를 받아야 한다.

제00조(책임연구원의 자격) 연구용역의 연구원 중에 책임연구원은 대학교수 또는 박사학위 소지자이어야 한다.

제00조(계약실시요청 공문작성) 연구자가 결정된 경우, 담당자는 연구용역 계약실시를 위해 용역수행계획서와 예산계획서를 작성하여 부서장의 결재를 받아야 한다.

제00조(보안성 검토) 담당자는 연구용역에 참가하는 모든 연구자에게 보안서약서를 받아야 하며, 총액 3,000만 원을 초과하는 연구용역에 대해서는 감사원에 보안성 검토를 의뢰해야 한다.

제00조(계약실시요청) 담당자는 용역방침결정서, 용역수행계획서, 예산계획서, 보안성 검토결과를 첨부하여 운영지원과에 연구용역 계약실시요청 공문을 발송해야 한다.

제00조(계약의 실시) 운영지원과는 연구용역 계약실시를 요청받은 경우 지체없이 계약업무를 개시하여야 하며, 계약과정에서 연구자와의 협의를 통해 예산계획서상의 예산을 10% 이내의 범위에서 감액할 수 있다.

정 대리 : 네, ××과 정○○ 대리입니다.

최 부장 : 이번에 연구용역 계약 체결은 다 완료되었나?

정 대리 : 네, ㉠ 경쟁입찰 방식으로 용역 발주하였습니다. 용역방침결정서도 부서장님께 결재받았습니다.

최 부장 : 그래, 연구원들은 총 몇 명이나 되나?

정 대리 : ㉡ ××대학교 교수님이 책임연구원으로 계시고, 밑에 석사과정생 3명이 있습니다.

최 부장 : 예산은 어느 정도로 책정되었나?

정 대리 : ㉢ 처음에 6,000만 원으로 책정되었는데 계약과정에서 연구자와 협의해보니 5,000만 원까지 감액할 수 있을 것 같습니다.

최 부장 : 운영지원과에 공문은 발송했나?

정 대리 : ㉣ 아직 감사원으로부터 보안성 검토결과가 오지 않아 발송하지 못하였고, 오는 대로 공문 발송하겠습니다.

최 부장 : 그럼 업무는 언제부터 시작하나?

정 대리 : ㉤ 운영지원과에 연구용역 계약실시요청 공문을 발송한 즉시 바로 업무 개시될 예정입니다.

① ㉠   ② ㉡

③ ㉢   ④ ㉣

⑤ ㉤

08 대인관계능력

※ 다음에 제시된 상황을 읽고 이어지는 질문에 답하시오. [1~2]

> 귀하는 새로 추진하고 있는 중요한 프로젝트의 팀장을 맡았다. 그런데 어느 날부턴가 점점 사무실 분위기가 심상치 않다. 귀하는 프로젝트의 원활한 진행을 위해서는 동료 간 화합이 무엇보다 중요하다고 생각하기 때문에, 팀원들의 업무 행태를 관심 있게 지켜보기 시작했다. 그 결과, A사원이 사적인 약속 등을 핑계로 업무를 미루거나 주변의 눈치를 살피며 불성실한 자세로 근무하는 모습을 발견하였다. 또한, 발생한 문제에 대해 변명만 늘어놓는 태도로 일관해 프로젝트를 함께 진행하는 동료 직원들의 불만은 점점 쌓여만 가고 있다.

01 멤버십 유형을 나누는 두 가지 축은 마인드를 나타내는 독립적 사고 축과 행동을 나타내는 적극적 실천 축으로 나누어진다. 이에 따라 멤버십 유형은 수동형·실무형·소외형·순응형·주도형으로 구분된다. 직장 동료와 팀장의 시각으로 볼 때 A사원의 업무 행태가 속하는 멤버십 유형으로 가장 적합한 것은?

① 소외형
② 순응형
③ 실무형
④ 수동형
⑤ 주도형

02 '썩은 사과의 법칙'에 의하면, 팀 내 리더는 팀워크를 무너뜨리는 썩은 사과가 있을 때는 먼저 문제 상황에 대해 대화를 나누어 스스로 변화할 기회를 주어야 한다. 하지만 그 후로도 변화하지 않는다면 결단력을 가지고 썩은 사과를 내보내야 한다. 팀장으로서 할 귀하의 행동을 '썩은 사과의 법칙'의 관점에서 서술한 내용으로 가장 적절하지 않은 것은?

① '썩은 사과의 법칙'의 관점에서 A사원은 조직의 비전이나 방향은 생각하지 않고 자기중심적으로 행동하며 조직에 방해가 되는 사람이다.
② 귀하는 팀장으로서 먼저 A사원과 문제 상황에 대하여 대화를 나눠야 한다.
③ 직원의 문제에 대해 명확한 지적보다는 간접적으로 인지하게 하여 스스로 변화할 기회를 준다.
④ A사원의 업무 행태가 끝내 변화하지 않을 경우 A사원을 팀에서 내보내야 한다.
⑤ 성실하지 못한 A사원의 행동으로 인해 업무에 상당한 지장이 발생하고 있다고 할지라도 A사원에게 변화할 기회를 주어야 한다.

03 다음 〈보기〉 중 대인관계능력을 향상시키는 방법을 모두 고른 것은?

> **보기**
>
> ㉠ 상대방에 대한 이해심　　　　　　㉡ 사소한 일까지 관심을 두지 않는 것
> ㉢ 약속을 이행하는 것　　　　　　　㉣ 처음부터 너무 기대하지 않는 것
> ㉤ 진지하게 사과하는 것

① ㉠, ㉡, ㉣　　　　　　　　　　　② ㉠, ㉡, ㉢
③ ㉠, ㉢, ㉤　　　　　　　　　　　④ ㉠, ㉢, ㉣, ㉤
⑤ ㉠, ㉡, ㉣, ㉤

04 F사 관리팀에 근무하는 B팀장은 최근 부하직원 A씨 때문에 고민 중이다. B팀장이 보기에 A씨의 업무방법은 업무성과를 내기에 부적절해 보이지만, 자존감이 강하고 자기결정권을 중시하는 A씨는 자기 자신이 스스로 잘하고 있다고 생각하며 B팀장의 조언이나 충고에 대해 반발심을 표현하고 있기 때문이다. 이와 같은 상황에서 B팀장이 부하직원인 A씨에게 할 수 있는 가장 효과적인 코칭방법은 무엇이겠는가?

① 징계를 통해 B팀장의 조언을 듣도록 유도한다.
② 대화를 통해 스스로 자신의 잘못을 인식하도록 유도한다.
③ A씨에 대한 칭찬을 통해 업무 성과를 극대화시킨다.
④ A씨를 더 강하게 질책하여 업무방법을 개선시키도록 한다.
⑤ 스스로 업무방법을 고칠 때까지 믿어주고 기다려준다.

05 리더십의 핵심 개념 중의 하나인 '임파워먼트(Empowerment)'는 조직 현장의 구성원에게 업무 재량을 위임하고 자주적이고 주체적인 체제 속에서 구성원들의 의욕과 성과를 이끌어 내기 위한 '권한 부여', '권한 이양'을 의미한다. 다음 중 임파워먼트를 통해 나타나는 특징으로 적절하지 않은 것은?

① 구성원들 스스로 일에 대한 흥미를 느끼도록 해준다.
② 구성원들이 자신의 업무가 존중받고 있음을 느끼게 해준다.
③ 구성원들로 하여금 업무에 대해 계속해서 도전하고 성장할 수 있도록 유도할 수 있다.
④ 구성원들 간의 긍정적인 인간관계 형성에 도움을 줄 수 있다.
⑤ 구성원들이 현상을 유지하고 조직에 순응하는 모습을 기대할 수 있다.

안심Touch

06 다음은 옷을 파는 A씨가 손님인 B씨를 상대로 협상하는 과정을 나타낸 것이다. 다음 협상 과정에 대한 설명으로 적절하지 않은 것은?(단 A씨가 원하는 판매금액은 최소 5만 원이다)

> B씨 : 이 옷은 얼마인가요?
>
> A씨 : 네, 이 옷은 현재 8만 원입니다.
>
> B씨 : 너무 비싸네요. 조금 할인해주시면 안될까요?
>
> A씨 : 안됩니다. 저희도 남는 게 없어요.
>
> B씨 : 6만 원에 주시면 안 될까요? 너무 마음에 들어서요.
>
> A씨 : 7만 원에 드릴게요. 더 이상은 안 됩니다. 이 옷 정말 한 벌 남은 거에요.
>
> B씨 : 조금만 더 안 될까요? 부탁드릴게요.
>
> A씨 : 이거 참, 정말 손님께 너무 잘 어울릴 거 같아서 드리는 거예요. 그럼 6만 5천 원만 주세요.
>
> B씨 : 네 좋아요. 감사합니다!

① A씨의 협상전략은 상호 교환적인 양보전략으로 볼 수 있다.

② A씨는 B씨로 하여금 특별한 대우를 받았다고 느끼게 하였다.

③ A씨는 B씨의 제안을 일방적으로 수용하였다.

④ A씨는 B씨의 양보를 이끌어 내는 데 성공하였다.

⑤ A씨는 매우 중요한 것을 양보하는 것처럼 협상하였다.

07 A대리는 평소에 입사 후배인 B사원과 점심을 자주 먹곤 한다. B사원은 A대리를 잘 따르며 업무 성과도 높아서, A대리는 B사원에게 자주 점심을 사준다. 그러나 이러한 상황이 반복되자 매번 점심을 먹을 때마다 B사원은 절대 돈을 낼 생각이 없어 보인다. A대리는 후배에게 밥을 사주는 것이 싫은 것은 아니지만 매일 B사원의 몫까지 점심값을 내려니 곤란한 것은 사실이다. 당신이 A대리라면 어떻게 하겠는가?

① B사원에게 솔직한 심정을 말하여 문제를 해결해보고자 한다.

② 선배가 후배에게 밥을 얻어먹기는 부끄러우므로 앞으로도 계속해서 밥을 산다.

③ 앞으로는 입사 선배이자 상사인 G과장에게 밥을 얻어먹기로 한다.

④ B사원을 개인적으로 불러 혼을 내고 다시는 밥을 같이 먹지 않는다.

⑤ B사원에게 지금까지 사준 밥을 다 얻어먹겠다는 생각으로 한 턱 쏘라고 이야기한다.

08 다음은 헤밍웨이의 일화를 소개한 내용이다. 위스키 회사 간부가 헤밍웨이와 협상을 실패한 이유로 적절한 것은?

> 어느 날 미국의 한 위스키 회사 간부가 헤밍웨이를 찾아왔다. 헤밍웨이의 비서를 따라 들어온 간부는 헤밍웨이의 턱수염을 보고서 매우 감탄하며 말했다.
> "선생님은 세상에서 가장 멋진 턱수염을 가지셨군요! 우리 회사에서 선생님의 얼굴과 이름을 빌려 광고하는 조건으로 4천 달러와 평생 마실 수 있는 술을 제공하려는데 허락해 주시겠습니까?"
> 그 말을 들은 헤밍웨이는 잠시 생각에 잠겼다. 그 정도 조건이면 훌륭하다고 판단했던 간부는 기다리기 지루한 듯 대답을 재촉했다.
> "무얼 그리 망설이십니까? 얼굴과 이름만 빌려주면 그만인데….."
> 그러자 헤밍웨이는 무뚝뚝하게 말했다.
> "유감이지만 그럴 수 없으니 그만 당신의 회사로 돌아가 주시기 바랍니다."
> 헤밍웨이의 완강한 말에 간부는 당황해하며 돌아가버렸다. 그가 돌아가자 비서는 헤밍웨이에게 왜 허락하지 않았는지를 물었고, 헤밍웨이는 대답했다.
> "그의 무책임한 말을 믿을 수 없었지. 얼굴과 이름을 대수롭지 않게 생각하는 회사에 내 얼굴과 이름을 빌려준다면 어떤 꼴이 되겠나?"

① 잘못된 사람과 협상을 진행하였다.
② 자신의 특정 입장만을 고집하였다.
③ 상대방에 대해 너무 많은 염려를 하였다.
④ 협상의 통제권을 갖지 못하였다.
⑤ 협상의 대상을 분석하지 못하였다.

09 A전자 영업부에 근무하는 A사원은 제품에 대한 불만이 있는 고객의 전화를 받았다. 제품에 문제가 있어 담당부서에 고장수리를 요청했으나 연락이 없어 고객이 화가 많이 난 상태였다. 이때 직원으로서 가장 적절한 응대는?

① 고객에게 사과하여 고객의 마음을 진정시키고 전화를 상사에게 연결한다.
② 고객의 불만을 들어준 후, 고객에게 제품수리에 대해 담당부서로 다시 전화할 것을 권한다.
③ 화를 가라앉히시라고 말하고 그렇지 않으면 전화응대를 하지 않겠다고 한다.
④ 고객의 불만을 듣고 담당부서의 업무가 밀려서 연락을 못한 것이라며 부서를 옹호한다.
⑤ 회사를 대표해서 미안하다는 사과를 하고, 고객의 불만을 메모한 후 담당부서에 연락하여 해결해줄 것을 의뢰한다.

안심Touch

10 귀하의 쇼핑몰에서 제품을 구매한 고객의 전화문의가 접수되었다. 다음의 통화내용 중 A직원의 응대로 가장 적절하지 않은 것은?

A직원	① 네, 안녕하십니까? ○○쇼핑몰 고객지원센터 상담원 A입니다. 무엇을 도와드릴까요?
고객	아, 네. 제가 거기서 티셔츠를 샀는데 아직도 배송이 안됐어요. 어떻게 된 거예요? 배송이 왜 이렇게 오래 걸리나요?
A직원	② 네, 고객님. 빠른 처리를 위해서 몇 가지 질문을 드리겠습니다. 실례지만 저희 제품을 온라인과 오프라인 매장 중 어디에서 구매하셨습니까?
고객	음…. 온라인에서 했을 거예요.
A직원	네. 확인 감사합니다.
고객	그런데 저 지금 근무 중에 전화하는 거라 시간이 별로 없으니까 빨리 처리좀 해 주세요.
A직원	③ 네, 최대한 빠르게 처리될 수 있도록 도와드리겠습니다. 구매하신 고객님의 성함과 구매하신 온라인 아이디를 확인할 수 있을까요?
고객	□□□이구요, 아이디는 ○○○이에요.
A직원	네. 확인 감사합니다. ④ □□□고객님의 주문내역을 확인한 결과, 빠르면 오늘 오후 중으로, 늦어도 내일 정오 전까지는 도착할 예정입니다.
고객	아, 그래요? 알겠습니다.
A직원	네. 더 궁금하신 점은 없으신가요?
고객	네.
A직원	네. 귀중한 시간 내주셔서 감사합니다. 저는 상담원 A였습니다.

09 자기개발능력

01 다음은 조셉과 해리의 두 심리학자에 의해 만들어진 '조해리의 창(Johari's Window)'을 나타낸 것이다. K사원은 자신이 생각하는 자신의 모습과 주변 동료들이 생각하는 자신의 모습을 정리하여 다음과 같이 조해리의 창으로 정리하였다. K사원이 이해한 내용으로 적절하지 않은 것은?

〈K사원이 작성한 조해리의 창〉

구분	내가 아는 나	내가 모르는 나
타인이 아는 나	• 활달하고 개방적이다. • 사람들과 원만하게 잘 지내려고 한다. • 센스가 있는 편이다.	• 감정 기복이 심한 편이다. • 간혹 소심하고 내성적인 모습도 보인다. • 과시하고 싶어 한다.
타인이 모르는 나	• 불의를 보면 참을 수 없다. • 다혈질적이다. • 혼자 있는 것을 싫어한다.	(A)

① 자신이 감정 기복이 심한 편인지 스스로 생각해볼 필요가 있다.
② 혼자 있는 것을 싫어하는 점을 상대방에게 조금씩 알려주는 것도 좋다.
③ 자신이 다혈질적인지 스스로 생각해볼 필요가 있다.
④ 자신이 매사에 과시하는 모습을 보이지 않았는지 반성할 필요가 있다.
⑤ (A)는 K사원 자신도 모르고, 타인도 모르는 미지의 영역으로 볼 수 있다.

02 다음 중 자기개발 계획 수립에 어려움을 겪는 이유로 적절하지 않은 것은?

① 자신의 흥미·장점·가치 등을 충분히 이해하지 못했다.
② 회사 내의 경력기회 및 직무 가능성에 대해 충분히 알지 못했다.
③ 다른 직업이나 회사 밖의 기회에 대해 충분히 알지 못했다.
④ 자기개발과 관련된 결정을 내릴 때 자신감이 넘쳤다.
⑤ 개인의 자기개발 목표와 일상생활 간 갈등을 겪었다.

03 다음 중 자아인식과 관련된 설명으로 적절하지 않은 것은?

① 자아인식은 자신의 흥미·적성·특성 등을 이해하고 자기정체성을 확고히 하는 것이다.

② 자아는 내면적 자아와 외면적 자아로 구분할 수 있다.

③ 조해리의 창을 통해 보다 주관적으로 자아를 인식할 수 있다.

④ 자아는 스스로 자신의 존재를 인식하는 독립체라고 할 수 있다.

⑤ 자아인식은 자기개발의 첫 단계로, 자신을 바르게 인식해야 적절한 자기개발이 이루어진다.

04 다음 중 직업인의 업무수행 성과에 영향을 미치는 요인으로 가장 적절하지 않은 것은?

① 자신이 활용할 수 있는 시간·물질과 같은 자원

② 회사나 팀의 업무지침

③ 지식이나 기술을 포함한 개인의 현재 능력

④ 상사, 동료의 지원 정도

⑤ 가정 내 구성원과의 관계

05 신입사원 A씨는 자신이 하고 있는 일에 적응하기 위하여 흥미를 높이고 자신의 재능을 개발하려고 한다. 〈보기〉 중 A씨가 흥미나 적성을 개발하기 위해 취할 수 있는 방법으로 옳지 않은 것을 모두 고른 것은?

> **보기**
>
> ㉠ '내게 지금 주어진 일이 적성에 맞는다.'라고 마인드컨트롤을 한다.
> ㉡ 업무를 수행할 때 작은 단위로 나누어 수행한다.
> ㉢ 기업의 문화나 풍토를 파악하는 것보다는 흥미나 적성검사를 수행한다.
> ㉣ 커다란 업무를 도전적으로 수행하여 성취를 높인다.

① ㉠, ㉡   ② ㉠, ㉢

③ ㉢, ㉣   ④ ㉠, ㉡, ㉢

⑤ ㉠, ㉡, ㉣

06 다음 글에서 확인할 수 있는 자기개발의 실패 원인을 〈보기〉에서 모두 고른 것은?

> 자기개발에 실패하는 이유는 무엇일까? 우리는 먼저 매슬로우(A. H. Maslow)가 제안한 인간의 욕구 5단계를 살펴볼 필요가 있다. 매슬로우는 인간은 누구나 다양한 욕구를 가지고 이를 충족시키기 위해서 행동한다고 보았으며, 인간의 욕구 5단계를 가장 아래 부분에 위치하는 욕구인 생리적 욕구를 시작으로, 안정의 욕구, 사회적 욕구, 존경의 욕구, 자기실현의 욕구로 구성하였다. 여기서 그는 인간의 욕구는 생리적 욕구부터 시작하며, 인간은 전 단계의 욕구가 충족이 되어야 다음 단계의 욕구가 충족되기를 원하게 된다고 보았다. 우리는 매슬로우의 이론을 통해 자기실현 욕구보다 더 우선적으로 여기는 욕구가 있는 경우 자기개발은 이루어지지 않을 수 있다는 점을 알 수 있다. 또한 이와는 별개로 인간은 감정을 가지고 있기 때문에 긍정적 혹은 부정적 감정에 따라 자기개발에 있어 적극적이거나 소극적인 태도를 보이게 되는 것이다.
> 그리고 인간의 사고는 자기중심적이다. 사람들은 자신이 한 행동에 대하여 자기합리화하려는 경향이 있으며, 자신의 주장과 반대되는 주장에 대해서는 무의식적으로 배척하게 된다. 또한, 스스로 만든 인식의 틀 안에서 사고하여 어떤 선입견이 작용하게 되면 다음의 사고 과정도 편향되게 된다. 이러한 사고는 자신의 장단점을 객관적으로 파악하는 데 장애요인으로 작용하여 자기개발의 방향설정을 방해하게 된다.

보기

(가) 문화적인 장애에 부딪히기 때문이다.
(나) 자기개발 방법을 잘 모르기 때문이다.
(다) 인간의 욕구와 감정이 작용하기 때문이다.
(라) 경제적인 문제에 부딪히기 때문이다.
(마) 제한적으로 사고하기 때문이다.

① (가), (다) ② (나), (다)
③ (나), (라) ④ (다), (라)
⑤ (다), (마)

07 다음 사례에서 L사원이 가장 먼저 해야 할 일로 가장 적절한 것은?

> 현재 직장에 근무한 지 3년 차인 L사원은 그동안 단순 반복되는 업무를 맡아왔다. 얼마 전 새로 입사한 신입사원을 보면서 자신이 신입사원으로 들어왔을 때를 떠올렸다. 그때는 나름 힘찬 포부와 커다란 목표를 가지고 있었는데, 지금은 업무에 시달리다 보니 아무런 목표 의식 없이 주어진 일을 끝내기에만 바빴다. 신입사원보다 자신의 능력이 부족하다는 것을 느끼게 되었고, 마침내 자신의 자기개발을 통해 전문성을 신장시켜야겠다고 결심했다.

① 반성 및 피드백을 한다.
② 일정을 수립한다.
③ 수행해야 할 과제를 발견한다.
④ 비전과 목표를 수립한다.
⑤ 자신의 흥미·적성 등을 파악한다.

08 다음 사례에서 B사원이 자기개발에 어려움을 겪고 있는 이유로 가장 적절한 것은?

> B사원은 국내 제조업체에서 근무하고 있지만 업무에 흥미를 느끼지 못하고 있다. 그래서 외국계 IT회사로 이직하기 위해 계획을 세우고 관련한 자격증을 따기 위해서 인터넷 강의도 등록하였다. 그러나 강의를 들어보니 그동안 해 왔던 업무와 전혀 다른 새로운 분야인 데다가, 현재 근무 중인 회사를 벗어나 자신이 새로운 곳에 잘 적응할 수 있을지 두려움이 생겼다.

① 자기실현에 대한 욕구보다 다른 욕구가 더 강해서
② 자신을 객관적으로 파악하지 못했기 때문에
③ 자기개발 방법을 정확히 알지 못해서
④ 현재 익숙한 일과 환경을 지속하려는 습성 때문에
⑤ 시간에 비해 과도한 계획을 세웠기 때문에

09 C대리는 입사 4년 차이다. 회사 업무도 익숙해졌고 업무에도 별다른 문제가 없다. 하지만 C대리는 이런 익숙함 때문에 점점 업무에 대한 흥미를 잃어가고 있다. 그러다 보니 잔실수가 많아졌고 심지어 신입사원에게까지 실수 지적을 받기도 했다. 이런 문제를 해결하고자 C대리가 할 수 있는 행동은 무엇인가?

① 선임인 D과장에게 상담을 요청한다.
② 신입사원에게 신입사원의 업무성과를 자신에게 넘겨 달라고 부탁한다.
③ 이직한다.
④ 혼자 해결하려고 노력한다.
⑤ 다른 부서로 옮긴다.

10 다음은 K사원이 자신의 업무성과를 높이기 위해 작성한 워크시트이다. 다음 워크시트를 통해 K사원이 업무수행 성과를 높이기 위한 전략으로 보기 어려운 것은?

〈K사원의 워크시트〉	
내가 활용할 수 있는 자원	• 업무시간 8시간 • 업무시간 외에 하루에 2시간의 자유시간 • 노트북과 스마트폰 보유
업무 지침	• 회의에서 나온 내용은 모두가 공유할 것 • 회사 신제품에 대한 고객 만족도 조사를 실시할 것 • 경쟁사 제품에 대한 조사를 실시할 것 • 신제품의 개선방안에 대해 발표자료를 준비할 것
나의 현재 능력	• 컴퓨터 타자 속도가 매우 빠르다. • 엑셀과 파워포인트 활용 능력이 뛰어나다. • 인터넷 정보검색 능력이 뛰어나다.
상사 / 동료의 지원 정도	• 상사와 동료 모두 자기 업무에 바빠 업무 지침에 해당되는 업무를 지원하는 데 한계가 있다.

⇩

업무수행 성과를 높이기 위한 전략

① 자신의 자유시간에 경쟁사 제품에 대한 고객의 반응을 스마트폰으로 살핀다.
② 팀원들이 조사한 만족도 조사를 받아서, 엑셀로 통계화하여 보고서를 작성한다.
③ 아침 회의 내용을 타이핑하고, 문서화하여 팀원과 공유하도록 한다.
④ 신제품 사용 시 불편했던 점을 정리해서, 파워포인트를 통해 발표자료를 만든다.
⑤ 고객의 리뷰를 인터넷으로 검색하여 신제품에 대한 고객의 반응을 살핀다.

10 직업윤리

01 다음에서 설명하는 '이것'의 사례로 가장 적절하지 않은 것은?

> '이것'은 복지 사회를 이루기 위하여 기업이 이윤 추구에만 집착하지 않고 사회의 일원으로서 사회적 책임을 자각하고 실천하여야 할 의무로, 기업의 수익 추구와 밀접한 관련을 맺고 있다고 보는 견해도 있다.
>
> 윌리엄 워서(William Werther)와 데이비드 챈들러(David Chandler)는 '이것'을 기업이 제품이나 서비스를 소비자들에게 전달하는 과정인 동시에 사회에서 기업 활동의 정당성을 유지하기 위한 방안이라고 주장하였다.

① A기업은 새로운 IT 계열의 중소벤처기업을 창업한 20대 청년에게 투자하기로 결정하였다.
② B기업은 전염병이 발생하자 의료 물품을 대량으로 구입하여 지역 병원에 기부하였다.
③ C기업은 협력업체 공장에서 폐수를 불법으로 버린 것을 알고 협업과 투자를 종료하였다.
④ D기업은 자사의 제품에서 결함이 발견되자 이에 대한 사과문을 발표하였다.
⑤ E기업은 자사 직원 복지를 위해 거액의 펀드를 만들었다.

02 다음은 사내 비즈니스 예절 교육에 참여한 신입사원들의 대화 내용이다. 다음 중 명함 교환 예절에 대해 잘못 설명하고 있는 사람은?

> A사원 : 앞으로 바지 주머니가 아닌 상의 주머니에 명함을 넣어야겠어.
> B사원 : 명함을 줄 때에는 일어선 상태에서 건네는 것이 좋겠어.
> C사원 : 타 업체를 방문할 때는 그 업체의 직원에게 먼저 명함을 건네야 해.
> D사원 : 상대에게 명함을 받는다면 반드시 나도 명함을 줘야 하는군.
> E사원 : 앉은 상태에서는 명함을 테이블 위에 놓고 손으로 밀어 건네는 것이 예의이군.

① A사원
② B사원
③ C사원
④ D사원
⑤ E사원

03 다음은 기업의 사회적 책임과 관련된 자료이다. 다음 빈칸에 들어갈 말이 바르게 연결된 것은?

〈기업의 사회적 책임〉

현대사회에서 기업이 지속적으로 유지·발전하기 위해서는 사회구성원과의 상생을 위한 기업의 노력이 필요하다. 기업의 사회적 책임이란 기업이 이윤 추구 활동 이외에 법령과 윤리를 준수하고, 기업 이해관계자의 요구에 적절히 대응함으로써 사회에 긍정적 영향을 미치는 책임 있는 활동을 의미한다. 이러한 기업의 사회적 책임에는 기본적으로 다음과 같은 4가지 책임이 따른다.

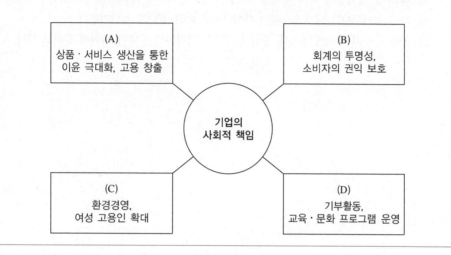

	(A)	(B)	(C)	(D)
①	경제적 책임	윤리적 책임	법적 책임	자선적 책임
②	경제적 책임	법적 책임	윤리적 책임	자선적 책임
③	자선적 책임	법적 책임	윤리적 책임	경제적 책임
④	자선적 책임	윤리적 책임	법적 책임	경제적 책임
⑤	법적 책임	자선적 책임	윤리적 책임	경제적 책임

04 P회사에서는 2019년 연말에 사내 공모전을 시행하였다. 팀 회식 중 팀장님이 공모전에 대해 이야기하며, 옆 팀 B사원이 낸 아이디어가 참신하다고 이야기하였다. A사원은 그 이야기를 듣고 자신의 아이디어와 너무 비슷하다고 생각하여 당황하였다. 생각해 보니 입사 동기인 B사원과 점심 식사 중 공모전 아이디어에 대해 이야기를 나누며 의견을 물은 적이 있었다. 이때 A사원이 취할 행동은?

① 회식 중에 사실 관계에 대해 정확히 이야기한다.

② 다음 날 B사원에게 어떻게 된 일인지 이야기해 본다.

③ 다음 날 감사팀에 바로 이의제기를 한다.

④ 다른 입사 동기들에게 B사원이 아이디어를 따라 했다고 이야기한다.

⑤ 공모전 주최 부서에 연락해 자신이 제안한 아이디어는 폐기 처리해 달라고 한다.

05 준법의 의미에 대한 〈보기〉의 설명 중 옳은 것으로만 모두 묶인 것은?

> **보기**
>
> ㉠ 준법은 민주 시민으로서 기본적으로 지켜야 하는 의무이며 생활 자세이다.
> ㉡ 민주 사회의 법과 규칙을 준수하는 것은 시민으로서의 자신의 권리를 보장받고, 다른 사람의 권리를 보호해 주며 사회 질서를 유지하는 역할을 한다.
> ㉢ 우리 사회는 민주주의와 시장경제를 지향하고 있으며, 그것이 제대로 정착될 만한 사회적·정신적 토대를 완벽히 갖추고 있다.
> ㉣ 민주주의와 시장경제는 구성원들에게 많은 자유와 권리를 부여하지만, 동시에 규율의 준수와 그에 따르는 책임을 요구한다.
> ㉤ 준법의 사전적 의미는 말 그대로 법과 규칙을 준수하는 것으로, 준법의식이 해이해지면 사회적으로 부패가 싹트게 된다.

① ㉠, ㉡, ㉢, ㉣   ② ㉠, ㉡, ㉣, ㉤

③ ㉠, ㉢, ㉣, ㉤   ④ ㉡, ㉢, ㉣, ㉤

⑤ ㉠, ㉡, ㉢, ㉣, ㉤

※ 다음을 읽고 이어지는 질문에 답하시오. **[6~7]**

〈더글라스와 보잉의 대결〉

항공기 제작회사인 더글러스와 보잉사는 최초의 대형 제트 여객기를 이스턴 항공사에 팔기 위해 경합을 벌이고 있었다.

이스턴 항공사의 사장인 에디 레켄베커는 도날드 더글러스 사장에게 편지를 하여 더글러스사가 DC-8 항공기에 대해 작성한 설계 명세서나 요구 조건은 보잉사와 매우 흡사한 반면 소음방지 장치에 대한 부분은 미흡하다고 전했다.

그리고 나서 마지막으로 레켄베커는 더글러스사가 보잉사보다 더 우수한 소음방지 장치를 달아주겠다는 약속을 할 수가 있는지 물어보았다.

이에 대해 더글러스는 다음과 같은 편지를 보냈다.

To. 이스턴 항공사의 에디 레켄베커

우리 회사의 기술자들에게 조회해 본 결과, 소음방지장치에 대한 약속은 할 수 없음을 알려드립니다.

From. 더글러스사의 도날드 더글러스

레켄베커는 이 같은 내용의 답신을 보냈다.

To. 더글러스사의 도날드 더글러스

나는 당신이 그 약속을 할 수 없다는 것을 알고 있었습니다.

나는 당신이 얼마나 정직한지를 알고 싶었을 뿐입니다.

이제 1억3천5백만 달러 상당의 항공기를 주문하겠습니다.

마음 놓고 소음을 최대한 줄일 수 있도록 노력해 주십시오.

---

06 더글러스가 만약 레켄베커의 요청에 대해 기술적 검토를 해본 후에 불가능함을 알고도 할 수 있다고 답장을 보냈다면 직업윤리 덕목 중 어떤 덕목에 어긋난 행동이 되는가?

① 책임의식, 전문가의식 ② 소명의식, 전문가의식

③ 직분의식, 천직의식 ④ 천직의식, 소명의식

⑤ 봉사의식, 직분의식

07 더글러스가 제시문과 같이 답장을 함으로써 얻을 수 있는 가치는 무엇인가?

① 눈앞의 단기적 이익 ② 명예로움과 양심

③ 매출 커미션 ④ 주위의 부러움

⑤ 승리감

※ 다음은 상황에 따른 직장에서의 전화예절을 지키기 위한 주의사항을 제시한 것이다. 이어지는 질문에 답하시오. **[8~9]**

〈직장에서의 전화예절〉

상황	주의사항
전화 걸기	• 전화를 걸기 전에 먼저 내용을 준비한다. • 전화를 건 이유를 숙지하고 이와 관련하여 대화를 나눌 수 있도록 준비한다. • 정상적인 업무가 이루어지고 있는 근무 시간에 건다. • 비서나 다른 사람에게 메시지를 남길 수 있도록 준비한다. • 전화는 직접 건다. • 전화를 해달라는 메시지를 받았다면 48시간 안에 답한다. • 하루 이상 자리를 비우게 되면 메시지를 남겨놓는다.
전화 받기	• 전화벨이 3 ~ 4번 울리기 전에 받는다. • 당신이 누구인지 즉각 밝힌다. • 천천히, 명확하게 예의를 갖추고 말한다. • 목소리에 미소를 띠고 말한다. • 언제나 펜과 메모지를 곁에 두어 메시지를 받아 적을 수 있도록 한다. • 주위의 소음을 최소화한다. • 긍정적인 말로 전화 통화를 마치고 전화를 건 상대방에게 감사의 표시를 한다. • 준비되지 않은 곤란한 질문을 받으면 차후 다시 전화를 건다.
휴대전화	• 상대방에게 통화를 강요하지 않는다. • 상대방이 장거리 요금을 지불하게 되는 경우를 피한다. • 운전하면서 사용하지 않는다. • 휴대전화를 빌려달라고 부탁하지 않는다.

08 직장에서 지켜야 할 전화예절을 바르게 지킨 경우로 보기 어려운 것은?

① 업무 관계자에게 근무시간에 전화를 하게 되면 상대방의 업무에 방해가 되므로 가급적 점심시간이나 퇴근시간 이후에 전화를 한다.

② 주위 소음이 심한 곳에서 업무 관계자의 전화를 받게 될 경우, 조용한 장소를 찾게 되면 전화하겠다고 이야기하고 전화를 끊는다.

③ 해외 출장 중 협력 기관 담당자로부터 전화를 받을 경우, 로밍 비용을 고려하여 일단 수신거부한 후, 출장에서 돌아간 후 연락하겠다고 문자를 보낸다.

④ 협력기관 담당자와 업무협의를 하던 중 미처 파악하지 못한 내용을 이야기할 경우, 해당 내용을 파악한 후 다시 전화를 하겠다고 이야기하고 전화를 끊는다.

⑤ 운전 중 급한 전화가 와도 일단 받지 않고, 주차를 한 후에 전화를 건다.

09 다음과 같은 상황에서 직장 내 전화예절에 부합하는 방식으로 민원인을 적절히 응대한 것은?

A주임	대신 받았습니다. 항공우주박물관 김유신입니다.
민원인	박물관에서 진행하는 전시회에 관해 문의드릴 게 있어서 전화 드렸습니다.
A주임	죄송합니다만, 지금 담당자가 잠시 자리를 비운 상태입니다. ( )

① 담당자가 자리를 비웠으니 나중에 다시 전화주시면 감사하겠습니다.
② 48시간 안에 담당자가 돌아올 예정이니 그때 전화 드리도록 하겠습니다.
③ 메모 가능하시면 지금 담당자 휴대폰 번호를 안내드리도록 하겠습니다.
④ 연락처를 남겨주시면 담당자가 직접 연락드릴 수 있도록 메모 남겨드리겠습니다.
⑤ 담당자가 돌아올 때까지 잠시 전화를 끊지 말고 기다려 주시기 바랍니다.

10 직장에서 벌어지는 상황을 보고 생각할 수 있는 근면한 직장생활로 옳지 않은 것은?

> 허 주임은 감각파이자 낙천주의자이다. 오늘 점심시간에 백화점 세일에 갔다 온 것을 친구에게 전화로 자랑하기 바쁘다. "오늘 땡잡았어! 스키용품을 50%에 구했지 뭐니!", "넌 혼자만 일하니? 대충대충 해. 그래서 큰 회사 다녀야 땡땡이치기 쉽다니까."

① 업무시간에는 개인적인 일을 하지 않는다.
② 업무시간에 최대한 업무를 끝내도록 한다.
③ 점심시간보다 10분 정도 일찍 나가는 것은 괜찮다.
④ 사무실 내에서 전화나 메신저 등을 통해 사적인 대화를 나누지 않는다.
⑤ 주어진 지위에 걸맞은 책임감 있는 행동을 한다.

6 PART

정답 및 해설

01 적성검사

01 언어능력

01	02	03	04	05	06	07	08	09	10
②	③	⑤	②⑤	②④	④	④	③	④	④
11	12	13	14	15	16	17	18	19	20
③	①	②	②	④	③	③	④	②	②
21	22	23	24	25	26	27	28	29	30
④	②	③	④	④	⑤	①	③	②	④
31	32	33	34	35	36	37	38	39	40
③	①	①	④	⑤	④	④	②	②	③
41	42	43	44	45	46	47	48	49	50
④	③	④	①	⑤	②	④	④	⑤	④

01 정답 ②

• 발전 : 더 낫고 좋은 상태나 더 높은 단계로 나아감
• 진전 : 일이 진행되어 발전함

오답분석
① 동조 : 남의 주장에 자기의 의견을 일치시키거나 보조를 맞춤
③ 발생 : 어떤 일이나 사물이 생겨남
④ 퇴보 : 정도나 수준이 이제까지의 상태보다 뒤떨어지거나 못하게 됨
⑤ 발주 : 물건을 보내 달라고 주문함

02 정답 ③

• 성취 : 목적한 바를 이룸
• 달성 : 목적한 것을 이룸

오답분석
① 성장 : 사물의 규모나 세력 따위가 점점 커짐
② 번성 : 한창 성하게 일어나 퍼짐
④ 취득 : 자기 것으로 만들어 가짐
⑤ 고취 : 의견이나 사상 따위를 열렬히 주장하여 불어넣음

03 정답 ⑤

• 이목 : 주의나 관심
• 시선 : 주의 또는 관심을 비유적으로 이르는 말

오답분석
① 괄목 : 눈을 비비고 볼 정도로 매우 놀람
② 경계 : 사물이 어떠한 기준에 의하여 분간되는 한계
③ 기습 : 적이 생각지 않았던 때에, 갑자기 들이쳐 공격함
④ 정도 : 알맞은 한도

04 정답 ②, ⑤

• 궁색하다 : 말이나 태도, 행동의 이유나 근거 따위가 부족하다.
• 옹색하다 : 생각이 막혀서 답답하고 옹졸하다.

05 정답 ②, ④

• 평안 : 걱정이나 탈이 없음. 또는 무사히 잘 있음
• 안전 : 위험이 생기거나 사고가 날 염려가 없음

오답분석
① 실의 : 뜻이나 의욕을 잃음
③ 재능 : 어떤 일을 하는 데 필요한 재주와 능력
⑤ 기교 : 기술이나 솜씨가 아주 교묘함. 또는 그런 기술이나 솜씨

06 정답 ④

• 가지런하다 : 여럿이 층이 나지 않고 고르게 되어 있다.
• 들쭉날쭉하다 : 들어가기도 하고 나오기도 하여 가지런하지 아니하다.

07 정답 ④

• 망각 : 어떤 사실을 잊어버림
• 기억 : 이전의 인상이나 경험을 의식 속에 간직하거나 도로 생각해 냄

① 밀집 : 빈틈없이 빽빽하게 모임
② 정신 : 육체나 물질에 대립되는 영혼이나 마음
③ 내포 : 어떤 성질이나 뜻 따위를 속에 품음
⑤ 착각 : 어떤 사물이나 사실을 실제와 다르게 지각함

08 정답 ③

• 꿉꿉하다 : 조금 축축하다(≒ 눅눅하다).
• 강마르다 : 물기가 없이 바싹 메마르다. 성미가 부드럽지
못하고 메마르다. 또는 살이 없이 몹시 수척하다.

오답분석
① 강샘하다 : 부부 사이나 사랑하는 이성(異性) 사이에서 상
대되는 이성이 다른 이성을 좋아할 경우에 지나치게 시기하
다(≒ 질투하다).
② 끙끙하다 : 아프거나 괴로워 앓는 소리를 내다, 강아지가
짖다. 또는 작고 가벼운 물건이 자꾸 바닥이나 물체 위에
떨어지거나 부딪쳐 소리가 나다.
④ 눅눅하다 : 축축한 기운이 약간 있다. 또는 물기나 기름기
가 있어 딱딱하지 않고 무르며 부드럽다.
⑤ 끌탕하다 : 속을 태우며 걱정하다.

09 정답 ④

'수척 – 초췌'는 유의 관계이다.
• 수척 : 몸이 몹시 야위고 마른 듯함
• 초췌 : 병, 근심, 고생 따위로 얼굴이나 몸이 여위고 파리함

10 정답 ④

'유미 – 탐미'는 동의 관계이다.
• 유미 : 아름다움을 추구하여 거기에 빠지거나 깊이 즐김
• 탐미 : 아름다움을 추구하여 거기에 빠지거나 깊이 즐김

11 정답 ③

밑줄의 '맞다'는 '시간의 흐름에 따라 오는 어떤 때를 대하다.'
를 의미한다. 이와 같은 의미로 쓰인 것은 ③이다.

오답분석
① 말, 육감, 사실 따위가 틀림이 없다.
② 오는 사람이나 물건을 예의로 받아들이다.
④ 자연 현상에 따라 내리는 눈, 비 따위의 닿음을 받다.
⑤ 어떤 행동, 의견, 상황 따위가 다른 것과 서로 어긋나지
아니하고 같거나 어울린다.

12 정답 ①

제시문의 '노는 시간에'에서 '놀다'는 '어떤 일을 하다가 중간
에 일정한 동안을 쉬다.'라는 뜻으로, ①이 이와 같은 의미로
쓰였다.

오답분석
② 고정되어 있던 것이 헐거워져서 움직이다.
③ 태아가 꿈틀거리다.
④ 놀이나 재미있는 일을 하며 즐겁게 지내다.
⑤ 비슷한 무리끼리 어울리다.

13 정답 ②

②의 '고치다'는 '고장이 나거나 못 쓰게 된 물건을 손질하여
제대로 되게 하다.'라는 의미이다.

오답분석
① · ③ · ④ · ⑤는 '잘못되거나 틀린 것을 바로 잡다.'라는 의
미이다.

14 정답 ②

청명(淸明)은 봄에 속하는 절기로, 춘분과 곡우 사이에 들며,
4월 5 ~ 6일경이다.

오답분석
① 4월 20 ~ 21일경
③ 6월 5 ~ 6일경
④ 10월 8 ~ 9일경
⑤ 12월 22 ~ 23일경

15 정답 ④

'꾸러미'는 달걀 10개를 묶어 세는 단위이므로 달걀 한 꾸러
미는 10개이다.

오답분석
① 굴비를 묶어 세는 단위인 '갓'은 '굴비 10마리'를 나타내므
로 굴비 두 갓은 20마리이다.
② 일정한 길이로 말아 놓은 피륙을 세는 단위인 '필'의 길이
는 40자에 해당되므로 명주 한 필은 40자이다.
③ '제'는 한약의 분량을 나타내는 단위로, 한 제는 탕약 스무
첩을 나타내므로 탕약 세 제는 60첩이다.
⑤ '거리'는 오이나 가지 따위를 묶어 세는 단위로, 한 거리
는 오이나 가지 50개를 나타내므로 오이 한 거리는 50개
이다.

16 정답 ③

손 : 생선 두 마리

오답분석

① 톳 : 김 100장
② 강다리 : 장작 100개비
④ 우리 : 기와 2천 장
⑤ 접 : 과일 100개

17 정답 ③

미수(米壽)는 88세를 이르는 말이다. 80세를 의미하는 말은 '산수(傘壽)'이다.

18 정답 ④

부인의 남동생의 아내를 '처남댁'이라고 부른다.

19 정답 ②

손위 누이의 남편을 '매형(妹兄), 매부(妹夫), 자형(姊兄)'이라고 하며, 손아래 누이의 남편은 '매제(妹弟)'라 한다.

20 정답 ②

'손님, 주문하신 커피 나오셨습니다.'에서 커피가 손님의 것이긴 하지만 커피까지 높이는 것은 옳지 않다.

21 정답 ④

표준어 규정에 의하면 본말인 '또아리'보다 준말인 '똬리'가 더 널리 쓰이므로 '똬리'만 표준어로 삼고, '또아리'는 버린다.

오답분석

① 어간 '익-'에 '-히'가 붙어서 부사로 된 '익히'는 어간의 원형을 밝혀 적으므로 올바른 표기이다.
②·③ 명사 뒤에 '-이' 이외의 모음으로 시작된 접미사가 붙어서 된 말은 그 명사의 원형을 밝혀 적지 않으므로 '이파리'와 '끄트머리'는 올바른 표기이다.
⑤ 부사의 끝음절이 '이'나 '히'로 나는 것은 '-히'로 표기하므로 '꼼꼼히'가 올바른 표기이다.

22 정답 ②

'찌개 따위를 끓이거나 설렁탕 따위를 담을 때 쓰는 그릇'을 뜻하는 어휘는 '뚝배기'이다.

오답분석

① '손가락 따위로 어떤 방향이나 대상을 집어서 보이거나 말하거나 알리다.'의 의미를 가진 어휘는 '가리키다'이다.
③ '사람들의 관심이나 주의가 집중되는 사물의 중심 부분'의 의미를 가진 어휘는 '초점'이다.
④ '액체 따위를 끓여서 진하게 만들다, 약재 따위에 물을 부어 우러나도록 끓이다.'의 의미를 가진 어휘는 '달이다'이다.(다려 → 달여)
⑤ '길게 뻗어 나가면서 다른 물건을 감기도 하고 땅바닥에 퍼지기도 하는 식물의 줄기'의 의미를 가진 어휘는 '넝쿨', '덩굴'이다.

23 정답 ③

'졸이다'는 '찌개를 졸이다.'와 같이 국물의 양을 적어지게 하는 것을 의미한다. 반면에 '조리다'는 '양념을 한 고기나 생선, 채소 따위를 국물에 넣고 바짝 끓여서 양념이 배어들게 하다.'의 의미를 지닌다. 따라서 ③의 경우 문맥상 '졸이다'가 아닌 '조리다'가 사용되어야 한다.

24 정답 ④

올듯도 → 올 듯도. '듯'은 의존 명사이므로 앞에 오는 관형형 '올'과 띄어 써야 한다.

25 정답 ④

'내'가 일부 시간적·공간적 범위를 나타내는 명사와 함께 쓰여, 일정한 범위의 안을 의미할 때는 의존 명사이므로 띄어 쓴다.

오답분석

① 짓는데 → 짓는 데
② 김철수씨는 → 김철수 씨는
③ 해결할 게. → 해결할게.
⑤ 안됐다. → 안 됐다.

26 정답 ⑤

제시문은 인류가 꿈꿔온 우주 개발이 가능해진 현실과 그 방법에 대한 논의에 대해 설명하고 있는 글이다. 따라서 (바) 과거부터 등장했던 우주 개발 시도 → (나) 세계 여러 민족의 창세신화에서 발견되는 우주 개발의 꿈 → (라) 현실로 다가온 우주 개발의 꿈 → (다) 우주의 시초를 밝히고 우주의 끄트머리를 바라볼 수 있으며 우주 공간에 거주지를 만들 수 있게 된 인류 → (마) 이제 문제의 핵심이 아니게 된 우주 개발의 여부 → (가) 우주 개발을 어떻게 해야 할 것인가 선택하게 된 인류의 순서로 배열하는 것이 적절하다.

27 정답 ①

제시된 글은 인공광의 필요성과 한계점, 부정적 측면에 대해 설명하고 있는 글이다. 따라서 (다) 인공광의 필요성 → (라) 인공광의 단점 → (나) 간과할 수 없는 인공광의 부정적 영향 → (가) 인공광의 부정적 영향을 간과할 수 없는 이유 순서로 연결되어야 한다.

28 정답 ③

제시문은 시집과 철학책이 이해하기 어려운 이유와 그들이 지닌 의의에 대하여 설명하고 있다. 따라서 (마) 다른 글보다 이해하기 어려운 시집과 철학책 → (나) 시와 철학책이 이해하기 어려운 이유 → (라) 시와 철학책이 이해하기 힘든 추상적 용어를 사용하는 이유 → (가) 시와 철학이 낯선 표현 방식을 사용함으로써 얻을 수 있는 효과 → (다) 낯선 세계를 우리의 친숙한 삶으로 불러들이는 시와 철학의 의의의 순서로 배열하는 것이 적절하다.

29 정답 ②

지문은 베토벤의 9번 교향곡에 관해 설명하고 있으며, 〈보기〉는 9번 교향곡이 '합창교향곡'이라는 명칭이 붙은 이유에 대해 말하고 있다. 지문의 세 번째 문장까지는 교향곡에 대해 설명을 하고 있으며, 네 번째 문장부터는 교향곡에 대한 현대의 평가 및 가치에 대해 설명을 하고 있다. 따라서 〈보기〉는 교향곡에 대한 설명과 교향곡에 성악이 도입되었다는 설명을 한 다음 문장인 ⓒ에 들어가는 것이 가장 적절하다.

30 정답 ④

(라)의 앞부분에서는 위기 상황을 제시하고, 뒷부분에서는 인류의 각성을 촉구하는 내용을 다루고 있다. 각성의 당위성을 이끌어내는 내용인 〈보기〉가 (라)에 들어가면 앞뒤의 내용을 논리적으로 연결할 수 있다.

31 정답 ③

제시문은 우유의 효과에 대해 부정적인 견해가 존재하지만 그래도 우유를 먹어야 한다고 말하고 있다.

32 정답 ①

제시문은 글로벌 시대에서는 남의 것을 모방하는 것이 아닌 창의적인 개발이 중요하다고 말하고 있다.

33 정답 ①

제시문은 소비자들이 같은 가격의 제품일 경우 이왕이면 겉모습이 더 아름다운 것을 추구한다는 내용이다. 따라서 '같은 조건이라면 좀 더 낫고 편리한 것을 택함'의 뜻을 지닌 '같은 값이면 다홍치마'가 적절하다.

34 정답 ④

④의 내용은 글 전체를 통해서 확인할 수 있다. 나머지는 본문의 내용에 어긋난다.

35 정답 ⑤

제시된 글을 통해 언어가 시대를 넘어 문명을 전수하는 역할을 한다는 걸 알 수 있다. 언어를 통해 전해진 선인들의 훌륭한 문화유산이나 정신 자산은 당대의 문화나 정신을 살찌우는 밑거름이 되었으며, 이러한 언어가 없었다면 인류 사회는 앞선 시대와 단절되어서 이상의 발전을 기대할 수 없었을 것이다. 이는 문명의 발달은 언어와 더불어 이루어져 왔음을 의미한다.

36 정답 ④

임마누엘 칸트는 단순히 이 세상의 행복을 얻으려는 욕심의 지배를 받아 이를 실천의 원리로 삼는 것을 악으로 규정했을 뿐, 행복 그 자체를 악으로 판단하진 않았다.

37 정답 ④

오답분석

①은 두 번째 문장, ②는 제시문의 흐름, ③과 ⑤는 마지막 문장에서 확인할 수 있다.

38 정답 ②

청색기술의 대상이 되는 동식물은 오랫동안 진화를 거듭하여 자연에 적응한 동식물이다.

39 정답 ②

제시문의 중심 내용은 '분노'에 대한 것으로, 사람의 경우와 동물의 경우를 나누어 분노가 어떻게 공격과 복수의 행동을 유발하는지에 대해 서술하고 있다.

① 분노에 대한 공격과 복수 행동만 서술할 뿐 공격을 유발하는 원인에 대한 언급은 없다.
③ 탈리오 법칙에 대한 언급은 했으나, 이에 대한 실제 사례 등 구체적인 서술은 없다.
④ 동물과 인간이 가지는 분노에 대한 감정 차이보다는, '분노했을 때의 행동'에 대한 공통점에 주안점을 두고 서술하였다.
⑤ 분노 감정의 처리는 글의 도입부에 탈리오 법칙으로 설명될 뿐, 중심 내용으로 볼 수 없다.

40 정답 ③

제시문은 산업 사회의 여러 가지 특징에 대해 설명함으로써 산업 사회가 가지고 있는 문제점들을 강조하고 있다.

41 정답 ④

제시문은 '카타르시스'와 니체가 말한 비극의 기능을 제시하며 비극을 즐기는 이유를 설명하고 있다.

42 정답 ④

노모포비아는 '휴대 전화가 없을 때 느끼는 불안과 공포증'이라는 의미의 신조어이다. 따라서 휴대 전화를 사용하지 않는 사람에게서는 노모포비아 증상이 나타나지 않을 것을 추론할 수 있다.

43 정답 ③

무게 중심이 지지점과 연직 방향에서 벗어난다면, 중력에 의한 회전력을 받게 되어 지지점을 중심으로 회전하며 넘어지게 된다.

44 정답 ①

제시문에서는 영리병원 도입으로 중장기적 고용 창출 효과가 있을 것이라고 주장하고 있다.

45 정답 ⑤

두 번째 문단을 통해 '셉테드'는 건축물 설계 과정에서부터 범죄를 예방·차단하기 위해 공간을 구성하는 것임을 알 수 있다. ①·②·③·④는 모두 건축물 및 구조물의 설계에 적용되어 범죄를 예방하는 사례이나, ⑤는 각 가정에 방범창을 설치하는 것으로 셉테드와는 관련이 없다.

46 정답 ②

직장에서의 프라이버시 침해 위험에 대해 우려하는 것이 이 글의 논지이므로 ②는 제시문의 내용과 부합하지 않는다.

47 정답 ④

제시문은 서구화된 우리 문화의 현실 속에서 민족 문화의 전통을 계승하자는 논의가 결코 보수적인 것이 아님을 밝히고 구체적인 사례를 검토하면서 전통의 본질적 의미와 그것의 올바른 계승 방법을 모색한 논설문이다. 글쓴이는 전통이란 과거의 것 중에서 현재의 문화 창조에 이바지하는 것이라고 보고 우리 스스로 전통을 찾고 창조해야 한다고 주장하였으므로, ④와 관점이 일치한다.

48 정답 ④

제시문에서 전통은 과거에서 이어와 현재의 문화 창조에 이바지할 수 있다고 생각되는 것이라고 설명하였다.

49 정답 ⑤

노화로 인한 신체 장애는 어쩔 수 없는 현상으로, 이를 해결하기 위해서는 헛된 자존심으로 부추기는 것이 아닌 노인들에 대한 사회적 배려와 같은 인식이 필요하다는 문맥으로 이어져야 한다.

50 정답 ④

시대착오란 '시대의 趨勢(추세)를 따르지 아니하는 착오'를 의미한다. ④는 상황에 따른 적절한 대응으로 볼 수 있으며, 시대착오와는 거리가 멀다.

① 출신 고교를 확인하는 학연에 얽매이는 모습을 보여줌으로써 시대착오의 모습을 보여주고 있다.
② 승진을 통해 지위가 높아지면 고급 차를 타야 한다는 시대착오의 모습을 보여주고 있다.
③ 두발 규제를 학생들의 효율적인 생활지도의 방법으로 보는 시대착오의 모습을 보여주고 있다.
⑤ 창의적 업무 수행을 위해 직원들의 복장을 획일적으로 통일해야 한다는 점에서 시대착오의 모습을 보여주고 있다.

02 수리능력

01	02	03	04	05	06	07	08	09	10	11	12	13	14	15	16	17	18	19	20
②	②	③	③	①	①	③	②	①	③	④	①	⑤	④	③	④	④	④	①	③
21	22	23	24	25	26	27	28	29	30	31	32	33	34	35	36	37	38	39	40
①	②	②	②	③	④	④	③	①	①	⑤	④	④	②	②	①	④	②	②	①
41	42	43	44	45	46	47	48	49	50	51	52	53	54	55	56	57	58	59	60
④	④	⑤	②	①	⑤	④	②	⑤	②	①	②	④	②	⑤	①	⑤	①	①	②
61	62	63	64	65	66	67	68	69	70	71	72	73	74	75	76	77	78	79	80
④	③	③	③	②	②	②	③	②	③	⑤	④	③	④	①	①	②	③	①	⑤

01 정답 ②

$0.901 + 5.468 - 2.166 = 6.369 - 2.166 = 4.203$

02 정답 ②

$12 \times 8 - 4 \div 2 = 96 - 2 = 94$

03 정답 ③

$(16 + 4 \times 5) \div 4 = (16 + 20) \div 4 = 36 \div 4 = 9$

04 정답 ③

$(79 + 79 + 79 + 79) \times 25 = 79 \times 4 \times 25 = 79 \times 100 = 7,900$

05 정답 ①

$\dfrac{2}{3} \div 5 + \dfrac{2}{5} \times 2 = \dfrac{2}{3} \times \dfrac{1}{5} + \dfrac{4}{5} = \dfrac{2}{15} + \dfrac{12}{15} = \dfrac{14}{15}$

06 정답 ①

$291 - 14 \times 17 + 22 = 291 - 238 + 22 = 75$

07 정답 ③

$7 - \left(\dfrac{5}{3} \times \dfrac{21}{15} \times \dfrac{9}{4} \right) = 7 - \dfrac{21}{4} = \dfrac{28}{4} - \dfrac{21}{4} = \dfrac{7}{4}$

08 정답 ②

$$\left(\frac{4}{7}\times\frac{5}{6}\right)+\left(\frac{4}{7}\div\frac{3}{22}\right)=\frac{20}{42}+\frac{4}{7}\times\frac{22}{3}=\frac{10}{21}+\frac{88}{21}=\frac{98}{21}=\frac{14}{3}$$

09 정답 ①

$5.5\times4+3.6\times5=22+18=40$

10 정답 ③

$79=80-1$, $799=800-1$, $7,999=8,000-1$, $79,999=80,000-1$과 같다.
$79,999+7,999+799+79=(80,000-1)+(8,000-1)+(800-1)+(80-1)=88,876$

11 정답 ④

$36\times145+6,104=5,220+6,104=11,324$
④ $516\times31-4,672=15,996-4,672=11,324$

오답분석

① $901\times35+27=31,535+27=31,562$
② $385\times12+5,322=4,620+5,322=9,942$
③ $16,212\div28+8,667=579+8,667=9,246$
⑤ $246\times35-2,800=8,610-2,800=5,810$

12 정답 ①

$70.668\div151+6.51=0.468+6.51=6.978$
① $3.79\times10-30.992=37.9-30.992=6.978$

오답분석

② $6.1\times1.2-1.163=6.157$
③ $89.1\div33+5.112=7.812$
④ $9.123-1.5\times1.3=7.173$
⑤ $7.856-2.8\times1.5=3.656$

13 정답 ⑤

$41+42+43=126$
⑤ $3\times2\times21=126$

오답분석

① $6\times6\times6=216$
② $5\times4\times9=180$
③ $7\times2\times3=42$
④ $6\times2\times9=108$

14 정답 ④

$7\times8\times2+8=112+8=120$

오답분석

①·②·③·⑤ 130

안심Touch

15 정답 ③

$\frac{8}{15} ≒ 0.533$

오답분석

① $\frac{7}{20} = 0.35$

② $\frac{10}{9} ≒ 1.11$

④ $\frac{31}{33} ≒ 0.969$

⑤ $\frac{35}{36} ≒ 0.972$

16 정답 ④

$\frac{22}{9} < (\quad) < \frac{11}{4} \rightarrow 2.44 < (\quad) < 2.75$

$\frac{66}{25} = 2.64$

오답분석

① $\frac{33}{17} ≒ 1.94$

② $\frac{59}{19} ≒ 3.11$

③ $\frac{62}{21} ≒ 2.95$

⑤ $\frac{50}{9} ≒ 5.6$

17 정답 ④

$0.71 < (\quad) < \frac{9}{12} \rightarrow 0.71 < (\quad) < 0.75$

$\frac{145}{200} = 0.725$

오답분석

① $\frac{3}{4} = 0.75$

② $\frac{695}{1,000} = 0.695$

18 정답 ④

$(1◎6) + (4◎2) = (1-6) + 6^2 + (4-2) + 2^2 = (-5) + 62 + 2 + 22 = 81$

19 정답 ①

1크로나는 0.12달러이므로 120크로나는 $120 \times 0.12 = 14.4$달러이다.

20 정답 ③

1위안은 0.16달러이므로 55위안은 $55 \times 0.16 = 8.8$달러이다.

21 정답 ①

정주가 걸어서 간 시간을 x분이라고 하자. 자전거를 타고 간 시간은 $(30-x)$분이다.

$150(30-x)+50x=4,000$

$100x=500$

$\therefore x=5$

22 정답 ②

집에서 역까지의 거리를 xm라고 하자.

$\dfrac{x}{50}+\dfrac{x}{60}=22 \rightarrow 11x=6,600 \rightarrow x=600$

따라서 역에서 집까지 돌아올 때 걸린 시간은 $\dfrac{600}{60}=10$분이다.

23 정답 ②

배의 속력을 $x$km/h, 강물의 속력을 $y$km/h라고 하자.

$4(x-y)=20 \rightarrow x-y=5 \cdots$ ㉠

$2(x+y)=20 \rightarrow x+y=10 \cdots$ ㉡

㉠, ㉡을 연립하면 $-2y=-5$

$\therefore y=2.5$

24 정답 ②

5% 소금물 400g에 들어있는 소금의 양은 $\dfrac{5}{100}\times400=20$g이다.

증발시킨 물의 양을 xg이라고 하자. 증발을 시키면 소금의 양은 그대로이고 소금물의 양과 농도만 변화하므로

$\dfrac{10}{100}\times(400-x)=20$

$\therefore x=200$

25 정답 ③

13% 식염수의 양을 xg이라고 하자. 8% 식염수의 양은 $(500-x)$g이므로

$\dfrac{8}{100}\times(500-x)+\dfrac{13}{100}\times x=\dfrac{10}{100}\times500$

$\therefore x=200$

26 정답 ④

물의 중량을 xg이라고 하자.

$\dfrac{75}{75+x}\times100=15 \rightarrow x+75=\dfrac{75}{15}\times100$

$\therefore x=500-75=425$

안심Touch

27 정답 ④

정가를 x원이라고 하자.

$0.8x \times 6 = 8(x-400) \rightarrow 4.8x = 8x - 3,200 \rightarrow 3.2x = 3,200$

$\therefore x = 1,000$

28 정답 ③

아버지의 나이가 아들의 나이의 두 배가 되는 시간을 x년이라고 하자.

x년 후의 아버지, 아들의 나이는 각각 $(35+x)$, $(10+x)$세이다.

$35 + x = 2(10+x)$

$\therefore x = 15$

29 정답 ①

막내의 나이를 x살, 서로 나이가 같은 3명의 멤버 중 한 명의 나이를 y살이라고 하자.

$y = 105 \div 5 = 21 (\because y = 5$명의 평균 나이$)$

$24 + 3y + x = 105 \rightarrow x + 3 \times 21 = 81$

$\therefore x = 18$

30 정답 ①

작년 사과의 개수를 x개, 배의 개수는 $(500-x)$개라고 하자.

$\dfrac{1}{2}x + 2 \times (500 - x) = 700 \rightarrow -\dfrac{3}{2}x = -300$

$\rightarrow x = 200$

따라서 올해 사과의 개수는 $\dfrac{1}{2} \times 200 = 100$개이다.

31 정답 ⑤

작년 A제품의 생산량을 x개, B제품의 생산량을 y개라고 하자.

$x + y = 1,000 \ \cdots \ \㉠$

$\dfrac{10}{100} \times x - \dfrac{10}{100} \times y = \dfrac{4}{100} \times 1,000 \rightarrow x - y = 400 \ \cdots \ \㉡$

㉠과 ㉡을 연립하면

$2x = 1,400 \rightarrow x = 700$

따라서 올해에 생산된 A제품의 수는 $700 \times 1.1 = 770$개다.

32 정답 ④

아이들의 수를 x명이라고 하자.

$7(x-14) + 2 = 6(x-11) + 2 \rightarrow x = 32$

즉, 아이들의 수는 32명, 노트의 개수는 $7 \times (32-14) + 2 = 128$권이다.

따라서 1명당 나누어줄 노트의 개수는 $128 \div 32 = 4$권이다.

33 정답 ④

합격한 사람의 수를 x명, 불합격한 사람의 수를 $(200-x)$명이라 하자.
$55 \times 200 = 70 \times x + 40 \times (200-x) \rightarrow 11,000 = 30x + 8,000 \rightarrow 30x = 3,000$
$\therefore x = 100$

34 정답 ②

어른과 어린이의 비율이 $2:1$이므로 150명 중 어린이는 $150 \times \dfrac{1}{3} = 50$명이고, 그중 남자 어린이는 $50 \times \dfrac{2}{5} = 20$명이다.

35 정답 ②

줄이려고 하는 가로의 길이를 $x$cm라고 하자.
직사각형의 넓이를 반으로 즉, $20 \times 15 \div 2 = 150 \text{cm}^2$ 이하로 줄이려고 한다면
$(20-x) \times 15 \leq 150 \rightarrow 15x \geq 150 \rightarrow x \geq 10$
따라서 가로의 길이는 최소 10cm 이상 줄여야 한다.

36 정답 ①

밭은 한 변의 길이가 12m인 정사각형 모양이다. 한 변의 양 끝에 점을 찍고 그 사이를 1m 격자 형태로 점을 찍으면 한 변에 13개의 점이 찍히고 인접한 점 사이의 거리는 1m가 된다. 사과나무 169그루는 13^2그루이기 때문에 각 격자점에 한 그루씩 심으면 일정 간격으로 심을 수 있게 된다.
따라서 나무와 나무 사이의 거리는 1m이다.

37 정답 ④

지하철이 A, B, C역에 동시에 도착하였다가 다시 동시에 도착하는 데까지 걸리는 시간은 3, 2, 4의 최소공배수인 12분이다. 따라서 세 지하철역에서 5번째로 지하철이 동시에 도착한 시각은 $12 \times 4 = 48$분 후인 5시 18분이다.

38 정답 ②

분수쇼는 시작하고 나서 매 45분마다 시작이며, 퍼레이드는 60분마다 하고 있다. 그러므로 45와 60의 최소공배수를 구하면 180분이 나온다. 즉, 두 이벤트의 시작을 함께 볼 수 있는 시간은 10시 이후 3시간마다 가능하다. 따라서 오후 12시부터 오후 7시 사이에서는 오후 1시와 오후 4시에 볼 수 있으므로 2번 볼 수 있다.

39 정답 ②

6개의 숫자를 가지고 여섯 자리 수를 만드는 경우의 수는 6!가지인데, 그중 1이 3개, 2가 2개로 중복되어 $(3! \times 2!)$가지의 경우가 겹친다. 따라서 가능한 모든 경우의 수는 $\dfrac{6!}{3! \times 2!} = 60$가지이다.

40 정답 ①

- 두 개의 주사위를 던지는 경우의 수 : $6 \times 6 = 36$가지
- 나온 눈의 곱이 홀수인 경우(홀수×홀수)의 수 : $3 \times 3 = 9$가지

∴ 주사위의 눈의 곱이 홀수일 확률 : $\dfrac{9}{36} = \dfrac{1}{4}$

41 정답 ④

현재기온이 가장 높은 수원은 이슬점 온도는 가장 높지만 습도는 65%로 다섯 번째로 높다.

오답분석

① 파주의 시정은 20km로 가장 좋다.
② 수원이 이슬점 온도와 불쾌지수 모두 가장 높다.
③ 불쾌지수 70을 초과한 지역은 수원, 동두천 2곳이다.
⑤ 시정이 0.4km로 가장 좋지 않은 백령도의 경우 풍속이 4.4m/s로 가장 강하다.

42 정답 ④

2015년 강수량의 총합은 1,529.7mm이고 2016년 강수량의 총합은 1,122.7mm이다. 따라서 전년 대비 강수량의 변화를 구하면 $1,529.7 - 1,122.7 = 407$mm로 가장 변화량이 크다.

오답분석

① 조사기간 내 가을철 평균 강수량을 구하면 $1,919.9 \div 8 = 240$mm이다.
② 2011년 61.7%, 2012년 59.3%, 2013년 49.4%, 2014년 66.6%, 2015년 50.4%, 2016년 50.5%, 2017년 50.6%, 2018년 40.1%로 2013년과 2018년 여름철 강수량은 전체 강수량의 50%를 넘지 않는다.
③ 강수량이 제일 낮은 해는 2018년이지만 가뭄의 기준이 제시되지 않았으므로 알 수 없다.
⑤ 여름철 강수량이 두 번째로 높았던 해는 2015년이다. 2015년의 가을·겨울철 강수량의 합은 502.6mm이고 봄철 강수량은 256.5mm이다. 따라서 $256.5 \times 2 = 513$mm이므로 봄철 강수량의 2배보다 적다.

43 정답 ⑤

A사 71점, B사 70점, C사 75점으로 직원들의 만족도는 C사가 가장 높다.

44 정답 ②

A사 22점, B사 27점, C사 26점으로 가격과 성능의 만족도 합은 B사가 가장 높다.

45 정답 ①

A사 24점, B사 19점, C사 21점으로 안전성과 연비의 합은 A사가 가장 높다.

46 정답 ⑤

$(5,946 + 6,735 + 131 + 2,313 + 11) - (5,850 + 5,476 + 126 + 1,755 + 10) = 15,136 - 13,217 = 1,919$개소

47 정답 ④

• 초등학교 : $\dfrac{5,654-5,526}{5,526}\times100 ≒ 2.32\%$

• 유치원 : $\dfrac{2,781-2,602}{2,602}\times100 ≒ 6.88\%$

• 특수학교 : $\dfrac{107-93}{93}\times100 ≒ 15.05\%$

• 학원 : $\dfrac{8-7}{7}\times100 ≒ 14.29\%$

• 보육시설 : $\dfrac{1,042-778}{778}\times100 ≒ 33.93\%$

따라서 보육시설의 증가율이 가장 크다.

48 정답 ②

2017년의 어린이보호구역의 합계는 15,136(=5,946+6,735+131+2,313+11)개소이고, 2012년 어린이보호구역의 합계는 8,434(=5,365+2,369+76+619+5)개소이므로 2017년 어린이보호구역은 2012년보다 총 6,702개소 증가했다.

49 정답 ⑤

2017년보다 2015년 실용신안의 심판처리 건수와 2018년 실용신안과 디자인의 심판청구와 심판처리 건수가 적고, 심판처리 기간은 2017년이 다른 해보다 기간이 가장 길다.

오답분석

① 제시된 자료를 통해 쉽게 확인할 수 있다.

② 2017년과 2018년에는 심판처리 건수가 더 많았다.

③ 실용신안의 심판청구 건수와 심판처리 건수가 이에 해당한다.

④ 2015년에는 5.9개월, 2018년에는 10.2개월이므로 증가율은 $\dfrac{10.2-5.9}{5.9}\times100 ≒ 72.9\%$이다.

50 정답 ②

2015년 실용신안 심판청구 건수가 906건이고, 2018년 실용신안 심판청구 건수가 473건이므로 감소율은 $\dfrac{906-473}{906}\times100 ≒$ 47.8%이다.

51 정답 ①

앞의 항에 −9를 하는 수열이다.
따라서 (　)=22−9=13이다.

52 정답 ②

앞의 항에 +10, +20, +30, +40, …인 수열이다
따라서 (　)=80+50=130이다.

53 정답 ④

앞의 항에 -2^5, -2^4, -2^3, -2^2, …인 수열이다.
따라서 (　)=55−2^2=55−4=51이다.

54 정답 ②

홀수 항은 ÷2, 짝수 항은 ×2인 수열이다.
따라서 (   )=13.5÷2=6.75이다.

55 정답 ⑤

앞의 항에 ×3과 ÷9을 번갈아 가며 적용하는 수열이다.
따라서 (   )=3×3=9이다.

56 정답 ①

앞의 항에 +11, −14을 번갈아 가며 적용하는 수열이다.
따라서 (   )=5+11=16이다.

57 정답 ⑤

홀수 항은 −4, 짝수 항은 −7인 수열이다.
따라서 (   )=23−4=19이다.

58 정답 ①

홀수 항은 +10, 짝수 항은 ÷6인 수열이다.
따라서 (   )=36÷6=6이다.

59 정답 ①

n을 자연수라고 하면 n항에서 $(n+1)$항을 더하고 −1을 한 값이 $(n+2)$항인 수열이다.
따라서 (   )=4+1−2=3이다.

60 정답 ②

n을 자연수라고 하면 n항에서 $(n+1)$항을 더하고 +2를 한 값이 $(n+2)$항인 수열이다.
따라서 (   )=(−8)−9+2=−15이다.

61 정답 ④

홀수 항은 +1, 짝수 항은 +1, +2, +3, +4, …인 수열이다.
따라서 (   )=4+3=7이다.

62 정답 ③

홀수 항은 $+1^2$, $+2^2$, $+3^2$, …인 수열이고, 짝수 항은 −1, −2, −3, …인 수열이다.
따라서 (   )=68+1=69이다.

63 정답 ③

홀수 항은 +4, 짝수 항은 ×(−3)인 수열이다.
따라서 (   )=6×(−3)=−18이다.

64 정답 ③

홀수 항은 +1, +2, +3, …이고, 짝수 항은 ×1, ×3, ×5, …인 수열이다.
따라서 (   )=6,000×5=30,000이다.

65 정답 ②

n을 자연수라고 하면 n항과 $(n+1)$항을 곱한 값이 $(n+2)$항인 수열이다.
따라서 (   )=3×5=15이다.

66 정답 ②

앞의 항에 $+2^1$, $+2^2$, $+2^3$, $+2^4$, …인 수열이다.
따라서 (   )$=25+2^5=25+32=57$이다.

67 정답 ②

홀수 항은 ×(−3)이고, 짝수 항은 ÷5인 수열이다.
따라서 (   )=3÷(−3)=−1이다.

68 정답 ③

$\underline{A\ B\ C} \to (A-B)\times2=C$
$\underline{19\ (\ \ )\ 10} \to \{19-(\ \ )\}\times2=10$
따라서 (   )$=-\left(\dfrac{10}{2}-19\right)=14$이다.

69 정답 ②

$\underline{A\ B\ C} \to A-B=C$
$\underline{20\ 12\ (\ \ )} \to 20-12=(\ \ )$
따라서 (   )=20−12=8이다.

70 정답 ③

$\underline{A\ B\ C} \to A+B=C$
$\underline{13\ (\ \ )\ 34} \to 13+(\ \ )=34$
따라서 (   )=34−13=21이다.

71   정답 ⑤

등차수열의 첫 항을 a, 공차를 d라 하면
$a_1+a_5=a+(a+4d)=12,\ a_3+a_7=(a+2d)+(a+6d)=20$
두 식을 연립하면
$4d=8 \to d=2$
$2a+4d=2a+8=12 \to a=2$
$\therefore a_2=a+d=4$

72   정답 ④

$1,\ a,\ b$가 이 순서로 등차수열을 이루므로 $2a=1+b$
$b=2a-1 \cdots$ ㉠
$a,\ \sqrt{3},\ b$가 이 순서로 등비수열을 이루므로
$(\sqrt{3})^2=ab \cdots$ ㉡
㉠을 ㉡에 대입하면 $3=a(2a-1)$
$2a^2-a-3=0 \to (2a-3)(a+1)=0$
$\therefore a=\dfrac{3}{2}$ 또는 $a=-1$
a는 정수이므로 $a=-1$이고, 이를 ㉠에 대입하면 $b=-3$
$\therefore a^2+b^2=10$

73   정답 ③

등비수열의 첫 항을 a, 공비를 r이라 하면
$a_2a_4=ar\times ar^3=a^2r^4=16$
$a_3a_5=ar^2\times ar^4=a^2r^6=r^2(a^2r^4)=64$
두 식을 연립하면
$r^2=4 \to r=2$
$a^2r^4=16a^2=16 \to a=1$
$\therefore a_6=ar^5=1\times 2^5=32$

74   정답 ④

$(f \circ (g \circ f)^{-1} \circ f)(3)=(f \circ f^{-1} \circ g^{-1} \circ f)(3)=(g^{-1} \circ f)(3)=g^{-1}(f(3))=g^{-1}(5)$
이때 $g^{-1}(5)=a$라 하면 $g(a)=5$이므로 $a-4=5 \to a=9$
$\therefore (f \circ (g \circ f)^{-1} \circ f)(3)=9$

75   정답 ①

두 점 $A(-3,\ -4)$, $B(5,\ 2)$를 지름의 양 끝점으로 하는 원의 중심은 $\left(\dfrac{-3+5}{2},\ \dfrac{-4+2}{2}\right)=(1,\ -1)$

반지름의 길이는 $\dfrac{1}{2}\overline{AB}=\dfrac{1}{2}\sqrt{(5+3)^2+(2+4)^2}=5$

즉, 구하는 원의 중심이 $(1,\ -1)$, 반지름의 길이가 5이므로 원의 방정식은 $(x-1)^2+(y+1)^2=25$이다.

76 정답 ①

$\dfrac{1+\sin\theta}{1-\sin\theta}=\dfrac{1}{3}$ 에서 $1-\sin\theta=3(1+\sin\theta) \longrightarrow 4\sin\theta=-2$

$\therefore \sin\theta=-\dfrac{1}{2}$

$\sin^2\theta+\cos^2\theta=1$ 이므로 $\cos^2\theta=1-\sin^2\theta$

$\longrightarrow \cos^2\theta=1-\left(-\dfrac{1}{2}\right)^2=\dfrac{3}{4}$

$\therefore \cos\theta=-\dfrac{\sqrt{3}}{2}$ 또는 $\cos\theta=\dfrac{\sqrt{3}}{2}$

θ는 제3사분면의 각이므로 $\cos\theta<0$

$\therefore \cos\theta=-\dfrac{\sqrt{3}}{2}$

77 정답 ②

이차방정식의 근과 계수의 관계에 의하여 $\alpha+\beta=10$, $\alpha\beta=8$

$\therefore \log_2\alpha+\log_2\beta=\log_2\alpha\beta=\log_2 8=\log_2 2^3=3$

78 정답 ③

$A\cap B=\{2,\ 5\}$ 이므로 $A=\{2,\ 3,\ x^2+4\}$ 에서

$x^2+4=5 \longrightarrow x^2=1 \qquad \therefore x=\pm 1$

(i) $x=1$일 때

$\qquad A=\{2,\ 3,\ 5\}$, $B=\{2,\ 4,\ 5\}$

$\qquad \therefore A\cap B=\{2,\ 5\} \longrightarrow$ 성립

(ii) $x=-1$일 때

$\qquad A=\{2,\ 3,\ 5\}$, $B=\{0,\ 1,\ 4\}$

$\qquad \therefore A\cap B=\phi \longrightarrow$ 모순

따라서 (i), (ii)에서 $A\cap B=\{2,\ 5\}$를 만족하는 실수 x의 값은 1이다.

79 정답 ①

공식 $\dfrac{1}{A}-\dfrac{1}{B}=\dfrac{B-A}{A\times B}$ 를 적용하여 구하면 다음과 같다.

$\dfrac{1}{1\times 2}+\dfrac{1}{2\times 3}+\dfrac{1}{3\times 4}\cdots+\dfrac{1}{99\times 100}=\left(\dfrac{1}{1}-\dfrac{1}{2}\right)+\left(\dfrac{1}{2}-\dfrac{1}{3}\right)+\left(\dfrac{1}{3}-\dfrac{1}{4}\right)+\cdots+\left(\dfrac{1}{99}-\dfrac{1}{100}\right)=1-\dfrac{1}{100}=\dfrac{99}{100}$

80 정답 ⑤

밑의 조건에서 $x>0$, $x\neq 1$ $\cdots$ ㉠

진수의 조건에서 $x^2-2x-3>0 \longrightarrow (x+1)(x-3)>0$

$\therefore x<-1$ 또는 $x>3$ $\cdots$ ㉡

㉠, ㉡의 공통 범위를 구하면 $x>3$

03 추리능력

01	02	03	04	05	06	07	08	09	10
②	⑤	⑤	④	②	②	②	④	①	④
11	12	13	14	15	16	17	18	19	20
①	④	①	③	③	④	③	②	④	①
21	22	23	24	25	26	27	28	29	30
③	③	①	④	①	②	⑤	③	②	④
31	32	33	34	35					
④	③	②	③	④					

01 　정답　②

제시문은 반의 관계이다.
'긴장'의 반의어는 '이완'이고, '거대'의 반의어는 '왜소'이다.

02 　정답　⑤

제시문은 유의 관계이다.
'믿음'은 '신용'과 유사한 의미를 가지며, '선의'는 '호의'와 유사한 의미를 지닌다.

03 　정답　⑤

'요리사'는 '주방'에서 요리를 하고, '학생'은 '학교'에서 공부를 한다.

04 　정답　④

깨끗한 물을 만들기 위해 정수 과정을 거치고, 불순물 없는 금속을 얻기 위해 광석을 제련한다.

05 　정답　②

사이다에는 탄산이 함유되어 있고, 공기에는 산소가 함유되어 있다.

06 　정답　②

제시문은 가게와 서비스의 관계이다.
'세탁소'는 옷을 '수선'하는 곳이고, '마트'는 물건을 '판매'하는 곳이다.

07 　정답　②

'자립'과 '의존'은 반의 관계이고, '심야'와 '백주'도 반의 관계이다.

08 　정답　④

주어진 명제를 정리하면 강아지를 좋아하는 사람은 자연을 좋아하고, 자연을 좋아하는 사람은 편의점을 좋아하지 않는다. 따라서 이의 대우 명제인 ④는 참이다.

09 　정답　①

두 번째 조건의 '의사는 스포츠카와 오토바이를 가지고 있다.'가 참이므로 그의 대우 명제인 '스포츠카 또는 오토바이를 가지고 있지 않으면 의사가 아니다.' 역시 참이다. 따라서 철수가 스포츠카를 가지고 있지 않다면 철수는 의사가 아니라는 명제가 성립하고, 철수는 의사 또는 변호사 둘 중 하나에 반드시 해당되므로 철수는 변호사라는 추론이 가능하다.

10 　정답　④

수연, 철수, 영희 순으로 점수가 높아진다. 영희는 90점, 수연이는 85점이므로 철수의 성적은 86 ~ 89점 사이이다.

11 　정답　①

'어떤 음식은 식물성이다.'는 '식물성인 것 중에는 음식이 있다.'와 같은 말이다. 따라서 이를 바꾸어 표현하면 '어떤 식물성인 것은 음식이다.'이다.

12 　정답　④

'경찰에 잡히지 않음 → 도둑질을 하지 않음, 감옥에 가지 않음 → 도둑질을 하지 않음'에서 주어진 명제가 성립하려면 '감옥에 안 가면 경찰에 잡히지 않은 것이다.'라는 명제가 필요하다. 따라서 이 명제의 대우 명제인 ④가 적절하다.

13 　정답　①

삼단논법이 성립하려면 '타인을 사랑하면 서로를 사랑한다.'라는 명제가 필요한데, 이 명제의 대우는 ①이다.

14 정답 ③

주어진 조건을 정리하면 다음과 같다.

구분	월	화	수	목	금	토	일
첫째	○	×		×	○		
둘째						○	
셋째							○
넷째			○				

첫째는 화요일과 목요일에 병간호할 수 없고, 수, 토, 일요일은 다른 형제들이 간호를 하므로 월요일과 금요일에 병간호한다. 둘째와 셋째에게 남은 요일은 화요일과 목요일이지만, 둘 중 누가 화요일에 간호를 하고 목요일에 간호를 할지는 알 수 없다.

15 정답 ③

지헌이가 3등인 경우와 4등인 경우로 나누어 조건을 따져보아야 한다.

- 지헌이가 3등일 때 : 지헌이의 바로 뒤로 들어온 인성이는 4등, 지헌보다 앞섰다는 성민이와 기열이가 1~2등인데, 성민이가 1등이 아니라고 하였으므로 1등은 기열, 2등은 성민이가 된다. 지혜는 꼴등이 아니라고 했으므로 5등, 수빈이는 6등이다.
- 지헌이가 4등일 때 : 지헌이의 바로 뒤로 들어온 인성이는 5등, 2~3등은 성민이 또는 지혜가 되어야 하며, 1등은 기열이, 6등은 성민이와 지혜보다 뒤 순위인 수빈이다.

이를 정리해 보면 경우의 수는 다음과 같이 총 3가지이다.

구분	1등	2등	3등	4등	5등	6등
경우 1	기열	성민	지헌	인성	지혜	수빈
경우 2	기열	성민	지혜	지헌	인성	수빈
경우 3	기열	지혜	성민	지헌	인성	수빈

따라서 성민이는 지혜보다 순위가 높을 수도, 그렇지 않을 수도 있으므로 ③은 옳지 않다.

16 정답 ④

주어진 조건을 정리하면 다음과 같다.

제네시스	그랜저	투싼	에쿠스	소나타
흰색	검은색	흰색	파란색	흰색

따라서 주어진 조건을 통해 에쿠스는 파란색, 그랜저는 검은색임을 알 수 있다.

오답분석

① 흰색 차량은 제네시스, 투싼, 소나타 총 3대이다.
② 그랜저는 제네시스의 바로 오른쪽으로, 왼쪽에서 두 번째에 있다.

③ 그랜저는 검은색, 에쿠스는 파란색으로, 검은색과 파란색 차량은 각각 1대씩 있다.
⑤ 그랜저는 검은색 차량으로, 검은색 차량은 1대이다.

17 정답 ③

E가 당직을 하면 세 번째, 네 번째 조건이 모순이다. 따라서 E는 당직을 하지 않는다. E가 당직을 하지 않으므로 두 번째, 다섯 번째 조건에 의해 A, C, D는 당직 근무를 하지 않는다. 그러므로 당직을 맡을 수 있는 사람은 B, F이다.

18 정답 ②

제시된 진료 현황을 각각의 명제로 보고 이들을 수식으로 설명하면 다음과 같다(단, 명제가 참일 경우 그 대우도 참이다).

- B병원이 진료를 하지 않을 때 A병원이 진료한다(~B → A / ~A → B).
- B병원이 진료를 하면 D병원은 진료를 하지 않는다(B → ~D / D → ~B).
- A병원이 진료를 하면 C병원은 진료를 하지 않는다(A → ~C / C → ~A).
- C병원이 진료를 하지 않을 때 E병원이 진료한다(~C → E / ~E → C).

이를 하나로 연결하면, D병원이 진료를 하면 B병원이 진료를 하지 않고, B병원이 진료를 하지 않으면 A병원은 진료를 한다. A병원이 진료를 하는 경우 C병원은 진료를 하지 않고, C병원이 진료를 하지 않으면 E병원은 진료를 한다(D → ~B → A → ~C → E).

명제가 참일 경우 그 대우도 참이므로 ~E → C → ~A → B → ~D가 성립하고, 공휴일일 경우는 E병원이 진료를 하지 않을 때이므로 위의 명제를 참고하면 C와 B병원만이 진료를 하는 경우가 된다. 따라서 공휴일에 진료를 하는 병원은 2곳이다.

19 정답 ④

홀수 항은 2씩 빼고, 짝수 항은 4씩 더하는 수열이다.

ㅜ	ㄷ	(ㅗ)	ㅅ	ㅓ	ㅋ
7	3	5	7	3	11

20 정답 ①

앞의 항+뒤의 항=다음 항

ㄱ	ㄷ	ㄹ	ㅅ	(ㅋ)	ㄹ
1	3	4	7	11	18(4)

21 정답 ③

앞의 항에 1, 2, 4, 8, 16, …을 더하는 수열이다.

C	D	(F)	J	R	H
3	4	6	10	18	34(8)

22 정답 ③

+3, ÷2가 반복되는 수열이다.

캐	해	새	채	매	애	(래)
11	14	7	10	5	8	4

23 정답 ①

+3, +4, +5, +6, +7, …으로 나열된 수열이다.

ㄴ	ㅁ	ㅈ	ㅎ	ㅂ	(ㅍ)
2	5	9	14	20(6)	27(13)

24 정답 ④

$+2^0$, $+2^1$, $+2^2$, $+2^3$, $+2^4$ …으로 나열된 수열이다.

ㄱ	B	ㄹ	H	ㄴ	(F)
1	2	4	8	16(2)	32(6)

25 정답 ①

홀수 항과 짝수 항에 각각 +5, +6, +7, …으로 나열된 수열이다.

E	C	J	H	P	N	(W)
5	3	10	8	16	14	23

26 정답 ②

오답분석
①·③·④·⑤는 앞 문자에 −4, +2, −1로 나열한 것이다.

27 정답 ⑤

오답분석
①·②·③·④는 앞 문자에 +3, −1, −2로 나열한 것이다.

28 정답 ③

• 1행 : 별과 색칠된 사각형이 홀수 단계에서만 나타남
• 2행 : 색칠된 사각형이 오른쪽으로 한 칸씩 이동
• 3행 : 별이 왼쪽으로 한 칸씩 이동

29 정답 ②

다각형은 점점 각이 하나씩 증가하는 형태이고, 원은 다각형 안쪽에 있다가 바깥쪽에 있다가를 반복한다.

30 정답 ④

아래의 색칠된 두 개의 사각형은 대각선 방향으로 대칭하고 있으며, 위의 색칠된 사각형은 시계 방향으로 90° 회전하고 있다.

31 정답 ④

왼쪽 도형을 상하대칭한 것이 오른쪽 도형이다.

32 정답 ③

각 점을 좌우대칭하고 가운데 줄을 색 반전한 것이 오른쪽 도형이다.

33 정답 ②

상하대칭 후 내부 도형을 색 반전한 것이 오른쪽 도형이다.

34 정답 ③

규칙은 세로로 적용된다. 위쪽 도형과 가운데 도형을 더하면 아래쪽 도형이 되고 중복되는 면은 흰면으로 바뀐다.

35 정답 ④

규칙은 세로로 적용된다. 위쪽 도형과 가운데 도형의 색칠된 부분을 합치면 아래쪽 도형이 된다.

04 지각능력

01	02	03	04	05	06	07	08	09	10	11	12	13	14	15	16	17	18	19	20
⑤	②	③	⑤	④	①	①	②	②	①	①	⑤	④	⑤	③	④	①	②	③	②

21	22	23	24	25	26	27	28	29	30	31	32	33	34	35	36	37	38	39	
①	①	②	④	②	③	③	①	④	②	④	②	②	③	③	①	①	③	③	

01 정답 ⑤

쨍	컁	퓨	껀	짱	멩	걍	먄	녜	쨍	해	예
퓨	얘	뿌	쨍	멸	뚜	냥	압	랄	벨	쓴	빵
짱	멸	녜	뿌	해	쨍	컁	얘	쨍	뚜	벨	뺀
예	쨍	냥	먄	걍	퓨	쓴	껀	취	빵	쟁	썸

02 정답 ②

tale	taxi	tall	talk	tact	time	tend	tack	task	tank	tend	tape
term	task	tack	tape	than	taxi	take	tall	tend	tale	talk	term
take	tend	tape	tale	term	tank	tape	than	time	tack	taxi	tact
taxi	tale	time	tend	tank	tall	tact	talk	tend	tall	tale	task

03 정답 ③

2489	5892	8291	4980	2842	5021	5984	1298	8951	3983	9591	5428
5248	5147	1039	7906	9023	5832	5328	1023	8492	6839	7168	9692
7178	1983	9572	5928	4726	9401	5248	5248	4557	4895	1902	5791
4789	9109	7591	8914	9827	2790	9194	3562	8752	7524	6751	1248

04 정답 ⑤

㉮	①	㉮	㉤	⑪	⑫	㉤	㉣	㉯	㉥	ⓙ	㉰
㉟	㉰	㉳	⊙	㉲	㉱	㉯	㉴	⑭	㉯	㉭	ⓢ
㉠	ⓢ	㊵	㉣	㉣	㉰	㉝	㉣	㉮	㉷	⑥	㉰
㉰	㉢	ⓢ	㉣	㉮	㉓	⑫	⑫	㉮	ⓒ	㉰	ⓢ

05 정답 ④

難	羅	卵	落	諾	拉	衲	捻	廊	朗	尼	內
奈	老	怒	路	懦	蘿	瑙	泥	多	羅	羅	茶
對	代	臺	道	都	羅	搗	儺	邏	頭	杜	羅
羅	徒	團	但	答	踏	蘿	累	淚	畓	荳	屠

06 정답 ①

좌우 문자열 같음

07 정답 ①

좌우 문자열 같음

08 정답 ②

やづご <u>し</u> どなる － やづご <u>じ</u> どなる

09 정답 ②

傑琉浴賦忍杜家 － 傑瑜浴賦忍杜家

10 정답 ①

좌우 문자열 같음

11 정답 ①

◎☆▽◆☆♤◑♠ － ○★▽■★♠◑♧♠

12 정답 ⑤

C<u>V</u>N<u>UT</u>Q<u>ERL</u> － C<u>B</u>N<u>UK</u>Q<u>ERL</u>

13 정답 ④

A<u>ii</u>o<u>XT</u>V<u>cp</u> － A<u>II</u>o<u>xT</u>v<u>cb</u>

14 정답 ⑤

<u>ㅈ</u>ㅅ<u>ㅌ</u><u>하</u><u>가</u>ㄱㅌ<u>ㅂ</u> － <u>ㅊ</u>ㅅ<u>ㄷ</u><u>아</u><u>ㄱ</u>ㄱㅌ<u>ㅂ</u>

15 정답 ③

MER	LTA	VER	DTA	DLR	ITI	DOR	ETE	RSR	ZER	BTA	LOE
XSR	WER	LSR	UER	OSR	DCR	PER	ASD	WCT	KTI	YAM	GTE
OTA	KKN	YSR	DSR	DZR	ATA	SDR	SSR	DTI	LHE	FTE	BVG
NER	HTE	VOE	TER	JTI	DAA	PSR	DTE	LME	QSR	SDZ	CTA

16 정답 ④

팜	탈	밥	선	탐	폭	콕	헐	달	합	한	번
한	랄	발	밫	팝	턴	핲	뽑	선	팝	협	곡
팔	혹	곰	독	견	랄	팔	팍	톡	변	밤	갈
콕	합	편	던	할	펍	협	신	촉	날	함	팝

17 정답 ①

1457	4841	3895	8643	3098	4751	6898	5785	6980	4617	6853	6893
1579	5875	3752	4753	4679	3686	5873	8498	8742	3573	3702	6692
3792	9293	8274	7261	6309	9014	3927	6582	2817	5902	4785	7389
3873	5789	5738	8936	4787	2981	2795	8633	4862	9592	5983	5722

18 정답 ②

98406198345906148075634361456234

19 정답 ③

82058305898678232078340853989832653

20 정답 ②

②는 보기의 도형을 시계 반대 방향으로 90° 회전한 것이다.

21 정답 ①

①은 보기의 도형을 180° 회전한 것이다.

22 정답 ①

①은 보기의 도형을 시계 방향으로 90° 회전한 것이다.

23 정답 ②

24 정답 ④

25 정답 ②

26 정답 ③

27 정답 ③

28 정답 ①

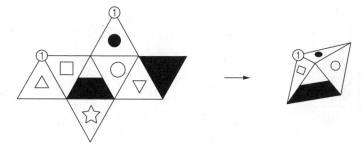

29 정답 ④

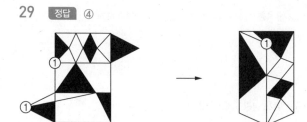

30 정답 ②

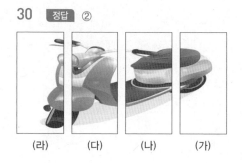

(라)   (다)   (나)   (가)

31 정답 ④

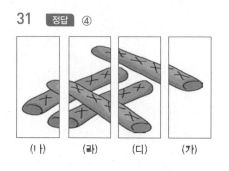

(나)   (라)   (디)   (가)

32 정답 ②

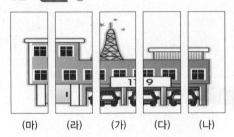

(마)   (라)   (가)   (다)   (나)

33 정답 ②

1층 : 5×5＝25개, 2층 : 25−1＝24개, 3층 : 25−3＝22개, 4층 : 25−5＝20개, 5층 : 25−14＝11개
∴ 25＋24＋22＋20＋11＝102개

34 정답 ③

1층 : 5×4−3＝17개, 2층 : 20−4＝16개, 3층 : 20−7＝13개, 4층 : 20−12＝8개
∴ 17＋16＋13＋8＝54개

35 정답 ③

1층 : 10개, 2층 : 4개, 3층 : 1개
∴ 15개

36 정답 ①

직육면체가 되기 위해서는 한 층에 7×6＝42개씩 4층이 필요하다.
1층 : 21개, 2층 : 30개, 3층 : 36개, 4층 : 38개
∴ 21＋30＋36＋38＝125개

37 정답 ①

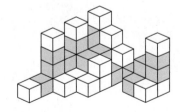

38 정답 ③

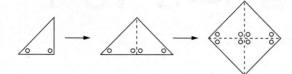

39 정답 ③

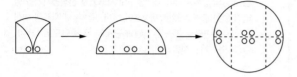

02 NCS 직업기초능력평가

01 의사소통능력

01	02	03	04	05	06	07	08	09	10
⑤	⑤	④	②	③	②	⑤	⑤	②	⑤
11	12	13	14	15	16	17	18	19	20
③	④	②	②	②	③	①	①	④	①

01　정답　⑤

피드백은 상대방이 원하는 경우 대인관계에 있어서 그의 행동을 개선할 수 있는 기회를 제공해줄 수 있다. 하지만 부정적이고 비판적인 피드백만을 계속적으로 주는 경우에는 오히려 역효과가 나타날 수 있으므로 피드백을 줄 때 상대방의 긍정적인 면과 부정적인 면을 균형 있게 전달하도록 유의하여야 한다.

02　정답　⑤

(가) 발신주의(發信主義) : 성립한 문서가 상대방에게 발신된 때 효력이 발생한다.
(나) 요지주의(了知主義) : 상대방이 문서의 내용을 알게되었을 때에 효력이 발생한다.
(다) 도달주의(到達主義) : 문서가 상대방에게 도달해야 효력이 발생한다.
(라) 표백주의(表白主義) : 결재로써 문서의 작성이 끝났을 때에 효력이 발생한다.

03　정답　④

개방적인 질문은 상대방의 다양한 생각을 이해하고, 상대방으로부터 보다 많은 정보를 얻기 위한 방법으로 이로 인하여 서로에 대한 이해의 정도를 높일 수 있다. 그러나 G씨에게 누구와 여행을 함께 가는지 묻는 F씨의 질문은 개방적 질문이 아닌 단답형의 대답이나 반응을 이끌어 내는 폐쇄적 질문에 해당하므로 ④는 개방적인 질문 방법에 대한 사례로 적절하지 않다.

04　정답　②

김 팀장의 업무지시에 따르면 근로자들에게 신직업자격을 알리기 위한 홍보 자료를 제작해야 한다. 즉, 홍보 자료의 대상은 근로자이므로 기능을 기업과 근로자 두 측면으로 나누어 설명하는 것은 적절하지 않다.

05　정답　③

A씨는 안 좋은 일이 생겨도 자신을 탓하고, 사소한 실수에도 사과를 반복한다. 즉, A씨는 자기 자신을 낮은 자존감과 열등감으로 대하고 있다. 성공하는 사람의 이미지를 위해서는 자신을 너무 과소평가하지 말아야 한다. 특히, A씨와 같이 평소에 '죄송합니다.'나 '미안합니다.'를 입에 달고 사는 사람들의 경우 얼핏 보면 예의 바르게 보일 수 있으나, 꼭 필요한 경우가 아니라면 그렇게 해서 자신의 모습을 비하하지 않도록 해야 한다.

06　정답　②

(가) 상품 생산자와 상품의 관계를 제시 → (다) '자립적인 삶'의 부연 설명 → (라) 내용 첨가 : 시장 법칙의 지배 아래에서 사람과 사람과의 관계 → (나) 결론 : 인간의 소외

07　정답　⑤

ⓒ의 앞뒤 내용을 살펴보면 유행은 취미와 아주 밀접하게 결부된 현상이지만, 서로 다른 특징을 가진다는 내용이다. 따라서 역접 기능의 접속어 '그러나'가 오는 것이 맞다.

08　정답　⑤

제시문에서 자동차의 통행수요를 줄임으로써, 미세먼지를 감소시키고 대기오염을 줄이자고 언급되어 있지만, 친환경 자동차의 공급에 대한 내용은 언급되어 있지 않다.

09   정답 ②

먼지의 지름이 2.5 ~ 10μm일 경우, 미세먼지라고 칭한다. 또한, 지름이 2.5μm 이하일 경우에는 초미세먼지라고 칭한다. 따라서 지름이 3μm 이하인 경우를 모두 초미세먼지라고 분류하지는 않는다.

10   정답 ⑤

U-City 사업이 지능화시설물 구축 혹은 통합운영센터의 건설로 표면화 되었지만 공공주도 및 공급자 중심의 스마트도시 시설투자는 정책 수혜자인 시민의 체감으로 이어지지 못하는 한계가 발생하게 된다. 또한 대기업의 U-City 참여 제한 등으로 성장 동력이 축소되는 과정을 겪어왔다.

11   정답 ③

찬성 측은 공공 자전거 서비스 제도의 효과에 대해 예상하나, 구체적인 근거를 제시하고 있지는 않다.

오답분석

① 반대 측은 자전거를 이용하지 않는 사람들도 공공 자전거 서비스 제도에 필요한 비용을 지불해야 하므로 형평성의 문제가 발생할 수 있다고 보았다.
② 찬성 측은 공공 자전거 서비스 제도로 교통 체증 문제를 완화할 수 있다고 보았으며, 반대 측은 도로에 자전거와 자동차가 섞이게 되어 교통 혼잡 문제가 발생할 수 있다고 봄으로써 서로 대립하는 논점을 가짐을 알 수 있다.
④ 반대 측은 공공 자전거 서비스 제도로 도로에 자전거와 자동차가 섞이게 되는 상황을 예상하면서 찬성 측의 주장에 대해 의문을 제기하고 있다.
⑤ 반대 측은 찬성 측의 공공 자전거 서비스는 사람들 모두가 이용할 수 있다는 주장에 대해 '물론 그렇게 볼 수도 있습니다만'과 같이 대답하며 찬성 측의 주장을 일부 인정하고 있다.

12   정답 ④

마이크로비드는 잔류성 유기 오염물질을 흡착한다.

13   정답 ②

수건이나 휴지 등을 덧댄 후 마스크를 사용하면 밀착력이 감소해 미세입자 차단 효과가 떨어질 수 있다.

14   정답 ②

글쓴이는 아담 스미스의 '보이지 않는 손'에 대해 반박하기 위해 정부가 개인의 이익 활동을 제한하지 않으면 발생할 수 있는 문제점을 예를 들어 설명하고 있다. 수용 한계를 넘은 상황에서 개인의 이익을 위해 상대방의 이익을 침범한다면, 상대방도 자신의 이익을 늘리기 위해 사육 두수를 늘릴 것이다. 이러한 상황이 장기화 된다면 두 번째 단락에서 말했던 것과 같이 '목초가 줄어들어 그 목초지에서 양을 키워 얻을 수 있는 전체 생산량이 줄어든다.' 따라서 ⊙ '농부들의 총이익은 기존보다 감소할 것'이고 이는 ⓒ '한 사회의 전체 이윤이 감소하는' 결과를 초래한다.

15   정답 ②

제시문에서는 OECD 회원국 가운데 꼴찌를 차지한 한국인의 부족한 수면 시간에 대해 언급하며, 이로 인해 수면장애 환자가 늘어나고 있음을 설명하고 있다. 또한 불면증, 수면무호흡증, 렘수면 행동장애 등 다양한 수면장애를 설명하며, 이러한 수면장애들이 심혈관계질환, 치매, 우울증 등의 원인이 될 수 있다는 점을 통해 심각성을 이야기한다. 마지막으로 이러한 수면장애를 방치해서는 안 되며, 전문적인 치료가 필요하다고 제시하고 있다. 따라서 이 글을 바탕으로 '한국인의 수면 시간'과 관련된 글을 쓴다고 할 때, 글의 주제로 가장 적절하지 않은 것은 수면 마취제와 관련된 내용인 ②이다.

16   정답 ③

사람은 한쪽 눈으로 얻을 수 있는 단안 단서만으로도 이전의 경험으로부터 추론에 의하여 세계를 3차원으로 인식할 수 있다. 즉, 사고로 한쪽 눈의 시력을 잃어도 남은 한쪽 눈에 맺히는 2차원의 상들은 다양한 실마리를 통해 입체 지각이 가능하다.

17   정답 ①

제시된 단락은 신탁 원리의 탄생 배경인 12세기 영국의 상황에 대해 이야기하고 있다. 따라서 이어지는 단락은 (가) 신탁 제도의 형성과 위탁자, 수익자, 수탁자의 관계 등장 → (다) 불안정한 지위의 수익자 → (나) 적극적인 권리 행사가 허용되지 않는 연금 제도에 기반한 신탁 원리 → (라) 연금 운용 권리를 던서이 악화시키는 신탁 원리와 그 대신 부여된 수탁자 책임의 문제점 순서로 배열하는 것이 적절하다.

18 정답 ①

제시된 글은 주로 '한 번 문이 열리면 다시 그 문을 닫기란 매우 어렵다.', '철학의 모험은 자주 거칠고 무한한 혼돈의 바다에 표류하는 작은 뗏목에 비유된다.' 등 비유적 표현으로 논의의 대상인 '철학의 특성(모험적 성격)'을 밝히고 있다.

19 정답 ④

글쓴이는 철학의 특성인 '모험성'과 '대가'를 알리기 위해 '동굴의 비유'를 인용하였다. 즉, '동굴 안'은 기존의 세계를, '동굴 밖'은 기존의 세계를 뛰어넘은 곳(진리의 세계)을, 동굴 안과 동굴 밖까지를 지나는 과정은 '모험'을 뜻한다고 볼 수 있다. 또한 동굴의 밖에 도달하여 과거 세계의 허구성을 아는 것을 '지식 획득'으로, 무지의 장막에 휩싸인 자들에게 받는 불신과 박해를 혹독한 '대가'라고 할 수 있는 것이다.

20 정답 ①

미를 도덕이나 목적론과 연관시킨 톨스토이나 마르크스와 달리 칸트는 미에 대한 자율적 견해를 지녔다. 즉, 미적 가치를 도덕 등 다른 가치들과 관계없는 독자적인 것으로 본 것이다. 따라서 문학작품을 감상할 때 다른 외부적 요소들은 고려하지 않고 작품 자체에만 주목하여 감상해야 한다는 절대주의적 관점이 이러한 칸트의 견해와 유사함을 추론할 수 있다.

02 수리능력

01	02	03	04	05	06	07	08	09	10	11	12	13	14	15	16	17	18	19	20
②	③	④	②	②	③	④	②	③	③	⑤	②	①	⑤	①	③	④	④	⑤	②

01 정답 ②

집에서 약수터까지의 거리는 $\frac{1}{2} \times (10 \times 60) = 300$m, 동생의 속력은 $300 \div (15 \times 60) = \frac{1}{3}$ m/s이다. 형이 왕복한 시간은 $10 \times 2 = 20$ 분이므로 형이 집에 도착할 때까지 동생이 이동한 거리는 $\frac{1}{3} \times (20 \times 60) = 400$m이다. 따라서 동생이 집에서부터 떨어진 거리는 $300 - 100 = 200$m이다.

02 정답 ③

전체 8명에서 4명을 선출하는 경우의 수에서 남자만 4명을 선출하는 경우를 제외하면 된다.
$$_8C_4 - {}_5C_4 = \frac{8 \times 7 \times 6 \times 5}{4 \times 3 \times 2 \times 1} - \frac{5 \times 4 \times 3 \times 2}{4 \times 3 \times 2 \times 1}$$
$\therefore 70 - 5 = 65$가지

03 정답 ④

진수, 민영, 지율, 보라 네 명의 최고점을 각각 a, b, c, d점이라고 하자.
$a + 2b = 10$ … ㉠
$c + 2d = 35$ … ㉡
$2a + 4b + 5c = 85$ … ㉢
㉢과 ㉠을 연립하면 $2 \times 10 + 5c = 85 \rightarrow 5c = 65 \rightarrow c = 13$
c의 값을 ㉡에 대입하여 d를 구하면 $13 + 2d = 35 \rightarrow 2d = 22 \rightarrow d = 11$
따라서 보라의 최고점은 11점이다.

04 정답 ②

• 산지에서 구매한 가격을 a라 하면

협동조합이 도매상에 판매한 가격 : $\left(1 + \frac{20}{100}\right) \times a = 1.2a$

• 도매상의 판매가를 x라 하면 $\frac{80}{100} x = 1.2a \rightarrow x = 1.5a$

소매상의 판매가 : $\left(1 + \frac{20}{100}\right) \times 1.5a = 1.8a$

따라서 협동조합의 최초 구매가격 대비 80% 상승했다

05 정답 ②

P지점에서 Q지점까지 가는 경우의 수와 S지점에서 R지점까지 가는 경우의 수를 곱하면 P지점에서 Q, S지점을 거쳐 R지점으로 가는 방법을 구할 수 있다.

P지점에서 Q지점으로 가는 최단거리 경우는 $\dfrac{5!}{3! \times 2!} = \dfrac{5 \times 4 \times 3 \times 2}{3 \times 2 \times 2} = 10$가지이고, S지점에서 R지점까지 가는 경우는 총 $\dfrac{3!}{2!} = 3$

가지이다. 따라서 P지점에서 Q, S지점을 거쳐 R지점으로 가는 경우의 수는 모두 $10 \times 3 = 30$가지이다.

06 정답 ③

일본에 수출하는 용접 분야 기업의 수는 96개이고, 중국에 수출하는 주조 분야 기업의 수는 15개이므로 $96 \div 15 = 6.4$이다. 따라서 7배가 되지 않는다.

[오답분석]

① 열처리 분야 기업 60개 중 13개 기업이므로 $\dfrac{13}{60} \times 100 ≒ 21.67\%$이므로 20% 이상이다.

② 금형 분야 기업의 수는 전체 기업 수의 40%인 1,016개보다 적으므로 옳은 설명이다.

④ 소성가공 분야 기업 중 미국에 수출하는 기업의 수(94개)가 동남아에 수출하는 기업의 수(87)보다 많다.

⑤ 주조 분야 기업 중 일본에 24개의 기업이 수출하므로 가장 많은 기업이 수출하는 국가이다.

07 정답 ④

• 준엽 : 국내 열처리 분야 기업이 가장 많이 수출하는 국가는 중국(13개)이며, 가장 많이 진출하고 싶어 하는 국가도 중국(16개)으로 같다.

• 진경 : 용접 분야 기업 중 기타 국가에 수출하는 기업 수는 77개로, 용접 분야 기업 중 독일을 제외한 유럽에 진출하고 싶어 하는 기업의 수인 49개보다 많다.

[오답분석]

• 지현 : 가장 많은 수의 금형 분야 기업이 진출하고 싶어 하는 국가는 유럽(독일 제외)이다.

• 찬영 : 표면처리 분야 기업 중 유럽(독일 제외)에 진출하고 싶어 하는 기업은 13개로, 미국에 진출하고 싶어하는 기업인 7개의 2배인 14개 미만이다.

08 정답 ②

㉠ 근로자가 총 90명이고 전체에게 지급된 임금의 총액이 2억 원이므로 근로자당 평균 월 급여액은 $\dfrac{2억 원}{90명} ≒ 222만 원이다. 따라$

서 평균 월 급여액은 230만 원 이하이다.

㉡ 월 210만 원 이상 급여를 받는 근로자 수는 $26+12+8+4=50$명이다. 따라서 총 90명의 절반인 45명보다 많으므로 옳은 설명이다.

[오답분석]

㉢ 월 180만 원 미만의 급여를 받는 근로자 수는 $6+4=10$명이다. 따라서 전체에서 $\dfrac{10}{90} ≒ 11\%$의 비율을 차지하고 있으므로 올바르지 않은 설명이다.

㉣ '월 240만 원 이상 270만 원 미만'의 구간에서 월 250만 원 이상 받는 근로자의 수는 주어진 자료만으로는 확인할 수 없다. 따라서 올바르지 않은 설명이다.

09 　정답 ③

제품별 밀 소비량 그래프에서 라면류와 빵류의 밀 사용량의 10%는 각각 6.6톤, 6.4톤이다. 따라서 과자류에 사용될 밀 소비량은 총 42+6.6+6.4=55톤이다.

10 　정답 ③

A~D과자 중 밀을 가장 많이 사용하는 과자는 45%를 사용하는 D과자이고, 가장 적게 사용하는 과자는 15%인 C과자이다. 따라서 두 과자의 밀 사용량 차이는 42×(0.45−0.15)=42×0.3=12.6톤이다.

11 　정답 ⑤

주어진 〈조건〉에 따라 각 상품의 할인가 판매 시의 괴리율을 계산하면 다음과 같다.

- 세탁기 : $\dfrac{640,000-580,000}{640,000}\times100≒9.3\%$
- 무선전화기 : $\dfrac{181,000-170,000}{181,000}\times100≒6.0\%$
- 오디오세트 : $\dfrac{493,000-448,000}{493,000}\times100≒9.1\%$
- 골프채 : $\dfrac{786,000-720,000}{786,000}\times100≒8.3\%$
- 운동복 : $\dfrac{212,500-180,000}{212,500}\times100≒15.2\%$

따라서 상품 중 운동복의 괴리율이 15.2%로 가장 높다.

12 　정답 ②

ㄴ. 2016년과 2019년 처리 건수 중 인용 건수 비율은 2016년은 $\dfrac{3,667}{32,737}\times100≒11.20\%$, 2019년은 $\dfrac{3,031}{21,080}\times100≒14.38\%$로 2019년과 2016년 처리 건수 중 인용 건수 비율의 차이는 14.38−11.20=3.18%p이다.

[오답분석]

ㄱ. 기타처리 건수의 전년 대비 감소율은 다음과 같다.

- 2017년 : $\dfrac{12,871-16,674}{16,674}\times100≒-22.81\%$
- 2018년 : $\dfrac{10,166-12,871}{12,871}\times100≒-21.02\%$
- 2019년 : $\dfrac{8,204-10,166}{10,166}\times100≒-19.30\%$

따라서 기타처리 건수의 감소율은 매년 감소하였다.

ㄷ. 조정합의 건수의 처리 건수 대비 비율은 2017년은 $\dfrac{2,764}{28,744}\times100≒9.62\%$로, 2018년의 $\dfrac{2,644}{23,573}\times100≒11.22\%$보다 낮다.

ㄹ. 조정합의 건수 대비 의견표명 건수 비율은 2016년은 $\dfrac{467}{2,923}\times100≒15.98\%$, 2017년은 $\dfrac{474}{2,764}\times100≒17.15\%$, 2018년은 $\dfrac{346}{2,644}\times100≒13.09\%$, 2019년은 $\dfrac{252}{2,567}\times100≒9.82\%$이다.

조정합의 건수 대비 의견표명 건수 비율이 높은 순서로 나열하면 2017년－2016년－2018년－2019년이다. 또한, 평균처리일이 짧은 해 순서로 나열하면 2017년－2019년－2016년－2018년이다. 따라서 평균처리일 기간과 조정합의 건수 대비 의견표명 건수 비율의 순서는 일치하지 않는다.

13 정답 ①

- 남자의 고등학교 진학률 : $\dfrac{861,517}{908,388} \times 100 \fallingdotseq 94.8\%$

- 여자의 고등학교 진학률 : $\dfrac{838,650}{865,323} \times 100 \fallingdotseq 96.9\%$

14 정답 ⑤

공립 중학교의 남녀별 졸업자 수가 알려져 있지 않으므로 계산할 수 없다.

15 정답 ①

2018년 3개 기관의 전반적 만족도의 합은 6.9+6.7+7.6=21.2이고 2019년 3개 기관의 임금과 수입 만족도의 합은 5.1+4.8 +4.8=14.7이다. 따라서 2018년 3개 기관의 전반적 만족도의 합은 2019년 3개 기관의 임금과 수입 만족도의 합의 $\dfrac{21.2}{14.7} \fallingdotseq$ 1.4배이다.

16 정답 ③

2019년에 기업, 공공연구기관의 임금과 수입 만족도는 전년 대비 증가하였으나, 대학의 임금과 수입 만족도는 감소했으므로 옳지 않은 설명이다.

오답분석

① 2018년, 2019년 현 직장에 대한 전반적 만족도는 대학 유형에서 가장 높은 것을 확인할 수 있다.
② 2019년 근무시간 만족도에서는 공공연구기관과 대학의 만족도가 6.2로 동일한 것을 확인할 수 있다.
④ 사내분위기 측면에서 2018과 2019년 공공연구기관의 만족도는 5.8로 동일한 것을 확인할 수 있다.
⑤ 2019년 직장유형별 근무시간에 대한 만족도의 전년 대비 감소율은 다음과 같다.

- 기업 : $\dfrac{6.5-6.1}{6.5} \times 100 \fallingdotseq 6.2\%$

- 공공연구기관 : $\dfrac{7.1-6.2}{7.1} \times 100 \fallingdotseq 12.7\%$

- 대학 : $\dfrac{7.3-6.2}{7.3} \times 100 \fallingdotseq 15.1\%$

따라서 옳은 설명이다.

17 정답 ④

2016년부터 2018년까지 경기 수가 증가하는 스포츠는 배구와 축구 2종목이다.

오답분석

① 2016년 농구 경기 수의 전년 대비 감소율은 $\dfrac{413-403}{413} \times 100 \fallingdotseq 2.4\%$이며, 2019년 농구 경기 수의 전년 대비 증가율은 $\dfrac{410-403}{403} \times 100 \fallingdotseq 1.7\%$이다. 따라서 2016년 농구 경기 수의 전년 대비 감소율이 더 높다.
② 2015년 농구와 배구의 경기 수 차이는 413-226=187회이고, 야구와 축구의 경기 수 차이는 432-228=204회이다. 따라서 $\dfrac{187}{204} \times 100 \fallingdotseq 91.7\%$이므로 90% 이상이다.

③ 5년 동안의 종목별 스포츠 경기 수 평균은 다음과 같다.

• 농구 : $\dfrac{413+403+403+403+410}{5}=406.4$회

• 야구 : $\dfrac{432+442+425+433+432}{5}=432.8$회

• 배구 : $\dfrac{226+226+227+230+230}{5}=227.8$회

• 축구 : $\dfrac{228+230+231+233+233}{5}=231.0$회

따라서 야구 평균 경기 수는 축구 평균 경기 수의 약 1.87배로 2배 이하이다.

⑤ 2019년 경기 수가 5년 동안의 각 종목별 평균 경기 수보다 적은 스포츠는 야구이다.

18 정답 ④

한 달을 기준으로 S씨가 지출하게 될 자취방 월세와 자취방에서 대학교까지 왕복 시 거리비용을 합산하면 다음과 같다.
• A자취방 : $330,000+(1.8\times2,000\times2\times15)=438,000$원
• B자취방 : $310,000+(2.3\times2,000\times2\times15)=448,000$원
• C자취방 : $350,000+(1.3\times2,000\times2\times15)=428,000$원
• D자취방 : $320,000+(1.6\times2,000\times2\times15)=416,000$원
• E자취방 : $340,000+(1.4\times2,000\times2\times15)=424,000$원
따라서 S씨가 선택할 수 있는 가장 저렴한 비용의 자취방은 D자취방이다.

19 정답 ⑤

D대리의 청렴도 점수를 a로 가정하고, 승진심사 평점 계산식을 세우면

$60\times0.3+70\times0.3+48\times0.25+a\times0.15=63.6$점 $\rightarrow$ $a\times0.15=12.6$ $\rightarrow$ $a=\dfrac{12.6}{0.15}=84$

따라서 D대리의 청렴도 점수는 84점임을 알 수 있다.

20 정답 ②

B과장의 승진심사 평점은 $80\times0.3+72\times0.3+78\times0.25+70\times0.15=75.6$점이다.
따라서 승진후보에 들기 위해 필요한 점수는 $80-75.6=4.4$점임을 알 수 있다.

03 문제해결능력

01	02	03	04	05	06	07	08	09	10	11	12	13	14	15	16	17	18	19	20
①	①	③	②	①	④	①	①	④	②	④	②	②	②	③	③	①	②	①	⑤

01 정답 ①

제시된 신제품 판매 동향 보고서를 보면 판매 부진 원인은 독특한 향 때문인 것으로 나타났다. 그러므로 독특한 향을 개선, 즉 제품 특성을 개선하면 판매 부진을 면할 수 있을 것이다.

02 정답 ①

B는 피자 두 조각을 먹은 A보다 적게 먹었으므로 피자 한 조각을 먹었다. 또한 네 사람 중 B가 가장 적게 먹었으므로 D는 반드시 두 조각 이상 먹어야 한다. 따라서 A는 두 조각, B는 한 조각, C는 세 조각, D는 두 조각의 피자를 먹었다.

03 정답 ③

가입금액 한도 내에서 보상하되 휴대품손해로 인한 보상 시, 휴대품 1개, 또는 1쌍에 대해서만 20만 원 한도로 보상한다.

04 정답 ②

제시된 자료를 이용해 원격훈련지원금 계산에 필요한 수치를 정리하면 다음과 같다.

구분	원격훈련 종류별 지원금	훈련시간	훈련수료인원	기업 규모별 지원 비율
X기업	5,400원	6시간	7명	100%
Y기업	3,800원	3시간	4명	70%
Z기업	11,000원	4시간	6명	50%

세 기업의 원격훈련지원금을 계산하면 다음과 같다.
- X기업 : $5,400 \times 6 \times 7 \times 1 = 226,800$원
- Y기업 : $3,800 \times 3 \times 4 \times 0.7 = 31,920$원
- Z기업 : $11,000 \times 4 \times 6 \times 0.5 = 132,000$원

따라서 올바르게 짝지어진 것은 ②이다.

05 정답 ①

배정하는 방 개수를 x개라 하고 신입사원 총인원에 대한 방정식을 세우면 $4x + 12 = 6(x-2)$ → $2x = 24$ → $x = 12$개
따라서 신입사원들이 배정받는 방은 12개이고, 신입사원은 총 60명이다.

06 정답 ④

알파벳 순서에 따라 숫자로 변환하면 다음과 같다.

a	b	c	d	e	f	g	h	i	j	k	l	m
1	2	3	4	5	6	7	8	9	10	11	12	13

n	o	p	q	r	s	t	u	v	w	x	y	z
14	15	16	17	18	19	20	21	22	23	24	25	26

intellectual의 품번을 규칙에 따라 정리하면 다음과 같다.
• 1단계 : 9, 14, 20, 5, 12, 12, 5, 3, 20, 21, 1, 12
• 2단계 : $9+14+20+5+12+12+5+3+20+21+1+12=134$
• 3단계 : $|(14+20+12+12+3+20+12)-(9+5+5+21+1)|=|93-41|=52$
• 4단계 : $(134+52)\div4+134=46.5+134=180.5$
• 5단계 : 180.5의 소수점 이하 첫째 자리에서 버림하면 180이다.
따라서 제품의 품번은 180이다.

07 정답 ①

세 번째와 다섯 번째 조건으로부터 A사원은 야근을 3회, 결근을 2회 하였고, 네 번째와 여섯 번째 조건으로부터 B사원은 지각을 2회, C사원은 지각을 3회 하였다. C사원의 경우 지각을 3회 하였으므로 결근과 야근을 각각 1회 또는 2회 하였는데, 근태 총 점수가 −2점이므로 지각에서 −3점, 결근에서 −1점, 야근에서 +2점을 얻어야 한다. 마지막으로 B사원은 결근을 3회, 야근을 1회 하여 근태 총 점수가 −4점이 된다. 이를 표로 정리하면 다음과 같다.

(단위 : 회)

구분	A	B	C	D
지각	1	2	3	1
결근	2	3	1	1
야근	3	1	2	2
근태 총 점수(점)	0	−4	−2	0

따라서 C사원이 지각을 가장 많이 하였다.

08 정답 ①

07번의 결과로부터 A사원과 B사원이 지각보다 결근을 많이 하였음을 알 수 있다.

09 정답 ④

오답분석
① 자사의 유통 및 생산 노하우가 부족하다고 분석하였으므로 적절하지 않다.
② 디지털마케팅 전략을 구사하기에 역량이 미흡하다고 분석하였으므로 적절하지 않다.
③ 분석 자료를 살펴보면, 경쟁자 중 상위업체가 하위업체와의 격차를 확대하기 위해서 파격적인 가격정책을 펼치고 있다고 하였으므로 적절하지 않다.
⑤ 브랜드 경쟁력을 유지하기 위해 20대 SPA 시장 진출이 필요하며, 자사가 높은 브랜드 이미지를 가지고 있다는 내용은 자사의 상황분석과 맞지 않는 내용이므로 적절하지 않다.

10 정답 ②

A호텔 연꽃실은 2시간 이상 사용할 경우 추가비용이 발생하고, 수용 인원도 부족하다. B호텔 백합실은 1시간 초과 대여가 불가능하며, C호텔 매화실은 이동수단을 제공하지만 수용 인원이 적절하지 않다. 나머지 C호텔 튤립실과 D호텔 장미실을 비교했을 때, C호텔의 튤립실은 예산초과로 예약할 수 없으므로 이 대리는 대여료와 수용 인원의 조건이 맞는 D호텔 연회장을 예약하면 된다. 따라서 이 대리가 지불해야 하는 예약금은 D호텔 대여료 150만 원의 10%인 15만 원이다.

11 정답 ④

예산이 200만 원으로 증액되었을 때, 조건에 해당하는 연회장은 C호텔 튤립실과 D호텔 장미실이다. 예산 내에서 더 저렴한 연회장을 선택해야 한다는 조건이 없고, 이동수단이 제공되는 연회장을 우선적으로 고려해야 하므로 이 대리는 C호텔 튤립실을 예약할 것이다.

12 정답 ②

B는 뒷면을 가공한 이후 A의 앞면 가공이 끝날 때까지 5분을 기다려야 한다. 즉, 뒷면 가공 → 5분 기다림 → 앞면 가공 → 조립이 이루어지므로 총 45분이 걸리고, 유휴 시간은 5분이다.

13 정답 ②

두 번째, 다섯 번째 조건과 여덟 번째 조건에 따라 회계직인 D는 미국 서부의 해외사업본부로 배치된다.

14 정답 ②

주어진 〈조건〉에 따르면 가능한 경우는 총 2가지로 다음과 같다.

구분	인도네시아	미국 서부	미국 남부	칠레	노르웨이
경우 1	B	D	A	C	E
경우 2	C	D	B	A	E

㉠ 경우 2로 B는 미국 남부에 배치된다.
㉣ 경우 1, 2 모두 노르웨이에는 항상 회계직인 E가 배치된다.

[오답분석]
㉡ 경우 1로 C는 칠레에 배치된다.
㉢ 경우 1일 때, A는 미국 남부에 배치된다.

15 정답 ③

B안의 가중치는 전문성인데 자원봉사제도는 (-)이므로 부당한 판단이다.

16 정답 ③

〈조건〉에 의해서 각 팀은 새로운 과제를 3, 2, 1, 1, 1개 맡아야 한다. 기존에 수행하던 과제를 포함해서 한 팀이 맡을 수 있는 과제는 최대 4개라는 점을 고려하면 다음과 같은 경우가 나온다.

구분	기존 과제 수	새로운 과제 수		
(가)팀	0	3	3	2
(나)팀	1	1	1	3
(다)팀	2	2	1	1
(라)팀	2	1	2	1
(마)팀	3	1		

ㄱ. a는 새로운 과제 2개를 맡는 팀이 수행하므로 (나)팀이 맡을 수 없다.
ㄷ. 기존에 수행하던 과제를 포함해서 2개 과제를 맡을 수 있는 팀은 기존 과제 수가 0개이거나 1개인 (가)팀과 (나)팀인데 위의 세 경우 모두 2개 과제를 맡는 팀이 반드시 있다.

ㄴ. f는 새로운 과제 1개를 맡는 팀이 수행하므로 (가)팀이 맡을 수 없다.

17 정답 ①

구매방식에 따른 구매가격은 다음과 같다.

• 스마트폰 앱 : $30,000 \times \left(1 - \dfrac{25}{100}\right) = 22,500$원

• 전화 : $(30,000 - 3,000) \times \left(1 - \dfrac{10}{100}\right) = 24,300$원

• 회원카드와 쿠폰 : $30,000 \times \left(1 - \dfrac{15}{100}\right) \times \left(1 - \dfrac{10}{100}\right) = 22,950$원

• 직접방문 : $30,000 \times \left(1 - \dfrac{30}{100}\right) + 3,000 = 24,000$원

• 교환권 : $24,000$원

따라서 스마트폰 앱을 이용해 구매하는 것이 가장 저렴하다.

18 정답 ②

(현재의 운행비용)$= 20 \times 4 \times 3 \times 100,000 = 24,000,000$원

운송횟수는 12회, 물량은 기존의 1일 운송량은 $12 \times 1,000 = 12,000$상자이다.

차량 적재율이 1,000상자에서 1,200상자로 늘어나므로 $12,000 \div 1,200 = 10$회의 운행으로 가능하다.

이때, 개선된 운행비용은 $20 \times 10 \times 100,000 = 20,000,000$원이다.

그러므로 그 차액은 $24,000,000 - 20,000,000 = 4,000,000$원이다.

19 정답 ①

첫 번째 조건에서 원탁 의자에 임의로 번호를 적고 회의 참석자들을 앉혀 본다.

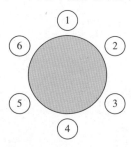

네 번째 조건에서 A와 B 사이에 2명이 앉으므로 임의로 1번 자리에 A가 앉으면 4번 자리에 B가 앉는다. 그리고 B자리 바로 왼쪽에 F가 앉기 때문에 F는 5번 자리에 앉는다. 만약 6번 자리에 C 또는 E가 앉게 되면 2번과 3번 자리에 D와 E 또는 D와 C가 나란히 앉게 되어 세 번째 조건에 부합하지 않는다. 따라서 6번 자리에 D가 앉아야 하고 두 번째 조건에서 C가 A 옆자리에 앉아야 하므로 2번 자리에 C가, 나머지 3번 자리에는 E가 앉게 된다.

따라서 나란히 앉게 되는 참석자들은 선택지 중 A와 D이다.

20 　정답 　⑤

E는 교양 수업을 신청한 A보다 나중에 수강한다고 하였으므로 목요일 또는 금요일에 강의를 들을 수 있다. 이때, 목요일과 금요일에 는 교양 수업이 진행되므로 'E는 반드시 교양 수업을 듣는다.'의 ⑤는 항상 참이 된다.

오답분석

① A가 수요일에 강의를 듣는다면 E는 교양 2 또는 교양 3 강의를 들을 수 있다.

② B가 수강하는 전공 수업의 정확한 요일을 알 수 없으므로 C는 전공 1 또는 전공 2 강의를 들을 수 있다.

③ C가 화요일에 강의를 듣는다면 D는 교양 강의를 듣는다. 이때, 교양 수업을 듣는 A는 E보다 앞선 요일에 수강하므로 E는 교양 2 또는 교양 3 강의를 들을 수 있다.

구분	월(전공 1)	화(전공 2)	수(교양 1)	목(교양 2)	금(교양 3)
경우 1	B	C	D	A	E
경우 2	B	C	A	D	E
경우 3	B	C	A	E	D

④ D는 전공 수업을 신청한 C보다 나중에 수강하므로 전공 또는 교양 수업을 들을 수 있다.

04 자원관리능력

01	02	03	04	05	06	07	08	09	10
①	④	⑤	②	⑤	④	④	①	⑤	③

01 　정답　①

동일성의 원칙은 보관한 물품을 다시 활용할 때 보다 쉽고 빠르게 찾을 수 있도록 같은 품종은 같은 장소에 보관하는 것을 말한다.

오답분석

② 유사성의 원칙 : 유사품은 인접한 장소에 보관한다.

02 　정답　④

직접비용은 제품 또는 서비스를 창출하기 위해 직접 소비된 것으로 여겨지는 비용으로, 영업팀의 출장 교통비와 관리팀의 컴퓨터 구입비, 인사팀의 강사에게 지급한 비용이 이에 해당한다.

오답분석

홍보팀의 자사 홍보를 위한 책자 제작에 사용된 금액은 생산에 직접 관련되지 않은 비용이므로 간접비용에 해당한다.

03 　정답　⑤

많은 시간을 직장에서 보내는 일 중독자는 최우선 업무보다 가시적인 업무에 전력을 다하는 경향이 있다. 장시간 일을 한다는 것은 오히려 자신의 일에 대한 시간관리능력의 부족으로 잘못된 시간관리 행동을 하고 있다는 것이다. 시간관리를 잘하여 일을 수행하는 시간을 줄일 수 있다면 일 외에 다양한 여가를 즐길 수 있을 것이다.

04 　정답　②

시간계획을 세울 때 한정된 시간을 효율적으로 활용하기 위해서는 명확한 목표를 설정하는 것이다. 명확한 목표를 설정하면 일이 가진 중요성과 긴급성을 바탕으로 일의 우선순위를 정하고, 그 일들의 예상 소요시간을 적어본다. 그리고 시간계획서를 작성하면 보다 효율적인 시간계획으로 일을 처리할 수 있다. 따라서 순서는 (나) → (가) → (라) → (다)이다.

05 　정답　⑤

비효율적 일중독자의 특징
• 가장 생산성이 낮은 일을 가장 오래 하는 경향이 있다.
• 최우선 업무보다는 가시적인 업무에 전력을 다하는 경향이 있다.
• 자신이 할 수 있는 일은 다른 사람에게 맡기지 않는 경향이 있다.
• 위기 상황에 과잉 대처하는 경향이 있다.

06 　정답　④

전자제품의 경우 관세와 부가세가 모두 동일하며, 전자제품의 가격이 다른 가격보다 월등하게 높기 때문에 대소비교는 전자제품만 비교해도 된다. 이 중 A의 TV와 B의 노트북은 가격이 동일하기 때문에 굳이 계산할 필요가 없고 TV와 노트북을 제외한 휴대폰과 카메라만 비교하면 된다. B의 카메라가 A의 휴대폰보다 비싸기 때문에 B가 더 많은 관세를 낸다.

구분	전자제품	전자제품 외
A	TV(110만), 휴대폰(60만)	화장품(5만), 스포츠용 헬멧(10만)
B	노트북(110만), 카메라(80만)	책(10만), 신발(10만)

B가 내야 할 세금을 계산해 보면, 우선 카메라와 노트북의 관세율은 18%로, 190×0.18=34.2만 원이다. 이때, 노트북은 100만 원을 초과하므로 특별과세 110×0.5=55만 원이 더 과세된다. 나머지 품목들의 세금은 책이 10×0.1=1만 원, 신발이 10×0.23=2.3만이다. 따라서 B가 내야 할 관세 총액은 34.2+55+1+2.3=92.5만 원이다.

07 　정답　④

채울 수 있는 빈칸을 먼저 계산한다.
• B품목 금액 : 1,000×6=6,000원
• D품목 금액 : 4,000×2=8,000원
• E품목 금액 : 500×8=4,000원
• 소계 : 3,500÷0.1=35,000원
즉, C품목의 금액은 35,000-(5,000+6,000+8,000+4,000)=12,000원이다.
따라서 C품목의 수량은 12,000÷1,500=8개이다.

08 　정답　①

할인되지 않은 KTX표의 가격을 x원이라 하자.
표를 40% 할인된 가격으로 구매하였으므로
구매 가격은 $(1-0.4)x=0.6x$원이다.
환불 규정에 따르면 하루 전에 표를 취소하는 경우 70%의 금액을 돌려받을 수 있으므로
$0.6x\times0.7=16{,}800 \rightarrow 0.42x=16{,}800$
∴ $x=40{,}000$

09 　정답　⑤

선택지에 해당되는 교통편의 비용을 계산해보면
① 대형버스 1대 : 500,000원
② 소형버스 1대+렌터카 1대
　 : 200,000+130,000=330,000원
③ 소형버스 1대+택시 1대
　 : 200,000+(120,000×2)=440,000원
④ 렌터카 3대
　 : (80,000×3×0.95)+(50,000×3)=378,000원
⑤ 대중교통 13명 : 13,400×13×2×0.9=313,560원
따라서 다섯 가지 교통편 조합 중 가장 저렴한 방법은 대중교통을 13명이 이용하는 것이다.

10 　정답　③

먼저 모든 면접위원의 입사 후 경력은 3년 이상이어야 한다는 조건에 따라 A, E, F, H, I, L직원은 면접위원으로 선정될 수 없다. 이사 이상의 직급으로 6명 중 50% 이상 구성되어야 하므로 자격이 있는 C, G, N은 반드시 면접위원으로 포함한다. 다음으로 인사팀을 제외한 부서는 두 명 이상 구성할 수 없으므로 이미 N이사가 선출된 개발팀은 더 선출할 수 없고, 인사팀은 반드시 2명을 포함해야 하므로 D과장은 반드시 선출된다. 이를 정리하면 다음과 같다.

구분	1	2	3	4	5	6
경우 1	C이사	D과장	G이사	N이사	B과장	J과장
경우 2	C이사	D과장	G이사	N이사	B과장	K대리
경우 3	C이사	D과장	G이사	N이사	J과장	K대리

따라서 B과장이 면접위원으로 선출됐더라도 K대리가 선출되지 않는 경우도 있다.

05 　정보능력

01	02	03	04	05	06	07	08	09	10
④	①	②	②	①	⑤	③	⑤	③	①

01 　정답　④

전략정보시스템은 기업의 전략을 실현하여 경쟁우위를 확보하기 위한 목적으로 사용되는 정보시스템으로 기업의 궁극적 목표인 이익에 직접 영향을 줄 수 있는 시장점유율 향상, 매출 신장, 신상품 전략, 경영전략 등의 전략계획에 도움을 준다.

오답분석
① 비즈니스 프로세스 관리 : 기업 내외의 비즈니스 프로세스를 실제로 드러나게 하고, 비즈니스의 수행과 관련된 사람 및 시스템을 프로세스에 맞게 실행・통제하며, 전체 비즈니스 프로세스를 효율적으로 관리하고 최적화할 수 있는 변화 관리 및 시스템 구현 기법
② 전사적정보 : 인사・재무・생산 등 기업의 전 부문에 걸쳐 독립적으로 운영되던 각종 관리시스템의 경영자원을 하나의 통합 시스템으로 재구축함으로써 생산성을 극대화하려는 경영혁신기법
③ 경영정보시스템 : 기업 경영정보를 총괄하는 시스템으로서 의사결정 등을 지원하는 종합시스템
⑤ 의사결정지원시스템 : 컴퓨터의 데이터베이스 기능과 모델 시뮬레이션 기능을 이용하여 경영의 의사결정을 지원하는 시스템

02 　정답　①

정보화사회란 정보가 사회의 중심이 되는 사회로서 기술과 정보통신을 활용하여 사회 각 분야에서 필요로 하는 가치 있는 정보를 창출하고, 보다 유익하고 윤택한 생활을 영위하는 사회로 발전시켜 나가는 사회를 의미한다.

03 　정답　②

창 나누기를 수행하면 셀 포인터의 왼쪽과 위쪽으로 창 구분선이 표시된다.

04 　정답　②

반복적인 작업을 간단히 실행키에 기억시켜 두고 필요할 때 빠르게 바꾸어 사용하는 기능은 매크로이며, 같은 내용의 편지나 안내문 등을 여러 사람에게 보낼 때 쓰이는 기능은 메일 머지이다.

05 정답 ①

인쇄 영역에 포함된 도형, 차트 등의 개체는 기본적으로 인쇄가 된다.

06 정답 ⑤

- MAX : 최댓값을 구한다.
- MIN : 최솟값을 구한다.

07 정답 ③

SUM 함수는 인수들의 합을 구할 때 사용한다.
- [B12] : 「=SUM(B2:B11)」
- [C12] : 「=SUM(C2:C11)」

오답분석
① REPT : 텍스트를 지정한 횟수만큼 반복한다.
② CHOOSE : 인수 목록 중에서 하나를 고른다.
④ AVERAGE : 인수들의 평균을 구한다.
⑤ DSUM : 지정한 조건에 맞는 데이터베이스에서 필드 값들의 합을 구한다.

08 정답 ⑤

- COUNTIF : 지정한 범위 내에서 조건에 맞는 셀의 개수를 구한다.
- 함수식 : =COUNTIF(D3:D10, " >=2018-07-01")

오답분석
① COUNT : 범위에서 숫자가 포함된 셀의 개수를 구한다.
② COUNTA : 범위가 비어 있지 않은 셀의 개수를 구한다.
③ SUMIF : 주어진 조건에 의해 지정된 셀들의 합을 구한다.
④ MATCH : 배열에서 지정된 순서상의 지정된 값에 일치하는 항목의 상대 위치 값을 찾는다.

09 정답 ③

오답분석
① · ② AND 함수는 인수의 모든 조건이 참(TRUE)일 경우에 성별을 구분하여 표시할 수 있으므로 적절하지 않다.
④ 함수식에서 "남자"와 "여자"의 입력 순서가 바뀌었다.
⑤ 함수식에서 "2"와 "3"이 아니라, "1"과 "3"이 입력되어야 한다.

10 정답 ①

「=CHOOSE(MID(B3, 2, 1), "홍보팀", "기획팀", "교육팀")」

06 기술능력

01	02	03	04	05	06	07	08	09	10
④	④	②	④	①	②	④	④	③	⑤

01 정답 ④

기술경영자의 능력
1. 기술을 기업의 전반적인 전략 목표에 통합시키는 능력
2. 빠르고 효과적으로 새로운 기술을 습득하고 기존의 기술에서 탈피하는 능력
3. 기술을 효과적으로 평가할 수 있는 능력
4. 기술 이전을 효과적으로 할 수 있는 능력
5. 새로운 제품개발 시간을 단축할 수 있는 능력
6. 크고 복잡하고 서로 다른 분야에 걸쳐 있는 프로젝트를 수행할 수 있는 능력
7. 조직 내의 기술 이용을 수행할 수 있는 능력
8. 기술 전문 인력을 운용할 수 있는 능력

02 정답 ④

기술 시스템의 발전 단계를 보면 먼저 기술 시스템이 탄생하고 성장하며(발명, 개발, 혁신의 단계), 이후 성공적인 기술이 다른 지역으로 이동하고(기술 이전의 단계), 기술 시스템 사이의 경쟁이 발생하며(기술 경쟁의 단계), 경쟁에서 승리한 기술 시스템의 관성화(기술 공고화 단계)로 나타난다.

03 정답 ②

기술선택을 위한 우선순위 결정
1. 제품의 성능이나 원가에 미치는 영향력이 큰 기술
2. 기술을 활용한 제품의 매출과 이익 창출 잠재력이 큰 기술
3. 쉽게 구할 수 없는 기술
4. 기업 간에 모방이 어려운 기술
5. 기업이 생산하는 제품 및 서비스에 보다 광범위하게 활용할 수 있는 기술
6. 최신 기술로 진부화 될 가능성이 적은 기술

04 정답 ④

산업 재해의 예방 대책 순서
1. 안전 관리 조직 : 경영자는 안전 목표를 설정하고, 안전 관리 책임자를 선정하며, 안전 계획을 수립하고, 이를 시행·감독
2. 사실의 발견 : 사고 조사, 안전 점검, 현장 분석, 작업자의 제안 및 여론 조사, 관찰 및 보고서 연구 등을 통하여 사실을 발견

안심Touch

3. 원인 분석 : 재해의 발생 장소, 재해 형태, 재해 정도, 관련 인원, 직원 감독의 적절성, 공구 및 장비의 상태 등을 정확히 분석
4. 시정책 선정 : 원인 분석을 토대로 적절한 시정책, 즉 기술적 개선, 인사 조정 및 교체, 교육, 설득, 공학적 조치 등을 선정
5. 시정책 적용 및 뒤처리 : 안전에 대한 교육 및 훈련 실시, 안전시설과 장비의 결함 개선, 안전 감독 실시 등의 선정된 시정책을 적용

05 　정답 　①

사례는 불안전한 상태가 원인으로 이에 대한 예방 대책을 세워야 한다. 근로자 상호 간에 불안전한 행동을 지적하여 안전에 대한 이해를 증진시키는 것은 불안전한 행동에 대한 방지 방법이므로, 해당 사례의 재해를 예방하기 위한 대책으로 적절하지 않다.

06 　정답 　②

와이어로프가 파손되어 중량물이 떨어지는 사고를 나타낸 그림이다. 해당 그림은 '④ 물체에 맞음'에 더 적합하다.

오답분석

① 대형설비나 제품 위에서 작업 중에 떨어지는 사고를 나타낸 그림이다.
③ 화물자동차 위에서 적재 및 포장작업을 하는 과정에서 떨어지는 사고를 나타낸 그림이다.
④ 사다리에 올라가 작업하는 도중 미끄러져 떨어지는 사고를 나타낸 그림이다.
⑤ 지붕 위에서 보수작업 등을 하는 과정에서 선라이트가 부서져 떨어지는 사고를 나타낸 그림이다.

07 　정답 　④

'④ 물체에 맞음'의 아래에 있는 사고발생 원인과 사망재해 예방 대책의 내용이 서로 관계성이 낮다는 것을 알 수 있다. 물론 지게차와 관련한 사고발생 원인으로 언급한 부분은 있으나, 전반적인 원인들과 대조해 보았을 때 예방 대책을 모두 포괄하고 있다고 보기는 어렵다.

08 　정답 　④

본 제품에는 배터리 보호를 위하여 과충전 보호회로가 내장되어 있어 적정 충전시간을 초과하여도 배터리에 큰 손상이 없으므로 고장의 원인으로 적절하지 않다.

09 　정답 　③

청소기 전원을 끄고 이물질 제거 후 전원을 켜면 파워브러쉬가 재작동하며 평상시에도 파워브러쉬가 멈추었을 때는 전원 스위치를 껐다 켜면 재작동한다.

10 　정답 　⑤

사용 중 갑자기 흡입력이 떨어지는 이유는 흡입구를 커다란 이물질이 막고 있거나, 먼지 필터가 막혀 있거나, 먼지통 내에 오물이 가득 차 있을 경우이다.

07 조직이해능력

01	02	03	04	05	06	07	08	09	10
③	⑤	④	⑤	③	③	②	④	⑤	③

01 정답 ③

빈칸에 들어갈 용어는 '조직변화' 또는 '조직혁신'으로 볼 수 있다. 조직변화는 구성원들의 사고방식이나 가치체계를 변화시키는 것이다. 즉 조직의 목적과 일치시키기 위해 문화를 유도하는 문화 변화의 모습을 가진다.

02 정답 ⑤

대규모 조직에 적합한 조직구조는 부문별 조직이다.

03 정답 ④

인사팀의 주요 업무는 근태관리·채용관리·인사관리 등이 있다. 인사기록카드 작성은 인사팀의 업무인 인사관리에 해당하는 부분이므로, 인사팀에 제출하는 것이 올바르다. 한편, 총무팀은 회사의 재무와 관련된 전반적 업무를 총괄한다. 회사의 부서 구성을 보았을 때, 비품 구매는 총무팀의 소관 업무로 보는 것이 올바르다.

04 정답 ⑤

기계적 조직과 유기적 조직의 특징을 통해 안정적이고 확실한 환경에서는 기계적 조직이, 급변하는 환경에서는 유기적 조직이 적합함을 알 수 있다.

기계적 조직과 유기적 조직의 특징

기계적 조직	유기적 조직
• 구성원들의 업무가 분명하게 정의된다. • 많은 규칙과 규제들이 있다. • 상하간 의사소통이 공식적인 경로를 통해 이루어진다. • 엄격한 위계질서가 존재한다. • 대표적인 기계조직으로 군대를 볼 수 있다.	• 의사결정 권한이 조직의 하부구성원들에게 많이 위임되어 있다. • 업무가 고정되지 않고, 공유 가능하다. • 비공식적인 상호의사소통이 원활하게 이루어진다. • 규제나 통제의 정도가 낮아 변화에 따라 의사결정이 쉽게 변할 수 있다.

05 정답 ③

• 조직목표는 조직이 달성하려는 장래의 상태이다. (O)
• 조직의 구조는 조직 내의 부문 사이에 형성된 관계로 조직 구성원들의 상호작용을 보여준다. 조직 구성원 간 생활양식이나 가치를 공유하게 되는 것은 조직문화이며 조직구조와는 구분된다. (×)
• 조직도는 조직 구성원들의 임무, 수행과업, 일하는 장소를 알아보는 데 유용하다. (O)
• 조직의 규칙과 규정은 구성원들의 행동범위를 정하고 일관성을 부여하는 역할을 한다. (O)

06 정답 ③

면접관의 질문 의도는 단순히 사무실의 구조나 회사 위치 등 눈에 보이는 정보를 묻는 것이 아니라, 실질적으로 회사를 운영하는 내부 조직에 관련된 사항을 알고 있는지를 묻는 것이다. 그러므로 ③ 사무실의 구조는 질문의 답변 내용으로 적절치 않다.

07 정답 ②

7번 점검내용의 확인란에 체크가 되어 있지 않으므로 유아들의 안전 관리를 위한 성인의 존재는 확인이 필요하나, 6번 점검내용의 확인란에 체크가 되어 있음을 볼 때, 휴대전화 여부는 확인되었음을 알 수 있다.

오답분석
① 2번과 9번 점검내용의 확인란에 체크가 되어 있지 않음을 확인할 수 있다.
③ 점검표의 비고란을 통해 확인할 수 있다.
④ 4번과 13번 점검내용의 확인란에 체크가 되어 있음을 확인할 수 있다.
⑤ 5번 점검내용의 확인란에 체크가 되어 있음을 확인할 수 있다.

08 정답 ④

제시된 운항시설처의 업무분장표에서 항공기 화재진압훈련과 관련된 업무는 찾아볼 수 없다.

오답분석
①·② 기반시설팀 : 운항기반시설 제설작업 및 장비관리 업무, 전시목표(활주로 긴급 복구) 및 보안시설 관리 업무
③ 항공등화팀 : 항공등화시설 개량계획 수립 및 시행 업무
⑤ 운항안전팀 : 야생동물 위험관리업무

09 　정답 ⑤

이동지역 내의 안전관리를 담당하는 운항안전팀이 발간하는 안전회보에는 이동지역 내의 안전과 관련된 내용을 싣는 것이 적절하다. 따라서 여객터미널에서 실시하는 대테러 종합훈련은 운항안전팀의 안전회보에 실릴 내용으로 적절하지 않다.

10 　정답 ③

계약과정에서 연구자와의 협의를 통해 예산계획서상의 예산을 10% 이내의 범위에서 감액할 수 있으므로, 6,000만 원의 10%인 600만 원까지만 감액할 수 있다.

08 대인관계능력

01	02	03	04	05	06	07	08	09	10
④	③	③	②	⑤	③	①	⑤	⑤	②

01 　정답 ④

스스로 하는 일이 없고, 제 몫의 업무를 제대로 수행하지 못하는 A사원은 수동형에 가깝다고 볼 수 있다.

멤버십의 유형

구분	자아상	동료 및 리더의 시각	조직에 대한 자신의 느낌
소외형	• 자립적인 사람 • 일부러 반대의견 제시 • 조직의 양심	• 냉소적 • 부정적 • 고집이 셈	• 자신을 인정해주지 않음 • 적절한 보상이 없음 • 불공정하고 문제가 있음
순응형	• 기쁜 마음으로 과업 수행 • 팀플레이를 함 • 리더나 조직을 믿고 헌신함	• 아이디어가 없음 • 인기 없는 일은 하지 않음 • 조직을 위해 자신과 가족의 요구를 양보함	• 기존 질서를 따르는 것이 중요 • 리더의 의견을 거스르는 것은 어려운 일임 • 획일적인 태도 및 행동에 익숙함
실무형	• 조직의 운영방침에 민감 • 사건을 균형 잡힌 시각으로 봄 • 규정과 규칙에 따라 행동함	• 개인의 이익을 극대화하기 위한 흥정에 능함 • 적당한 열의와 평범한 수완으로 업무 수행	• 규정준수를 강조 • 명령과 계획의 빈번한 변경 • 리더와 부하 간의 비인간적 풍토
수동형	• 판단, 사고를 리더에게 의존 • 지시가 있어야 행동	• 지시를 받지 않고 스스로 하는 일이 없음 • 제 몫을 하지 못함 • 업무 수행에는 감독이 필요	• 조직이 나의 아이디어를 원치 않음 • 노력과 공헌을 해도 아무 소용이 없음 • 리더는 항상 자기 마음대로 함
주도형	• 우리가 추구하는 유형, 모범형 • 독립적·혁신적 사고 • 적극적 참여와 실천		

02 　정답 ③

'썩은 사과의 법칙'에 따르면, 먼저 A사원에게 문제 상황과 기대하는 바를 분명히 전한 뒤 스스로 변화할 기회를 주어야 한다.

03 정답 ③

오답분석

ⓛ 인간관계에서의 커다란 손실은 사소한 것으로부터 비롯되기 때문에 사소한 일에 대한 관심을 두는 것은 매우 중요하다.

ⓔ 거의 모든 대인관계에서 나타나는 어려움은 역할과 목표에 대한 갈등과 애매한 기대 때문에 발생한다. 신뢰의 예입은 처음부터 기대를 분명히 해야 가능하다.

대인관계능력 향상 방안
• 상대방에 대한 이해심
• 사소한 일에 대한 관심
• 약속의 이행
• 기대의 명확화
• 언행일치
• 진지한 사과

04 정답 ②

대화를 통해 부하직원인 A씨 스스로 업무성과가 떨어지고 있고, 업무방법이 잘못되었음을 인식시켜서 이를 해결할 방법을 스스로 생각하도록 해야 한다. 이후 B팀장이 조언하며 A씨를 독려한다면, B팀장은 A씨의 자존감과 자기결정권을 침해하지 않으면서, A씨 스스로 책임감을 느끼고 문제를 해결할 가능성이 높아지게 된다.

오답분석

① 징계를 통해 억지로 조언을 듣도록 하는 것은 자존감과 자기결정권을 중시하는 A씨에게 적절하지 않다.

③ 칭찬은 A씨로 하여금 자신의 잘못을 인식하지 못하도록 할 수 있어 적절하지 않다.

④ 자존감과 자기결정권을 중시하는 A씨에게 강한 질책은 효과적이지 못하다.

⑤ A씨가 자기 잘못을 인식하지 못한 상태로 시간만 흘러갈 수 있다.

05 정답 ⑤

현상을 유지하고 조직에 순응하려는 경향은 반임파워먼트 환경에서 나타나는 모습이다.

임파워먼트 환경의 특징
• 업무에 있어 도전적이고 흥미를 가지게 된다.
• 학습과 성장의 기회가 될 수 있다.
• 긍정적인 인간관계를 형성할 수 있다.
• 개인들이 조직에 공헌하며 만족하는 느낌을 가질 수 있다.
• 자신의 업무가 존중받고 있음을 느낄 수 있다.

06 정답 ③

6만 원에 사고자 했던 B씨의 제안에 대해 협상을 통해 6만 5천 원에 거래하였음을 볼 때, ③은 적절하지 않은 설명이다.

오답분석

① A씨의 협상전략은 자신의 양보만큼 상대방의 양보도 요구하는 상호 교환적인 양보전략으로 볼 수 있다.

② 한 벌 남은 옷이라는 점과 손님에게 잘 어울려서 싸게 드린다는 점으로 B씨로 하여금 특별한 대우를 받았다고 느끼게 하였다.

④ 6만 원에 사고 싶어했던 B씨와 6만 5천 원에 거래를 성사시키면서 B씨의 양보를 이끌어 내는 데 성공했다고 볼 수 있다.

⑤ 한 벌 남은 옷이라는 점을 내세우면서 자신에게 중요한 것을 양보하는 것처럼 협상했다고 볼 수 있다.

07 정답 ①

B사원은 A대리가 느끼는 부담감을 알지 못하거나 인지하고는 있지만 어떻게 해야 할지 모르는 상황일 수도 있다. 이럴 때는 서로 마음을 터놓고 이야기하며 함께 해결하고자 하는 태도를 가져야 한다.

08 정답 ⑤

마지막 헤밍웨이의 대답을 통해 위스키 회사 간부가 협상의 대상인 헤밍웨이를 분석하지 못하였음을 알 수 있다. 헤밍웨이의 특징, 성격 등을 파악하고 헤밍웨이로 하여금 신뢰감을 느낄 수 있도록 협상을 진행하였다면 협상의 성공률은 올라갔을 것이다.

09 정답 ⑤

화가 난 고객을 대응하는 데 있어서는 먼저 고객을 안정시키는 것이 최우선이며, 이후에 고객이 이해할 수 있는 수준의 대응을 제시한다.

10 정답 ②

전체적인 대화 내용을 살펴보면, 고객이 자신이 주문한 제품이 언제 배송이 되는지를 문의하고 있다. 특히, 고객의 대화 내용 중 '아직도, 배송이 안됐어요. 배송이 왜 이렇게 오래 걸리나요?'라는 부분에서 배송에 대한 불만을 표하고 있음을 알 수 있다. 이 같은 고객 불만을 응대할 경우에는 고객에게 불편을 끼친 부분에 대해서 양해를 먼저 구하는 것이 기본적인 응대 방법이다. 따라서 업무 처리 전에 '먼저 불편을 드려서 죄송합니다.'라는 식으로 고객의 감정에 동의하는 말을 하는 것이 적절하다.

안심Touch

09 자기개발능력

01	02	03	04	05	06	07	08	09	10
③	④	③	⑤	③	⑤	⑤	④	①	②

01 정답 ③

다혈질적인 면은 K사원 자신은 알고, 타인은 모르는 자신의 모습이다. 따라서 자신이 다혈질적인지 생각해볼 필요는 없으며, 자신이 가지고 있는 다혈질적인 면을 사람들과의 대인관계에 있어 어떻게 해야 할지 고민하는 것이 적절하다.

02 정답 ④

자기개발 계획 수립의 장애요인
• 자기정보의 부족 : 자신의 흥미, 장점, 가치 등을 충분히 이해하지 못함
• 내부 작업정보 부족 : 회사 내의 경력기회 및 직무 가능성에 대해 충분히 알지 못함
• 외부 작업정보 부족 : 다른 직업이나 회사 밖의 기회에 대해 충분히 알지 못함
• 의사결정 시 자신감의 부족 : 자기개발과 관련된 결정을 내릴 때 자신감 부족
• 일상생활의 요구사항 : 개인의 자기개발 목표와 일상생활 간 갈등
• 주변상황의 제약 : 재정적 문제, 시간 등

03 정답 ③

'조해리의 창(Johari's Window)'은 자신과 타인, 두 가지 관점을 통해 파악해 보는 자기인식 또는 자기이해의 모델로, 내가 모르는 나의 모습을 통해 보다 객관적으로 자신을 인식할 수 있다.

04 정답 ⑤

업무수행에 영향을 미치는 요인
• 자원
• 개인의 능력
• 업무지침
• 상사, 동료의 지원 정도

05 정답 ③

ⓒ 흥미나 적성검사를 통해 자신에게 알맞은 직업을 도출할 수는 있으나 이러한 결과가 직업에서의 성공을 보장해 주는 것은 아니다. 실제 직장에서는 직장문화, 풍토 등 외부적인 요인에 의해 적응을 하지 못하는 경우가 발생하기 때문에 기업의 문화와 풍토를 잘 이해하고 활용할 필요가 있다.
ⓔ 일을 할 때는 너무 커다란 업무보다는 작은 단위로 나누어 수행한다. 작은 성공의 경험들이 축적되어 자신에 대한 믿음이 강화되면 보다 큰일을 할 수 있게 되기 때문이다.

06 정답 ⑤

매슬로우의 인간의 욕구 5단계와 인간의 감정에 대해 설명한 점, 인간의 사고가 자기중심적이라는 점을 볼 때, 제시문에서 설명하는 자기개발에 실패하는 원인은 (다), (마)로 볼 수 있다.

자기개발에 실패하는 원인
• 인간의 욕구와 감정이 작용하기 때문이다.
• 제한적으로 사고하기 때문이다.
• 문화적인 장애(가정, 사회, 직장 등 외부적인 요인)에 부딪히기 때문이다.
• 자기개발 방법을 잘 모르기 때문이다.

07 정답 ⑤

L사원은 신입사원을 보면서 자기개발의 필요성을 깨닫고 있다. 따라서 L사원이 자기개발을 하기 위해 가장 먼저 해야 할 일은 자기개발의 첫 단계인 자신의 흥미·적성 등 자신이 누구인지 파악하는 것이다.

08 정답 ④

B사원은 새로운 분야의 업무와 새로운 직장에 대한 두려움 때문에 자기개발에 어려움을 겪고 있다. 즉, 현재 익숙한 일과 환경을 지속하려는 습성으로 인해 새로운 자기개발의 한계에 직면한 것이다.

09 정답 ①

업무를 하며 문제가 생겼을 때는 선배 또는 동료들과 대화를 하며 정보를 얻고 문제를 해결하려고 노력해야 한다.

10 정답 ②

K사원의 워크시트 중 '상사 / 동료의 지원 정도'를 보면 상사와 동료 모두 자기 업무에 바빠 업무 지침에 해당되는 업무를 지원하는 데 한계가 있다고 적혀있다. 따라서 ②의 경우 팀원들이 조사한 만족도 조사를 받는 것은 한계가 있으므로, 업무수행 성과를 높이기 위한 전략으로 보기 어렵다.

10 직업윤리

01	02	03	04	05	06	07	08	09	10
⑤	⑤	②	②	②	①	②	①	④	③

01 정답 ⑤

제시문의 '이것'은 기업의 사회적 책임(CSR)을 말한다. 기업이 자사의 직원 복지에 투자하는 것은 기업의 사회적 책임과 관련이 없으며, 사회적 상생을 위한 투자나 지역 발전을 위한 투자 등이 사회적 책임에 해당한다.

02 정답 ⑤

명함은 선 자세로 교환하는 것이 예의이고, 테이블 위에 놓고서 손으로 밀거나 서류봉투 위에 놓아서 건네는 것은 좋지 않다. 명함을 받을 때는 건넬 때와 마찬가지로 일어선 채로 두 손으로 받아야 한다.

03 정답 ②

(A) 경제적 책임 : 사회적으로 필요한 상품과 서비스를 생산·판매하여 이윤과 고용을 창출해야 하는 책임이다.
(B) 법적 책임 : 국가와 사회가 규정한 법에 의거하여 경영·경제 활동을 해야 하는 책임이다.
(C) 윤리적 책임 : 사회의 윤리의식에 합치되도록 경영·경제 활동을 해야 하는 책임이다.
(D) 자선적 책임 : 경제·경영 활동과는 직접 관련이 없는 기부·문화 활동 등을 자발적으로 해야 하는 책임이다.

04 정답 ②

오답분석
① 관련 없는 팀원들 앞에서 좋지 않은 이야기를 할 필요는 없다.
③ 당사자인 B사원과 이야기해 사실관계를 파악하는 것이 우선이다.
④ B사원에 대해 좋지 않은 이야기를 퍼트리는 것은 적절하지 않다.
⑤ 자신의 아이디어를 폐기하는 소심한 행동은 보이지 않는 게 좋다.

05 정답 ②

오답분석
ⓒ 우리 사회는 민주주의와 시장경제를 지향하고 있지만, 그것이 제대로 정착될 만한 사회적·정신적 토대를 갖추지 못하고 있다.

06 정답 ①

직업윤리 덕목은 다음과 같다.
• 소명의식 : 나에게 주어진 일이라 생각함. 반드시 해야 하는 일
• 천직의식 : 태어나면서 나에게 주어진 재능
• 직분의식 : 내 자아실현을 통해 사회와 기업이 성장할 수 있다는 자부심
• 책임의식 : 책무를 충실히 수행하고 책임을 다하는 태도
• 전문가의식 : 자신의 일이 누구나 할 수 있는 것이 아니라 해당 분야의 지식과 교육을 바탕으로 성실히 수행해야만 가능한 것이라고 믿고 수행하는 태도
• 봉사의식 : 소비자에게 내가 한 일로 인해 행복함을 주도록 해야 한다.
따라서 책임의식과 전문가의식에 어긋난 행동이다.

07 정답 ②

더글러스는 소음방지 장치를 약속할 수 없다고 하면서 이스턴 항공사와 계약을 못해 매출로 인한 단기적 이익 및 주변의 부러움을 포기하였지만, 직업윤리를 선택함으로써 명예로움과 양심을 얻었다.

08 정답 ①

전화 걸기에서 '정상적인 업무가 이루어지고 있는 근무 시간에 건다.'고 명시되어 있다. 점심시간이나 퇴근 후 시간은 업무 시간이 아니므로 전화를 거는 것은 옳지 않다.

09 정답 ④

민원인에게 잘못된 정보를 알려주면 안 되기 때문에 담당자가 직접 대답할 수 있도록 해야 한다. 현재 담당자가 자리를 비운 상태이기 때문에 필요한 내용을 메모하고 담당자에게 전달해서 처리하는 것이 옳은 행동이다.

10 정답 ③

업무시간을 지키는 것이 중요하다.

좋은 책을 만드는 길
독자님과 함께하겠습니다.

도서나 동영상에 궁금한 점, 아쉬운 점, 만족스러운 점이
있으시다면 어떤 의견이라도 말씀해 주세요.
시대고시기획은 독자님의 의견을 모아 더 좋은 책으로 보답하겠습니다.

www.sidaegosi.com

제주특별자치도 공공기관 통합채용 시사상식 + 적성검사 + NCS

초 판 발 행	2021년 03월 25일 (인쇄 2021년 03월 11일)
발 행 인	박영일
책 임 편 집	이해욱
저 자	SD적성검사연구소
편 집 진 행	김준일 · 남민우 · 방혜은 · 신수연
표지디자인	김도연
편집디자인	배선화 · 하한우
발 행 처	(주)시대고시기획
출 판 등 록	제10-1521호
주 소	서울시 마포구 큰우물로 75 [도화동 538 성지 B/D] 9F
전 화	1600-3600
팩 스	02-701-8823
홈 페 이 지	www.sidaegosi.com
I S B N	979-11-254-9458-4
정 가	20,000원